Wolfgang Menzel

Geschichte der Neuzeit vom Beginn der französischen Revolution bis zur Wiederherstellung des deutschen Reichs 1789 - 1871

Siebenter Band

Wolfgang Menzel

Geschichte der Neuzeit vom Beginn der französischen Revolution bis zur Wiederherstellung des deutschen Reichs 1789 - 1871
Siebenter Band

ISBN/EAN: 9783741184055

Hergestellt in Europa, USA, Kanada, Australien, Japan

Cover: Foto ©ninafisch / pixelio.de

Manufactured and distributed by brebook publishing software (www.brebook.com)

Wolfgang Menzel

Geschichte der Neuzeit vom Beginn der französischen Revolution bis zur Wiederherstellung des deutschen Reichs 1789 - 1871

Wolfgang Menzel's
Geschichte der Neuzeit.

Vom Beginn der französischen Revolution
bis zur Wiederherstellung des deutschen Reichs

1789—1871.

Erste billige Gesammtausgabe
von Menzel's einzeln erschienenen Werken über neuere Geschichte.

Siebenter Band.
Die wichtigsten Weltbegebenheiten vom Ende des lombardischen Krieges bis
zum Anfang des deutschen Krieges. 1860—1866. II.

Stuttgart.
Verlag von Gebrüder Kröner.
(Früher Adolph Krabbe.)

Die wichtigsten

Weltbegebenheiten

vom

Ende des lombardischen Kriegs bis zum Anfang des
deutschen Kriegs

(1860—1866).

Dargestellt

von

Wolfgang Menzel.

In zwei Bänden.

Zweiter Band.

Das Recht der Uebersetzung in fremde Sprachen wird vorbehalten.

Stuttgart.
Verlag von Adolph Krabbe.
1869.

Inhalt des zweiten Bandes.

Erstes Buch. Rußlands innere Reformen 1
Rückblick auf Rußlands Politik unter Kaiser Nikolaus I. S. 1. Alexander II. 2. Dessen großer Plan die Leibeigenschaft aufzuheben 3. Bewegung unter dem russischen Adel 6. Große Feuersbrünste 7. Reformen in Finnland 9. Adelsversammlung in Moskau 10. Dolgoruckow über Rußland 12. Sibirien 14. Die deutschen Ostseeprovinzen 15. Bedrängung der Lutheraner in Livland 16. Riga 17. Graf Bobrinskis Bericht 19. Erzbischof Platons Bericht 20. Tod des Großfürsten Thronfolgers Nicolaus 22.

Zweites Buch. Die polnische Revolution von 1863 23
Das Unglück der Verbindung Polens mit Rußland S. 23. Mieroslawskis Umtriebe im Ausland 26. Wohlwollende Absichten Alexanders II. 26. Fürst Gortschakof 27. Graf Zamoiski 28. Großfürst Constantin und Wielopolski 29. Beginn der Unruhen in Warschau 31. Adelsadressen aus Podolien und Volhynien 38. Die Rekrutirung in Polen 41. Die geheime Stadtregierung in Warschau 41. Verzweifelte Einzelkämpfe im Lande, Treffen bei Wengerow 43. General Langiewicz 43. Mieroslawskis eifersüchtige Einmischung 44. Preußens Convention mit Rußland 45. Wielopolskis Memoire 46. Englands Unthätigkeit 49. Frankreichs Unthätigkeit 50. Langiewicz' Niederlage 53. Fürst Gortschakofs beruhigendes Umlaufschreiben 53. Russisches Amnestiedekret 54. General Berg 59. Fürst Czartoryski 61. Die Studenten von Kiew 64 und Kasan 65. Murawiews Tyrannei in Litthauen 65. Allocution des Papstes für Polen 75. Dombrowskis Flucht 77. Neue Brandlegungen in Polen u. Rußland 78. Gen. Kaufmann 78.

Drittes Buch. Rußlands Eroberungen in Asien 80
Ende des kaukasischen Krieges S. 81. Persien unter vorwiegend russischem Einfluß 84. Vorgehen der Russen in der Turkomannensteppe, Krieg mit Bochara 90. Schilderung der Turkomannen-

staaten 91. Wirren in Afghanistan 95. Die Gefahr Britisch-Ostindiens durch die Russen 98. Russische Eroberung des Amurlandes 102.

Viertes Buch. Die Türkei 105

Hinfälligkeit der Türkei S. 106. Sultan Abdul Aziz 109. Vereinigung Rumäniens unter dem Fürsten Couza 111. Dessen Kampf mit der Bojarenpartei 113. Couzas Absetzung und Erwählung des Fürsten Karl von Hohenzollern-Sigmaringen 115. Serbien 120. Montenegro 123. Bosnien 129. Bulgarien 129. Katholische Bewegung daselbst 131. Project einer Eisenbahn nach Salonic 135. Kleinasien 139. Syrien 141. Griechenland 143. Sturz des König Otto 145. Wahl des Prinzen Wilhelm von Dänemark unter dem Namen Georgios zum König von Griechenland 148. England tritt die jonischen Inseln an Griechenland ab 150. Aegypten und der Suezkanal 151. Ismael Pascha 153. Tunis 154.

Fünftes Buch. England 155

Der alte Palmerston S. 155. Tod des Prinzen Albert 156. Sein eheliches Glück mit der Königin Viktoria 157. Der Prinz von Wales 159. Verlegenheiten Palmerstons wegen Dänemark 163. Garibaldi in London 165. Palmerstons Tod und Ernennung eines Toryministeriums unter Lord Derby 169. Der überseeische Telegraph 170. Unglück von Sheffield 175. Englands Reichthum 177 und Fabrikelend 179. Irland 183. Die Fenier 184. Der Negerprozeß auf Jamaika 186.

Sechstes Buch. Indien, China und Japan 189

Das indobrittische Reich S. 189. Krieg mit Bhutan 193. Die englische Armee 194. Afghanistan 201. Cochinchina 202. Fortsetzung des Kriegs in China. Engländer und Franzosen in Peking 203. Friedensschluß 207. Prinz Kong 208. Die Taiping 209, verlieren Nanking 211. Das englische Missionswesen 215. Schlappe der Franzosen auf Korea 218. Preußischer Handelsvertrag mit Japan 221. Die unruhigen Daimios 222.

Siebentes Buch. Die Vorgänge in Abessinien, Afrika und Neuholland 229

Zustände Abessiniens unter König Theodor S. 229. Die Missionäre 235. Bürgerkrieg und Wüttherei Theodors 238. Madagascar. König Radama und die Missionäre 242. Königin Rabobo 244. Der Albertsee, eine Quelle des Nil 245. Entdeckungen der Brüder Livingstone 246. Der Berg Kilmandscharo 250. Neuholland 251. Goldgräbereien und Chinesen daselbst 252. Rasche Entfaltung der englischen Colonie auf Neuseeland 245. Naher Untergang der einheimischen Maoris 251.

Achtes Buch. Der Bürgerkrieg in Nordamerika 261
Wachsthum der Vereinigten Staaten 261. Die Negerfrage, Abolitionisten 263. Politisches Uebergewicht der Südstaaten 265. Nordstaatliche Opposition 269. Wendepunkt in der Machtstellung der Parteien. Wahl Lincolns zum Präsidenten der Union 269. Convent zu Charleston 270. Union und Unabhängigkeitserklärung der Südstaaten uner dem Präsidenten Jefferson Davis 271. Lincoln erklärt die Union für untheilbar und rüstet zum Krieg 274. Erste Niederlage der Unionisten bei Bull Run 278. General Fremont in St. Louis 279. Mason und Slydell 280. Die Panzerschiffe Merrimac u. Monitor 282. Mac Clellan gegen Richmond 284. Butler u. Ferragut blokiren die Ostküste der Südstaaten und Butler nimmt New=Orleans 285. Burnside bei Fredericsburg geschlagen 286. Erste Freierklärung eines Theils der Neger 287. Ungeheuere Kriegskosten 287. Hooker bei Chancellorsville geschlagen 290. Meade siegt zum erstenmal bei Gettysburg 290. Grant erobert Viksburg und Port Hudson und siegt bei Chatanooga 292. Pöbelunfug in New=York 293. Ueppigkeit und Verschwendung mitten im Kriege 294. Grant wird Obergeneral und entwirft den Plan, die südstaatliche Hauptstadt Richmond, welche Lee auf das geschickteste vertheidigt, allmälig einzuschließen 298. Schlacht in der Wilderneß 300. Kämpfe im Shenandoathal 302, bei Cold Harbor und an der Welbonbahn 303. Mißlungener Angriff Grants auf Petersburg 305. Mißlungener Einfall in Canada und das Caperschiff Alabama 307. Sherman große Diversion um Richmond zu isoliren 308, nimmt Atlanta 312, und Sannah 314. Nun muß Beauregard Charleston aufgeben 316. Lincoln wird abermals zum Präsidenten gewählt 318. Letzte verzweifelte Kämpfe um Richmond 322. Lee gibt Richmond und Petersburg preis und versucht zu entfliehen, muß aber bei Burkersville kapituliren 334. Dasselbe thun die übrigen Generale der Südstaaten und der Krieg hat ein Ende 326.

Neuntes Buch. Die Union nach dem Siege 827
Lincolns Ermordung 827. Präsident Johnson 328. Davis Verhaftung 330. Wirz hingerichtet 332. Kleinlaute Aeußerungen Lord Palmerstons 835. Kleine Demonstration der englischen und französischen Flotten, um den Rückzug der Kabinette zu verschleiern 839.

Verlegenheit in der Union, was mit den Negern anzufangen sey 341.
Beginn des Conflikts zwischen Johnson und dem Congreß 342.
Wendell Philipps, 349. Noth im Süden 358. Zunehmende Rohheit
der Yankees 360. Kirchliche Extravaganzen 360. Spiritualisten 366.
Mormonen 373. Die freie Liebe 376.

Zehntes Buch. Die Franzosen in Mexiko 385
    Veranlassung der französischen Expedition S. 385. Jecker 386. Verhalten Spaniens 387. Juarez, Präsident der Republik Mexiko 388. Vertrag von Soledad, Rückzug der englischen und spanischen Verbündeten 389. Lorencez vor Puebla 392. General Forey kommt mit französischen Verstärkungen, nimmt Puebla 393, und die Hauptstadt Mexiko 395. Erzherzog Maximilian empfängt zu Miramar die Kaiserkrone 398. Maximilian und seine Gemahlin Charlotte landen in Veracruz 399. Ihr feierlicher Einzug in der Hauptstadt Mexiko 400. Maximilian wendet sich von der klerikalen zur liberalen Partei 403. General Bazaine übernimmt statt Forey das Commando der französischen Expedition 406, und besetzt Mexiko bis zum Rio Grande an der Nordgrenze 411. Das Dekret vom 5. October 1865 417.

Elftes Buch. Maximilians tragisches Ende 422
    Präsident Johnson droht Napoleon III., wenn er seine Truppen nicht sofort zurückziehe, und Napoleon III. fügt sich S. 424. Mit Bazaine überworfen und von den Liberalen verlassen, will Maximilian nach Europa zurückkehren, Charlotte reist ihm voran, um noch einmal Hilfe von Frankreich und vom Papst zu erflehen 426. Ihre Bemühungen scheitern. Sie fällt in Wahnsinn 428. Maximilian folgt dem Rufe der klerikalen Partei 437. General Castelnau, 441. Maximilian in Queretaro 445. Verrath des Lopez und Gefangennehmung Maximilians 446. Hinrichtung Maximilians und der Generale Mejia und Miramon 451.

Zwölftes Buch. Die südamerikanischen Freistaaten und Brasilien . 458
    Die Zustände Südamerikas im Allgemeinen S. 458. Centralamerika 462. Peru 463. Der Guanokrieg 465. Chile 465. Großer Brand in San Jago 467. Brasilien 468. Brutalität der Engländer gegen Brasilien 469. Wirren in Uruguay 469. Paraguay unter Solano Lopez 470. Krieg zwischen ihm und Brasilien 472. Rückblick auf die Stellung Amerikas zu Europa und Asien 473.

Erstes Buch.

Rußlands innere Reformen.

Der energische Kaiser Nicolaus I. hatte Preußen in einer Art Vormundschaft gehalten, Oesterreich im Jahre 1849 gerettet, also ebenfalls sich unterwürfig gemacht, so daß es 1852 ihm in der Unterdrückung der deutschen Nationalinteressen in den Elbherzogthümern behülflich war, und glaubte nunmehr stark genug zu seyn, die Eroberung der Türkei unternehmen zu dürfen. Allein er hatte seine Kräfte doch nicht richtig bemessen, denn die Türkei wurde von den Westmächten kräftig unterstützt und auch Oesterreich bedrohte ihn, da es unmöglich, indem es Rußland noch mächtiger machte, sein eigenes Todesurtheil unterschreiben konnte. Also war der stolze Russe gezwungen, seine Heere über den Pruth zurückzuziehen, unterlag auch in dem langen Kampfe in der Krim und mußte im Frieden zu Paris 1856 die Donaumündungen wieder herausgeben. Eine schreckliche Demüthigung des Czaaren, nachdem die Petersburger Regierungsblätter dem ganzen übrigen Europa vorher eine unsägliche Verachtung ins Gesicht geschleudert hatten. Nicolaus ertrug den Schlag des Schicksals nicht, er starb und überließ seinem Nachfolger, den schimpflichen Frieden zu schließen.

An seinem Unglück war großentheils die lieberliche Staatshaushaltung, die kolossale Veruntreuung des Staatsvermögens durch betrügerische Beamte, namentlich auch der höheren Militärbeamten, schuld, hier wie in Oesterreich.

Sein Sohn und Nachfolger Alexander II. erkannte mit Recht, daß er vor Allem die dem Reich durch innere wie durch äußere Feinde geschlagenen Wunden heilen, das russische Reich reorganisiren und Krieg mit den ebenbürtigen Mächten des Westens vermeiden müsse, das letztere um so mehr, als Preußen sich allmälig von der russischen Vormundschaft losgewickelt und selbst der sanfte König Friedrich Wilhelm IV. den abscheulichen Undank der russischen Politik in den Warschauer und Olmützer Tagen nicht ganz hatte verschmerzen können. Nie ist ein Bundesgenosse schändlicher verrathen und mißhandelt worden, als Preußen, das alles geopfert, sein eigenes Interesse hingegeben hatte, durch Rußland zu Olmütz verrathen wurde. Indeß blieb der nie ruhenden Eroberungslust der Russen noch immer ein weites Feld in Asien übrig, wo es im Stillen wie bisher eine Völkerschaft nach der andern unterjochte, ohne daß die zu sehr mit sich selbst beschäftigten europäischen Mächte es beachteten.

Aus dem eben Gesagten erklärt sich, warum Rußland während des Dänenkriegs im Jahr 1864 sich passiv verhielt. Preußen und Oesterreich verfolgten hier einig eine selbständige Politik. Auch die Annäherungsversuche Rußlands an Frankreich blieben erfolglos, weil der polnische Aufstand im Jahr 1863 dazwischen geworfen ward. Rußland konnte damals froh seyn, daß die Westmächte diesen Aufstand nicht unterstützten. Es gereichte ihm zum großen Vortheil, daß, wenn auch für den Augenblick Preußen und Oesterreich einig hanbelten, doch der Gegensatz zwischen den deutschen und den Westmächten fortbestand.

Die erste große Maßregel in der innern Politik von Seiten des russischen Kaisers war die **Aufhebung der Leibeigenschaft**, die, schon 1857 eingeleitet, doch erst vier Jahre später zum Abschluß kommen konnte, weil sie mit nicht geringen Schwierigkeiten verknüpft war. Sie hatte zweierlei Zwecke, einmal das russische Landvolk, das bisher unmittelbar den güterbesitzenden Bojaren unterthan gewesen war, dem mächtigen Einfluß dieses Adels zu entziehen und unmittelbar dem Kaiser zur Verfügung zu stellen, und zweitens das russische Volk allmälig auf die Höhe der übrigen europäischen Nationen zu erheben, den Makel der Sklaverei von ihm zu tilgen, wie es gleichzeitig auch in der neuen Welt durch die Emancipation der Neger geschah. Die kaiserliche Politik hat dabei wohl auch die große asiatische Eroberung im Auge gehabt. Es durfte hoffen, mit einem verhältnißmäßig freien Volke den Asiaten mehr zu imponiren.

Die Hauptgegner der Bauernemancipation waren natürlicherweise die russischen Bojaren, der güterbesitzende Adel. Vor Peter dem Großen hatten die Bojaren und die aus ihnen hervorgegangenen Strelitzen oder Prätorianer in der Hauptstadt Moskau die Czaren in Vormundschaft gehalten und als ihr Werkzeug gebraucht. Peter zuerst überwältigte sie, zog gebildete Deutsche, Holländer, Franzosen und Engländer an sich und unternahm, das barbarische Volk der Russen wenigstens so weit zu civilisiren, daß sie militärisch gehörig gedrillt und in schlagfertige taktische Körper vereinigt, auch als Handlanger der Industrie und technischen Unternehmungen gebraucht werden konnten und nicht mehr blos in struppigen Haaren und unreinlichen Pelzen den fetten Acker für den reichen Adel pflügten. Noch immer blieben sie Sklaven; nur die im Kriege dienten, wurden frei. Jetzt erst, unter Alexander II., sollten die Bauern allmälig ihrer Leib=

eigenschaftspflichten enthoben werden und Grund und Boden eigen besitzen, mit möglichster Schonung des Adels, der sich lange, aber ohnmächtig dagegen sträubte.

Erst am 3. März 1861 wurde die Aufhebung der Leibeigenschaft in einem großen kaiserlichen Manifest von allen Kanzeln verkündet. „Nachdem wir den göttlichen Beistand angerufen, haben wir uns entschlossen, dieses Werk zur Ausführung zu bringen. Kraft der neuen Dispositionen werden die an die Scholle gebundenen Bauern in einer gesetzlich bestimmten Frist alle Rechte freier Ackerbauer erhalten. Die Grundbesitzer, welche ihre Eigenthumsrechte auf alles Land, das ihnen gehört, behalten, bewilligen den Bauern gegen reglementsmäßige Abgaben die Nutznießung ihrer Gehöfte und außerdem, um ihre Existenz zu sichern und die Erfüllung ihrer Verpflichtungen gegen die Regierung zu gewährleisten, so viel bestellbares Land, als durch die erwähnten Dispositionen bestimmt ist, sowie andere Landpertinentien. Die Bauern sind, nachdem sie in den Genuß dieser Landbewilligungen gesetzt worden, ihrerseits verpflichtet, die durch dieselben Bestimmungen festgesetzten Gegenleistungen abzutragen. In dieser Stellung, die nur vorübergehend ist, werden die Bauern als zeitweilig Verpflichtete bezeichnet. Zugleich ist denselben das Recht bewilligt, ihre Gehöfte abzulösen, und mit Zustimmung der Grundbesitzer können sie auch als freies Eigenthum Ackerländereien und andere Liegenschaften, die ihnen zu fortwährender Nutznießung bewilligt wurden, erwerben. Durch Erwerbung des ganzen Bestandes des festgesetzten Landes zu freiem Eigenthum sind die Bauern von ihren Verpflichtungen gegen den Gutsherrn für das so erworbene Land befreit und treten endgültig in die Stellung der Bauern ein, welche freie Eigenthümer sind. Durch besondere Anordnung ist den leibeigenen Dienstleuten ein ihren Beschäftigungen und den Erfordernissen ihrer Lage angemessener Uebergangszustand anberaumt worden. Nach

Ablauf von zwei Jahren erhalten sie ihre vollkommene Freilassung und eine zeitweilige Befreiung von Lasten."

Es handelte sich bei der Befreiung der Leibeigenen in Rußland nicht blos um eine Aenderung des Verhältnisses, in welchem bisher die Gehorchenden zu ihren Herren, den Bojaren, gestanden hatten, sondern um eine durchgreifende Aenderung der nationalen Gewohnheit, Sitte und Neigung. Der Russe hat nie Privateigenthum besessen. Familien, die sich zu Horden erweiterten, behielten immer nur ein gemeinschaftliches Eigenthum. Als Ackerbauern an die Scholle gebunden, vertheilten sie den Boden unter sich, um ihn zu bearbeiten, aber weder der Acker, den er bebaute, noch das Haus, das er bewohnte, blieb in der Familie des Bauern. Nach seinem Tode fiel es der Gemeinde wieder anheim; seine Kinder wurden, schon während er noch lebte, von der Gemeinde mit andern Gütern und Hütten versorgt. Dieses uralte Verhältniß erklärt und entschuldigt zugleich die geringe Achtung des Mein und Dein bei den Russen. Gewohnt, alles als Gemeingut zu betrachten, nehmen sie unbedenklich zu ihrem Gebrauch, was sie finden, und sind sich keineswegs immer bewußt, daß man das anderwärts stehlen nennt und für eine Sünde hält. Das neue Gesetz verlangte nun auf einmal, die russischen Bauern sollten ihre slavischen Gewohnheiten ablegen und sich, gleich den deutschen Bauern, an den Besitz eines Erb und Eigen gewöhnen und sich ein Familienvermögen sammeln. Bisher hatten sie sorglos in den Tag hinein gelebt, sehr geringe Bedürfnisse gehabt, die ihnen der Gutsherr befriedigen mußte, alles aber, was sie etwa mehr erwarben, gleich wieder vertrunken. Jetzt sollten diese Leichtsinnigen Naturkinder auf einmal solid werden, sparen, sich anstrengen, sammeln. Man bürdete ihnen eine Sorge auf, die sie früher nicht gekannt hatten.

Die deutsche Partei am russischen Hofe war es vorzüglich, von der die Maßregel betrieben wurde. Die altrussische (eigentlich fran=

zösische) Partei war dagegen und legte ungleich mehr Werth darauf, Rußland eine Constitution und parlamentarisches Leben aufzunöthigen. Das charakterisirt in merkwürdiger Weise die verschiedenartigen Einwirkungen des Germanismus und Romanismus auf die Slaven. Die Bojaren hatten gewiß nicht Unrecht, wenn sie besorgten, die emancipirten Bauern würden sich nicht so leicht in die germanische Weise finden, sondern, wenigstens in der ersten Zeit, nicht mehr arbeiten wollen und die neue Freiheit mißverstehen.

Dies geschah nun auch. Im Sommer 1861 erhielt man Nachricht von einer Menge von Bauernaufständen in 22 russischen Gouvernements, besonders in denen von Kasan und Pensa. In den letzteren zogen 10,000 Bauern mit dem Geschrei „Freiheit, Freiheit!" umher, behaupteten, der Kaiser habe ihnen völlige Freiheit bewilligt, aber man wolle sie darum betrügen, erschlugen Edelleute und Beamte und selbst Geistliche und konnten erst durch Militär überwältigt werden.

In demselben Jahr zeigte sich eine auffallende Bewegung unter dem jungen russischen Adel in den höheren Lehranstalten. Man entdeckte eine geheime Druckerei in Moskau, in welcher die „Glocke", eine auf die Revolutionirung Rußlands berechnete, von dem Flüchtling Herzen in London herausgegebene Zeitung, in einer großen Menge von Exemplaren nachgedruckt wurde. Wie schon früher, wurde auch jetzt wieder der junge russische Adel durch den Nimbus verführt, in dem man ihm Freiheit, Verfassung, parlamentarischen Ruhm ꝛc. zeigte, womit· sich auch wohl panslavistische Ideen verbanden. Alle russischen Universitäten waren von der Verführung ergriffen worden, und die hitzigen jungen Leute hatten blindlings losgeschlagen. In Kasan demolirten sie das Haus des Rectors, in Moskau konnten die tumultuirenden Studenten nur durch Militär überwunden werden. Ebenso in St. Petersburg selbst. Das alles trug sich im November 1861 zu.

Nun regten sich auch die Väter. Im März 1862 forderte die Adelsversammlung von Twer für Rußland eine Constitution. Eine Adresse, von 112 Edelleuten unterzeichnet, erklärte dem Kaiser, sie wollen auf alle ihre Privilegien gegenüber dem gemeinen Volk gerne verzichten, auch ihrer Steuerfreiheit entsagen, nur verlangen sie ein russisches Parlament, berufen aus allen Ständen. Das war ungefähr der Standpunkt, auf welchen sich Lafayette und seine Partei im Jahr 1789 stellte. In Rußland war es aber gewiß nicht sowohl weltbürgerliche Sentimentalität, die den Adel von Twer so großmüthig stimmte, sondern vielmehr das Bedürfniß, nachdem ihm durch die Bauernemancipation der Grund und Boden, der bisher ihm gehörte, unter den Füßen weggezogen war, sich einen neuen Rechtsboden in einer Verfassung zu schaffen, in welcher er die erste Stimme zu führen und sowohl dem Czaaren nach oben, als dem gemeinen Volk nach unten überlegen zu seyn hoffen durfte. Dreizehn vom Adel Twers wurden verhaftet, doch bald wieder freigelassen.

Man erfuhr nichts Bestimmtes über die Lenker und die näheren Umstände dieser Adelsagitation. Im Juni aber hörte man von zahlreichen Verhaftungen in der Armee. Fast täglich wurden Offiziere in Untersuchung gezogen als Theilnehmer eines weitverzweigten Complotts. Sogar unter der Garde in St. Petersburg und in der nächsten Umgebung des Kaisers wurden Offiziere vom angesehensten Adel, zwei Adjutanten des Kaisers, Grafen Rostovzow, verhaftet. Zugleich brachen in allen größeren Städten des Reiches große Feuersbrünste aus, alle während der Pfingstzeit. In Petersburg selbst brannte es vom 3. bis 10. Juni und an 10,000 Menschen wurden obdachlos. Das Volk war in ungeheurem Schrecken und warf sich dem Kaiser zu Füßen, ihn um Hülfe bittend. Diese scheußlichen Brände, die sich durch das ganze Reich hinzogen, waren von dem s. g. jungen Rußland oder von der russischen Emigration in London und deren Häuptern, Herzen und

Bakunin, veranlaßt und hatten den Zweck, das gemeine Volk in Wuth zu bringen. Der Brand der Städte sollte den politischen Brand hervorrufen, in welchem der Thron selbst verbrennen sollte. Man hörte, in den Petersburger Sonntagsschulen sey Communismus gepredigt worden, weshalb sie geschlossen wurden. Plötzlich aber hörten die Feuersbrünste wieder auf, ohne daß irgend eine revolutionäre Demonstration gegen den Thron gewagt wurde. Dieses barbarische Vorgehen und wieder Zurückhalten erklärt sich wohl am einfachsten aus den Unbulationen im großen europäischen Revolutionscomité, in welchem Herzen und Bakunin für die russische, Mieroslawski für die polnische, Kossuth und Klapka für die ungarische, Mazzini für die italienische Revolution wirkten, der spiritus familiaris Lord Palmerstons aber und die Rücksichten, die man auf Paris und Turin nehmen mußte, die wilden Rosse bald losließen, bald aber wieder hart in die Zügel nahmen. Wir haben erkannt, wie die Revolution in Italien unvollendet blieb, die in Ungarn und an der untern Donau gehemmt wurde. Auch die Revolution in Rußland durfte noch nicht zum Ausbruch kommen, weil die Umstände noch nicht günstig genug waren.

Kaiser Alexander II. suchte inzwischen, wie die Bauern, so auch den Adel durch Concessionen zu befriedigen, überall seinen guten Willen, seine Gerechtigkeitsliebe, seine väterliche Fürsorge für das Volk kundzugeben und dadurch die Mehrheit des Volks in loyaler Treue zu erhalten, wenn die revolutionäre Minderheit auch unversöhnlich blieb. In dieser Gesinnung nun gab der Kaiser am 29. September eine Menge wichtiger Gesetze, wodurch die bisherige Verwaltung und Gesetzgebung umfassend reformirt wurde. Er verfügte nämlich Provinzial-, Kreis- und Gemeindevertretungen, Trennung der Justiz von der Verwaltung, Geschwornengerichte, Mündlichkeit und Oeffentlichkeit. Doch zweifelte man mit Recht, ob Rußland dafür reif sey. Das Wichtigste blieb immer die Bauernfrage. Die Bauern verstanden unter ihrer neuen Freiheit viel mehr, als ihnen gewährt wurde. Sie begriffen nicht, warum sie, die ohnehin kein Geld hatten, den Grund und Boden, auf dem sie geboren waren und auf dem ihr Leibherr sie bisher ernähren mußte, erst kaufen sollten. Der Kaiser sah sich genöthigt, ⅘ der Ablösungssumme auf den Staat zu übernehmen. Dennoch fürchtete man, die Bauern würden den Gutsherren nicht mehr arbeiten wollen und somit die Bewirthschaftung größerer Güter unmöglich werden. Ebenso wurde besorgt, sie würden unter der Aufhebung der Leibeigenschaft auch die der Rekrutirung verstehen wollen.

Kaiser Alexander II. dehnte sein Reformsystem auch auf Finnland aus und gab diesem Lande am 10. April 1861 eine neue Verfassung nach dem Muster der schwedischen. Es sollte nämlich ein Ausschuß aus den vier finnischen Ständen, Adel, Geistlichkeit, Bürger und Bauern am 20. Januar 1862 zu Helsingfors zusammentreten. Man erfuhr aber, die Finnen hätten dagegen protestirt, daß dem ständischen Ausschuß zu viel Rechte eingeräumt seyen, wodurch die Landesvertretung illusorisch werde. Am 2. März 1862 reclamirte auch eine Adelsversammlung zu Grodno die alte litthauische Gesetzgebung und die Wiederherstellung der Universität Wilna.

Zur Feier des tausendjährigen Bestandes des russischen Czaarenreichs ließ der Kaiser am 20. August 1862 zu Nowgorod ein großartiges Denkmal errichten.

Am 21. Juli 1864 stürzte zu St. Petersburg die Kuppel der neugebauten Verklärungskirche ein und begrub Hunderte von Neugierigen, die herbeigeströmt waren.

In demselben Sommer wiederholten sich die Brandstiftungen. Eine Menge russischer Städte wurden in Asche gelegt, schon im April Ochansk, dann Serapul, Serdobsk, Wologda, Nischni-Nowgorod, Patorof, Baku, Simbirsk, Jaroslawj, Orenburg, wo 600 Häuser verbrannten. Auch die Pulvermagazine in Kasan und Ochta wurden in die Luft gesprengt. Im August brannte ein großer Theil der Stadt Jekaterinoslaw ab. Diesmal wurden die gefangenen Polen beschuldigt, das Feuer angelegt zu haben.

Im Januar 1865 nahm der Adel noch einmal einen Anlauf, sich Ersatz für seine Verluste aus Anlaß der Bauernemancipation mittelst einer Verfassung zu verschaffen. Eine Adelsversammlung in Moskau berieth desfalls eine Eingabe an den Kaiser. Besobrasow verlangte eine Constitution des Adels allein, Graf Orlof Dawidof verlangte aber eine Vertretung des gesammten russischen Volkes. Die Herren erließen nun wirklich folgende Adresse an den Kaiser: „Allergnädigster Herr! Der Moskauer Adel kann Ihnen, jetzt wo er hier versammelt ist, nur die Gefühle tiefer Ergebenheit und Dankbarkeit ausdrücken für Ihre weisen Maßnahmen, die stets das Wohl unseres Vaterlandes im Auge haben. Wir sind bereit, Sire, Ihnen mit Wort und That beizustehen auf dem schwierigen, aber glorreichen Weg, den Sie eingeschlagen haben. Wir sind überzeugt, Sire, daß Sie auf diesem Weg nicht inne halten, sondern noch weiter gehen werden, gestützt auf Ihren treuen Adel und auf die ganze russische Nation. Die Einigung aller Kräfte ist die Stärke unseres Vaterlandes. Indem Sie aus Ihrem Rußland, das bisher getheilt war, ein festes Ganzes machen, alle seine Theile stark an einander schließen, und statt der Einzelgerechtsame dieser Theile ein dem ganzen Reich gemeinsames Recht einführen, werden Sie für immer Empörung und Bürgerkrieg unmöglich machen. Der Grundbesitz (remstvo), dem Sie neues Leben geben, muß, wenn er vollkommen befreit seyn wird, die Macht und den Ruhm Rußlands befestigen. Krönen Sie nun, Sire, das begonnene Werk dadurch, daß Sie eine Generalversammlung von Erwählten Rußlands zur Prüfung der dem ganzen Reich gemeinsamen Bedürfnisse einberufen! Gebieten Sie Ihrem treuen Adel, diese Deputation aus seiner Mitte zu wählen! Der Adel ist immerdar die beste und

sicherste Stütze des russischen Thrones gewesen. Ohne im Staats=
dienst zu stehen, ohne die damit verknüpften Vorrechte zu genießen,
mögen diese Erwählten, die ohne irgendwelche Belohnung ihre Pflicht
gegen das Vaterland erfüllen, berufen seyn, die politischen und sitt=
lichen Rechte zu wahren, welche dem Staatsgebäude zur Grundlage
dienen, Rechte, die dem Volk heilig und einem wohleingerichteten Land
nothwendig sind. Auf diesem Weg, Sire, werden Sie die Bedürfnisse
unseres Vaterlandes in ihrem wahrhaften Licht kennen lernen. Sie
werden das Vertrauen zur Executivgewalt wieder herstellen. Sie
werden eine strenge Beobachtung der Gesetze erzielen und diese Gesetze
mit den Bedürfnissen des Landes in Einklang bringen. Die Wahr=
heit wird unbehindert an die Stufen des Thrones gelangen; die aus=
wärtigen und inneren Feinde werden schweigen müssen, wenn sie sehen,
daß das Volk in der Person seiner Vertreter mit Liebe den Thron
umgibt und sich beeifert, von keiner Seite Verrath aufkommen zu
lassen. Allergnädigster Herr! Der Moskauer Adel hat Ihnen hier=
mit sein Herz und seine Wünsche eröffnet. Nur der heiligen Pflicht
treuer Unterthanen gehorcht er dabei, und hat nichts dabei im Auge,
als das Wohl des Reichs. Wir haben gesprochen, Sire, weil wir
überzeugt sind, daß unsere Worte Ihrem Herrschergedanken und dem
Geist der von Ihnen unternommenen großen Reformen vollkommen
entsprechen."

Zugleich hatte der russische Adel in Paris eine Flugschrift drucken
lassen, worin er auseinandersetzte, daß seine Existenz untergraben sey,
wenn sie nicht durch eine Verfassung eine neue und feste Grundlage
erhielte. Der Kaiser nahm jedoch diese Vorstellung sehr ungnädig ent=
gegen und löste die Adelsversammlung sogleich auf. Inzwischen sind
die schlimmen Ahnungen des russischen Adels nicht unbegründet. Früher
oder später werden die emancipirten Leibeigenen in Rußland eben solche
liberale, auf ihre Rechte eifersüchtige Staatsbürger, active und passive

Wähler werden, wie es die Bevölkerungen im mittlern und westlichen Europa bereits sind, und ihr Druck wird dann nicht mehr blos der Aristokratie, sondern auch der Monarchie lästig werden.

So weit ist es nun allerdings noch lange nicht gekommen. Man hört im Gegentheil, die Bauern seyen seit ihrer Emancipation weder moralisch besser, noch gescheidter geworden. Die Trunksucht soll furchtbar bei ihnen überhand genommen haben, welcher früher die Gutsherren doch einigermaßen noch Einhalt thaten, um die physische Kraft der Race zu erhalten. Auch ist der russische Bauer immer noch an die Scholle gebunden, denn wenn er auch nicht mehr dem Gutsherrn angehört, so doch der Gemeinde, deren Verwaltung ihn noch weniger schont, als es früher der Gutsherr gethan hat. Seine Unwissenheit ist, wie Doctor Marbner erzählt, so groß, daß es einem ehemaligen Gutsherrn gelang, den Bauern als Feldarbeitern um den für ein Stück Land von acht Klafter Länge und vier Klafter Breite bedungenen Lohn ein Stück von sechs Klaftern im Quadrat aufzureden; daß das eine Stück 32, das andere 36 Quadratklafter habe, war ihnen nicht klar zu machen. Sie erwiderten, 6 und 6 sey 12 und 4 und 8 sey auch 12.

Was Marbner erzählt, wird vollkommen bestätigt durch das Werk „Wahrheit über Rußland," welches Fürst Peter Dolgorukow herausgab und Wachler 1862 ins Deutsche übertrug. Dieser Fürst (Bojar) altrussischen Namens äußert sich so ungünstig über seine Standesgenossen, die Bojaren, daß man ihn keiner Einseitigkeit und Parteilichkeit beschuldigen kann, wenn er auch die russische Bureaukratie, die bekanntlich eine Feindin jenes Landadels ist, scharf tadelt. Er sagt geradezu, der Bauer sey die Beute, um welche sich Adel und Bureaukratie reißen, und die kaiserlichen Beamten bis zu den untersten Dienern herab hätten nur deßhalb die Aufhebung der Leibeigenschaft der Bauern freudig begrüßt und unterstützt, um diese Schafheerden jetzt noch schärfer zu scheeren, als sie vorher vom Adel geschoren worden seyen. Es handle sich nur darum, wer vom Fleiße der Bauern den Gewinn ziehen solle, ob der Adel oder die Bureaukratie. Exploitirt werde der Bauer so wie so und nach Aufhebung der Leibeigenschaft von den Beamten noch mehr, als zur Zeit der Leibeigenschaft vom Adel. Denn der dumme Bauer lebte mit dem adeligen Grund- und Leibherrn wenigstens in einem einfachen und klaren Verhältnisse, welches er verstand und worin er sich zurecht fand. Jetzt bekommt er es mit Beamten zu thun, welche schlecht besoldet und an Betrügereien aller Art gewöhnt sind und die mit vexatorischen Gesetzen und Verordnungen seine Einfalt ausbeuten.

Die Unwissenheit der russischen Bauern erstreckt sich auch auf das religiöse Gebiet. Natürlich, denn der gemeine verheirathete Pope ist ebenso unwissend wie sie selbst und ebenso betrunken. Bischöfe werden nur aus den Klöstern genommen. Aber auch die Mönche sind gänzlich unwissend und verstehen keine andere Sprache als die russische. Gepredigt wird ohnehin in der russischen Kirche nie. Vom Worte Gottes hört der Russe nichts, hat daher auch noch viel altheidnischen Aberglauben beibehalten. Im Jahresbericht der transbaikalischen Mission für 1866 gesteht die russische Mission selber ein, daß die gemeinen Russen in Sibirien bei den Schamanen und Lamas, den Heidenpriestern der Tungusen und Buräten, sich Raths erholen, wie die gemeinen Heiden, an ihre Vorhersagungen glauben und den größten Respect vor ihnen haben.

Es ist gewiß auffallend, daß die russische Kirche im Westen Eroberungen macht und die viel höher gebildeten Katholiken in Polen und Lutheraner in Livland mit eiserner Gewalt dem stupiden Popenthum unterwirft, anstatt vom Westen her religiösen Geist und Bildung zu empfangen. Allein es ist erklärlich. Rußland würde von der europäischen Civilisation und vom überlegenen Geist der abendländischen Kirchen, oder auch vom abendländischen Unglauben und Revolutionsgeist überwältigt werden, wenn es sich nicht durch eine undurchdringliche und immerwährend keck vorgeschobene Mauer der nichts wissen und nichts hören wollenden Gewalt schützte. Der stupide Gehorsam ist in der That das beste Gegenmittel gegen das Revolutionsfieber des Westens. Nur paßt zu jener wohlberechneten Stupidität die Emancipation der Bauern nicht, denn früher oder später muß die Zeit kommen, wo sie sich für mündig proclamiren werden, wie dumm sie jetzt auch noch sind.

Der transbaikalische Missionsbericht klagt darüber, daß das russische Gouvernement in Sibirien die Mission nicht unterstütze, sie nicht einmal Grundeigenthum erwerben lasse, während sie doch die heidnischen Lamatempel reich dotire. Aber auch das ist erklärlich. Die Kaiserin soll sich für die Mission in Sibirien interessirt haben und sie erfolgte ihr zu Gefallen und um Europa glauben zu machen, der Glaubenseifer, mit dem Rußland seine Glaubensgenossen in der Türkei und Oesterreich protegirt, erstrecke sich auch auf einen Bekehrungseifer unter den Heiden im Osten. Rußland denkt aber im Ernst nicht daran, die zahllosen Anhänger Buddhas an den chinesischen Grenzen zum Christenthum bekehren zu wollen. Es kann die Lamas, die beim Volk so viel Einfluß haben, durch Schonung und Bestechung viel leichter auf seine Seite bringen, als wenn es sie durch fanatische Missionäre bekämpfen ließe. Es folgt in dieser Beziehung ganz genau der klugen Politik der Engländer, welche den Heiden in Ostindien ebenfalls Tempel bauen und ihre eigenen Missionäre Schande halber zwar nicht vertreiben, was die öffentliche Meinung in England zu sehr aufregen würde, sie aber doch streng im Zaume halten.

Eine andere Maßregel des russischen Kaisers setzte nur das System seines Vaters fort, das System des nationalen und kirchlichen Nivellements. Wie er in Polen die polnische Sprache, das polnische

Recht und die katholische Kirche stufenmäßig beseitigte, so auch in den deutschen Ostseeprovinzen die deutsche Sprache, das deutsche Recht und die lutherische Kirche. Man konnte sich eine Zeit lang einbilden, der Kaiser werde hier von der Strenge seines Vaters nachlassen und die guten Dienste, welche die Deutschen der Ostseeprovinzen der Regierung in St. Petersburg schon so lange geleistet hatten, mit der Schonung ihrer Nationalität und ihrer Kirche belohnen. Allein gerade im Punkt der Nationalität und Kirche glaubte Kaiser Alexander II. jenes System des Vaters, das ganze große russische Reich möglichst zu uniformiren, wieder aufnehmen zu müssen. Ohne Zweifel hat ihn die Erfahrung, die er mit den Polen machte, darin bestärkt. Als Polen und Katholiken wollten sie Rußland nicht gehorchen, also mußten sie mit Gewalt zu Russen und griechischen Christen gemacht werden. Zugleich sah die russische Regierung, welcher nationale Geist sich in Deutschland regte. Fürst Gortschakof, der Chef des Ministeriums, hatte lange genug in Deutschland gelebt, um zu wissen, welchem Ziele die 1848 wiederaufgenommene Bewegung von 1813 zustrebte. Die Unterdrückung des deutschen Elementes in den Ostseeprovinzen war also wohl auch darauf berechnet, noch rechtzeitig diese Elemente zu beseitigen, ehe sich etwa die nationalen und confessionellen Sympathien für sie in Deutschland regen und aus ihnen minder zuverlässige Werkzeuge der russischen Politik machen würden, als sie es bisher gewesen waren.

Der kaiserlichen Politik war auch der Umstand günstig, daß seit Friedrich Wilhelm III. eine starke Vorliebe für Rußland in den höheren Kreisen und beim Adel in Preußen vorherrschte. Die Verfolgung der deutschen Protestanten in Rußland kam gar nicht zur Kenntniß der Protestanten in Deutschland. Sie wurde geflissentlich vertuscht, die Presse schwieg. Das hatte zum Theil seinen Grund aber nicht blos in dem sträflichen Servilismus, mit dem die frommen Protestanten in Berlin, den Professor Stahl an der Spitze, damals dem russischen Interesse bienten, sondern auch in der gänzlichen Gleichgültigkeit, ja Verachtung, mit welcher die liberale Presse alle Glaubenssachen zu behandeln pflegte.

Hier ein kurzer Ueberblick über die beklagenswerthen Vorgänge in Livland. Als dieses deutsche und lutherische Land 1721 von Schweden an Rußland abgetreten wurde, verbürgte sich Rußland im Frieden von Nystädt Art. 10: „Es soll auch in solchen cedirten Ländern kein Gewissenszwang eingeführt, sondern vielmehr die Evangelische Religion, auch Kirchen= und Schulwesen und was dem anhängig ist, auf dem Fuß, wie es unter der letzten schwedischen (lutherischen) Regierung gewesen, gelassen und beibehalten werden." Alle Kaiser hielten diesen Vertrag. Derselbe Vertrag band auch noch den Kaiser Nicolaus, der gleichwohl zum erstenmal im Jahr 1832 eigenmächtig der evangelischen Kirche in Livland ihre Selbständigkeit nahm, indem er sie einem neuerrichteten Generalconsistorium in St. Petersburg unterordnete. Dieses Generalconsistorium bekam die protestantischen Angelegenheiten des ganzen Reichs unter sich, konnte von allen protestantischen Unterthanen und Behörden des Reichs gleichen Gehorsam fordern, also auch nach Umständen und Belieben in die besonderen Privilegien der livländischen Kirche eingreifen.

Dieses Generalconsistorium that übrigens Livland nichts zu leibe. Der Angriff sollte von einer ganz andern Seite herkommen. Der unveränderliche Gedanke des Kaisers Nicolaus war, sein Reich, wenn auch nur allmälig, doch gänzlich zu uniformiren, daher alle anderen Nationalitäten in die russische, alle anderen Bekenntnisse in das griechisch=russische aufgehen zu lassen. Dem entsprach eine Aeußerung, welche Uwarof, Minister der s. g. Volksaufklärung in Rußland, im Jahr 1838 that: Zu Uebelständen in Rußland gehören die deutsche Sprache und die lutherische Kirche.*) Im folgenden Jahr ließ Kaiser Nico=

---

*) Livländische Beiträge I. 75.

laus durch eine servile Synode in Polock die unirte Kirche der vormals polnischen Provinzen Rußlands vernichten und zwang deren Bischöfe, sowie das gemeine Volk zum „Glauben des Kaisers," zur russisch-griechischen Staatskirche, deren Patriarch der Czaar selbst ist, überzutreten. Nach einer so schrecklichen Gewaltthat ließ sich voraussetzen, daß es auch den Katholiken in Polen, den Protestanten in den Ostseeprovinzen nicht besser ergehen, daß auch ihnen das Joch des Popenthums werde über den Nacken geworfen werden, wenn auch nur nach und nach, doch unvermeidlich. Die schlaue Berechnung läßt sich in dem Umstande erkennen, daß anfangs nur Livland allein angefochten wurde, während man Kurland und Esthland noch in Ruhe ließ. Eine Bedrückung aller Deutschen und Protestanten hätte eine gemeinschaftliche Gegenwehr derselben wahrscheinlich und viel mehr Aufsehen gemacht. Man bohrte also zuerst nur Livland an.

In die Vorstädte der Stadt Riga hatten sich allmälig viele russische Obrog-Leibeigene angesiedelt und trachteten, das Bürgerrecht in der deutschen Stadt zu erringen. Für sie wurde nun ein eigenes russisch-griechisches Bisthum errichtet; da die Zahl der eigentlichen Russen aber noch immer klein war, so wurde alsbald dafür gesorgt, dem Bischof eine ansehnlichere Heerde zu werben. Nach einem Fehljahr und während einer harten Nothzeit verbreiteten sich eine Menge russischer Agenten unter dem Landvolk Livlands und redeten ihm ein, an ihrem Unglück seyen allein die deutschen Grundherren schuld, dieser aber könnten sie sich leicht entledigen, wenn sie „die Religion ihres Kaisers" annähmen, dann würden sie aller Lasten und Verpflichtungen gegen die deutschen Herren enthoben und vom Kaiser in „ein warmes Land" versetzt werden, wo jeder einen reichen eigenen Grundbesitz erhalten werde.*) Dadurch ließen sich nun wirklich Tausende von

---

*) Livländische Beiträge I. 77.

armen Bauern bethören und nahmen den griechischen Glauben an. Das Versprechen wurde ihnen aber nicht gehalten. Die Regierung erkannte die Agenten, die bei den Bauern herumgeschlichen waren, nicht an und hielt sich an deren Zusagen nicht gebunden. Nun entstand gewaltige Gährung unter den Betrogenen. Sie wollten wieder in die lutherische Kirche zurücktreten, was jedoch die strengen Gesetze der griechischen Kirche nicht mehr erlaubten. Mittlerweile war im Jahr 1842 zu Pleskow ein Seminar für junge Popen eröffnet worden, welche hier die lettische und esthnische Bauernsprache lernen mußten, um künftige Seelsorger der Bekehrten werden und in den neugegründeten griechischen Kirchen dienen zu können.

Das Jahr 1844 gab wieder eine schlechte Ernte und abermals trat große Noth ein. Da erneuerte sich auch die Verführung. Diesmal hieß es nicht mehr, der Kaiser wird euch in das warme Land schicken, man sagte vielmehr: ihr werdet, wenn ihr euch zur griechischen Kirche bekehrt, den Grund und Boden, auf dem ihr lebt, zu eigen bekommen, die großen Güter des deutschen Adels werden zerschlagen werden und jeder von euch, der sich bekehrt, wird einen Antheil unter dem Namen des „Seelenlands" bekommen, weil er ihn mit seiner Seele erkauft hat.*) Diesmal folgten den Bauernverführern bereits herumziehende Popen, eine „ambulante Kirche." Da die bekehrten Bauern von den nächsten griechischen Kirchen zu weit weg wohnten, mußten vorerst die Popen zu ihnen kommen, um sie in den Schooß ihrer Kirche aufzunehmen. Es waren fremdartige, wenig Vertrauen erweckende Gestalten. „In ihrem halbasiatischen Habitus, mit ewig flatternden grünen und braunen Talaren, mit langem Bart und Haar können sie dem Volk weder imponiren, noch durch ihr Beispiel vorausleuchten. Mit seltenen Ausnahmen zeichnen sie sich durch nichts aus,

---

*) Livländische Beiträge I. 82.

als durch Unwissenheit, Rohheit, Habsucht und Trunkenheit." Da sie nur Ceremonien machen und ein wenig singen, aber nicht predigen dürfen, brauchen sie auch nicht zu studiren. Im folgenden Jahr 1846 wurden die Bauern, die sich hatten bekehren lassen, erstmals von allen Lasten und Zinsen, welche sie als Pächter eines der evangelischen Kirche gehörigen Guts zu entrichten hatten, freigesprochen, diese Kirche also eines bedeutenden Theils ihrer Einkünfte beraubt. Das alles geschah, so lange Golowin Gouverneur in Livland war, 1845—48. Ihm folgte der wohlwollende Suworow bis 1861.

Allein die Hauptsache ließ sich nicht mehr rückgängig machen; es wurde nämlich den 140,000 Bauern, die nach und nach zur griechischen Kirche übergetreten waren, der von ihnen sehnlich gewünschte und erflehte Rücktritt zum Lutherthum unter keiner Bedingung gestattet. Die Klagen darüber drangen endlich zum Ohr des Kaisers, der vielleicht auch freundschaftliche Vorstellungen von Deutschland aus erhielt. Genug, er schickte seinen Flügeladjutanten, Grafen Bobrinsky, im Frühjahr 1864 nach Livland, um sich persönlich von der Sachlage zu überzeugen und ihm Bericht zu erstatten. Der menschenfreundliche Graf war von dem, was er sah und hörte, tief ergriffen und meldete dem Kaiser ohne Furcht den wahren Sachverhalt in seinem Bericht vom 18. April 1864, der gedruckt worden ist. Darin heißt es: „Eine Zusammenfassung dieser Thatsachen bringt mich zu der positiven Ueberzeugung, daß von der Zahl der 140,000 Rechtgläubigen, welche nach den officiellen Daten in Livland gezählt werden, vielleicht kaum ein Zehntheil sich wirklich zur Rechtgläubigkeit bekennt. Die übrigen sind nicht nur nie von Herzen Rechtgläubige gewesen, sondern auch hinsichtlich der Erfüllung ihrer äußern religiösen Pflichten behalten sie auch jetzt noch, nach Maßgabe der Möglichkeit, die Gebräuche und Ordnungen der lutherischen Kirche bei. Ueberall baten mich die Bauern inständigst und unter Thränen, Ew. kaiserliche Majestät ihre

Bitte vorzutragen, dahin gehend, daß ihnen selbst, oder doch wenigstens ihren Kindern gestattet werden möchte, den lutherischen Glauben zu bekennen." Ueber die Mittel, die man angewendet, um die Bauern zum Uebertritt zu bewegen, sagt Graf Bobrinsky: „Ew. Majestät, es ist mir sowohl als Rechtgläubigen, wie auch als Russen peinlich gewesen, mit eigenen Augen die Erniedrigung der russischen Rechtgläubigkeit durch die offenkundige Enthüllung dieses officiellen Betruges zu sehen. Nicht die freimüthigen Worte dieser unglücklichen Familien, welche sich an Ew. Majestät wenden mit der zwar bemüthigen, doch feurigen Bitte, ihnen das Recht zu gewähren, die Religion zu bekennen nach dem Zuge ihres Gewissens, nicht diese offenherzigen und rührenden Aeußerungen ihrer Gefühle sind es, welche auf mich einen so peinlichen Eindruck gemacht haben, sondern dies namentlich, daß dieser Gewissenszwang und dieser Allen bekannte officielle Betrug unzertrennlich verknüpft sind mit dem Gedanken an Rußland und an die Rechtgläubigkeit."

Der wohlwollende Bericht des Grafen scheint kein geneigtes Gehör beim Kaiser gefunden zu haben, denn unmittelbar nach seiner Rückkehr erhielt der griechische Erzbischof Platon den Auftrag oder die Erlaubniß, auch seinerseits eine Rundreise durch Livland zu machen und sich die Dinge vom griechischen Standpunkt aus anzusehen. „Die Convertiten, welche ihren Wunsch, zum Lutherthum zurückzukehren, dem Erzbischof eröffnen wollten, wurden entweder durch Drohungen eingeschüchtert, oder, wenn sie sich nicht einschüchtern ließen, sogar in der Kirche mit den rohesten Schmähungen überschüttet. Alles das war jedoch dem Erzbischof Nebensache. Ueber die geistlichen Anliegen der Bauern eilte er schnell hinweg zu der Frage, ob ihre ökonomische und sonstige weltliche Lage nicht manches zu wünschen übrig lasse? und dieses Thema hat er mit so vollendeter Kunst zu variiren verstanden, daß auf seinen Spuren eine tiefe, wesentlich communistisch gefärbte Aufregung zurückblieb. Unmittelbar an die erzbischöfliche Rundreise knüpfte sich eine von Wühlern methodisch und monatelang getriebene Aufhetzung des Landvolks gegen die Autorität der Gutsherren, Polizeibeamten und Richter, sogar des Civilgouverneurs, während schablonenmäßig abgefaßte Petitionen von einer nächtlichen Volksversammlung zur andern colportirt und demnächst von willkürlich besignirten Deputationen nach St. Petersburg gebracht wurden. Der stereotype Inhalt dieser Bittschriften war: Schlechtmachung der Landesjustiz, Verdrängung des deutschen Elements und Vertheilung der herrschaftlichen Ländereien unter die Bauern." Zu solchen Gewaltthätigkeiten ließ sich die Regierung nun freilich nicht herbei. Doch mußte man den Bauern, nachdem man sie einmal aufgeregt hatte, auch materielle Vortheile gewähren. Das geschah im Anfang des Jahres 1866 durch Vertheilung von Krongütern ausschließlich an solche Bauernknechte, die sich zur griechischen Kirche hatten bekehren lassen. Zugleich fuhr man fort, das Ansehen der deutschen Landesbehörden zu erschüttern, Urtheilssprüche des Landesgerichtshofes zu paralysiren und in der Presse die Deutschen aufs heftigste anzugreifen und zu verleumden. Man wandte gegen die deutschen Behörden, den ständischen Adel, die Städteverfassungen mitten im despotischen Rußland die in Deutschland herkömmlichen liberalen Phrasen an, schimpfte und spottete über Junkerthum und alten Zopf und suchte die Deutschen in Rußland mit ihren altverbrieften Rechten und mit ihrer Nationalität verächtlich und lächerlich zu machen, als sey das Russenthum etwas unendlich viel Besseres als das Deutschthum. Man konnte gedruckt lesen, der H. Georg im russischen Reichswappen, der den Lindwurm mit seiner Lanze durchbohrt, sey das Russenthum und der Drache das Deutschthum.*)

---

*) Livländische Beiträge Seite 19—25.

Im Jahr 1865 hatte der Kaiser den Schmerz, seinen ältesten hoffnungsvollen Sohn, den Großfürsten Thronfolger Nicolaus, nachdem er sich eben erst mit der dänischen Prinzessin Dagmar verlobt hatte, erkranken zu sehen. Man brachte ihn nach Nizza, wo er den 24. April in den Armen der Eltern und Braut verschied. Der Kaiser besuchte bei diesem traurigen Anlaß den französischen Kaiser in Paris und empfing auf der Rückreise dessen Gegenbesuch in Lyon.

Zweites Buch.
Die polnische Revolution von 1863.

Das unglückliche Volk der Polen glich einem tapfern Krieger, der, auf den Tod verwundet, sich doch immer und immer wieder aufrafft, um, von noch schwereren Schlägen getroffen, wieder hinzusinken.

Die Polen können zum Maaßstabe dienen, in wie weit das berühmte Nationalitätenprinzip zur Natur der Dinge paßt oder nicht. Die Panslavisten sagen, die Polen sind ein Zweig des großen slavischen Stammes, deshalb gehören sie zu den Russen. Die Polen aber wollen keine Russen werden, und mit vollem Recht. Wenn es wahr ist, daß die Slaven überhaupt entweder nur Herren oder Sklaven seyn können, so hat die Natur den Polen offenbar die Signatur des Herrn, den Russen die des Sklaven aufgeprägt. Der Pole, wie der Ungar, wie der Tscherkesse, ist ein geborner Ritter. Er hat nicht Jahrhunderte lang die Peitsche des Mongolen auf seinem Rücken tanzen lassen, um zum mustergültigen Sklaven geprügelt zu werden.

Unter allen slavischen Stämmen behielten die Polen allein ihre einheimischen Könige noch bis ins vorige Jahrhundert. Zudem empfingen sie mit dem katholischen Glauben und durch den Einfluß des deutschen Ritterthums einen höhern Geist, einen moralischen Schwung, der dem dumpfen Popen- und Bojarenthum der Moskowiter ewig fremd ist.

Seit vielen Jahrhunderten sind die Polen eine den russischen Nachbarn überlegene Race. Sie herrschten über die russischen Stämme bis nach Smolensk und sind heute noch dort der güterbesitzende Adel, so lange sie nicht durch Ukase ausgerottet werden.

Will man ein anschauliches Bild von dem Contrast der Polen und Russen erhalten, so folge man dem trefflichen Blasius auf seiner Reise aus Rußland heraus nach Polen. „Je mehr man sich Smolensk nähert, desto mehr scheinen die Bewohner europäisirt oder auch polonisirt. Die Frauen schnüren sich nicht mehr über, sondern unterhalb der Brust, und man sieht immer häufiger Männer, die sich stellenweise rasiren. Aber noch immer, wie in den meisten slawischen Ländern, kann man aus einiger Entfernung gesehen, die Weiber in der gewöhnlichen Tracht fast nur am Kopfputz von den Männern unterscheiden. Der polnische Einfluß wird in jeder Richtung sichtbar. Endlich findet man, wonach sich jeder Fremde in Rußland sehnt, eßbare oder sogenannte polnische Butter. Diese polnische Butter wird, wie in Deutschland, aus der Sahne durch Umrühren, Schlagen und dergleichen durch Bewegung abgesondert. Das ist den Russen zu mühsam; sie setzen den sauer gewordenen Rahm in einen heißen Ofen und schmelzen die Butter heraus. So findet man fast in ganz Rußland unter den Russen nur sogenannte russische oder geschmolzene Butter, die für einen Westeuropäer höchst ungenießbar ist. Die Russen wissen im Ganzen aus ihrem Rindvieh nur Talg und Juchten zu bereiten. So sieht man auch nach Polen hin die ersten Elementarversuche, Käse zu bereiten, eine Erfindung, die den Russen noch fremd ist. Sie nähern sich in der Benutzung der Milch den Kalmücken, die höchstens ihre Milch in Kumis umwandeln. Die mannigfachen fremdartigen Einflüsse der Polenherrschaft sind den hiesigen eingeborenen Russen bis auf diesen Augenblick unvergeßlich geblieben. Sie halten die eigentlichen Russen oder Moskowiter für Menschen, die in Bildung und Sitten tief unter ihnen stehen. Ihnen ist das Land uraltes Polenland, und sie nehmen es nicht für ehrenhaft, wenn sie Russen oder Moskowiter genannt werden. Kaum ist ein altes Weib hier zu finden, die sich nicht auf gut Russisch für eine Polin erklärte, und jeder gebraucht die polnischen Ausdrücke, die sich hier in die russische Sprache eingebürgert haben, lieber als die der Muttersprache. Die Polenherrschaft, deren Andenken sich hier nur als Sage im Volke erhalten haben kann, hat in den Bewohnern einen romantischen Sinn zurückgelassen, der sich jetzt feindlich gegen den eigenen, näher verwandten Volksstamm kehrt. Es scheint leichter gewesen zu seyn, vor zwei Jahrhunderten die Russen zu polonisiren, als es jetzt ist, die Polen zu russificiren, obwohl die Idee einer gemeinsamen Abstammung, die allen slawischen Völkern fast fanatisch eingeprägt wird, ein starker Bundesgenosse für die Russen seyn könnte. Polen muß, außer der seines spätern Unglücks, noch andere Sympathien für sich gehabt haben, als jetzt Rußland. Und wenn auch der romantische Heiligenschein einer blühenden, freien Kunstentwicklung in Polen an und für sich wenig auf den an der Scholle klebenden Bauer einwirken konnte, so scheint doch das damit verbundene allgemeine Volksgefühl im Gegensatz zu dem der russischen Barbarei und Despotenherrschaft sich dauernd der Gemüther bemächtigt zu haben."

Daß feingebildete Polen, die zugleich gute Katholiken sind, das auf ihnen lastende Joch der russischen Beamtenpresse, Beamtengaunerei, Beamtenwillkür und das immer wie ein Ungeheuer mit offenem

Rachen hinter ihnen stehende Popenthum unerträglich finden, ist ihnen nicht zu verdenken. Geht es doch den Deutschen in den Ostseeprovinzen nicht besser, seitdem auch ihnen die Vernichtung ihrer Nationalität und ihres Glaubens bevorsteht. Aber die Ungeduld des Schmerzes und der Scham riß die armen Polen fort, zur unrechten Zeit und ohne hinreichende Kraft und äußere Hülfe ihre Befreiung zu versuchen. Viele Schuld daran trugen die Hitzköpfe der s. g. polnischen Emigration, die sich der europäischen Revolutionspropaganda in London unter dem geheimen Schutz des Lord Palmerston angeschlossen hatte. Mieroslawski ging an der Spitze der polnischen Demokraten Hand in Hand mit Mazzini und Kossuth. Außer dieser demokratischen Emigration gab es noch eine aristokratische, die ihren Sitz in Paris hatte und deren Chef, der alte Fürst Czartorisky, damals eben gestorben war. Diese Herren waren viel gemäßigter und würden, wenn nur Rußland die Nationalität und Kirche Polens hätte schonen wollen, sich ihm gern unterworfen haben.

In Polen selbst würde die Ruhe wohl erhalten worden seyn, wenn nicht die Reformen, welche Kaiser Alexander II. in Rußland selbst vornahm, auch die Hoffnung polnischer Reformen wieder geweckt hätte. Zugleich hatte das in Genua tagende europäische Revolutionscomité, wie oben schon erzählt ist, einen Angriff Garibaldi's auf Dalmatien vorbereitet, dem die Insurrektion Ungarns und der untern Donauländer folgen sollte. Da mußte denn auch in Polen geheime Vorkehr getroffen werden, um auch von dort aus thätig in die allgemeine Revolution einzugreifen. Garibaldis Marsch unterblieb aber und so wurde auch die polnische, wie die ungarische Insurrektion sistirt. Das geheime Comité der polnischen Revolution blieb aber in Wirksamkeit, sparte seine Kräfte auf eine spätere Zeit, und organisirte eine geheime Verbindung durch das ganze Land.

Unabhängig von dieser geheimen Agitation hoffte eine loyale

Adelspartei wohlthätige Nationalreformen vom Kaiser selbst. Bei einer Versammlung des landwirthschaftlichen Vereins, der fast ausschließlich aus dem Landadel bestand, hielt Graf Zamoyski in Warschau eine durchaus loyale Rede, worin er aber die Hoffnung aussprach, der Kaiser werde die wünschenswerthen Reformen für Polen gewähren. Nun mischte sich aber die revolutionäre Partei ein und lenkte das Volk dahin, daß es am 25. Februar 1861 den Jahrestag der Schlacht von Grochow zu feiern beschloß. In dieser Schlacht hatten 1831 die Polen über die Russen gesiegt. Einen solchen Sieg jetzt unter den Augen des Statthalters und Feldmarschalls Fürsten Gortschakof zu feiern, war eine allzu kecke Herausforderung der Russen, als daß die gemäßigte Partei dieselbe hätte dulden sollen. Die Gemäßigten scheinen aber nicht organisirt gewesen zu seyn, während das russische Gouvernement in Warschau damals noch nicht Truppen genug beisammen hatte, um einer ernsten Revolution begegnen zu können, bloße Demonstrationen aber vielleicht gern sah, weil sie dadurch berechtigt wurde, strengere Maßregeln zu treffen. Genug, die Prozession, die aus Warschau hinauszog, um in dem nahen Grochow das Siegesfest zu feiern, entfaltete die Fahne des weißen Adlers und die polnischen Farben. Fürst Gortschakof hätte vorher davon können unterrichtet seyn, ließ aber den Zug zu Stande kommen und dann erst Gensdarmerie einschreiten, wobei zwei Personen ums Leben kamen. Als diese nun zwei Tage später beerdigt werden sollten, gab es aufs neue Tumult und diesmal wurden sechs Personen getödtet. Auch sollen katholische Priester, welche mit einem Sarge aus der Bernhardinerkirche heraustraten, von den Kosacken Peitschenhiebe erhalten haben. Fürst Gortschakof beschwor das Volk in einer gutmüthigen und väterlichen Ansprache, sich doch nicht aufhetzen zu lassen und Ruhe zu halten. Am 2. März fand nun die

Beerdigung der Gebliebenen, wenn auch mit großer Feierlichkeit, doch in Ruhe statt.

Die Bürgerschaft von Warschau wandte sich schon am 28. Febr. mit einer Adresse an den Kaiser. Aus dem Tone dieser Adresse erkennt man, daß die Aufregung in Warschau schon sehr groß gewesen seyn muß, wenn selbst loyale und bisher gemäßigte Polen eine solche Sprache führen konnten. Noch wahrscheinlicher aber ist, daß sie auf die Geneigtheit des Kaisers rechneten, ihren Wünschen entgegen zu kommen, und ihm dieselben, durch die Ereignisse gedrängt, nur desto lebhafter ans Herz legten. Graf Zamoyski und Erzbischof Fijalkowsky unterzeichneten die Adresse mit noch 40,000 Andern. Sie sagten darin: „In die Seele eines jeden Bewohners dieses Landes ist tief eingeprägt das mächtige, heiße Gefühl seiner selbstständigen, von der europäischen Völkerfamilie abgesonderten Nationalität. Dies Gefühl wird weder die Zeit, noch der Einfluß der mannigfachsten Verhältnisse zu vernichten oder nur zu schwächen vermögen. So lange es nicht befriedigt ist, kann das Vertrauen zwischen den Regierenden und Regierten nicht wiederkehren." Der Kaiser ließ den Grafen Zamoyski nach Petersburg holen und erlaubte ihm, freimüthig zu ihm zu reden. Zamoyski legte ihm die Sehnsucht der Polen ans Herz und erinnerte ihn an die Versprechungen Alexanders I. Der Kaiser aber antwortete ihm, er begriffe die Unzufriedenheit der Polen und beklage ihr Mißgeschick, und dennoch könne man Polen nicht regieren außer mit dem Schrecken. Dann sagte er: Ich halte Sie nicht fest, nicht in Petersburg, nicht in einem Gefängniß. Ich will aus Ihnen keinen Märtyrer machen. Sie werden ins Ausland gehen und ich hoffe, Sie werden mich nicht als einen Feind behandeln. Sire, entgegnete der Graf, ich nehme Ihr Versprechen mit, daß Sie Gott bitten werden, Sie zu erleuchten. — So die Erzählung, die nichts Unglaubwürdiges hat.

Die nächsten Maßregeln, welche von russischer Seite in Polen getroffen wurden, schienen versöhnender Natur zu seyn. Des Kaisers Bruder, Großfürst Constantin, nahm seine Residenz in Warschau. Der Marquis von Wielopolski, der ehemalige Freund Zamoyskis, trat an die Spitze des polnischen Staatsraths. Dieser talentvolle Mann hatte sich, gewarnt durch das Mißlingen aller früheren Revolutionen, das System ausgedacht, Polen durch Rußland glücklich zu machen, indem er die Interessen beider Völker in einem gemeinsamen panslavistischen Interesse versöhnen und verschmelzen wollte. Wenn alle Polen so gedacht hätten, wie er, so wäre das für Wahrung unserer deutschen Interessen sehr gefährlich gewesen. Wir dürfen daher wohl Act davon nehmen, daß sich das polnische Nationalgefühl gegen diese Verquickung mit den Russen gesträubt hat, und sollen es ihnen Dank wissen. — Der Kaiser versprach den Polen wohlthätige Reformen, warnte sie aber vor jeder Widersetzlichkeit, da das Vertrauen ein gegenseitiges seyn müsse. Der Anfang mit den Reformen wurde am 19. Februar gemacht und ein diplomatisches Rundschreiben vom 20. März 1861 erklärte die Absicht des Kaisers: „Der durch das Manifest vom 19. Februar inaugurirte feierliche Act der Emancipation bezeugt die hohe Sorgfalt, die unser erhabener Herr dem Wohl der Völker widmet, welche die Vorsehung ihm anvertraut hat. Rußland und Europa haben darin einen Beweis gesehen, daß Se. Majestät, weit entfernt den von dem Fortschritt der Ideen und Interessen geforderten Interessen auszuweichen oder sie zu verschieben, die Initiative derselben ergreift und sie mit Ausdauer verfolgt. Unser erhabener Herr dehnt dieselbe Sorgfalt auf seine Unterthanen im Königreich Polen aus und hat nicht gewollt, daß ein schmerzlicher Eindruck den Lauf seiner wohlwollenden Intentionen hemme. Der Ukas, von dem Sie ein Exemplar empfangen, setzt Sie in den Stand, die Tragweite der Institutionen zu beurtheilen, welche der Wille des

Kaisers in Polen einführt. Die erste ist die eines Staatsraths, in dem sich das eingeborene Element reichlich zugelassen findet, durch die Hinzufügung von Notabilitäten, welche selbst außerhalb der officiellen Hierarchie gestellt oder mit Electivfunctionen bekleidet sind. Sie gibt dem Lande die Mittel, bei der Verwaltung nach Maßgabe seiner Interessen mitzuwirken. Die Schöpfung der Gouvernements- und Districtsräthe und der Municipalräthe sichert, auf das Wahlprincip gegründet, den localen Interessen die Fähigkeit, sich selbst zu verwalten. Endlich sind die kirchlichen Angelegenheiten und der öffentliche Unterricht einer speciellen Verwaltungscommission anvertraut, die fortan von der Commission für die innern Angelegenheiten getrennt ist. Sie wird in der Lage seyn, der Regierung die für die Entwicklung des öffentlichen Unterrichts nothwendigen Maßregeln vorzuschlagen. Durch diese verschiedenen Institutionen empfangen die materiellen und moralischen Interessen des Landes neue Garantien, ein legaler Ausdruck ist seinen Wünschen und Bedürfnissen gesichert, endlich ist ein Platz für die Verbesserungen gelassen, welche die Erfahrung fordern wird, deren Lehren in den Grenzen des Möglichen und Gerechten immer werden gehört werden. Die praktischen Resultate dieser Maßregeln hängen fortan von der Art ab, wie die Unterthanen Sr. Majestät im Königreich das Vertrauen rechtfertigen werden, das ihnen Se. Majestät beweist."

Der russische Staatsrath Muchanoff, der den Unterricht bisher schlecht geleitet hatte, wurde entlassen und Wielopolski trat für ihn ein. Dem General Abramowitsch wurden die Fenster eingeworfen. Eine s. g. Bürgerdelegation, welche die Ruhe in Warschau ohne Einschreiten des Militärs mit Hülfe einer etwa 12,000 Mann starken Bürgerwehr erhalten wollte, wurde einstweilen gebildet. Nun wurden aber die Polen in ihrem Leichtsinn gleich übermüthig, oder ließen sich von dem geheimen Revolutionscomité verleiten, das kaiserliche

Vertrauen zu täuschen. Obgleich das Begräbniß lange vorüber und von den russischen Behörden nicht gehindert worden war, sah man doch die Hauptstadt und bald alle andern Städte des Landes voll von Trauernden. Es galt nicht mehr den paar in Warschau Gefallenen, man trauerte um Polen überhaupt. Die ganze Nation sollte in Trauer erscheinen, bis sie das ihr gebührende Recht unter den Nationen Europas würde wiedergefunden haben.

Man hat behauptet, die russischen Behörden hätten diesem Treiben ausdrücklich eine zeitlang ruhig zugesehen, bis sie hinreichende Truppenverstärkungen nach Warschau gezogen hatten, und das milde Verfahren sey nur Schein gewesen. Diese gehässige Voraussetzung ist aber schon deswegen irrig, weil es unmöglich im Interesse des mit andern Sorgen viel beschäftigten Kaisers von Rußland liegen konnte, in Polen einen neuen Sturm herauf zu beschwören. Daß er aber, sobald er die Polen so einstimmig renitent fand, sein Ansehen als Landesherr nicht länger verkannt wissen wollte, war natürlich. Am 7. April begab sich eine große Menschenmenge in eine Vorstadt Warschaus zu dem Kirchhofe, wo die am 27. Februar Gefallenen begraben lagen. Ein Kreuz war aufgerichtet, vor dem man betete, und alles trug Zweige und Kränze auf die Gräber. Dann zog man vor das Haus des Grafen Zamoyski, der eine Rede vom Balkon herab hielt, das Volk aber bat, ruhig auseinander zu gehen. Das geschah nicht. Die Masse zog zu dem Marienbilde an der Bernhardinerkirche hin und betete vor demselben um die Wiederherstellung Polens. Unterdeß sammelten sich die Truppen am königlichen Schlosse und dorthin wälzte sich nun auch trotzig das Volk, laut singend: „Polen ist noch nicht verloren." Der Statthalter, Fürst Gortschakof, ritt vor und bat das Volk freundlich, heimzugehen. Aber das Volk schrie, zuerst solle das Militär fort, und man hörte gellende Pfeifentöne. General Kotzebue redete zum Volk von den Reformen, bekam aber die schimpflichsten

Gegenreden. Der Polizeiminister flüsterte ihm etwas ins Ohr und hierauf ließ er die Truppen abziehen. Das geschah unter dem höhnenden Gelächter der Menge und man kann sich denken, wie sehr dadurch das russische Militär erbittert wurde.

Am 8. April wiederholten sich dieselben Scenen. Der russische General Chrulef zeigte diesmal Ernst. Die Volksmenge umdrängte wieder das Schloß. Eine Procession mit einem Crucifix und Capuzinern an der Spitze kam aus der Capuzinerkirche und die Volksmenge kniete nieder. Vergebens befahl man ihr, auseinander zu gehen. Sie blieb und wich auch dann noch nicht, als die Aufruhracte verlesen war. Endlich feuerten die Soldaten, doch nur in die Luft. Da sollen Schüsse aus den Häusern gefallen und mehrere Soldaten verwundet worden seyn. Die Soldaten verloren nun die Geduld und stürmten auf die Menge ein, so daß 15, nach andern etliche 60 Todte blieben. Man bemerkte, daß sich den Soldaten Priester im Ornat oder Männer, welche Heiligenbilder oder Kreuze trugen, entgegendrängten, um sie zurückzuschrecken, oder, wenn die Soldaten sich nicht darum kümmerten, über Profanation des Heiligen zu klagen. Das Militär duldete diesmal nicht, daß das Volk mit den Leichen Ostentation trieb, sondern behielt sich deren Beerdigung vor und machte der Stadt dafür die Rechnung. Die Bürgerdelegation und Bürgerwehr wurden aufgelöst, die allgemeine Trauertracht verboten. Auch in Krakau wurde ein Trauerfest gehalten und in Kalisch war große Aufregung.

Der Gedanke, den Graf Montalembert in Paris so sehr bewunderte, „eine Nation in Trauer," durchzuckte die ganze polnische Nation, wenigstens den Adel und den gebildeten Bürgerstand. Trotz aller Verbote kleidete man sich schwarz, betete für die Todten und sang in den Kirchen patriotische Lieder. Die Scenen von Warschau wiederholten sich in Wilna und Kiew, und auch hier floß Blut.

Trotz allem wiederholte der Kaiser und auch sein Bruder in

Warschau, die Reformen sollten durchgeführt werden. Am 20. Mai wurde in Warschau das am 16. aus St. Petersburg datirte neue Gesetz publicirt, welches Ablösung der Frohnen befahl. Aber weil die russische Regierung dadurch die polnischen Bauern auf ihre Seite zu ziehen suchte, fand die Maßregel kein Vertrauen bei dem polnischen Adel. Damit das Vertrauen ja nicht wiederhergestellt werde, hielt das Revolutionscomité das Volk beständig in Athem, daß es in seinem passiven Widerstand verharre. Dieses Comité befand sich in Warschau selbst, aber jedermann unbekannt. Es ertheilte Befehle, denen das Volk blind gehorchte, ohne zu wissen, von wem der Befehl ausging. Die russischen Behörden verfügten zwar Verhaftungen über Verhaftungen, kamen aber nie hinter das Geheimniß. Auch im Lande dauerte die Gährung fort. In Mlawa drängte sich das Volk, sonderlich das andere Geschlecht, täglich in die Kirche, um ein Marienbild und sang religiöse, aber auch politische Klagelieder, bis es am 25. Juli von russischen Soldaten hinausgetrieben wurde. Diese Brutalität der Russen gegen Frauen wurde nun wieder ein weiterer Beschwerdegrund.

Ende Mai war der wohlwollende alte Fürst Gortschakof gestorben und interimistisch durch General Suchozanet ersetzt worden. Im August schickte der Kaiser den General Lambert als neuen Statthalter nach Warschau mit einem offenen Schreiben, worin er ihm anbefahl, die Polen doch zur Vernunft zu bringen, damit sie einsähen, wie gut er es mit ihnen meine, und wie nur sie selbst Schuld seyen, daß die Reformen noch nicht durchgeführt, das Land noch nicht beruhigt sey. Aber das half alles nichts. Am Napoleonstage (15. August) sammelte sich eine große Volksmenge vor dem Hotel des französischen Consuls, um dem Staat zu huldigen, „der sich die Stütze und Aegide der unterdrückten Nationen nenne," worauf ihnen der Consul antwortete, er danke zwar, die Herren Arbeiter aber möchten doch heimgehen und arbeiten, „damit sie der Hülfe des Auslands nicht bedürften." Damals sammelten sich auch etwa 30,000 Menschen an beiden Ufern des Niemen und feierten ein Verbrüderungsfest der Polen und Litthauer. Als der Erzbischof von Warschau starb, gab dessen Begräbniß am 10. October schon wieder Gelegenheit zu einer nationalen Demonstration. Lambert benahm sich, wie früher Fürst Gortschakof, mild und nachgiebig und erlaubte, daß die Polizei dem Leichenzug fern bleiben sollte, da die Bürger selbst die Ordnung sichern wollten. Nun wallten aber über allen einzelnen Abtheilungen des großen Zuges Fahnen mit dem weißen Adler Polens und dem geharnischten Reiter Litthauens und obgleich an diesem Tage kein Tumult Statt fand, so wurde die Nachgiebigkeit des Statthalters doch auch diesmal wieder nur ausgebeutet, um aufs muthwilligste die Russen zu reizen.

Unter andern gab der Adel den zum Begräbniß gekommenen Bauern und Bäuerinnen ein glänzendes Festmahl, Adel und Bauern gingen Arm in Arm und sangen nationale Lieder. Dazu kamen gewaltsame Angriffe auf Russenfreunde und deutsche Einwohner.

Am 14. Oct. mußte daher Lambert das ganze Königreich Polen in Kriegszustand erklären, wovon er die Gründe in einer Proklamation folgendergestalt klar und bündig auseinandersetzte: „Die Feinde der öffentlichen Ordnung schrieben das gemäßigte Verfahren der Regierung nicht den guten Absichten, sondern gewiß der Ohnmacht derselben zu, und traten mit jedem Tage verwegener auf. Massen von Straßenvolk drängten sich mit Gewalt in die Wohnungen friedlicher Bürger, zerschlugen und beraubten Läden und Werkstätten, namentlich der hier angesiedelten Ausländer, und in dem Bestreben, unter dem Einflusse des Terrorismus dem Willen von Leuten aller Stände Gewalt anzuthun, trieben sie es bis zur Beleidigung der bei der Nation geheiligt dastehenden bischöflichen Würde. Die Polizei genießt nicht nur keine Achtung, sondern unterliegt alltäglich Beschimpfungen. So oft das Militär zur Wiederherstellung der Ordnung aufgefordert wird, erfährt es Beleidigungen. Allüberall begegnet man aufs gröbste aufreizenden Bekanntmachungen und Aufrufen an die Nation. Unter dem Vorwande von religiösen Feierlichkeiten werden politische Manifestationen vollzogen, und so hat man bei Exportation der Leiche des verstorbenen Erzbischof von Warschau verschiedene aufreizende und die Vereinigung Polens mit Litthauen bezeichnende Bilder und Wahlsprüche in Procession einhergetragen. Durch die Nachsicht und unter verbrecherischer Mitwirkung mancher Geistlichen der römisch=katholischen Confession wurden die katholischen Gotteshäuser zur Stätte feindseliger Manifestationen gegen die Regierung. Priester verkündigen von der Kanzel herab Haß und Mißachtung gegen die allerhöchste Behörde. In den Kirchen und außer derselben singt man die von der Regierung verbotenen Hymnen, sammelt man Geld und andere Opfer zu revolutionären Zwecken, und endlich wurden an manchen Orten die an den Galatagen für Se. Majestät den Kaiser und König gehaltenen Gebete durch das Absingen dieser verbotenen Lieder übertäubt. Alles das bildet eine Reihe von Uebertretungen, welche nicht länger geduldet werden konnten. Die in der Ausführung begriffenen Wahlen zu den Kreis= und Stadträthen jedoch waren die Veranlassung, daß ich mich noch der Anwendung verschiedener Mittel enthielt, um die Ausführung der dem Lande verliehenen Institutionen nicht zu verhindern. Der Verlauf der Wahlen hat meine Erwartungen nicht gerechtfertigt. An vielen Orten wurden dieselben unter dem Einflusse eines moralischen Druckes und unter den gleichen der Regierung feindseligen Manifestationen vollzogen. Die Wähler, vergessend, daß die ihnen übertragenen Rechte sich auf die Wahl von Mitgliedern und Kandidaten zu den Kreis= und Stadträthen beschränken, unterzeichneten Bittschriften und Adressen, welche durch das Gesetz verboten sind. Solche Handlungen, welche der rechtmäßigen Behörde den Umsturz drohen, und in Folge davon im Lande die Anarchie begonnen hat, nöthigen die Regierung zur Anwendung entschiedener Maßregeln, und aus diesem Grunde wird, um den Einwohnern des Landes Ruhe zu sichern und die allgemeine Ordnung wieder herzustellen, das Königreich Polen Kraft allerhöchsten Befehls Sr. Kaiserl. Königl. Majestät als in Kriegszustand befindlich erklärt."

Man erkennt aus diesen Vorgängen, daß die polnische Emigration, welche in dem geheimen Revolutionscomité in Warschau befahl, eine Versöhnung mit Rußland im Sinne Wielopolski's und der kaiserlichen Erklärungen um jeden Preis verhindern wollte und daß sie glaubte, die Zeit sey gekommen, um eine Revolution in Polen zu wagen oder um durch den Versuch einer solchen die Revolution auch in Ungarn und an der untern Donau zu entzünden, oder wenigstens Europa wieder an seine alte Schuld zu erinnern, daß es seine dem Königreich Polen 1815 gewährten Bürgschaften wieder in Kraft treten lasse.

Kaum war Lamberts Proklamation erlassen, so verdoppelte sich der Trotz der Polen, denn unter den russischen Kanonen forderten sie durch Anschlagzettel auf, die Todesfeier ihres Nationalhelden Kosciusko's zu begehen. Auch wurden in allen Kirchen Warschaus laut die Nationallieder gesungen. Da wurden die Kirchen vom russischen Militär besetzt und die Austretenden gefangen. Im Dom aber und in der Bernhardinerkirche blieben die Gemeinden, Männer und Weiber, die ganze Nacht bis 5 Uhr Morgens eingesperrt und dann erst wurden sie von den Soldaten unter Kantschuhieben und Kolbenstößen hinausgetrieben und alle Männer darunter verhaftet und in die Citadelle geschleppt. Man provocirte also die russische Barbarei, um sie hinterdrein vor ganz Europa anklagen zu können. Die Polen hatten kein Mittel, sich der Uebermacht der Russen zu erwehren, aber sie rächten sich, indem sie dieselben in die Lage brachten, sich als Unterbrüder eines schuldlosen Volks im häßlichsten Lichte zu zeigen. Das muß das Herz des wohlwollenden Kaiser Alexanders II. tief gekränkt haben. Allein der Haß der Polen war durch die lange rücksichtslose Tyrannei seines Vaters gerechtfertigt. Rußland hatte Zeit genug gehabt, sich durch Erfüllung des Tractats von 1815 die Liebe der Polen zu erwerben und hatte es nicht gethan. Der junge Fürst Czartorisky selbst warnte von Paris aus, der russischen Großmuth niemals zu vertrauen, weil dieses Vertrauen schon zu oft betrogen worden sey, und wies mit einer Miene voll Schmerz und Verachtung die Tröstungen zurück, die, vom Tuileriencabinet ausgehend, Polen wieder an die Großmuth des russischen Kaisers verwiesen.

Da Lamberts friedliche Mission gescheitert war, sandte der Kaiser seinen Adjutanten, General Suchozanet, noch einmal nach Warschau, um wieder mit Strenge zu verfahren. Aber schon am 2. Nov. wurde General Lüders Statthalter. Nun herrschte wieder äußere Ruhe. Am 13. Februar 1862 wurden die Kirchen in Warschau, welche wegen der Profanation im October vom Klerus (um die Aufregung noch zu vermehren) geschlossen worden waren, durch den neuen Erzbischof Felinski wieder geöffnet. Dagegen erfuhr man, der Adel gebe sich viel Mühe, den Bauernstand durch Versprechungen aufzureizen. Erst am 27. Juni wurde Polen wieder alarmirt durch einen Mordversuch. General Lüders wurde am sächsischen Garten in den Kopf geschossen, doch war die Wunde nicht tödlich. Nun trat Wielopolski wieder in den Vordergrund, durch dessen Mund der Kaiser die Polen zu beruhigen suchte. Aber der Vortrag desselben, betreffend die Befriedigung des katholischen Klerus, genügte nicht. Der Verkehr mit Rom wurde demselben zwar wieder gestattet, jedoch nur, sofern die Correspondenz der weltlichen Behörde vorgelegt worden, und wichtige Punkte ausschließlich dem Verkehr des Kaisers selbst mit Rom vorbehalten blieben. Großfürst Constantin erklärte, der Kaiser werde sich durch alle Bos=

heiten der Revolutionspartei nicht abhalten lassen, Polen wohlzuwollen wie bisher. Aber einige Tage nachher, am 3. Juli, empfing er die Antwort darauf, indem ihn beim Ausgang aus dem Theater ein Pistolenschuß leicht verwundete. Wielopolski beschwor die Polen, dem Wohlwollen des Kaisers zu vertrauen, den Großfürsten, der mit seiner Gemahlin voll Liebe nach Polen gekommen sey, zu ehren und sich der Mordanschläge zu enthalten, durch die sie die Nation schänden, aber zwei Tage nach seiner Rede, am 7. August, wurde, als er im Wagen durch die Straßen fuhr, auch auf ihn geschossen und noch einmal am 15.

Im Anfang des Octobers richtete der Adel Poboliens (einer früher zu Polen gehörigen, aber schon seit 1772 mit Rußland vereinigten Provinz) eine Adresse an den Kaiser, worin er die Vereinigung aller altpolnischen Provinzen mit dem Königreich Polen und Herstellung ihrer nationalen Gerechtsame verlangte. Er appellirte dabei an den laut kundgegebenen Freisinn des Kaisers. Die Adresse sprach klarer und würdiger als jede andere die Berechtigung der polnischen Nationalität aus. „Im Laufe des letzten halben Jahrhunderts hat die mit dem Geiste der Gesellschaft in Widerspruch stehende Politik der Regierung eine unaufhörliche Opposition hervorgerufen, und dadurch einen Zustand herbeigeführt, der jeden wahren Bürger mit Schrecken erfüllt. Der Adel Poboliens bittet Ew. Majestät, diesem Zustand durch Ihren fürstlichen Willen ein Ende zu machen. Als einziges Mittel zu diesem Zweck erachten die Bürger Poboliens die Wiederherstellung der administrativen Einheit für Polen und die Vereinigung der westlichen Provinzen mit demselben ohne Verletzung der Rechte der in letzter Zeit auf das Feld bürgerlicher Thätigkeit berufenen ländlichen Bevölkerung. In der aufrichtigen Mitwirkung des polnischen Adels zu definitiver Regulirung der bäuerlichen Angelegenheit — einer Mitwirkung, die der Ausfluß des alten Strebens Polens ist, die Bürgerwürde und die bürgerlichen Freiheiten auf alle Stände auszudehnen, liegt die Bürgschaft der Rechtlichkeit des heutigen Verfahrens des polnischen Adels. Indem die Bürger Podoliens jeden Gedanken des Uebergewichts eines Volksstammes oder Standes verwarfen, blieben sie treu der prinzipiellen polnischen Idee der Gleichberechtigung aller Stände und Classen der Gesellschaft. Die Vereinigung mit Polen fordern sie aber deshalb, weil sie in ihr die Grundlage der freien Entwickelung für alle den polnischen Staatskörper bildenden Stämme erblicken. Majestät! Die Lage unseres Landes ist eine überaus traurige: das Volk ohne Bildung; die Volksschulen der Zahl wie der Unterrichtsmethode nach unzureichend; die Industrie ohne Kapitalien und rettungslos dem Wucher preisgegeben: der Getreidehandel wegen mangelnder Verkehrsstraßen vom Absatz nach dem Auslande abgeschnitten, der ländliche Grundbesitz in Folge der Sistirung der Darlehen aus den Kreditinstituten des Staates und der mangelnden Hypothekenordnung kreditlos; die Gesetze im Widerspruch mit den Sitten, der Tradition und der Entwicklung der socialen Begriffe; die Handhabung der Gesetze durch ein dem Lande fremdes Beamtenthum gelähmt; die Verwaltung außerhalb der Bedürfnisse und Interessen des Landes concentrirt; endlich die Gesellschaft ohne aus ihrem Schooße und durch sie gewählte Organe zur Leitung der gemeinsamen Angelegenheiten. Ein solcher Zustand, der die Folge unserer Trennung vom Königreich Polen ist, erschwert die Lösung der bäuerlichen Angelegenheit, und bedroht die Provinz mit gänzlichem Ruin, wenn nicht die Wiederherstellung der administrativen Einheit mit dem Lande erfolgt, mit dem wir uns durch dieselben Traditionen und Bedürfnisse, durch dieselben Begriffe von bürgerlicher und religiöser Freiheit und durch dieselben Wege des Fortschritts in der Zukunft vereinigt fühlen." — Im Gouvernement Minsk wurde das podolische Beispiel vom Adel befolgt und dem Adelsmarschall Lappo, weil er sich dagegen erklärte, die Fenster eingeworfen.

Von Volhynien gingen ähnliche Wünsche ein. Die Adelsmarschälle beider Provinzen wurden verhaftet.

Inzwischen dauerten die Mordanfälle in Warschau fort. Am 9. Nov. wurde Falkner, das Haupt der russischen Spione, mit abgeschnittenen Ohren und erdolcht gefunden.

Nun griff die russische Regierung zu energischen Maßregeln, um die Opposition in Polen, die ihr gerade jetzt so ungelegen kam, mit Gewalt zu unterdrücken. Es war nämlich gerade damals für das Jahr 1863 in den christlichen Provinzen der europäischen Türkei eine neue Erhebung vorbereitet und aus Rußland wurden eine Menge Waffen in die Moldau und Wallachei und nach Serbien geschafft, während die Herzegowina schon in offenem Aufstand war, Montenegro einen neuen blutigen Kampf wider die Türken begann und auch in Griechenland die Revolution vorbereitet wurde, die den König Otto vom Throne stürzen sollte. Bei alledem hatte Rußland die Hände im Spiel und handelte nur seiner alten Politik gemäß, welche den Tod und die Beerbung des „kranken Mannes" immer im Auge behalten hat.

Um freie Hand zu haben, wenn je die Zerwühlung der untern Donauländer eine russische Intervention begünstigen sollte, durfte die russische Regierung durch keine Revolution in Polen bedroht seyn. Daher die große Nachgiebigkeit des Kaisers, bis dieselbe von den Polen dergestalt mißbraucht wurde, daß er zur Gewalt schreiten mußte.

Man glaubt, die altrussische Partei in St. Petersburg sey geneigt gewesen, den Polen Concessionen zu machen, um für sich in Rußland gleiche Concessionen zu erringen, aber die deutschrussische Partei sey hauptsächlich durch Preußen (in Folge einer Sendung des Generals von Alvensleben nach St. Petersburg) in dem System äußerster Strenge gegen Polen bestärkt worden. Fürst Gortschakof selbst habe mehr der altrussischen Anschauung zugeneigt und Polen befriedigen wollen, um es ferner als Vormauer gegen den Westen zu benutzen, aber die deutschrussische Partei habe die Oberhand behalten.

Die Gewaltmaßregel, zu welcher Kaiser Alexander II. schritt, war eine Rekrutirung in Polen, um die waffenfähige Jugend in Beschlag zu nehmen, daß sie nicht dem Aufruhr diene, und zwar hob man nur die Söhne des Adels und der Städter aus, die ruhigen und loyalen Bauern blieben verschont.

Die Sache wurde sehr geheim betrieben und um Mitternacht am 15. Januar 1863 holten russische Soldaten überall die jungen Leute aus den Betten und schleppten sie mit brutaler Gewalt fort, doch ein großer Theil fand Gelegenheit zu entkommen und schaarte sich zusammen, um Widerstand zu leisten. Dies geschah zuerst in Plozk, wo es schon am 18. Jan. zu einem blutigen Kampf kam. Das geheime Revolutionscomité sah sich nun genöthigt, am 22. Jan. die allgemeine Erhebung der polnischen Nation anzubefehlen, da die jungen Rekruten, wenn sie sich selbst überlassen geblieben wären, von den Russen unfehlbar alle wären aus dem Lande fortgeschleppt worden. Gleichviel, ob die europäische Constellation ein längeres Zuwarten empfahl oder nicht, die polnische Jugend wollte und sollte lieber ihr Blut für das Vaterland im Kampfe gegen die Russen vergießen, als fern von Polen im Dienste der Russen. Komme, was da wolle, hieß es, besser todt als russisch! Von welchem Muth die polnische Jugend beseelt war, erhellt daraus, daß sie auf dem Wege zur Warschauer Citadelle, in die man sie schleppte, stolz das berühmte Lied sang: „Noch ist Polen nicht verloren."

Dem geheimen Centralcomité in Warschau wurde von Seiten der Polen blinder Gehorsam geleistet. Ein unbekannter Stadtoberst ertheilte gedruckte Befehle, welche pünktlich vollzogen wurden, und organisirte eine geheime Post, alles unter den Augen der Russen, ohne daß es diesen je verrathen würde. Die Polen durften sich nicht einmal eigenmächtig bewaffnen, sondern nur auf Befehl des geheimen Comité. Ohne Zweifel war das geheime Comité in Warschau ursprünglich nur ein Organ des großen europäischen Revolutionsausschusses in London, sowie es aber zum offenen Kampfe kam, machte sich London gegenüber, welches die Polen nur als Mittel für die allgemeine Revolutionirung Europa's brauchen wollte, eine national-polnische Partei geltend, die nur den polnischen Zweck allein verfolgen wollte. In London hatte man ganz unvernünftigerweise denselben Mieroslawsky, der in Polen, wie in Sicilien und in Baden seine Unfähigkeit documentirt, überall nur Unglück gehabt und die Sache, die er vertheidigte, verdorben hatte, gleichwohl wieder den Polen zum Dictator empfohlen, wodurch Zerwürfniß in die geheime Lenkung der Insurrection kam.

Die Insurrection begann auf dem Lande und in den kleinen Städten mit dem Charakter eines Guerillakrieges. Die jungen Leute, die sich der Rekrutirung entzogen hatten, sammelten sich unter der Führung vormaliger Offiziere in den Wäldern, hoben kleine Besatzungen der Russen auf, bemächtigten sich der Kassen, zerstörten Telegraphen und Eisenbahnen und lieferten den Russen, die gegen sie entsendet wurden, glückliche Gefechte, oder ließen sich von der Uebermacht nur zersprengen, um sich bald wieder anderswo zu sammeln. In der Hauptstadt, die von der Citadelle beherrscht und von 40,000 Russen bewacht war, blieb alles ruhig, doch durfte der Großfürst Constantin die starke Besatzung der Stadt nicht schwächen, konnte daher nicht viele fliegende Corps ins Land hinausschicken und auch nur mühsam Verstärkungen aus Rußland an sich ziehen, weil die Eisenbahnen zum Theil zerstört waren und auch in den altpolnischen Provinzen Litthauen, Volhynien, Podolien Aufstände versucht und überall Truppen gebraucht wurden, um die Ordnung in Rußland selbst zu erhalten.

Vom Beginn des Februar an wurden im Königreich Polen fast täglich Gefechte geliefert, darüber aber von polnischer und russischer Seite gewöhnlich im entgegengesetzten Sinne berichtet. Aus der Menge dieser Zusammenstöße machen sich nur einige besonders bemerklich, am 6. Februar ein Treffen bei Wengrow, wo sich 200 junge Polen von Adel mit Todesverachtung auf die russischen Kanonen stürzten und alle umkamen, dadurch aber dem polnischen Hauptcorps einen sicheren Rückzug ermöglichten, am 9. Februar ein Treffen bei Sandomirz, wo der polnische Führer Frankowski verwundet und gefangen wurde, ein Treffen bei Miechow, wo die Polen unter Kurowski geschlagen wurden und die Russen unerhörte Greuel an den wehrlosen Einwohnern begingen. Ueberhaupt erfuhr man, daß die Russen, besonders die Kosacken ganz barbarisch verfuhren. Um zu beweisen, daß sie nicht dazu commandirt seyen, erließ der Großfürst mehrmals ausdrückliche Armeebefehle, worin er zuletzt bei Todesstrafe das Niederbrennen der Dörfer, das Rauben und die grausame Mißhandlung der Wehrlosen, Tödtung der Verwundeten und Gefangenen, Brutalisirung der Weiber, Mord von Kindern ꝛc. verbot. Aber diese Verbote bewiesen gerade, daß alle solche Schändlichkeiten wirklich vorgekommen waren. Andererseits muß man bedenken, daß der russische Soldat 25 Jahre lang unter der Fahne gehalten, wie ein Sklave behandelt, unmenschlich geprügelt, durch die Habgier seiner Vorgesetzten um den kargen Lohn noch verkürzt wird und Hunger leiden muß. Wie sollte er nun inmitten einer großen Insurrection auf kothigen Straßen und in Wäldern unter ungeheuren Strapazen täglich vom Tode umlauert, nicht ein Recht haben, toll zu werden?

Unter den polnischen Führern begann Marian Langiewicz sich auszuzeichnen, der schon am 1. Februar ein Gefecht bei Wonchow leitete. Er hatte früher mit Auszeichnung unter Garibaldi gedient, doch war er es, der den Londoner Plan nicht billigte. Als daher

Mieroslawski heimlich über Paris durch Deutschland kam, aber am 22. Febr. bei Krzywosonecz geschlagen und über die preußische Grenze zurückgejagt wurde, unterlag auch dessen Partei im polnischen National=comité und legte dieses Comité seine ganze bisherige Macht in die Hände des zum Dictator ernannten Langiewicz nieder, nachdem es noch vorher, um die Bauern zu gewinnen, deren Erbpacht in freies Eigenthum verwandelt hatte.

Mieroslawski selbst beschwerte sich bitter über seinen Empfang in Polen. In seinem Schreiben an den demokratischen Centralaus=schuß der Emigration in Paris vom 31. März sagt er, das Warschauer Comité habe ihm zwar den Oberbefehl auf dem linken Ufer der Wartha übertragen, statt 15,000 Mann habe er aber nur 1500 an=getroffen, die ihm nicht einmal zu einem Angriff auf Kalisch hätten folgen wollen, ohne einen Befehl des Warschauer Comité's. Diese Herren, welche Polen mit Kirchenliedern und Weihwasser befreien und den Aufstand auf das Königreich beschränken und nicht auch die alten Provinzen, noch Galizien und Posen befreien wollten, hätten sich durch eine nach der Herrschaft strebende Familie (Czartoryski) verführen lassen und Langiewicz zum Dictator gemacht. Er will von dieser monarchischen Partei und von dieser halben Revolution nichts wissen und schließt seinen Brief mit den Worten: „Es lebe die demokratische Republik."

Mittlerweile hatte sich wie natürlich auch die europäische Diplo=matie in die polnische Frage eingemischt. Oesterreich hatte die wenigste Besorgniß vor den Polen, weil in seinem Galizien nur der Adel und Krakau polnisch gesinnt waren, die große Mehrzahl der ruthenischen Bauern wie früher 1846 der Regierung anhing. Es hatte daher auch keinen Grund, den Russen helfen zu wollen, um so weniger, als Gortschakofs Feindschaft gegen das Wiener Cabinet immer noch fort=bauerte und der russische Plan, die Christen in der Türkei aufzuregen,

Oesterreichs Interessen im Orient bedrohte. Oesterreich ließ sich damals in der Presse rühmen, daß es mild gegen Polen gesinnt sey und daß es die polnische Nationalität nie beeinträchtigt habe. Der polnische Dictator Langiewicz hielt sich im Gouvernement Radom auf, um hier von der nahen österreichischen Grenze her Waffen und Freischaaren aus österreichisch Polen an sich zu ziehen und im schlimmsten Fall dorthin flüchten zu können.

Preußen nahm keine so neutrale Stellung wie Oesterreich ein, sondern rüstete sogleich, besetzte die Grenzen und schloß schon am 8. Februar mit Rußland eine Convention ab, deren Wortlaut noch nicht vorliegt, von der aber Lord Russel im englischen Parlament erklärte, sie gestatte den Russen, polnische Insurgenten bis auf das preußische Gebiet zu verfolgen und dort gefangen zu nehmen. Kurz sie wurde allgemein als eine Ausdehnung des früheren Cartels von 1857 betrachtet, in welchem beide Nachbarstaaten sich gegenseitig die Auslieferung von Verbrechern garantirt hatten, und man schloß daraus auf eine förmliche Cooperation der preußischen mit den russischen Truppen. Man beschuldigte das Ministerium Bismarck, es ergreife die Gelegenheit nur, um durch eine große Truppenaufstellung, welcher der polnische Aufstand zum Vorwand dienen sollte, die preußische Oppositionspartei zu schrecken und die Nothwendigkeit der vermehrten Heeresmacht zu beweisen. Die zweite Kammer in Berlin verlangte daher Aufschluß über die geheim gehaltene Convention und protestirte dagegen. Herr von Bismarck machte ihr aber Gegenvorwürfe, sie sympathisire mit den Polen, die doch so feindlich gegen alle Deutschen gesinnt und als Nachbarn Preußen gefährlich genug seyen. Vier junge Polen waren in Thorn von den preußischen Behörden verhaftet und an die russischen ausgeliefert worden. Auf eine Anfrage desfalls im Abgeordnetenhause antwortete der preußische Minister des Innern, Graf Eulenburg, sie seyen nicht ausgeliefert, sondern ausgewiesen worden.

Im Uebrigen erklärte Herr von Bismarck in derselben Sitzung vom 26. Februar, die Convention gestatte eine Grenzüberschreitung der Truppen nur nach vorangegangener besonderer Erlaubniß der jenseitigen Regierung. Die polnischen Insurgenten fingen einen Brief auf, welchen Tengoborski, Chef der großfürstlichen Kanzlei in Warschau, an Herrn von Oubril, russischen Gesandten in Berlin, geschrieben hatte und worin gesagt wurde, Rußland brauche gar keine auswärtige Hülfe. Man beschuldigte nun das Ministerium Bismarck, es habe die preußische Hülfe den Russen aufgedrungen, die nicht einmal damit zufrieden seyen. Das alles waren gehässige Ausstreuungen. Es handelte sich einfach um eine Sicherung der preußischen Grenze, die auch Rußland sehr willkommen seyn mußte; die grundlosen Befürchtungen und Verdächtigungen dienten nur der demokratischen Partei in der preußischen Kammer zum Vorwand, das ihr verhaßte Ministerium zu schwächen.

In Bezug auf die Frage, welches Interesse die deutsche Nation an dem polnischen Aufstande zu nehmen hatte, ist die Ansicht Wielopolskis maßgebend. Derselbe soll 1860 dem Kaiser Alexander II. ein Memoire vorgelegt haben, worin der Grundgedanke ausgesprochen ist, daß Polen und Russen Brudervölker seyen, einander also nicht hassen und bekämpfen, sondern Hand in Hand gehen sollten, um große panslavische Politik zu treiben. Das Memoire fährt fort: „Durch seine geographische Lage und somit durch den Willen Gottes sind Rußland und Polen auf eine gewisse Gemeinsamkeit hingewiesen. Beide haben dieselbe historische Aufgabe, denselben gemeinsamen wirklichen Feind, daß wir ihnen nur mit vereinten Kräften Widerstand leisten können. Getrennt und in gegenseitiger Feindschaft müssen wir ihnen unterliegen. Schwächen wir uns gegenseitig, so verlieren nur wir und die Deutschen gewinnen. Die Deutschen sind die ewige und einzige Ursache aller Zwietracht, und ihre Politik gegen uns ist stets dieselbe und bringt stets ihnen allein Vortheil. Das Resultat dieser Politik ist die fortschreitende Eroberung slavischer Länder. Auch die Theilung Polens war ihr Werk. Nur durch die Deutschen wurde Rußland dazu aufgestachelt (?), und nur die Deutschen gewannen dabei. Sie gewannen dabei ein Stück slavischen Landes zu ihrer Ansiedlung, und sie vollziehen dieselbe auf so erschreckende Weise, daß, wenn die polnischen Provinzen noch 15 bis 20 Jahre unter preußischer Herrschaft verblieben, sie vollständig germanisirt werden würden. Die polnische Bevölkerung würde, gleich der schlesischen, auf die arbeitende Classe reduzirt werden. Dann wäre das Werk der Germanisirung vollbracht, und die Deutschen müssen weiter nach Osten vorrücken und neue polnische Landestheile in Besitz nehmen, um neuen Boden für die Germanisirung zu gewinnen. Auf diese Weise würde auch bald Rußland durch die deutsche Kolonisirung bedroht seyn und durch sie eine Provinz nach der anderen verlieren. Eine Theilung Polens war der größte Fehler der russischen Politik. Das dringendste Interesse Rußlands verlangte vielmehr, sich aufrichtig mit Polen zu verbinden und die Theilung desselben mit allen Mitteln zu verhindern. Rußland hat bei dieser Theilung nichts gewonnen, der ganze Gewinn kam den Deutschen zu Gute. Den begangenen Fehler unschädlich zu machen, ist heute die erste Aufgabe Rußlands, sogar eine Lebensfrage für dasselbe, denn nur dadurch kann es vor dem Schicksale der deutschen Eroberung und Kolonisirung bewahrt werden. Im andern Falle würden die Deutschen erst uns verschlingen und dann die Russen. Wie viele slavische Länder sind der deutschen Habgier schon zum Opfer gefallen und deutsche Provinzen geworden! Dasselbe Schicksal möchten die Deutschen auch uns bereiten, in der vorgeblichen edlen Absicht, die Civilisation nach Osten zu tragen. Diese Civilisation wirkt wie ein wahres Gift auf uns, und deßwegen wünsche ich ein treues Bündniß mit Rußland und halte mich überzeugt, daß der Selbsterhaltungstrieb, den Gott jedem Geschöpfe eingepflanzt hat, Rußland und Polen zu diesem Bündnisse zwingen wird. Die Feindschaft beider Nationen gereicht beiden zum Verderben."

Man hat widersprochen, daß Wielopolski dieses Memoire verfaßt habe. Gleichviel, es enthält eine große Wahrheit, welche besonders wir Deutsche in Acht zu nehmen haben. Oesterreich und Preußen sollten dem östlichen Slaventhum unter allen Umständen einen gemeinschaftlichen Widerstand leisten. Es ist nicht gut, daß die Wiener Presse rühmt, Oesterreich habe in Polen nie germanisirt. Es ist auch nicht gut, daß im Abgeordnetenhause zu Berlin Sympathien für Polen laut wurden. Beides läuft dem deutschen Nationalinteresse zuwider.

Um die Stellung Englands zu Polen richtig zu würdigen, darf man nicht vergessen, daß England nie etwas für Polen gethan hat. Als Polen zum erstenmal getheilt wurde, theilte England den Haß der russischen Kaiserin gegen das katholische Polen und belog sich, die Vernichtung Polens sey ein Gewinn für Protestantismus und Aufklärung. Später fanden die Engländer im Kampf gegen den großen Napoleon auf den Schlachtfeldern von Spanien und Süditalien immer Polen als ihre tapfersten Gegner. Auf dem Wiener Congreß begnügte sich England, den armen Polen den Trost einer Verfassung zu gewähren, die auf dem Papiere stand, aber niemals verwirklicht wurde. Als die polnische Revolution im Jahr 1831 ausbrach, schrie man wohl in England gegen Rußland, Lord Durham aber machte in St. Petersburg ein gutes Geschäft, indem er Polen der russischen Rache preisgab, wogegen Rußland sich den englischen Candidaten in Belgien gefallen ließ. Also ist Polen von England immer nur mißachtet, verrathen und verkauft worden. Gleichwohl lärmte man wieder nirgends so laut, als in London, gegen die neue russische Rekrutirung in Polen. Lord Palmerston sprach sich im Parlament am 27. Februar möglichst grob gegen Rußland aus, forderte für Polen die ihm auf dem Wiener Congreß zugesicherte Verfassung und eine allgemeine Amnestie. Auch Lord Russel sagte im Parlament: „Die Rekrutirung in Polen sey die unklügste und ungerechteste Maßregel, welche Rußland jemals getroffen habe, und die preußische Regierung sey durch ihre Theilnahme für die Unterdrückung der polnischen Insurrection thatsächlich mit verantwortlich geworden für jene russische Maßregel." Auch wurden Meetings abgehalten und die Presse gegen Rußland gehetzt. Dasselbe England, welches mit ehernem Fuße auf den Nacken der ihm unterworfenen Völker, die armen Irländer, Inder ꝛc. trat, log sich in eine Schwärmerei für das Menschen= und Völkerrecht der unterdrückten Polen hinein.

Das Motiv für Palmerston lag in seinen engen Beziehungen zu dem europäischen Revolutionscomité in London. Hier wurden alle künftigen Revolutionen ausgebrütet. Hier hielt Palmerston den dreiköpfigen Höllenhund an der Kette, um ihn bald gegen Rußland, bald gegen Oesterreich, bald gegen Frankreich loszulassen. Schon lange war es Englands Politik, jede europäische Revolution zu unterstützen, um die continentalen Großmächte stets in Furcht zu erhalten und ihnen Concessionen abzubringen. Diesmal galt es, den russischen Plan, nach welchem die Donau= und Balkanländer insurgirt werden sollten, durch die polnische Erhebung zu vereiteln. Falls Rußland etwa die polnische Revolution nicht bemeistern und die letztere sich über Ungarn ausdehnen und Italien Luft machen sollte, desto besser für England. Wenn das aber auch nicht gelang, so erreichte England wenigstens, daß Frankreich sich wegen Polen mit Rußland überwerfen mußte, also die von England so sehr gefürchtete russisch=französische Allianz wieder weit hinaus geschoben wurde. Weil das französische Volk immer Sympathien für Polen hegte, konnte Napoleon III. dieselben nicht verleugnen, England suchte ihn also gegen Rußland zu hetzen, wie es überhaupt die ganze Welt gegen Rußland aufhetzte, während es Palmerston nicht einfiel, für die polnische Sache das Schwert zu ziehen oder nur einen Tropfen englischen Blutes vergießen zu lassen.

Frankreich war, wie immer, für Polen interessirt, aber auch, wie immer, außer Stande, den Polen unmittelbar beizustehen, weil Deutschland wie eine Mauer zwischen ihnen lag. Es fiel Napoleon III. nicht ein, wegen der Polen einen Krieg mit Deutschland zu wagen, und noch weniger wollte er sich zum Werkzeuge Palmerstons und der europäischen Revolutionspropaganda in London hergeben. Was er zu Gunsten Polens zu erreichen wünschte, sollte im Sinne der gemäßigten Adelspartei unter Czartoryski, die sich in Paris unter seinen Schutz gestellt hatte, geschehen. Auch ließ er sich durch keine Verlockung und Drohung irre machen. Die Presse ließ es nicht an Verdächtigungen der französischen Politik fehlen. Man sagte, diese Politik benutze das Nationalitätenprincip, um Deutschland mit immer mächtiger anschwellenden Insurrectionen zu umringen und im Rücken zu fassen, damit der zweite Napoleon es desto bequemer von vorn angreifen könne. Italien sey schon unabhängig, Polen solle es ebenfalls werden, dann werde man auch Ungarn und Rumänien emancipiren. Zugleich werde der dänische Uebermuth genährt und auch Schweden solle eine Masche des Netzes bilden, in welchem man Deutschland einschließen wolle. Durch die von Frankreich unterstützte Erhebung Italiens habe Frankreich Savoyen und Nizza gewonnen, der polnischen Erhebung letztes Ziel sey, das linke Rheinufer an Frankreich zu bringen. Preußen sey dadurch eben so bedroht, wie es 1859 Oesterreich war. So urtheilte ein Theil der Presse. Ein anderer Theil sah in den Erfolgen der das Nationalitätenprincip zur Schau tragenden Politik nicht vorzugsweise französisches, sondern auch englisches Einwirken und Interesse. Es sey die natürliche Politik der Westmächte, die alte Coalition der drei nordischen Staaten (Rußland, Oesterreich und Preußen) mittelst des Nationalitätenprincips durch Insurgirung der diesen Staaten unterworfenen Nationen zu zersprengen.

Bei so sehr entgegengesetzten Interessen dauerte es lange, bis die continentalen Großmächte sich darüber einigten, was sie von Rußland in Bezug auf Polen fordern sollten. Unterdeß nahm die Revolution ihren Lauf. Der Dictator Langiewicz wurde geschildert als eine kleine gedrungene Gestalt mit sonnverbranntem Gesicht und markirten Zügen. Er trug gewöhnliches polnisches Kostüm und eine blaue pelzverbrämte polnische Mütze. Seine unzertrennliche Begleiterin in Männertracht war sein weiblicher Adjutant, Fräulein Henriette Pustowojtow, Tochter eines russischen Offiziers. Langiewicz erließ am 10. März ein Manifest an alle Kinder Polens gegen die moskowitische Fremdherrschaft und Barbarei. Nach diesem Manifest konnte wenigstens ihn der in Mieroslawski's Schreiben enthaltene Vorwurf der Halbheit nicht treffen, denn Langiewicz rief nicht nur die Völker von Kronpolen, sondern auch von Litthauen und Kleinrußland in die Waffen. Man setzte große Hoffnungen auf ihn und er täuschte auch die gegen ihn entsendeten russischen Truppen mehrmals durch geniale Manöver, führte hier einen glücklichen Schlag aus, entwich ein andermal der Uebermacht wie durch Zauber und erschien, nachdem die Russen ihn heute geschlagen zu haben verkündeten, morgen schon wieder siegreich auf einem andern Punkte. So bei Malogocz am 24. Februar. Allein er beging den Fehler, vom Systeme des kleinen Krieges abzuweichen und ein größeres Heer zu sammeln, welches er doch weder in gehöriger Zahl, noch mit gehöriger Artillerie zusammenbringen konnte, um der russischen Uebermacht damit trotzen zu können, während der kleine Krieg, die Ermüdung der Russen durch überall im Lande zerstreute Guerillas die Revolution viel wirksamer unterhielt, die Russen nöthigte, sich zu vertheilen und ihre Kräfte zu zersplittern und ihnen dadurch ungeheuren Abbruch that. Zudem führte die Einsammlung größerer Streitkräfte für Langiewicz den Uebelstand herbei, daß sich unter den um ihn sich versammelnden Insurgentenführern auch solche von der Partei Mieroslawski befanden, die ihm im Kriegsrath widersprachen und seine Plane durchkreuzten. Ja Mieroslawski selber kam herbei, ihm zu schaden. Der Schweizer von Erlach, der den Feldzug mitgemacht und beschrieben hat, spricht „von einem unendlichen Gefolge von jungen Krakauern und sonstigen polnischen Stutzern mit Offiziersrang umgeben, welche von ihren Pflichten wenig kannten, als sich goldbesetzte Uniformen bei den Schneidern französischer Schule in Krakau zu bestellen, im Hôtel de Saxe und bei Heurteur herumzuliegen, ihre Photographien in kühnen Gruppen neben denen ihres Chefs aushängen zu lassen und etwa im Gefecht tapfer dreinzuschlagen und zu schießen, doch letzteres nicht einmal alle. Gerade damals war Mieroslawski, welcher nach seinen Niederlagen bisher unthätig geblieben war, aufgebracht über Langiewicz Ernennung zum Dictator in dessen Lager geeilt, und — so erzählten mir die zuverlässigsten Gewährsmänner — vor und während des Vormarsches gegen die Russen und während des Gefechts selbst — durchflog er die verschiedenen Truppentheile mit dem Ruf: „Langiewicz ist ein Verräther! Gehorcht nicht dem Verräther!" u. s. w. Die Wirkung blieb nicht aus. So machte die Reiterei unter Czapki (?), als sie angreifen sollte, Kehrt und löste sich auf. Einzelne Gelbschnäbel (wie mir ein solcher selbst im Gefängniß vorprahlte) warfen sich an der Spitze kleiner Trupps, welche gutmüthig genug waren, ihnen zu folgen, zu „Generals' auf, bis nach einigen Tagen Herumschwärmens der Hunger sie nach Galizien und theilweise in österreichische Gefangenschaft führte. — Langiewicz, um dem alten Vorwurf polnischer Zwietracht so wenig als möglich Nahrung zu geben, beschloß, dem Nebenbuhler das Feld zu räumen."

Langiewicz gerieth zwischen mehrere russische Corps unter den Generalen Uszakow, Fürst Czachowskoi ꝛc., die sich gegen ihn ver=

einigen konnten, nachdem er selbst die zerstreuten Insurgentenbanden an sich gezogen hatte. Zwar gelang es ihm am 17. März, die Russen bei Zagocz zu durchbrechen und zu schlagen und auch am 18. errang er noch einmal bei Grachowiska einen Vortheil. Nun aber sammelten sich in der Nacht russische Corps in solcher Uebermacht, daß Langiewicz im Lager zu Welce einen großen Kriegsrath hielt, in welchem eine Theilung der Insurgentenarmee beschlossen wurde. Und zwar nicht blos wegen der Russen, sondern auch aus Mangel an Lebensmitteln. Man hätte von Anfang an bei der zerstreuten Fechtart bleiben sollen. Jetzt war es zu spät. Kaum hatte sich die polnische Armee, die etwa 12,000 Mann zählen mochte, getheilt, so wurden die 6000 Mann, die bei Langiewicz blieben, von den Russen angegriffen und über die österreichische Grenze getrieben, am 19. März. Der andere Theil des polnischen Heers unter Czachowski erlitt unmittelbar darauf gleichfalls eine Niederlage durch die Russen bei Lezaisk und auch von diesem Corps retteten sich viel über die österreichische Grenze. Somit war nun wohl der erste Versuch einer größern Armeebildung in Polen gescheitert, allein die Revolution damit keineswegs beendigt, denn man kehrte einfach zum System des kleinen Krieges zurück, nachdem das Revolutionscomité in Warschau die Dictatur für erloschen erklärt und die höchste Gewalt wieder an sich genommen hatte.

Langiewicz wurde auf österreichischem Boden sehr anständig behandelt und nach Wischnowiz, einem angenehmen Landstädtchen, confinirt, seine junge Begleiterin aber begab sich nach Prag. Wegen eines Fluchtversuchs wurde Langiewicz später nach der Festung Josephstadt gebracht.

Man erfuhr, daß von russischer Seite in der Mitte des März Fürst Gortschakof in einer Note den auswärtigen Mächten erklärt habe: „Die Erfahrungen, welche Rußland in Polen gemacht habe, gestatten ihm nicht die Verfassung, wie sie Kaiser Alexander I. octroyirt habe, wieder herzustellen. Es könne die Ausdehnung nicht gutheißen, welche gewöhnlich dem Ausdruck ‚nationale Institution' gegeben werde, wenn man denselben sich auch auf die Armee und auf gesonderte Finanzen erstrecken läßt. Uebrigens besteht für Rußland keine Verpflichtung mehr, auf jene Charte zurückzukommen, denn sie ist 1831 von den Polen selbst zerrissen worden. Der polnische Adel hat offene revolutionäre Tendenzen bekundet und der podolische Adel die Wiedervereinigung der altpolnischen Provinzen mit dem Königreich verlangt. Hätte das Königreich nun eine eigene Armee und eigene Finanzen, so würde es sich mit Umtrieben und Adressen nicht begnügen, sondern geradezu mit Rußland Krieg anfangen." Dies ist in der That von Seite Rußlands eine richtige Argumentation und die auswärtigen Mächte durften entweder nicht zuviel von Rußland verlangen, oder mußten es mit Gewalt durchsetzen und anstatt Noten zu schreiben, für Polen Krieg führen.

Das Amnestiedecret, womit Kaiser Alexander II. die auswärtigen Mächte beschwichtigen und jeden Vorwurf entwaffnen wollte, war vom 31. März alten, 12. April neuen Styles datirt und besagte: „Wir folgen dem Antrieb unseres Herzens, indem wir die polnische Nation nicht für die Agitation verantwortlich machen wollen, welche vom Ausland ausgegangen ist. Die gegenwärtige Generation muß es sich zur Aufgabe machen, das Wohlseyn des Landes nicht durch Ströme von Blut, sondern auf dem Wege des ruhigen Fortschritts zu begründen. In unserer Fürsorge für die Zukunft des Landes wollen wir alle vergangenen Acte der Empörung der Vergessenheit übergeben und bewilligen allen unsern Unterthanen im Königreiche, welche sich bei den letzten Unruhen betheiligt haben, vollständige Verzeihung, wenn ihnen für andere Verbrechen oder für in den Reihen unserer Armee verübte Vergehen keine Verantwortlichkeit zur Last fällt und wenn sie bis zum 1. (13.) Mai zum Gehorsam zurückkehren. Uns liegt die Verpflichtung ob, das Land vor der Wiederkehr jener ordnungswidrigen

Agitationen zu bewahren und seinem politischen Leben eine neue Aera zu eröffnen. Diese kann nur durch eine rationelle Organisation der Autonomie in der Localverwaltung, als Grundstein des ganzen Gebäudes, eingeführt werden. Wir haben in den, dem Königreiche durch uns verliehenen Institutionen die Grundlagen dazu gegeben und behalten uns vor, mit deren weiterer Entwicklung nach den Bedürfnissen der Zeit und des Landes vorzugehen. Nur allein durch das Vertrauen, welches das Land in unsere Absichten setzen wird, lassen sich die Spuren des gegenwärtigen Unglücks verwischen."

Damit kam die russische Regierung den am 17. April an sie gerichteten Noten von Frankreich, England und Oesterreich zuvor, denn mehr konnten sie von Rußland nicht verlangen, wenn sie dem letzteren nicht überhaupt jedes Recht an Polen absprechen wollten. Im Wiener Congreß war in Bezug auf Polen beschlossen worden: "Das Herzogthum Warschau ist mit Ausnahme der Provinzen und Bezirke, über welche in den folgenden Artikeln anders verfügt worden ist, mit dem Kaiserthum Rußland vereinigt. Es soll mit ihm durch seine Verfassung unwiderruflich verbunden und für alle Zukunft ein Besitzthum Sr. Majestät des Kaisers aller Reussen, seiner Erben und Nachfolger seyn. Die Polen, als respective Unterthanen von Rußland, Oesterreich und Preußen, werden eine Repräsentation (Vertretung) und nationale Einrichtungen erhalten, angemessen derjenigen Weise politischer Existenz, welche ihnen jede Regierung, welcher sie als Unterthanen angehören, als zuträglich und zweckmäßig zu ertheilen für nützlich finden wird." Die polnische Verfassung vom 27. Nov. 1815 garantirte den Polen § 11 volle Religionsfreiheit; § 16 Preßfreiheit; § 17 Gleichheit vor dem Gesetz; § 24 freies Auswanderungsrecht; § 25 das Recht jedes verurtheilten Polen, seine Strafe nur im Königreich selbst erdulden zu dürfen (und nicht nach Sibirien geschickt zu werden); § 28 den ausschließlichen Gebrauch der polnischen Sprache in allen öffentlichen Geschäften; § 29 die Besetzung der öffentlichen bürgerlichen und militärischen Aemter ausschließlich durch Polen; § 31 eine Nationalrepräsentation in zwei Kammern. Durch die Revolution von 1831 gingen indeß alle diese Bürgschaften wieder verloren und es frug sich nur, ob daran mehr die Nichterfüllung der russischen Versprechungen oder der unversöhnliche Haß der Polen schuld war.

Die Appellation der Mächte an die Großmuth des russischen Kaisers wurde mit Recht in einem Schreiben des Fürsten Czartoryski an das Journal des Debats schon im Februar als unzureichend und als eine Täuschung Europas bezeichnet. Er sagt darin: „Die jetzt ausgebrochene Bewegung ging aus der unerträglichen Lage hervor, in die man uns versetzt hat, namentlich zuletzt durch die Rekrutirung. Man sucht unsere einfache Verzweiflung für Intrigue und Verbrechen auszugeben. Wir bitten die, die uns doch nicht helfen werden, wenigstens um Wahrheit und daß man die Rollen nicht so weit umkehre, die Mißhandelten und Sterbenden als Ruhestörer und Verbrecher, die Mißhandelnden aber als edle und hochherzige Menschen zu bezeichnen. Wir bitten, daß man uns nicht unaufhörlich auf die Seelengröße und Liberalität Rußlands verweise. Die Großmuth Rußlands, wir kennen sie seit 30 Jahren. Uns an sie zu weisen, ist bittere Jronie."

Sofern die drei Mächte in ihren Staaten nur die Garantien von 1815 verlangt hatten, antwortete ihnen Fürst Gortschakof in Namen des russischen Kaisers am 26. April höflich und zuvorkommend, Rußland stimme ganz mit ihnen überein und hege in Bezug auf Polen die wohlwollendsten und liberalsten Absichten, welche leider nur — dies wurde vorzüglich in der Antwort an Frankreich betont — durch die Umtriebe des europäischen Revolutionscomité durchkreuzt und vereitelt würden. Darin lag die Aufforderung an die Westmächte, jene Umtriebe, die überall auf Paris und London zurückführten, zu verhüten. In der Antwort an Oesterreich sagte Fürst Gortschakof, die Rückkehr eines dauerhaften Friedens hänge nicht bloß von den innern Maßregeln ab, welche die russische Regierung in Polen treffe; die Hauptquelle der Beunruhigung liege in der permanenten Verschwörung, die von der europäischen Revolutionspartei im Auslande organisirt werde.

Am 27. Juni vereinigten sich Frankreich, England und Oesterreich abermals zur Ueberreichung von wenn auch nicht gleichlautenden, doch in der Hauptsache übereinstimmenden Noten an Rußland, worin sie auf Grund der Verträge von 1815 ihre Forderungen für die Zukunft Polens wiederholten und in sechs Punkten formulirten. Fürst Gortschakof antwortete am 13. Juli wiederholt, daß sein Kaiser längst mit Concessionen vorangegangen sey und daß es nur an den Polen selbst liege, wenn sie, anstatt davon Gebrauch zu machen, zugleich mit Verachtung der ihnen angebotenen Amnestie den blutigen Kampf fortsetzten; von einem Waffenstillstand, den die Noten verlangten, könne unter diesen Umständen nicht die Rede seyn. Auch konnte Fürst Gortschakof nicht umhin, in seiner vortrefflich geschriebenen Depesche an England hervorzuheben, daß der Aufstand in Polen selbst keineswegs so populär sey, als man vorgebe, am wenigsten bei den Bauern, und daß er nur vom Auslande her durch die wohlbekannte Revolutionspropaganda genährt und durch einen beispiellosen Terrorismus aufrecht erhalten werde. „Das Actionsprincip der leitenden Comités von außerhalb ist, die Agitation um jeden Preis aufrecht zu erhalten, um der Presse fortwährend Stoff zu Berichten zu liefern, die öffentliche Meinung zu täuschen und zur Plage der Regierung eine Gelegenheit oder einen Vorwand zu einer diplomatischen Intervention zu geben, welche zur militärischen Action führen soll." Auch Frankreich wurde in der russischen Antwortsnote darauf hingewiesen, daß die eigentlichen Urheber der polnischen Insurrection außerhalb Polens und im Bereiche derselben beiden Westmächte zu suchen seyen, welche jetzt die Schuld allein auf Rußland schieben möchten. In der russischen Antworts=

note an Oesterreich wurde besonders hervorgehoben, daß die von den drei Mächten vorgeschlagene Conferenz aller fünf Großmächte eine Lösung nicht herbeiführen würde, es dagegen viel angemessener sey, daß Oesterreich mit Preußen und Rußland allein, als den drei bei der polnischen Theilung allein betheiligten Mächten, mit Ausschluß der beiden Westmächte, conferirte.

Diese nach Gedanken und Form meisterhaften Antwortsnoten Gortschakofs bewiesen, wie klar Rußland seiner Stellung sich bewußt war, während die andern Mächte noch schwankten oder ihren letzten Gedanken verhüllten. Lord Napier, der englische, und der Herzog von Montebello, der französische Gesandte in St. Petersburg, sprachen sogleich gegen den Fürsten Gortschakof die Befürchtung aus, seine Antworten würden zu ernsten Conflicten führen. Oesterreich aber ließ in Paris und London erklären, seine Stellung bleibe die nämliche und es werde sich durch Rußlands Lockungen von seiner Verbindung mit den Westmächten in Bezug auf die polnische Sache nicht abbringen lassen.

Am 3. August wiederholten England, Frankreich und Oesterreich nochmals ihre Mahnungen an Rußland, da nun aber das alles nur leere Worte waren, die durch keine Waffen unterstützt wurden, antwortete Rußland am 7. September, es erkläre die Diskussion für geschlossen und nehme jede Verantwortung auf sich.

Da der diplomatische Notenwechsel zu keiner Entscheidung führte und das geheime Nationalcomité schon deßhalb den Widerstand gegen Rußland fortsetzen mußte, um den Westmächten fortwährend den Vorwand zu einer energischeren Intervention zu leihen, dauerte der blutige Krieg den ganzen Sommer hindurch fort. Man bemerkte von Seiten der Russen nicht die erforderliche Kraft und Machtentfaltung, um den polnischen Aufstand niederzuschlagen. Das war nun freilich auch schwer, weil die Insurgenten sich zerstreuten und überall und nirgends zu finden waren. Um sie aufzusuchen, mußten sich die russischen Truppen ebenfalls zerstreuen, wurden oft in die Irre geführt, abgehetzt und geschlagen, oder konnten, auch wenn sie siegten, nur schwache Erfolge erringen. Durch die Grausamkeit, mit der sie die Gefangenen und Wehrlosen mordeten und die Dörfer in Brand steckten, machten sich die Russen immer mehr verhaßt. Die Insurgenten ließen es ihrerseits an Repressalien nicht fehlen und das arme Land litt darunter unsäglich. Der Statthalter Großfürst Constantin machte sich in Warschau wenig bemerklich, weniger als man von seiner bekannten Energie hätte erwarten sollen. Großen Nachdruck legte man eine Zeit lang darauf, daß der Kaiser den Befehl über das Heer in die Hände des General Berg gelegt habe, der für einen rechten Eisenfresser galt; indeß geschah von diesem nichts Außerordentliches. Man sprach von einem großen Zwiespalt der russischen Militär- und Civilverwaltung. Wielopolski hielt noch immer seine Idee einer friedlichen Verschmelzung polnischer und russischer Interessen im panslavistischen Sinne fest, und Erzbischof Felinski hörte nicht auf, die Rechte der katholischen Kirche und der polnischen Nation zu vertreten, wollte deshalb, als er sein Bemühen vereitelt sah, aus dem Staatsrath austreten und protestirte, als die russischen Soldaten einen Kapuziner Namens Knarski gehängt hatten, gegen dieses Verfahren, worauf er nach St. Petersburg citirt wurde (14. Juni). Man erfuhr, er sey nach einem längeren Gespräche mit dem Kaiser nach Jaroslaw abgeführt worden. Die polnische Geistlichkeit ordnete für ihn allgemeine Kirchentrauer an.

Das geheime Revolutionscomité in Warschau nahm am 10. Mai den Namen der polnischen Nationalregierung an, proclamirte die Emancipation der Bauern, um das Landvolk zu gewinnen, um welches sich auch der russische Kaiser damals so viele Mühe gab, und verfügte zugleich die Wiedervereinigung Litthauens und Rothrußlands mit Polen. Die neue Regierung protestirte feierlich gegen die russische Amnestie, Polen fordere sein Recht und verlange keine Gnade. Die geheime Regierung befahl, an Rußland keine Steuern mehr zu entrichten, schrieb dagegen selbst Steuern aus und forderte und erhielt unbedingten Gehorsam. Der Nationalkrieg gegen Rußland sollte energisch, wenn auch nur als Guerillakrieg fortgeführt werden und man spottete über das russische Amnestiedekret, weil es den Polen förmlich erlaubte, ihre Insurrektion wenigstens bis zum 1. Mai ungestraft fortzusetzen, denn erst nach diesem Termine sollte die Strafe eintreten.

Das geheime Nationalcomité war in Warschau selbst versteckt und regierte von hier aus die polnische Nation mit unumschränkter Gewalt, obgleich Warschau von russischen Soldaten wimmelte. Es war den Russen nicht möglich, den Personen oder auch nur Namen der geheimen Regierungsmitglieder und den verborgenen Druckereien auf die Spur zu kommen, in denen nicht nur die Befehle der Regierung, sondern auch mehrere revolutionäre Zeitungen gedruckt wurden, welche täglich in Warschau erschienen und über ganz Polen verbreitet wurden. Alle Polen gehorchten ihrer geheimen Regierung blindlings, nicht blos aus Patriotismus, sondern auch aus Furcht, denn sie hatten Ursache, die Rache der Nationalpartei mehr fürchten zu müssen, als die der Russen. Die geheime Regierung herrschte durch den Schrecken. Welcher Pole es mit den Russen hielt und ihnen diente, war sicher verloren, denn das Comité schickte ihm das Todesurtheil ins Haus und der Verurtheilte wurde bald darauf ermordet gefunden. So fand man einen Spion todt mit abgeschnittenen Ohren. Ein Journalist wurde in seinem eigenen Hause erdolcht. Ein Bäcker, der das Todesurtheil empfing und sich der Vollziehung desselben durch die Flucht über die preußische Grenze entziehen wollte, wurde bald darauf auf preußischem Boden erhängt gefunden. Worte, die im

Cabinet des Großfürsten unter vier Augen gesprochen waren, erfuhr das Comité. Ein reicher Kaufmann in Warschau, den das Comité mit 6000 Rubel besteuerte, begab sich zum Großfürsten und frug ihn, was er thun solle. Der Großfürst überließ es ihm, zu thun, was er wolle. Auch das erfuhr das Comité und strafte den Kaufmann mit der doppelten Summe. Hätte er sie nicht bezahlt, so hätte es ihn das Leben gekostet. Der Großfürst wäre in der That nicht im Stande gewesen, ihn zu schützen. Am 9. Juni wurden aus der Hauptkasse in Warschau 5 Millionen Silberrubel in russischen Bankbilletts entwendet. Später machte die geheime Nationalregierung bekannt: „Die Fonds des Landes dürfen nur dem Lande und seiner Befreiung dienen. Aus diesen Beweggründen haben die Beamten der Finanzcommission, Stanislaus Janowski und Stanislaus Hebba, auf Befehl der Nationalregierung die Summe von 24,012,992 Gulden und 20 Groschen polnisch von der Hauptkasse an die Nationalregierungskassen abgeliefert. Indem die Nationalregierung dies zur öffentlichen Kenntniß bringt, erklärt sie, daß sich die Beamten Janowski und Hebba um das Land wohlverdient gemacht haben und auf Befehl der Nationalregierung mit einer besondern Mission nach dem Ausland betraut worden sind."

Man erfuhr, die beiden genannten polnischen Beamten, welche diesen großen Kassendiebstahl begingen, hätten der Partei des Fürsten Czartoryski angehört und die Auslieferung des Geldes an die geheime Nationalregierung Anfangs verweigert, weil die Mehrheit ihrer Mitglieder der demokratischen Partei angehörte. Man habe sich jedoch, wie nach dem Conflicte zwischen Langiewicz und Mieroslawski, wieder verständigt. Der junge Fürst Czartoryski begab sich nach Stockholm, wo er enthusiastisch empfangen wurde. Ein Theil der polnischen Emigration sah ihn schon als den künftigen König von Polen an und die Reise nach Schweden sollte wahrscheinlich dazu bienen, seinen Namen und seine Ansprüche Polen und Europa in Erinnerung zu bringen. Die Erhebung der Polen gegen Rußland mußte natürlicherweise auch bei den Schweden die Hoffnung erwecken, sich einmal vom russischen Druck befreien zu können und das ihnen so schmählich geraubte Finnland wiederzugewinnen. So lange aber die Westmächte nicht gegen Rußland vorschritten, mußte das schwache Schweden an sich halten.

Im Anfang des Juni gelang es der russischen Regierung in Warschau, endlich einmal ein Mitglied der geheimen Nationalregierung zu entdecken und zu verhaften, den Senator, wirklichen Staatsrath und Dekan der juristischen Facultät Wolowski. Doch erfuhr man weiter nichts, als daß er verhaftet sey, und von weitern Entdeckungen hörte man nichts. Einmal wurde der russischen Regierung das Zimmer verrathen, in welchem die geheime polnische Regierung ihre Proklamationen drucken lasse. Das Haus wurde überfallen und in dem bezeichneten Zimmer wurden wirklich die Presse und einige frisch gedruckte Proklamationen, aber kein Mensch gefunden, bis man einen Kasten aufmachte, in welchem die Leiche des Verräthers lag.

Das Gemälde des kleinen Kriegs in Polen zu betailliren, ist unmöglich, weil es an beglaubigten Nachrichten fehlt. Beinahe jeden Tag enthielten die Zeitungen von der polnischen Grenze Nachrichten über einzelne, immer nur unbedeutende Gefechte, in welchen nach polnischen Berichten meist die Polen, nach russischen meist die Russen gesiegt haben sollten. Schon am 31. März wurde ein russischer Armeebefehl veröffentlicht, welcher den russischen Soldaten „das Morden, Rauben, Brandlegen, das Erschlagen Verwundeter und das Mißhandeln von Leichen" bei Todesstrafe verbietet. Man schloß daraus, daß in der That viel unnütze Grausamkeit müsse verübt worden seyn. Der polnische Czas meldete, russische Offiziere suchten die polnischen Bauern gegen die, meist dem Adel angehörigen Insurgenten aufzureizen, versprächen benen Belohnungen, welche die Edelleute erschlügen, und redeten ihnen vor, der Kaiser wünsche die Vertilgung der Edelleute. Man darf nicht zweifeln, daß solche Aufreizungen der Bauern wirklich stattgefunden haben, da es schien, sie müßten zu denselben Ergebnissen führen, wie 1846 in Galizien. Auch erließ das geheime Nationalcomité vorsorglich schon im Februar einen Befehl, wonach den polnischen Bauern die Güter, auf denen sie nur bisher in Erbpacht gelebt, zum Eigenthum gegeben werden sollen. Dasselbe wurde den Bauern in Volhynien, Podolien und der Ukraine in einem s. g. „goldenen Briefe" zugesichert. Aber hier ohne Erfolg, weil hier nur der Adel polnisch und katholisch, die Bauern aber ruthenisch und Anhänger der griechischen Kirche und des Kaisers waren. Im Königreich Polen nahmen die Bauern zwar wenig lebhaften Antheil an der Insurrektion, traten ihr aber auch nicht entgegen. Man hörte zuweilen in russischen Berichten, Bauern hätten hie und da Insurgenten gefangen eingebracht und an die russischen Behörden abgeliefert. Das blieben aber vereinzelte Fälle. An die Deutschen und Juden in Polen erließ das Nationalcomité besondere Erlasse, worin es ihnen Schutz versprach, wenn sie sich ruhig verhielten und die Insurrektion nicht störten.

Der kleine Krieg war den Polen durch die vielen Wälder, in die sie sich immer schnell zurückziehen konnten, und durch die warme Jahreszeit sehr erleichtert. Sie griffen immer nur kleinere russische Truppentheile an, nahmen Kassen weg, fingen die Bahnzüge auf und nöthigten dadurch die Russen, an die bedrohten Punkte Truppen zu schicken, die sich somit durch ihre Vertheilung schwächten. Waren die Insurgenten stärker, so vernichteten oder zersprengten sie den Feind. Wo nicht, so liefen sie rasch auseinander, um sich in den Wäldern wieder zu vereinigen. Gewarnt durch das Mißgeschick des Langiewicz bildeten sie nie mehr eine große Masse, sondern zertheilten sich in kleine Corps, die nur selten mehr als tausend Mann zählten. Unter ihren Führern wurden vorzüglich genannt Taczanowski, Jezioranski, Lelewel, Dzialinski, Niegolewski, Oborski, Dobrowolski, Waligorski, Zappalowicz, Wißniowski, Naczkowski, Ragulski, Zanowski, Krycinski, Miniewski, Chmialienski.

Der Aufstand verbreitete sich zwar über die Grenzen des Königreich Polen in die altpolnischen Provinzen Rußlands, aber ohne Erfolg. Was die altpolnischen Provinzen Oesterreichs und Preußens anbelangt, so mußte die geheime Nationalregierung, wenn auch ihr letzter Gedanke die Wiedervereinigung und volle Herstellung von Altpolen war, doch auf Oesterreich und Preußen Rücksicht nehmen, welche Mächte sie gegen sich bewaffnet haben würde, wenn sie gewagt hätte, auch Galizien, Posen und Westpreußen zu insurgiren. Nur unter der Hand liefen viele Polen aus Galizien und Posen zu den Insurgenten im Königreich hinüber oder unterstützten sie mit Geld und Waffen. Dasselbe geschah auch in den altpolnischen Provinzen Rußlands; die förmliche Insurrection aber machte dort keine Fortschritte, weil, wie schon bemerkt, die eigentlichen Polen hier nur als Adel die Minderzahl, der Rest des Volks aber eine mehr den Russen als den Polen verwandte und mehr der griechischen als der römischen Kirche angehörige Mehrheit bildete. Die polnische Presse verfehlte zwar nicht, schon vom Frühjahr an allwöchentlich dem erwartungsvollen Westen Europas Aufstände in Litthauen, Volhynien und Podolien zu verkünden, allein es wurde nie damit Ernst. Erst im Mai zogen etwa 1000 Studenten von Kiew aus und bildeten den Kern eines Insurgentenheeres, welches sich um sie sammeln sollte, aber sie wurden von überlegenen russischen Streitkräften bald überwältigt und zersprengt. Dasselbe Loos erlitt ein Insurgentenhaufen unter dem Grafen Dunin in Volhynien. Aus den Gouvernements Mohilew und Witebsk erfuhr man, hier hätten Studenten von Moskau, also

Nationalruffen, ein Insurgentenheer gebildet, um den polnischen Aufstand zu unterstützen, es sey aber den Regierungsbeamten leicht geworden, sie zu überwältigen, indem man die Bauern überredet habe, die polnischen Insurgenten wollten die vom Kaiser von Rußland bereits aufgehobene Leibeigenschaft wieder einführen. Nun seyen die Bauern über die Insurgenten und über den Adel hergefallen und hätten sie zum Theil aufs grausamste ermordet und mißhandelt, zum Theil gefangen eingeliefert.

Auch auf der Universität Kasan entspann sich eine Verschwörung russischer Studenten und Offiziere, die auch in andern russischen Städten Verbindungen hatte. Sie soll von dort internirten Polen ausgegangen seyn. Man verbreitete ein falsches kaiserliches Manifest, worin den Bauern volle Freiheit und Grundeigenthum, und allen russischen Soldaten Rückkehr in die Heimath und Grundeigenthum und allen insgemein Befreiung von fernerem Soldatendienst oder neuer Rekrutirung versprochen war. Die Verschwörung wurde jedoch 1862 entdeckt und vereitelt.

In Litthauen, welches früher in der engsten Verbindung mit Polen (der litthauische Reiter mit dem polnischen Adler im Wappen des Reichs) vereinigt gewesen war, bildete sich schon sehr frühe eine geheime Nationalregierung, wie in Polen, und erklärte schon am 31. März von Wilna aus die Wiedervereinigung Litthauens mit Polen. Zu einer großen bewaffneten Volkserhebung kam es aber hier nicht, und man schien nur auf eine Landung eines Hülfscorps und auf eine große Waffensendung aus England zu warten, die von der Ostseeküste aus nach Litthauen kommen sollten. Rußland traf hier seine Gegenmaßregeln. Am 15. Mai wurde statt des bisherigen General Naczimow der energische General Murawiew zum Gouverneur in Wilna ernannt und derselbe griff mit eiserner Consequenz durch, emancipirte die Bauern, vertheilte unter sie einen Theil der Güter, die er dem rebellischen Adel entriß, hetzte die Bauern gegen ihre Edelleute und ließ eine Menge Verdächtige verhaften und fortschleppen, jeden erschießen, der mit den Waffen in der Hand gefangen wurde, Spione hängen. Aufs härteste verfuhr er auch mit dem Klerus, dem er, wie dem Adel, alle Schuld der Revolution beimaß. Da er nun die Sammlung bewaffneter Banden in Litthauen verhinderte, konnte auch die in London ausgerüstete Expedition an der Ostseeküste nicht landen. Es war eine Freischaar edler Polen, geführt von Lapinski, die in Schweden anlegen mußten und, als sie die Unmöglichkeit eines Erfolges in Polen erkannten, wieder umkehrten. — Schweden hätte gerne den Polen geholfen, um Rußland zu schwächen, das wie ein Alp auf ihm drückt. Aber Kaiser Alexander II. deckte sich auf dieser Seite, indem er den Finnen schmeichelte, ihren Landtag zu Helsingfors am 18. September in eigener Person eröffnete und ihnen Verbesserungen und liberale Reformen versprach, zugleich aber auch in Finnland große Rüstungen vornahm.

Eine zweite Expedition sollte von der Wallachei aus den Polen zu Hülfe kommen, wofür General Türr eifrige Umtriebe machte. Fürst Couza änderte jedoch seine Politik zu Gunsten der Großmächte und ließ die polnische Freischaar an der Grenze entwaffnen.

Das Beispiel, das Murawiew in Wilna gegeben, wurde bald in Warschau nachgeahmt. Am 7. Juli sah sich Wielopolski, der Russen und Polen immer noch hatte versöhnen wollen, veranlaßt, Polen zu verlassen, und am 25. August folgte ihm auch Großfürst Constantin. Statt ihrer blieb nur General Berg mit dictatorischer Gewalt und einer russischen Armee zurück, welche von Woche zu Woche mehr Verstärkungen erhielt. Die geheime Regierung verdoppelte diesem General gegenüber ihre Kühnheit und übte einen schrecklichen Terrorismus aus. Welcher Pole ihr nicht blind gehorchte, ihr die Steuern nicht zahlte oder verdächtig war, den Russen irgendwie zu dienen, wurde durch die geheime Gensdarmerie schonungslos umgebracht. Am 21. Juni verbot die geheime Regierung die Benutzung der Eisenbahnen auf den beiden Hauptbahnstrecken, um mit ihrer Macht über die Bevölkerung zu imponiren. Doch verrieth sie ihre Ohnmacht, indem sie in der Hauptstadt selbst keine Volkserhebung wagte. Am 10. September ließ General Berg Warschau hermetisch abschließen und jedes Haus vom Keller bis zum Boden durchsuchen, um das Archiv und die Druckereien der geheimen Regierung, geheime Waffenvorräthe ꝛc. zu entdecken, aber er fand nichts. Er sollte dafür mit dem Leben büßen. Am 19. September wurde aus dem Palast Zamoyski auf ihn geschossen, allein er entging dem Attentat, ließ den Palast plündern, alle Bewohner desselben verhaften und in Warschau zur Strafe starke Contributionen ausschreiben. Am 18. October ging das Rathhaus in Warschau plötzlich in Flammen auf, weil die Polen die darin verwahrten Polizeiacten verbrennen wollten. Am Ende desselben Monats entdeckten die Russen endlich die erste geheime Druckerei der polnischen Nationalregierung, aber die andern nicht, und fortwährend wurden die Erlasse der Regierung und geheime Zeitungen gedruckt.

Die geheime Nationalregierung in Warschau hatte im Frühjahr und Sommer keine einheitliche Spitze, sondern wurde von einem geheimen Comité geleitet. Dasselbe gab seine Befehle an Sekretäre, die sich täglich unbemerkt in einem Hörsaal der Universität, welchen ihnen Professor Dybovski eingeräumt hatte, einfanden. Durch die Sekretäre wurden die Befehle und Mittheilungen aller Art den Comités überwiesen, die in den einzelnen Woiwodschaften das Centralorgan der Revolution waren und welche wieder in jedem Kreise und jeder Gemeinde ihre Unterbeamten hatten. Die Regierung hatte sechs Abtheilungen: des Innern, der Finanzen, des Kriegs, des Auswärtigen, der Presse und der Polizei. Sie correspondirte mit dem Ausland, sorgte für Waffen, schrieb Steuern aus, hatte eine wohlorganisirte geheime Post und übte mittelst der s. g. Hängegensbarmen eine strenge Polizei. Wer ihren Befehlen nicht gehorchte oder ihr sonst gefährlich schien, wurde von unbekannten Mördern erhängt oder erdolcht gefunden. Geheime Druckereien druckten Befehle, Manifeste, Zeitungen. Erst am 10. October 1863 erhielt die geheime Regierung einen unumschränkten Chef in der Person des polnischen Gutsbesitzers Romuald Traugutt, gewesenen Oberst-Lieutenant, nachher Anführer eines Insurgentencorps in Litthauen. Derselbe wohnte zu Warschau bei einer gewissen Helene Kirker in der Smolnastraße, wohin die Sekretäre zu kommen pflegten. Allein gerade von dieser Zeit an gelang es den Russen, etwas mehr Spuren der geheimen Verbindung zu entdecken. In fieberhafter Gier, hinter das Geheimniß zu kommen, erlaubten sich die Russen jede Brutalität, packten und untersuchten auf offener Straße jede männliche und weibliche Person, die ihnen irgend Verdacht einflößte, wobei sich namentlich der Gensdarmerieoffizier Kobielski einen schlimmen Ruf erwarb. Doch gelang es ihm, durch schamlose Entblößung junger Damen die s. g. Krinolinencouriere zu entdecken, Damen zum Theil aus den besten polnischen Familien, welche Briefe, Zeitungen und Pakete für die geheime Regierung unter ihre Krinolinen versteckten und von Straße zu Straße förderten. Diese patriotischen Damen wurden sogleich alle ohne Gnade nach Sibirien geschickt. Am 28. Januar 1864 erfuhr man, der geheime Stadtchef, aber nicht Traugutt, sondern ein gewisser Dawski, sey von den Russen ergriffen und auch viele Acten der geheimen Regierung seyen aufgefunden worden; 134 Personen wurden verhaftet. Im Anfang Februar soll ein junger Mensch, Boguslawski, nachdem ihn die Russen gefangen hatten, große Enthüllungen gemacht haben, in deren Folge an tausend Personen verhaftet wurden.

Den Winter über stockte der kleine Krieg. Man hörte nur noch selten von Ueberfällen und Gefechten. Im Februar wurde der Insurgentenchef Jankowski gehenkt, nachdem er dreimal verurtheilt, die Vollziehung des Urtheils aber zweimal verschoben worden war. Am 21. Februar bestand eine Insurgentenschaar unter Koroffski ein Gefecht bei Opatow.

Den meisten Zuzug hatten die Insurgenten bisher aus dem österreichischen Galizien erhalten. Hier hatte sich eine geheime polnische Regierung gebildet, wie in Warschau. Man rüstete, junge Polen gingen über die Grenze, um gegen die Russen zu fechten. Man schrieb geheime Steuern aus, man erließ geheime Todesurtheile. So wurde am 18. October 1863 der k. k. Landesgerichtsrath von Kuczynski, den der Kaiser zum Untersuchungsrichter bestellt hatte, in Lemberg erdolcht. Der polnische Adel mißbrauchte die bisherige Nachsicht Oesterreichs, welches sich eine polnische Nebenregierung in seiner Provinz Galizien nicht länger gefallen lassen durfte. Doch wurde erst am 29. Februar 1864 der Belagerungszustand über Galizien verhängt und dem revolutionären Treiben daselbst ein Ende gemacht.

Auch von der preußischen Provinz Posen aus erhielten die Polen Geld, Waffen und Freischaaren, doch wurde die Grenze von den preußischen Truppen strenger gehütet. Es kamen einige kleinere Grenzüberschreitungen vor und zwar von beiden Seiten, die mehr Aufsehen machten, als sie es verdienten. In den ersten Tagen des Mai 1864 gerieth ein preußischer Offizier mit seiner Abtheilung, ohne es zu wollen, aus Irrthum auf russisches Gebiet und wurde von den Russen festgenommen, wobei der russische Oberst Neliboff gegen allen Kriegsgebrauch und trotz der Zuneigung Preußens zu Rußland, als ein echter altrussischer Barbar den preußischen Offizier und seine Leute tödlich mißhandelte. Der preußische Kriegsherr ließ sich jedoch eine solche Brutalität nicht gefallen und der Kaiser von Rußland beeilte sich, den Oberst Neliboff in die preußische Grenzgarnison zu schicken, wo er den Preußen Abbitte leisten mußte, und ihn dann zum Gemeinen zu begraditen.

Sobald der Schnee in den polnischen Wäldern schmolz, zeigten sich wieder Insurgentenbanden unter Rudowski, Sierko, Malinowski, aber sie wurden alle zersprengt und die Kraft des Aufstandes war sichtlich erlahmt. Am 23. März entdeckte man in Krakau bei einer Gräfin Ostrowska die Kanzlei der geheimen Regierung und das führte zu einer ähnlichen Entdeckung in Warschau, wo man am 30. März in der Wohnung der drei Fräulein Zusowska Archive und Siegel der Nationalregierung auffand. Am 25. April erfolgte durch den Kaiser von Rußland die Freierklärung der Bauern in Polen, um diesen Stand gegen den Adel aufzureizen. Obgleich hier nicht ruthenische Bauern einem polnischen Adel gegenüber standen, sondern Bauern und Adel der gleichen polnischen Nationalität angehörten, lag es doch im Interesse der Bauern, sich auf Kosten des Adels nicht nur frei zu machen, sondern auch zu bereichern. „Vom 2. März 1864 an werden die Bauern Eigenthümer aller Ländereien, die sie jetzt inne haben, und sind von allen bisherigen Leistungen an die Gutsbesitzer entbunden. Mit dem Eigenthum an Boden erhalten sie auch das an Gebäuden, Vieh, Werkzeugen, Aussaat ꝛc. Sie haben auch das Eigenthum an den unterirdischen Produkten. Jagd und Fischerei gehören den Gemeinden, ebenso die Schankgerechtigkeit. An die Stelle aller Abgaben der Bauern an den Edelmann tritt eine Abgabe an den Staat, die nur zwei Drittel der bisherigen Lasten betragen darf. Die Gutsbesitzer werden in der Art entschädigt, daß ihre bisherigen Einnahmen aus Frohndienst und Abgaben geschätzt werden. Von den erstern wird ein Drittel, von den andern ein Fünftel abgestrichen, dann das Ganze mit $16^2/_3$ multiplicirt in Verschreibungen, die ihnen übergeben, aber nur mit vier Procent verzinst und mit ein Procent amortisirt werden." Man nannte dieses kaiserliche Edict, wodurch der Adel geplündert und seiner alten Rechte beraubt wurde, das wahre finis Poloniae, weil der Adel bisher allein die Nation gewesen war. Der polnische Adel verlor überdies, sofern er sich bei dem Aufstande betheiligt hatte, getödtet, gefangen oder geflohen war, alle seine Güter. Die Confiscationen nahm General Murawiew in Litthauen im kolossalsten Maßstabe vor. Hier befanden sich noch ganze Distrikte angefüllt mit einem zahlreichen Adel, der aber nur kleine Güter hatte und nach bäuerlicher Art lebte, aber mit dem reicheren Adel den Nationalstolz und den Haß gegen die Russen theilte. Diesen Adel ließ Murawiew massenweise verhaften und ins Innere Rußlands schleppen, so daß ganze Dörfer entleert wurden, die nunmehr mit Russen bevölkert werden sollten. Nachdem der polnische Adel schon so oft gegen die russische Herrschaft Aufruhr erhoben hatte, schien es die Absicht Rußlands zu seyn, ihn soviel als möglich auszurotten oder aus dem Lande wegzuführen und den Rest, der im Lande zurückblieb, durch die Emancipation der Bauern in Armuth und Unbedeutenheit herabzudrücken. 25 polnische Bauern im Nationalkostüm wurden als angeblich freiwillige Deputation des gesammten polnischen Bauernstandes nach St. Petersburg geschickt, um dem Kaiser für seine Gnade zu danken, und sie empfingen dort viele Liebkosungen. Indessen frägt es sich immer noch, ob die russische Politik sich nicht dennoch täuscht und ob nicht der energische Nationalgeist des polnischen Volksstammes aus der verblutenden Leiche des Adels in den noch gesunden Körper des durch die Emancipation zum Wohlstand und durch den Wohlstand zur Bildung berufenen Bauernstandes übergehen wird.

Rußland hoffte immer noch, alle slavischen Elemente verschmelzen zu können. Charakteristisch sind in dieser Beziehung die Erlasse des General Berg in Warschau und des General Murawiew in Wilna, beide vom Juli 1864. Berg schreibt, die polnische Nationalität habe keinen andern Schutz, als in Rußland. Wenn Rußland nicht gewesen wäre, würde Polen jetzt schon germanisirt seyn. Russen und Polen seyen Brüder, welche zusammenhalten sollten gegen die Deutschen. Murawiew erklärte ganz einfach jeden Litthauer oder Polen, der nicht ganz und gar Russe würde, für einen Fremdling und Eindringling, den man ausstoßen müsse.

Der polnische Aufstand hatte seine letzten Kräfte erschöpft. Vom Ausland war ihm keine Hülfe zu Theil geworden. Der Terrorismus der demokratischen Partei hatte viele Freunde der polnischen Sache verscheucht und erbittert. Fürst Czartoryski trat aus dem Pariser Polencomité aus und Fürst Sapieha, der eben aus Oesterreich entflohen war, in dasselbe ein. Sie konnten nichts mehr ausrichten. Ebenso wenig die Revolutionspropaganda in London, obgleich Garibaldi den Engländern zurief: Verlaßt Polen nicht! In Galizien wurde die polnische Erhebung ernstlich unterdrückt, wenn auch gegen Einzelne Nachsicht geübt. In Posen wurden 250 Polen wegen Betheiligung am Aufstand im Laufe des Sommers vor preußische Gerichte gestellt. In Warschau selbst wurde vom General Berg am 5. August das Blutgericht über die geheime Nationalregierung gefällt, deren letzte Mitglieder mit ihrem Chef entdeckt und in die Hände der Russen gefallen waren. Der geheime Dictator, Oberst-Lieutenant Traugutt, der Baumeister Krajeski, der Buchhalter Tochzki, der Professor Zulynski und der Revisor Jezioranski wurden gehängt, 16 andere, darunter 4 Frauenzimmer, zu schwerer Arbeit in den Bergwerken von Sibirien verurtheilt.

Schon im Juli 1864 berechneten russische und polnische Blätter den Verlust der Polen seit dem Beginn des Aufstandes zu 30,000 Insurgenten, die im offenen Kampfe fielen, zu 85,000, die ins Innere Rußlands oder nach Sibirien geschleppt wurden, zu 361 Personen, die auf russischen Befehl hingerichtet, und zu 945 Personen, die als Russenfreunde durch polnische Hängegensdarmen ermordet wurden.

War auch alles mißlungen, so gaben doch wenigstens die Polinnen die Hoffnung nicht auf. Der oben erwähnte Schweizer v. Erlach sagt: „Die Frauen sind die wahre Seele des Aufstandes. Jeder Stand und jede Farbe unter den Männern haben ihre Gegner. Vor den Frauen beugt sich alles! ‚Wir sind von unsern Müttern aus den dreißiger Jahren zehnmal entschiedener erzogen worden, als sie waren. Sie waren zehnmal entschiedener als ihre Mütter in den neunziger Jahren, und wir werden unsere Töchter zehnmal entschiedener erziehen, als wir selbst sind; die Moskowiten mögen uns nach Sibirien führen, uns an Fremde verheirathen, — mit der Muttermilch werden wir unsern Kindern die Liebe zum Mutterlande Polen, den Haß gegen seine Bedrücker einflößen. Um vor stets erneuerten Kämpfen sicher zu seyn, bleibt ihnen nichts, als uns alle zu tödten.'"

Unmittelbar nach dem Ausbruch der polnischen Insurrektion ließ der russische Kaiser durch den Grafen Sacken in Rom den Papst ersuchen, die Polen im Namen der Kirche zur Ruhe zu ermahnen, indem er ihm bemerkte, jene Insurrektion sey von derselben revolutionären Propaganda angeschürt, die auch den päpstlichen Thron umstürzen wolle. Der h. Vater nahm indeß diese Auffassung nicht an. In seiner Antwort lag, wenn man zwischen den Zeilen las, eine Hindeutung darauf, daß Rußland das neue Königreich Italien, ein Werk jener Propaganda, selbst anerkannt habe. Der Sinn der Antwort war, die katholische Kirche sey durch die sardinische und mazzinistische Politik in Italien nicht schwerer bedroht, als durch die russische in Polen. Solle der weltliche Gehorsam in Polen hergestellt werden, so müsse vor allem der Kirche ihr Recht werden. Nur wenn der Kaiser die katholische Kirche schütze, würden Treue und Gehorsam zurückkehren. Genug, der h. Vater in Rom wollte sich nicht zu der Rolle erniedrigen, die einst auch Kaiser Nikolaus seinem Vorgänger, Gregor XVI., zugemuthet hatte.

Murawiew war es nun, der in seiner rücksichtslosen Art dem katholischen Klerus dieselbe Schuld beimaß, wie dem polnischen Adel, beide als Todfeinde des russischen Czarenthums angesehen wissen wollte und daher unablässig darauf drang, ihn wenn nicht zu vertilgen, doch ganz unschädlich zu machen. In der That betheiligte sich der katholische Klerus bei der Insurrektion. Schon am 12. Juni 1863 war deshalb ein Kapuziner, Konacski, in Warschau gehenkt worden, und binnen einem Jahre wurden nicht weniger als 183 polnische Geistliche, als welche die Insurrektion befördert hatten, oder wenigstens verdächtig waren, verhaftet. Es wäre auch zu verwundern gewesen, wenn sich die polnischen Kleriker ganz passiv hätten verhalten sollen, da sie oft genug erfahren hatten, wie feindlich die russische Politik nicht nur gegen ihre polnische Nationalität, sondern auch gegen ihre heilige Kirche gesinnt sey. Weil nun dieser polnische Klerus großen Einfluß auf das Volk hatte, hätte die russische Politik, jetzt wieder, wie schon früher, den Papst gern zum Werkzeug ausersehen, dem polnischen Klerus die geistigen Waffen zu entwinden, denen physische Gewalt allein nicht gewachsen war.

Weil nun ein Theil des polnischen Klerus auch bei dieser letzten Insurrektion compromittirt war, oder man ihm wenigstens eine zu große Vorliebe für die polnische Sache zuschrieb, wurde der gesammte polnische Klerus in Polen und Litthauen mit schweren Contributionen belastet, durch Verhaftungen decimirt und auf alle Art drangsalirt. Am grausamsten wüthete Murawiew gegen den Klerus, indem er zur Gewaltthat noch Hohn fügte. Unter andern verbot derselbe, neue katholische Kirchen zu bauen, ja auch nur neue Capellen oder Altäre zu errichten oder zu restauriren. Am 24. April erließ der gefangene Felinski aus Rußland einen Befehl an den Klerus in Warschau, wonach die bisherige Kirchentrauer um ihn aufhören sollte. Der von seiner Heerde entfernte Hirt wollte auch jetzt noch versöhnen.

Pius IX. in Rom konnte sich aber nicht enthalten, in einer Allocution am 24. April 1864 alle Gläubigen aufzufordern, für das unglückliche Polen zu beten: „Das Blut der Schwachen und Unschuldigen schreit um Rache zum Throne des Ewigen gegen jene, die es vergießen. Ich fürchte, wenn ich schweigen würde, auf mich die Strafe des Himmels herabzurufen. Das Gewissen zwingt mich, meine Stimme gegen jenen mächtigen Fürsten zu erheben, dessen Staaten sich bis zum Pol erstrecken. Dieser Monarch verfolgt die polnische Nation mit wilder Grausamkeit und hat das ruchlose Werk unternommen, die katholische Religion in Polen auszurotten. Die Priester werden gewaltsam ihrer Heerde entrissen, oder zu entehrenden Strafen verurtheilt. Jener Potentat hat sich eine Gewalt angemaßt, die der Statthalter Christi selbst nicht besitzt, indem er den Erzbischof von Warschau nicht nur gefangen nahm, sondern auch des Amts entsetzte. Indem wir gegen solche Acte unsern Tadel schleudern, wollen wir damit die europäische Revolution nicht ermuthigen, denn wir unterscheiden zwischen dem socialen Umsturz und dem legitimen Recht der Nationen, welche für ihre Unabhängigkeit und ihre Religion kämpfen. Wir erklären daher, daß wir allen denen, welche am heutigen Tage für Polen beten, unsern apostolischen Segen geben. Beten wir!" In demselben Augenblicke sanken alle Anwesenden auf die Knie. Die Stimme des Papstes, sagt die „Gazette du Midi," klang wie Donner und seine Stirn war vom heiligen Zorn geröthet. Man suchte diesen ungewöhnlichen Zorn dadurch zu erklären, daß der Papst Grund hatte, in diesem Falle auf die Zustimmung des Kaisers der Franzosen zu zählen. Allein der h. Vater bedurfte von dieser Seite her keine Aufmunterung. Er hatte Muth genug gehabt, sich auch dem Kaiser der Franzosen zu widersetzen. In einer neuen Encyclica vom 30. Juli wurden die Klagen gegen Rußland aufs neue laut erhoben.

Der Papst kündigte an, er werde den Josuphat Kuncowicz, unirten

Erzbischof von Polocʒk, der 1623 von den Russen erschlagen worden war, canonisiren. Dagegen enthielt der Petersburger „Invalide" im Dezember einen wuthschnaubenden Artikel.

Zur Antwort diente die Aufhebung von allen katholischen Klöstern in Polen bis auf 39, die man bestehen ließ. Auch versprach General Murawiew dem Kaiser, wenn er ihn machen lassen wolle, in kurzer Zeit ganz Litthauen zu bekatholisiren und für die russische Kirche zu gewinnen. Der Kaiser ging zwar nicht darauf ein, aber der General that doch alles, um seinen Plan durchzusetzen. Er entvölkerte Litthauen, schickte ganze Dorfgemeinden ins Innere Rußlands und ersetzte sie durch Russen. Er rottete den Adel aus oder verjagte ihn und confiscirte seine Güter. Er kerkerte alle verdächtigen katholischen Priester ein. Indem er aber die Bauern emancipirte, konnte der Adel die katholische Kirche nicht mehr unterhalten und wollten die Bauern die Verpflichtung dazu nicht übernehmen, so daß sich viele Pfarrer in der größten Noth sahen. Was die Drohung mit der Knute und Sibirien dazu gethan, mag man sich denken. Im März 1865 erfuhr man, bereits 24 katholische Pfarrer in Litthauen hätten dem eisernen General ihren Uebertritt zur russischen Kirche angezeigt.

Der Bevölkerungswechsel, den Murawiew beliebte, erinnerte an die großartigen Proceduren des Nebukadnezar, der ganze Völker ihre Sitze vertauschen ließ. Man berechnete schon im Mai 1864, daß er damals bereits 250,000 Litthauer heerdenweise habe wegtreiben lassen nach den weiten Steppen des Gouvernement Orenburg. Zwar wurde Murawiew Anfang Mai 1865 entlassen und durch den General Kaufmann ersetzt, allein Briefe aus Wilna, die im September in die öffentlichen Blätter kamen, meldeten eine neue russische Barbarei. Aus dem historisch-archäologischen Museum seyen plötzlich durch russische Soldaten alle Schätze und ehrenvollen Denkmäler der Litthauer und Polen weggenommen und vernichtet worden, unter anderem das Fernrohr Kos=

ciuszkos, die Guitarre des Dichters Karpinski, das Kleid Skarzos' und vieles andere, woran die Litthauer und Polen mit Pietät hingen.

Im September 1864 sah sich die sächsische Regierung in Folge einer russischen Beschwerde veranlaßt, die in Dresden sich anhäufenden polnischen Flüchtlinge auszuweisen. Auch in Bayern konnten sie nicht geduldet werden. Viele von ihnen kamen in der Schweiz in großer Noth an.*) In dieselbe Schweiz wurde im März 1865 Langiewicz aus Oesterreich frei entlassen.

Im October 1864 war dem Prinzen Napoleon in seinem Organ Opinion nationale gestattet, dem Mitleid der Franzosen mit den grausam unterdrückten Polen folgenden sarkastischen Ausdruck zu geben: „Kaiser Alexander ist in der ganzen Welt wegen seiner Herzensgüte und Sanftmuth bekannt. Der Herrscher, der so viele Frauen zu Wittwen gemacht und ihnen verboten hat, für ihre auf seinen Befehl gehenkten oder deportirten Gatten Trauer zu tragen, ist der zärtlichste Ehemann. Der Herrscher, der so viele Kinder zu Waisen gemacht, ist ein guter Familienvater. Der Staatsmann, unter dessen Regierung vor den Augen des entsetzten Europa mehr Verbrechen als seit dreißig Jahren in den fünf Welttheilen begangen worden sind, der solche ersinnt und vollbringt, ist ein vollendeter Gentleman, dem das Herz bluten muß, wenn politische Gründe ihm gebieten, das blutdürstige Ungeheuer Murawiew mit dem Andreaskreuz zu dekoriren."

---

*) Unter den 1862 in Warschau verhafteten Polen befand sich auch der Generalstabscapitän Jaroslaw Dombrowski, welcher zwei Jahre später zu schwerer Arbeit nach Sibirien verurtheilt wurde, aber auf dem Transport entsprang und in Frauenkleidern allen Verfolgungen der Polizei entging und über St. Petersburg und Finnland nach Stockholm entkam. Seine junge Frau, mit der er sich im Gefängniß zu Warschau hatte trauen lassen, war in der Stadt Orbatof internirt worden, war aber gleichfalls entflohen und hatte sich unterwegs mit ihrem Gatten vereinigt. Sehr lesenswerth ist auch v. Falken, aus dem Tagebuch eines nach Sibirien Verbannten, 1869.

Inzwischen dauerten die Hinrichtungen in Polen fort, da immer noch versteckte Theilnehmer an der Revolution entdeckt wurden. Am 17. Februar starb der vormalige geheime Stadtchef Waszkowski und mit ihm Szafarczyk am Galgen. Um das ohnehin durch Mord, Fortschleppung und Flucht decimirte Polen vollends männerlos zu machen, hob Rußland in Polen wieder Rekruten aus, 6½ pro mille. Auch wurden alle polnischen Beamten, die nicht russisch verstanden, entlassen, die russische Sprache in der Verwaltung und in der Schule eingeführt.

Die unterdrückte Partei rächte sich durch zahlreiche Brandlegungen, die im Frühjahr und Sommer 1865 fortdauerten. Sie begannen im Mai in den altpolnischen Provinzen, wo die Städte Kolomna, Horodenka, Bels, Kulikow, Rosatyn, Tarnopol in Asche gelegt wurden. Die Brände wiederholten sich in Moskau selbst; in Simbirsk (mehrmals), Kozlow. Im Juli im Königreich Polen. Kowno, Rossiny, Pilica gingen in Rauch auf. Man zählte im Juni und Juli 120 große Brände in Alt- und Neupolen.

Daraus, daß am 17. Mai 1865 für Murawiew General Kaufmann als Gouverneur in Litthauen eintrat, folgte nicht, daß er das System gemildert hätte. Am 22. Dez. wurde allen Polen in den westlichen Gouvernements des russischen Reichs verboten, Güter zu kaufen. In Litthauen und Volhynien, hieß es in den Zeitungen, würden die Kinder der Armen gewaltsam von russischen Popen getauft und werde dagegen die katholische Taufe besteuert, der Knabe mit 10, das Mädchen mit 5 Rubel; wenn die Eltern die Kinder griechisch taufen lassen wollen, bekommen sie 25 Rubel. Aus den Schulen ist die polnische Sprache verbannt, aus den Kirchen sind es die alten religiösen Gesänge. In Volhynien wird nur eine katholische Kirche in jedem Kreise geduldet. Wenn ein Katholik stirbt, drängt sich der Pope an sein Bette und ertheilt ihm wider Willen das Sakrament. Fortan gehört seine ganze Familie der griechischen Kirche an. Während die katholischen Kirchen zerfallen oder verschlossen sind, werden griechische gebaut. Rubel und Schnaps locken zur griechischen, Bajonnette und Knute schrecken von der katholischen Kirche zurück.

Auch im Königreich Polen wurden die Bauern zur griechischen Kirche hinüber gelockt. Von roher Natur und gegen alles geistige Leben gleichgültig, ließen sie sich durch materielle Vortheile leicht bewegen, das religiöse Ceremoniell zu ändern, so daß am Ende des Jahres 1865 schon in einer großen Anzahl von polnischen Gemeinden die Mehrheit zur griechischen Kirche übergetreten war.*)

Nachdem am 27. September der Verweser des Erzbisthums, Crzewuski, nebst zwei Bischöfen verhaftet und nach Rußland abgeführt worden war, wurde zwar vom Kaiser an seine Stelle Zwolinski zum Administrator ernannt, aber die katholische Kirche in Polen immer härter bedrängt, alles katholische Kirchengut confiscirt und der Klerus auf russischen Sold gesetzt. In den Schulen und allen öffentlichen Etablissements wurde nur noch die russische Sprache geduldet. Auch wurde den Polen in Polen selbst nicht mehr erlaubt, Grund und Boden zu erwerben, außer durch Erbschaft.

General Kaufmann, obgleich selbst ein Deutscher, gerieth in den heftigsten Zorn, als ihn die Deutschen in Wilna mit einer Inschrift in deutscher Sprache „Willkommen" hießen, und befahl aufs schärfste, ihn nur in russischer Sprache anzureden.

---

*) Augsb. Allg. Zeitung 1866, Nr. 9.

Drittes Buch.

Rußlands Eroberungen in Asien.

Während Rußland seit dem Krimkrieg nach der europäischen Seite hin Frieden hielt, die Türkei nicht mehr beunruhigte, sich auch in den dänischen Krieg nicht thätig einmischte und nur die Revolution in Polen mit eiserner Gewalt unterdrückte, setzte es, wie hinter einem Vorhang und von den europäischen Mächten wenig beachtet, seine Eroberungen in Asien fort.

Das geschah ohne Zweifel nach einem großartigen Plane, ohne alle Uebereilung und mit verhältnißmäßig kleinen Mitteln, denn es bedurfte keiner großen Armeen, um mit den ewig uneinigen tatarischen Horden, mit den kleinen muhamedanischen Höfen, welche sittlich verkommen und gleichfalls immer uneinig waren, und mit den feigen Chinesen fertig zu werden. Man darf nicht zweifeln, daß es im Plane der russischen Politik lag, alle Länder im Norden von Persien und Indien und im Westen Chinas dem russischen Reich einzuverleiben, soweit dies nicht schon geschehen war. Weiter bezweckte Ruß=

land die Unterwerfung auch des ganzen muhamedanischen und englischen Südens von Asien, sowie ein immer weiteres Vorrücken ins chinesische Reich, mit einem Wort die Eroberung von ganz Asien. Es handelt sich hier um ein Welteroberungssystem wie in den alten Weltmonarchien von Babylon, Assyrien, Persien, Makedonien und Rom. Wie nach der europäischen Seite hin Rußland unaufhörlich erobert, die deutschen Ostseeküsten, Finnland, Litthauen und Polen, die Ukraine, Bessarabien, die Krim sich einverleibt hat, so hat es auch seine Eroberungen auf der asiatischen Seite nach allen Richtungen ausgedehnt, den ganzen Kaukasus und das dahinter liegende Transkaukasien den Türken, Armenien den Persern, Chiwa und Kokhand den freien Turkomannen und das große Amurland den Chinesen entrissen, nachdem der ganze ungeheure Norden Asiens unter dem Namen Sibirien schon längst in seine Gewalt gekommen ist.

Nach der Gefangennehmung Schamyls im J. 1859 ging das Trauerspiel im Kaukasus rasch zu Ende. Die tapfern, aber zu sehr durch ihre Thäler isolirten und oft sogar einander feindlichen Gebirgsstämme fanden keinen Führer mehr, der sie wieder vereinigt und neu begeistert hätte. Viele der kleinern Häuptlinge ließen sich durch russisches Gold verführen, von der Sache des Vaterlands abzufallen. Die Uebrigen wurden immer mehr durch die Russen bedrängt. Die Russen bahnten sich Wege in die bisher unzugänglichsten Gebirgsthäler, schlugen ganze Wälder nieder und schoben ihre Blockhäuser und Befestigungen immer weiter vor, wie einst die alten Römer in den Alpen. Den Eingebornen blieb nur die Wahl, sich unbedingt zu unterwerfen, bis auf den Tod zu kämpfen oder zu flüchten. Als Kaiser Alexander II. im J. 1862 den Kaukasus besuchte, empfing er eine Deputation der Ubykhs, eines besonders energischen Tscherkessenstammes. Dieses Volk bat ihn, er möge sie in ihren uralten Sitzen belassen, wogegen sie gelobten, die russische Grenze nicht beunruhigen zu wollen. Der Kaiser aber schlug es ihnen ab und verlangte unbedingte Unterwerfung, angeblich weil er ihnen wegen ihrer Raubsucht nicht trauen konnte, in Wahrheit, weil es gegen Rußlands System wäre, innerhalb des Czarenreichs ein freies Volk zu dulden. Der Kaiser ließ ihnen, sofern sie nicht seine Unterthanen werden wollten, keine andere Wahl, als Krieg auf Leben und Tod, oder Auswanderung nach der Türkei. Sie wählten den Krieg, allein sie unterlagen der russischen Uebermacht und als sie erkannten, sie könnten nicht länger widerstehen, brachen sie im Frühjahr 1864 plötzlich alle auf und flohen nach der türkischen Grenze. So berichtete Lord Napier in einer Depesche vom 23. Mai 1864 an Lord Russel.

Aus Constantinopel erfuhr man, es seyen plötzlich 60—70,000 Ubykhs in Trapezunt und 110—120,000 in Samsum an der Südküste des schwarzen Meeres angekommen, aber in grenzenlosem Elend. Sie waren mit Weibern und Kindern auf den wenigen Schiffen, die ihnen an der Westküste von den Russen bewilligt worden waren, so zusammengebrängt, daß auf der Ueberfahrt 134 Menschen erstickten. Die Uebrigen kamen fast verhungert an und erkrankten, da von türkischer Seite keine Hülfe für sie vorausgesehen war. Man mußte erst in Constantinopel für sie sammeln und Befehle ertheilen, um sie irgendwie unterzubringen. Bei alledem wurde in russischen Zeitungen gerühmt, Großfürst Michael sey persönlich an die Ostküste des schwarzen Meeres geeilt, um die von den Bergen herabsteigenden Auswanderer großmüthig mit Schiffen und Proviant zu versehen. In der Mitte des Juni hielt der Großfürst als Pacificator des Kaukasus einen Triumpheinzug in Tiflis und in St. Petersburg feierte man ein großes Dankfest. Schon Tacitus hat einmal gesagt: ubi solitudinem faciunt, pacem appollant.

Im Frühjahr 1864 wanderten abermals 300,000 Tscherkessen

ben andern nach und verließen ihre geliebte Heimath, um nicht den Russen unterthan zu werden. Es bezeichnet die moralische Herabgekommenheit der muhamedanischen Welt, daß diese fromme, tapfere und schöne Menschenrace bei ihren Glaubensgenossen im türkischen Kleinasien nur eine schlechte Aufnahme fand. Die Tscherkessen gingen größtentheils in Hunger und Elend zu Grunde. Ein Theil siedelte in die europäische Türkei über und suchte vergebens über die Donau ins russische Reich zurückzukehren.

Die europäischen Mächte werden es einst schwer bereuen, daß sie im Jahr 1854, in welchem Schamyl mit dem Heldenvolk der Tscherkessen noch ungeschwächt dastand, den Kaukasus nicht durch Hülfstruppen, die vom schwarzen Meere her leicht landen konnten, geschützt haben.

Freiherr von Warsberg lernte die geflüchteten Tscherkessen in Constantinopel kennen und schildert sie in seinem Buch „ein Sommer im Orient" als das schönste Volk der Welt. „Es sind große stolze Männer, die dort hinter ihren Wasserpfeifen auf den Strohschemeln sitzen, ausgestreckt auf dem Boden liegen, oder mit gekreuzten Armen an der Gartenmauer lehnen. So ruhig ihre Blicke, keiner ist geistlos; Alle, der ärmlichst wie der reich Gekleidete, haben, wie sie schmächtig und in die Höhe gezogen sind, auch etwas Aufrechtes und Gerades in ihrer Haltung und in ihrem Gange, wie das bei uns nur den Männern eigenthümlich ist, welche gewohnt sind, auf den Höhen des Lebens zu stehen. Keinen sah ich, der den Kopf mit dem adelig langen Oval des Gesichtes anders als hoch erhoben mit frei in die Welt hinausschauendem Blicke auf dem länglichen Halse getragen hätte. Die Schultern fallen stark abwärts, ganz das, was man in Frankreich une belle chute d'épaule nennt. Stierköpfig und breitschulterig habe ich keinen Tscherkessen gesehen. Es wird ihre Körperbildung überhaupt von einem das Colossale Liebenden getadelt

werben. Svelte ist das einzige Wort, das ihre Erscheinung und ihre Bewegung wiedergibt; ihre Knöchel sind es und ihr Gang ist es. Es ist ein Volk, als ob es von Göttern abstamme." Diese Tscher=
kessen gereichen der europäischen Staatsweisheit zu tiefer Beschämung. Wie leicht wäre es gewesen, die edlen Völker des Kaukasus vor der russischen Verknechtung, Verknutung, Verschnapsung sammt allen andern russischen Corruptionen, die man dort Civilisation nennt, zu retten, wenn die Mächte des mittlern und westlichen Europa es mit ver= einter Kraft hätten durchsetzen wollen. Das heldinmüthigste und schönste Volk der Erde muß jetzt in der Fremde elend verkommen, als ob die heutige Menschheit eine edle Race gar nicht mehr vertragen könnte und sie lieber zu Grunde gehen ließe, als sich vor ihr schämen zu müssen.

In Persien waltete schon längst russischer Einfluß vor und zwar hauptsächlich wegen des tiefen Hasses, der zwischen Persern und Türken besteht. Wenn diese beiden Völker zusammenhielten, hätten sie die Eroberung des Kaukasus durch die Russen und das weitere Umsich= greifen der letztern im mittlern Asien verhindern können. Aber sie sind einander spinnefeind. Obgleich beide Muhamedaner, gehören doch die Perser der schiitischen, die Türken der sunnitischen Sekte an, die gegen einander noch viel feindseliger gestimmt sind, als irgend Katholiken und Protestanten unter den Christen. Die Perser sind ein altes Cultur= volk, daher gebildeter, aber auch verweichlichter und verdorbener als die Türken. Sie umgehen die strengen Gesetze des Islam.

Der gegenwärtige Schah Nasr=ed=in (gewöhnlich Nasuredbin ge= nannt) wird von Brugsch, welcher 1860 die erste preußische Gesandt= schaft begleitete, deren Chef Herr v. Minutoli war, folgendermaßen geschildert: „Wir befanden uns vor dem Schah. Ein schöner Mann, anfangender Dreißiger, mit klugen durchbringenden Zügen und großem schwarzem Schnurrbart. Er trug einen hellleuchtenden goldbrokatenen

Kaftan, den auf der Brust eine Agraffe von echten Perlen und blauen Edelsteinen zusammenhielt. Sein Haupt bedeckte die persische hohe schwarze Pelzmütze, welche ein Büschel von Glasfedern und eine kostbare Diamantagraffe zierte. Im Uebrigen war der Schah europäisch gekleidet, in weißen Strümpfen vor seinem von Diamanten und Steinen blitzenden Thron stehend." Er empfing das Bild Sr. Majestät des Königs von Preußen, die Insignien des schwarzen Adler-Ordens und andere Geschenke, und äußerte seine Freude über die Ankunft einer preußischen Gesandtschaft in Persien, wohin noch nie eine gekommen war.

Der Charakter der Perser wird von Brugsch nicht gerühmt. Mit dem barbarischen Elemente roher Grausamkeit verbindet sich bei ihnen eine erstaunliche Verschmitztheit, wovon uns eine Menge Beispiele erzählt werden. Damit verbinden sie eine ganz außerordentliche Höflichkeit mit devoten und blumenreichen Redensarten. Von den persischen Frauen, obgleich sie ihm nicht zugänglich waren, hat doch Brugsch erkundet, daß man unter ihnen weit mehr edle und feingebildete, mit Literatur und Poesie sich beschäftigende Damen findet, als unter den Türkinnen. Gleichwohl ist das Familienleben in Persien häufig gar sehr zerrüttet und wird namentlich geklagt, daß die Kinder schon von früher Jugend an verdorben werden. Es geschieht etwas für Kunst in Persien. Der gegenwärtige Schah ist ein großer Freund der Malerei und insbesondere der Photographie, die er viel benutzt. Auch hat der Schah einen persischen Künstler nach Rom geschickt, um sich in der Malerei auszubilden.

Die berühmte persische Stadt Schiraz fand der nämliche Autor sehr reizend liegen, auch das Volk war hier auffallend schön. Doch fehlt es auch hier nicht an schlimmen Seiten. Der berühmte Wein ist für eine europäische Zunge viel zu feurig und scharf, als ob er gepfeffert wäre. Die berühmten Rosen von Schiraz existiren gar nicht, das hier beliebte Rosenöl kommt aus Indien. Den Charakter der Einwohner bezeichnet Herr Brugsch als Treulosigkeit, Doppelzüngigkeit und Unverschämtheit. Schiraz war die Heimath des berühmten Dichters Hafis, welchen Hammer übersetzt, Göthe und Bodenstedt nachgeahmt haben und dessen Ruhm daher auch bei uns sehr verbreitet ist. Auch Herr Brugsch preist ihn und sagt von ihm: „Hafis war ein fröhlicher Derwisch, der in seine Welt mit lauter Stimme hineinsang, was das glühende Herz empfand, und der bei der aufrichtigsten Verehrung des Göttlichen dem rein Menschlichen seine Huldigung nicht versagt." Das ist unwahr, obgleich beinahe alle Literargeschichten dem persischen Dichter ein ähnliches Lob spenden. Hafis war der frechste Religionsspötter, in dem nicht ein Funken von Gottesfurcht wiederzuerkennen ist. Wissentlich und mit äußerster Keckheit trat er den Geboten Allahs und seines Propheten entgegen und rühmte sich mitten unter Muhamedanern, denen der Wein verboten ist, einer ewigen Trunkenheit. Im christlichen Europa wird freilich niemand etwas gegen seine Weinlieder einwenden und man am Ende auch seine üppigsten Liebeslieder passiren lassen. Das aber ist nicht wohl zu verantworten, daß deutsche Literarhistoriker die Hauptsache verschweigen, nämlich die tiefe Versunkenheit des Hafis in das griechische Laster. Bei weit'm die meisten seiner Liebeslieder sind an Knaben und nicht an Mädchen gerichtet. Er fordert in seinen unverschämten Liedern jedermann zur Knabenschänderei auf. Das sey das höchste Gut auf Erden. Man lebe nur einmal und sey ein Thor, wenn man nicht genieße. Was man von Gott, von der Vergeltung, überhaupt von der andern Welt nach dem Tode sage, sey alles Lüge. Frech sagt er, er bedürfe des Paradieses nicht, denn erstens gebe es keines und zweitens sey ihm die Schenke schon Paradies genug. Einmal sagt er, die Mitte des Leibes sey das Centrum der Welt. Zur kolossalsten Frechheit aber steigert er sich, indem er einmal den Frommen zuruft, wenn es wirklich einen Himmel gebe, so wolle er, Hafis, machen, daß in demselben Anachib (Anaïtis), die alte heidnische Liebesgöttin, die Zither zu seinem Liede spiele und Hasrebbi Issia (Jesus) dazu tanzen solle. Jedoch hat man, um die in den Liedern des Hafis liegende Lehre des Lasters zu maskiren, schon zu seiner Zeit eine Fiction angenommen und verbreitet, wonach in seinen gemeinsten Schelmenliedern ein tiefer mystischer Sinn verborgen liegen soll. Sogar Männer des Gesetzes haben diese Voraussetzung gutgeheißen, um den Mächtigen zu schmeicheln, welche sich an den Frechheiten des Dichters labten, und um den Widerspruch der Strenggläubigen zu beschwichtigen. Es ist nun der Wahrheitsliebe, der wissenschaftlichen Treue und des sittlichen Gefühls unseres erleuchteten Jahrhunderts in keiner Weise würdig, auch jetzt noch immer einen so lasterhaften Dichter zu entschuldigen und dem deutschen Publikum anzupreisen.

Auch Vambery bemerkt in seinen „Wanderungen," nichts charakterisire die neuen Perser besser, als das Doppelgesicht, welches sie dem Hafis zukehren. „Denn während Einige seine Lieder bei fröhlichen Zechgelagen singen, pflegen Andere wieder das Buch als eine heilige Schrift zu betrachten, um aus demselben gleich einem Orakel ihre Zukunft zu erfahren. Nach dem Koran kennen Letztere das Buch Hafis' als das größte, man öffnet es aufs Gerathewohl und will aus dem aufgeschlagenen Blatte sein Glück oder Unglück erfahren." Schon in frühern Jahrhunderten wurde diese Zweideutigkeit in ein System gebracht. Muhamedanische Gelehrte gaben sich dazu her, mystische Commentare zu den Gedichten des Hafis zu schreiben, worin sie seine grobsinnliche Liebe als geheimnißvollen Zug der Seele zu Gott auffaßten, wie auch christliche Schwärmer die Seele als Braut Christi halb im Sinne des Hohenliedes, halb nach dem Roman des Apulejus wie Psyche und Amor auffaßten. Jene muhamebanischen Mystiker waren aber keine Schwärmer, sondern standen nur im Dienst jener üppigen Herrscher und Vornehmen, welche ihre Vorliebe für Hafis vor dem Volk entschuldigt wissen wollten. Es war die gottloseste Heuchelei und läßt sich mit nichts besserem vergleichen, als mit den Drehorgeln in London, die man an Sonntagen hinter festverschlossenen Fenstern geistliche Melodien spielen läßt, damit die Vorübergehenden auf der Straße glauben sollen, man sey im Innern des Hauses mit frommer Andacht beschäftigt, während man die unsittlichsten Orgien feiert.

Die lange Gewohnheit der äußern religiösen Heuchelei und geheimen Freigeisterei hat Erscheinungen in Persien hervorgebracht, die den Fremden als kolossaler Widerspruch überraschen. Auf der einen Seite nämlich sind die Perser fanatische Schiiten, d. h. Anhänger des Ali, der als Schwiegersohn des Propheten Muhamed durch Mord vom Kalifat verdrängt wurde, und als solche Todfeinde der Sunniten, d. h. der Anhänger der damals siegreichen, zwar gleichfalls mit dem Propheten verwandten, doch nicht so nahe verwandten Kalifenpartei. Da sich nun zu der letztern auch die Türken bekennen, so besteht zwischen Persern und Türken eine glühende Feindschaft, noch genährt durch die große Verschiedenheit der beiden Racen. Da Vambery als Sunnite reiste, hatte er Gelegenheit, oft genug die Abneigung der Perser zu erproben. Dieselbe wird auch von der Regierung auf alle Weise genährt, da der Türke der alte Nationalfeind der Perser ist. Die letztern führen s. g. Tazies auf, ungefähr dasselbe, was die autos sacramentales der Spanier sind, geistliche Schauspiele, halb allegorisch, halb historisch. Man könnte sogar fragen, ob die Spanier, die so vieles von den Muhamedanern gelernt haben, nicht vielleicht auch die Idee zu ihren autos von ihnen überkommen haben. Vambery beschreibt ein solches Schauspiel, welches er in der besonders für heilig gehaltenen Stadt Zendschans aufführen sah. „Bevor das eigentliche Stück beginnen sollte, stellte sich ein Derwisch von verwirrtem Aussehen, welches wahrscheinlich dem unmäßigen Genusse von Opium zuzuschreiben ist, auf die Bühne mit einem gewaltigen Rufe: Ja Mu menin! (oh, ihr Rechtgläubigen) und es war augenblicklich stille. Er fing ein langes Gebet zu recitiren an, in welchem er die Tugenden, Heldenthaten der schiitischen Großen hervorhob und in eben solch hyperbolischen Ausdrücken die Laster und die Bosheit der sunnitischen Welt schilderte. Als er zu den hervorragendsten Männern der letztern Secte kam, rief er: ‚Brüder, diesen wolltet ihr nicht fluchen, diese nicht verdammen? Ich sage Fluch den drei Hunden, den Usurpatoren Abu Bekr, Omar und Osman!' Er blieb stehen und die ganze Versammlung hob an einstimmig mit bischbab, bischbab (noch mehr sey es, noch mehr sey es) seine Flüche und Verwünschungen zu betheuern. Er ging weiter, er fluchte Ajeschah, der Frau des Propheten, er fluchte Moavie, dessen Nachfolger Jezib, Schamr und allen notorischen Feinden des Schiismus. Bei jedem Namen blieb er stehen und bei jedem Namen donnerte von der Menge ein gewaltiges bischbab entgegen." Das Stück selbst hatte den jammervollen Untergang des Sohnes und der Enkel Alis zum Gegenstande und wurde auf das ergreifendste und rührendste dargestellt, so daß alles weinen mußte. Am Hofe zu Teheran sollen diese Stücke noch schöner aufgeführt werden.

Wenn man nun dieses Perservolk betrachtet mit diesem öffentlichen Fanatismus und mit der oben geschilderten Lüderlichkeit, so muß man billig fragen, was vermögen englische und nordamerikanische Missionäre hier auszurichten? Hier eine Anekdote. „Ein amerikanischer Missionär hatte nicht so sehr durch die Kraft seiner Ueberredung, als durch 25 Dukaten Spende einen Isfahaner in die Zahl seiner Bekehrten aufgenommen. Der Perser setzte eine Kappe auf, trug europäische Kleider und war ein ganzer Frengi, natürlich so lange der gute Missionär in Jsahan war. Dieser reiste nach Schiraz und als er nach einigen Wochen wieder hieher zurückkam, fand er seinen Christen wieder als wilden Perser und Schiiten. Er war höchst aufgebracht, citirte ihn vors Gericht und wollte wenigstens seine 25 Dukaten zurück haben. Die Richter waren schon verlegen in Hinsicht des Urtheils, als der Perser ganz naiv bemerkte: ‚Mein lieber Sahib (Herr), du hast mir 25 Dukaten gegeben, ich war dafür drei Wochen lange Christ. Ich gebe dir nun wieder 25 Dukaten, sey du drei Wochen lang Muhamedaner.'"

Genug, um die heutigen Perser einigermaßen zu charakterisiren. Der Schah ist schwach, die Armee, die Verwaltung, die Finanzen sind im dissolutesten Zustande. Nicht einmal der barbarischen Turkomannen können die Perser Meister werden, die ungestraft an ihren Grenzen plündern und die friedlichen Einwohner als Sklaven wegschleppen. Bei dem fanatischen Türkenhaß dieser Perser, der jedes energische Zusammenstehen der Muhamedaner hindert, begreift man leicht, welches bequeme Feld von Intrigue hier der russischen Diplomatie geöffnet ist, und die englische Diplomatie ist zu träge geworden, um ihr kräftig genug entgegenzuwirken.

Also konnte Rußland, unbekümmert um Persien, im Rücken dieses Landes vorgehen und seinen Keil zwischen die zahlreichen und tapfern, aber immer uneinigen und unter sich im Krieg befindlichen Turkomannen und Usbeken hineintreiben, auf dem kürzesten Wege nach Britisch-Indien. Unter dem Vorwand, das russische Gebiet gegen die turkomannischen Räuber schützen zu müssen, wie Fürst Gortschakof die europäischen Großmächte tröstend und beruhigend versicherte, wurde russischerseits immerfort erobert. Am 9. Mai 1865 erfocht der russische General Tschernajef einen Sieg über die Turkomannen von Kokhand unter ihrem Chan Sabik Kenissarim unfern von der Hauptstadt Taschkund und eroberte diese Stadt. Nun brach zwar Mozaffar, der Chan von Bochara, mit 40,000 Mann gegen die Russen auf, wurde aber am 20. Mai 1866 bei Irdschar durch deren Artilleriefeuer in wilde Flucht gejagt. Die Russen haben hierauf auch die berühmte alte Hauptstadt Samarkand besetzt und Persien den Besitz von Herat ablaufen wollen. Somit stehen sie den Grenzen von Englisch-Ostindien schon ganz nahe.

Die kleinen Turkomannenstaaten am Jaxartes, jeder einzelne stolz auf seine Unabhängigkeit und von Eifersucht und Neid gegen einander verzehrt, verhalten sich ganz so, wie sich bisher unsere deutschen Mittelstaaten verhalten haben. Die Vergleichung ist für uns nicht schmeichelhaft, trifft aber zu. Der Schwäbische Merkur vom 22. August 1867 sagte sehr richtig: „Ein Czaar könnte einmal seine ungeheuern Mittel benutzen, um den czechischen Keil gegen Deutschland anzutreiben. Solchen Massenbildungen gegenüber ist es äußerste Pflicht für Deutschland, auch seine Kraft durch Einigung zu stärken, um nicht zwischen den Großmächten zerrieben zu werden, wie die s. g. unabhängigen Staatlein am Jaxartes."

Die Russen halten ihre Eroberungen in Centralasien geheim. Nur selten gelangen vereinzelte Nachrichten davon nach Europa. Daß sie niemand beunruhigen dürfen, hat Fürst Gortschakof in einem Umlaufschreiben an die Großmächte ausdrücklich erklärt. Rußland, behauptet er, habe eine rein defensive Stellung in jenen fernen Regionen, es wolle nur seinen Handel gegen die Räubereien der Turkomannen beschützen und Taschkund sey die letzte Station, deren es zu diesem Behufe bedürfe. Nun verhält es sich aber, wie sich von der unablässigen Eroberungslust Rußlands erwarten läßt, in der Wirklichkeit ganz anders, als in den beschönigenden Umlaufschreiben der russischen Diplomatie. Aufschluß darüber verdanken wir dem bekannten Reisenden Vambery, der, wie er in seinen Skizzen aus Mittelasien 1865 erzählt, als Derwisch verkleidet von Persien aus die ganze turkoman=

nische Steppe durchwanderte. Im Jahr 1862 fand er die Bevölkerung daselbst, wie sie in folgender Skizze geschildert ist.

„Die unabhängigen Turkomannen sind gleich den arabischen Beduinen, von denen sie ihre feurigen Pferde entlehnt haben, nur räuberische Nomaden. Pflege ihrer Rosse und Raub sind ihr einziges Tagewerk. Jeder würde sich entehrt achten, wenn er irgend eine andere Arbeit verrichtete. Die Arbeit überlassen sie ihren Weibern und Sklaven. Sie rauben Sklaven von allen ihren Nachbarn und brauchen sie entweder zur Arbeit, oder geben sie gegen ein bedeutendes Lösegeld wieder frei, oder verkaufen sie nach China. Die meisten Sklaven holen sie aus Persien. Die Perser sind feig." Vambery erzählt ein Beispiel, wie ein einziger Turkomanne fünf bewaffnete Perser gefangen nahm, ohne daß sie sich nur wehrten. Sie baten nur um einen Strick und banden sich selber die Hände. So ungeheuer ist das moralische Uebergewicht des heroischen Barbaren über die Memmen der Civilisation. Alle Vorzüge der Tapferkeit, Ehrlichkeit und Gastlichkeit der Barbaren sind aber leider mit Unbarmherzigkeit gepaart. Der Verfasser sah haarsträubende Scenen, wie persische Gefangene mißhandelt wurden, wie ganze Säcke voll abgeschnittener Köpfe als Trophäen eingebracht wurden. Am grausamsten benehmen sie sich in ihren Stammfehden. Sie sind nämlich in viele unabhängige Stämme getheilt, unter denen die Blutrache gilt, wie in einzelnen Familien.

Nach einer sehr mühevollen Wanderung durch eine übrigens majestätische Wüste kam Vambery nach Chiwa, dessen grausamer Chan besonders gegen Fremde argwöhnisch war. Ein boshafter Afghane, der mit der Karawane gereist war und dessen Scharfblick in unserem Reisenden den Europäer erkannt hatte, wollte ihn jetzt denunciren, aber der Anschlag ging fehl, da ein ehemaliger Gesandter des Chans in Constantinopel, der Vambery dort kennen gelernt hatte, sich für seinen Derwischstand und seine Absicht, heilige Gräber zu besuchen, verbürgte. Der Chan selbst ließ sich von dem reisenden Derwisch segnen und wollte ihm Reisegeld geben, was jener aber nicht annahm, um nicht aus seiner geistlichen Bettlerrolle zu fallen. Die Bewohner Chiwas gehören dem Stamme der Usbeken an, die Bambery immer Oesbegen nennt. Er erklärt sie für das ehrlichste und tüchtigste Volk, das er in Mittelasien kennen gelernt habe.

Dennoch sah er in Chiwa 300 Kriegsgefangene vom Stamm der Tschaudors niedermetzeln. „Während man mehrere zum Galgen oder Block fortführte, sah ich ganz dicht neben mir, wie acht Greise auf einen Wink des Henkers sich mit dem Rücken auf die Erde niederlegten. Man band ihnen Hände und Füße, und der Henker stach ihnen der Reihe nach beide Augen aus, indem er, auf die Brust eines jeden niederknieend, nach jeder Operation das von Blut triefende Messer an dem weißen Barte des geblendeten Greises abwischte. Grauenvoll war die Scene, als nach dem schrecklichen Acte die Opfer, von ihren Stricken befreit, mit den Händen herumtappend aufstehen wollten! Manche schlugen mit den Köpfen an einander, viele sanken kraftlos zu Boden und stießen ein dumpfes Gestöhn aus; die Erinnerung daran wird, so lange ich lebe, mich zittern machen."

Die Reise wurde in der Richtung von Bochara fortgesetzt. Am Oxus traf man zum erstenmal auf Kirgisen, mit denen ein lebhafter Austausch von Waaren stattfand, wobei Käufer und Verkäufer zu Pferde saßen, ein berittener Jahrmarkt. Als unser Ungar ein Kirgisenweib frug, wie sie es aushalten könne, ihr Leben lang ohne Heimath umherzureiten, gab sie ihm zur Antwort: Sonne, Mond, Sterne, Wasser, Wolken und Wind und alle Thiere bewegen sich, nur die Erde und die Todten bleiben liegen! Der Oxus ist sehr sandig, daher schwer zu beschiffen, und die Rectificirung seines Bettes dürfte den Russen, wenn sie einmal dort Herren würden, große Mühe machen. Chiwa ist eine Oase in der Wüste, die Vambery daher auch auf seiner Weiterreise abermals durchmessen mußte. Ein heißer Sandsturm überfiel die Karawane und augenblicklich legten sich Kameele und Menschen dicht auf den Boden nieder. Der Durst war unerträglich und der Reisende wäre umgekommen, wenn er nicht in der Nähe von Bochara ein paar persische Sklaven gefunden hätte, die ihm mitleidig Wasser gaben. In Bochara hatte er wieder vielem Mißtrauen zu begegnen, benahm sich aber immer mit Ruhe und Zuversicht und log sich wieder glücklich durch. Die Stadt ist bedeutend für den Handel und zugleich eine hohe Schule des Islam, die Metropole der Sunniten jenseits von Persien, daher voll Fanatismus. Der jetzige Emir Mozaffar ed-din Chan wird als gutmüthig geschildert und als Volksfreund bei großer Strenge gegen die höheren Classen. Da er aber das Herkommen erhalten will, sind keinerlei Reformen von ihm zu erwarten. Er war damals auf einem siegreichen Feldzug in Khokand und Vambery sah ihn erst in Samarkand.

„Der ganze Strich Landes diesseits des Oxus bis zum Hindukusch und Herat war von jeher das Feld fortwährender Zänkereien und Kriege, sowohl der darauf befindlichen kleinen Raubstaaten, von denen wir nur Kundus, Chulum, Belch, Aktsche, Serepul, Schiborgan, Anbchuy und Maymene anführen wollen, als auch der benachbarten Emire von Bochara und Kabul, die, um ihre Eroberungspläne zu fördern, entweder die Flamme der Zwietracht anfachten, oder sich einmischend eine oder die andere Stadt an sich rissen, in ein Abhängigkeitsverhältniß brachten und zu ihren Zwecken brauchten. Die letztgenannten Fürsten waren die Hauptrivalen auf diesem Felde. Bis zum Anfange dieses Jahrhunderts hatte Bochara mit geringen Ausnahmen überwiegenden Einfluß ausgeübt, in neuerer Zeit wurde es aber von den Afghanenstämmen der Durani, Sabbusi und Barekst verdrängt, und Dost Mohammed Chan gelang es theils durch Gewalt, theils durch List, sämmtliche kleine Staaten mit Ausnahme Bedachschans und Maymenes unter sein Scepter zu bringen. Er schuf die Provinz Turkestan und ernannte zu deren Hauptstadt Belch, welches der Sitz eines Serdars mit 10,000 Mann theils Paltan (regulären Truppen), theils eingeborener Miliz und drei Batterien Feldgeschütz wurde. An dem Besitz des gebirgigen Bedachschan war dem energischen Dost Mohammed Chan nicht viel gelegen, der eingeborene Fürst erklärte sich zu seinem Vasallen, und der Afghane war für den Augenblick befriedigt. Anders verhielt es sich mit Maymene, das auf der Hälfte des Weges nach Bochara liegt und sowohl von Jar Mohammed Chan als von Dost Mohammed Chan mehrmals vergebens belagert wurde. 1862, als der alte Barekzi-Fürst gegen das ungetreue Herat zum letzten Mal sein Schwert zog, zitterte ganz Mittelasien, doch Maymene widerstand auch diesmal, die Tapferkeit der dortigen Oesbegen wurde sprüchwörtlich, und man kann sich denken, wie stolz die Stadt war, als sie beim Tode Dost Mohammed Chans ausrufen konnte, daß unter allen Nachbarstädten nur sie allein den afghanischen Fahnen nicht gehuldigt hätte. Der Tod Dost Mohammed Chans, eines der wichtigsten Ereignisse in der Geschichte Mittelasiens, wurde gleich als Vorabend großer Veränderungen und politischer Wirren angesehen. Der Emir von Bochara wollte zuerst die Gelegenheit benutzen; trotz seines berüchtigten Geizes schickte er dem kleinen Maymene 10,000 Tilla als Unterstützung, und es wurde verabredet, daß der Emir bald den Oxus überschreiten sollte und man so viribus unitis die Afghanen, den gemeinschaftlichen Feind, angreifen wollte. Doch ist der jetzige Herrscher Maymenes ein 22jähriger feuriger junger Mann, der, zu ungeduldig, um seinen Alliirten zu erwarten, auf eigene Faust den Kampf begann, und nachdem er den Afghanen einige kleine Orte abgenommen hatte, sein Burgthor mit

300 langbehaarten Schädeln schmückte. Während unseres Aufenthalts in der Stadt wurden gerade Vorbereitungen zu andern großartigen Kämpfen getroffen."

Weiter noch handelt Vambery von den Völkern, die er kennen lernte, und nennt alle Namen ihrer Stämme, wie auch der kleineren Clane oder Horden, in die sie zerfallen. Ihr Unabhängigkeitssinn ist so groß, daß der Reisende sagen zu müssen glaubt, es sey eigentlich niemand unter ihnen, der befehle, und niemand, der gehorche. Von der Tapferkeit und Ehrlichkeit der ganzen turkomannischen Race, der alten Turanier, war oben schon die Rede. Vambery rühmt die Schärfe und Kühnheit ihres Blicks. Es ist gewiß schade, daß diese ritterliche Race, weil sie niemals einig ist, früher oder später das Loos der Kaukasier erleiden muß, nämlich der russischen Herrschaft unterworfen zu werden. Hier stehen sich die beiden Extreme nobler Barbarei und unnobler Beamtencorruption des modernen Polizeistaats in grellster Art gegenüber.

Durch die Hadschis, mit denen Vambery reiste, erfuhr er auch viel über die chinesische Tatarei, deren Verwaltung ihm als sehr milde und befriedigend geschildert wurde.

Am Schluß werden die großen Plane Rußlands in jenen Regionen besprochen. „Die Frage, ob Rußland sich mit Bochara begnügen, ob es den Oxus als Grenze seines Einflusses und seiner Plane bezeichnen wird, ist schwer zu beantworten. Ohne uns in besonders tiefe Combinationen einzulassen, können wir es als sehr wahrscheinlich aussprechen, daß der Hof von St. Petersburg für seine jahrelang durch die große Wüste mit Mühe und Kosten verfolgte Politik eine reichere Belohnung suchen wird, als die Oasenländer Turkestans. Wenigstens möchte ich den Politiker sehen, der behaupten wird, daß das in den Besitz Turkestans gekommene Rußland wird unterlassen können, in Afghanistan und im nördlichen Indien, wo politische Manöver immer einen fruchtbaren Boden finßhen, mittelbar oder unmittelbar aufzutreten."

„Rußland hat Taschkund eingenommen, weil es als starke Basis seiner ferneren Operationen ihm unentbehrlich schien, nicht aber darum, um hiermit eine Schutzmauer gegen die schon erlangten Besitzungen aufzurichten. Durch Taschkund jedoch hatte sich der Hof von Petersburg auch mit dem Chanat von Bochara in Feindseligkeiten verwickelt. Wie bekannt, hatte der Emir durch seinen Feldzug 1863 das nominelle Recht der Suzeränetät über die westlichen Theile Turkestans sich erworben, und wenngleich nach seinem Abzuge alles wieder ins frühere Geleis kiptschakischer Willkür und Parteikämpfe zurückkehrte, so glaubte er dennoch sein Recht über ganz Khokand geltend machen zu können. Er schrieb daher an den Commandanten der neueroberten Stadt einen drohenden Brief, in welchem er ihn zur Räumung der Festung aufforderte." Der russische General Tschernajef rückte gegen Bochara, aber zu übereilt und mußte umkehren. An seine Stelle trat General Romanowsky, welcher glücklicher operirte, bei Jrbschar einen Sieg erfocht und die Stadt Chobschend eroberte. „Die kriegerischen, mächtigen und einflußreichen Kiptschaken haben als alte Feinde der so oft einbringenden Bocharioten, die ihnen den verhaßten Chubajar-Chan aufbringen wollten, sich gleich zu den Russen geschlagen. So viel ist auf der Hauptoperationslinie im Chanat von Khokand geschehen. Auch an den angrenzenden Punkten, östlich sowohl als westlich, hat man im stillen das Werk der Umgestaltungen begonnen. Von der chinesischen Tatarei hören wir, daß dort seit 1864 die chinesischen Besatzungen verdrängt und von einer nationalen Regierung ersetzt wurden. Erst waren es die Wirren der Tunganis, später erfolgte die Befreiung von Choten, Jarkend, Aksu und Kaschgar, und wenngleich diesen Wirren die traditionelle Lust der Freibeuterei der khokander Chobschas zu Grunde liegen mag, so wollen doch viele mit Bestimmtheit wissen, daß der Hof von Petersburg diese revolutionären Auftritte begünstigt, ja, daß die Kiptschaks, die heute im Besitze von Kaschgar sind, mit russischen Waffen dahin gelangten. Das ist das gewöhnliche Vorspiel der russischen Intervention."

Bochara ist für die Russen zu wichtig, als daß sie sich nicht darin festsetzen sollten. „Daß diese Katastrophe, die letzte Stunde der Selbständigkeit Transoxaniens nicht mit solcher Leichtigkeit herbeigeführt werden wird, wie die bisherigen Waffenthaten in Mittelasien, ist wohl einleuchtend. Schon sehe ich mit des Geistes Augen die wahnsinnige Schaar der Mollahs, Ischane, die Tausende der Studenten, wie sie, um den Dschihab (Religionskampf) zu predigen, in den Chanaten unter Afghanen, Turkomannen, Karakalpaks mit heiliger Wuth umherwandern, wie sie, um Gottes Fluch auf den einbringenden Fremdling herabzuflehen, Scenen der tiefsten, andächtigsten Zerknirschung aufführen. Der Todeskampf wird ein gewaltiger, doch nutzloser seyn. Soweit ich Chiwaer und Afghanen kenne, halte ich die Idee einer gemeinschaftlichen Allianz mit Bochara für ganz unmöglich. Wie die meist kriegerischen Afghanen sich mit einer gutgeordneten Hülfstruppe betheiligen könnten, so wäre es auch dem Chan von Chiwa möglich, mit 20—30,000 Reitern der Armee des Emirs sich anzuschließen. Doch werden dieses weder die einen noch der andere thun. So sind auch die Hunderttausende wohlberittener Turkomannen, die jenseit des Oxus bis zur persischen Grenze auf den großen Steppen wohnen, zur Rettung der heiligen Stadt von gar keinem Nutzen. Ihre Ischane werden wohl, von ihren Ordensbrüdern im edeln Bochara und vom Emir aufgefordert, alles Mögliche thun, um die wilden Söhne der Wüste zum heiligen Kampf zu bewegen; doch kenne ich die Turkomannen zu sehr, um nicht zu wissen, daß sie am Dschihab sich nur so lange betheiligen werden, als ihnen der Emir einen guten Sold und Aussicht auf eine noch bessere Beute gibt, und so wie sie zeitweise in afghanisch=persischen Diensten gestanden, so ist es höchst wahrscheinlich, daß die russischen Imperials sie bald zu den besten Waffengefährten der Kosacken machen werden."

Vambery fährt fort vorauszuverkündigen, daß die russische Eroberung immer weiter nach Süden vorrücken wird. Mit bewaffneter Hand ist es nicht nöthig, es genügt hier an Bestechung und Nährung der innern Zwietracht. „Dasselbe Verhältniß ist auch in Persien zu bezwecken. Auch hier hat der Hof von Petersburg in den letzten Decennien eine sehr glückliche Karte gespielt."

Die Betrachtung schließt: „Diese weitreichenden Pläne sind vielleicht noch nicht das Werk der nächsten Jahrzehnte, besonders nicht das der Regierung des friedfertigen und gutmüthigen Alexander; doch wer kann uns versichern, daß nach letzterem kein Nicolaus oder ein noch schärferer Typus als dieser auf dem Throne folgt, der dem Gelüste eines Timur und Nadir, sich als vollkommener asiatischer Welteroberer zu zeigen, widerstehen wird? Man tröstet sich mit der großen Entfernung, glaubt man aber, daß Rußland das Invasions=corps erst direct von Petersburg, Moskau oder Archangel auf den Weg dahin schicken würde? Wozu dienen die südsibirischen Forts, wozu Taschkund, Chodschend und später gewiß auch Bochara und Samarkand, wozu die persisch=afghanische Allianz?"

Die Engländer werden sehr getadelt, daß sie nicht rühriger den Umtrieben Rußlands in Asien entgegenwirken. Aber auch ganz Europa wird gewarnt. „Die napoleonische Prophezeihung in Betreff einer Kosackenherrschaft in Europa will die heutige Diplomatie, die oft mehr der Mode als dem bon sens huldigt, sehr lächerlich machen. Doch vergißt man dabei, was eine Macht, die von Kamtschatka bis zur Donau oder vielleicht bis an die Ufer des adriatischen Meeres, von den eisigen Zonen der Nordsee bis zu den heißen Gestaden des Irawaddis sich erstrecken wird, bei unsern heutigen Communications=mitteln vermag."

Seit 1864 hat Rußland am Jaxartes ungeheure Fortschritte ge=macht. Taschkund liegt nicht am Ende der russischen Truppen=bewegungen, sondern öffnet ihnen im Gegentheil erst den Weg, den ihnen die russische Eroberungspolitik vorgezeichnet hat. Schon haben sie die bisher immer widerspenstigen Kirgisen überflügelt und zum Gehorsam gebracht und sich dadurch die Heerstraße gesichert, die sie bereits nach Bochara und Samarkand geführt hat. Dies ist der Weg, auf welchem sie gegen das englische Ostindien vordringen sollen. Es eilt nicht und läßt sich auch nicht schnell bewerkstelligen, russische Truppen bis nach Ostindien zu führen; allein Rußland bereitet sich darauf vor. Es sichert sich vor allem die Heerstraße durch Unter=werfung der unter sich stets uneinigen tatarischen Nomadenstämme, durch Eroberung und starke Befestigung der wichtigsten Stationen, durch kleinere Befestigungen auf der ganzen Operationslinie (wie im Kaukasus), namentlich in der Wüste durch Befestigung und Ueber=wachung der Brunnen. Trotz tapferer Gegenwehr sind die Nomaden überall von den Russen geschlagen worden, da sie nicht zusammen=halten, sondern Kirgisen und Turkomannen einander selbst bekämpfen. Die Chane sind brutal und rennen selbst in ihr Unglück, der von Bochara gab den Russen durch seine Anforderungen, indem er sich als Oberherr von Turkestan geberdete, erwünschten Vorwand, ihn anzugreifen und Bochara zu erobern. So rückten die Russen immer weiter vor.

Vambery hält es für unmöglich, daß die Russen so tief in Asien vorgedrungen seyn sollten, um wieder zurückzugehen. Nein, sie werden Samarkand besetzen, dem Chanat von Bochara, wie dem von Chiwa ein Ende machen und das ganze mittlere Asien nördlich von Persien und Afghanistan erobern. Dann sind sie nur noch durch Afghanistan vom brittischen Reich in Ostindien getrennt; aber die Afghanen sind Feinde der Engländer und zu stupide, um zu begreifen, daß ihnen die Russen noch viel gefährlicher werden würden. Daher hat die russische Intrigue leichtes Spiel in Afghanistan und nicht minder in Persien. Die russische Regierung versteht den alten Haß der muhamedanischen Reiche gegen die Engländer ebenso listig und rührig auszubeuten, wie die ewigen Zwistigkeiten unter den Muhamedanern selbst. Während die englische Regierung hochmüthig auf die Asiaten herab sieht und sich keinerlei Mühe gibt, sie zu gewinnen, läßt sich der Russe herab, ihnen zu schmeicheln. Ueberall hat Rußland seine Agenten, besticht die Häuptlinge, reizt die muhamedanischen Kaufleute gegen die Engländer auf, kennt alle Verhältnisse und Personen, bezahlt seine Agenten gut, gewährt ihnen Anstellungen in den eroberten Ländern und thut das alles im Stillen, ohne damit zu prahlen. Gute Dienste leisten ihm besonders die armenischen Kaufleute, die überall in Asien herumkommen. Zu alledem kommt noch, daß der Russe vermöge seiner sklavischen Natur und geringen Bildung den ritterlichen Muhamedanern nicht imponirt und daß seine Gutmüthigkeit gefällt, während die kalte Hoffahrt der Engländer ihnen zwar imponirt, sie aber abstößt.

Man hat früher geglaubt, Rußland werde vom Süden des kaspischen Meeres aus, auf einem mehr westlichen Wege dem Oxus entlang vordringen; allein dieser Fluß leidet keine Dampfschiffe und durchfließt zu öde Wüsten. Deshalb sind die Russen vom Aralsee aus auf einem viel weiter östlichen Wege am Fluß Jaxartes hinaufgezogen in südlicher Richtung, die sie gerade nach Afghanistan und in die Nähe Ostindiens führt, wobei sie Persien im Westen liegen lassen. Sie werden sich nicht übereilen, sondern sich erst an den Grenzen Afghanistans festsetzen, bis ihre Operationsbasis stark oder sicher genug ist, um ihnen zu erlauben, mit einer hinlänglichen Streitmacht das englisch-ostindische Reich zu erschüttern. Vambery hat daher die säumigen Engländer zu besserem Aufmerken ermahnt und räth ihnen, alle Mittel anzuwenden, um Afghanistan und Persien zu neutralisiren, damit diese Länder es vor der unmittelbaren russischen Annäherung schützen. Er macht schließlich noch auf die Neigung der Nordamerikaner aufmerksam, mit ihrer Seemacht in den chinesischen und ostindischen Gewässern die Landmacht der Russen zu unterstützen.

Die Eroberung Indiens würde für Rußland nicht blos ein reicher Gewinn und großer Ruhm an sich seyn, sondern ihm auch als Mittel dienen, die Engländer aus der Levante zu vertreiben. Es strebt nach dem Besitz aller muhamedanischen Länder, auch der türkischen, um die ganze Ostseite des Mittelmeers den europäischen Westmächten zu verschließen. Es schöpft aus seinem unermeßlichen Reiche, nachdem es jetzt auch die kriegerischen Völker des Kaukasus, der Turkomannen- und Kirgisensteppe unter seine Botmäßigkeit gebracht hat, eine ungeheure Waffenmacht, groß genug, um nach Eroberung der Türkei und bei fortgesetzter schlauer Benutzung unserer Uneinigkeit und Verblendung dereinst unter einem kühnen Kaiser auch das ganze germanische und romanische, protestantische und katholische Europa zu überwältigen.

Auch in Hinterasien machte Rußland große Eroberungen. In demselben Jahr, in welchem die Russen im Krimkriege unterlagen und ihre Position an den Donaumündungen verloren, nahmen sie das große Flußgebiet des Amur in Besitz, freilich weit hinten in Asien, so daß man es in Europa kaum merkte. Das Land ist wenig bevölkert, wenig cultivirt, aber eine unschätzbare Erwerbung, indem der Fluß dem russischen Sibirien den bequemsten Weg zum stillen Ocean öffnet. „Im Jahr 1854 ging die erste große militärische Expedition unter Murawiews persönlicher Leitung den Amur hinab.

Damals, als der orientalische Krieg ausbrach, kam es darauf an, die russischen Kriegsschiffe im stillen Ocean schnell mit den nöthigen Lebensmitteln und Schießbedarf zu versehen. Keine Zeit war zu verlieren, und Murawiew ruderte mit einer kleinen Flotte und Armee in das Gebiet eines benachbarten Staates, mit dem Rußland im Frieden lebte. Ein Dampfer, fünfzig große Barken und zahlreiche Flöße, beladen mit Geschütz und 1000 Kosacken, gingen den Amur hinab und legten sich ruhig vor der mandschurischen Stadt Aigun vor Anker, wo die schlecht bewaffneten chinesischen Soldaten aufgestellt waren. Die Russen schauten mitleidig auf sie herab und setzten ihre Reise ruhig bis zur Amurmündung fort. Während des orientalischen Krieges begann eine englisch-französische Flotte ihre Operationen gegen die russischen Küsten am Ochotskischen Meere, doch ohne große Erfolge. Murawiew, der die Schwäche der Chinesen und die Trefflichkeit des Amur als Wasserstraße kennen gelernt hatte, benutzte letzteren in den folgenden Jahren ganz ungehindert, legte Stationen an und setzte sich auf diese Weise fest. Chinesische Mandarinen, die mit Vorstellungen sich nahten, wurden ungehört fortgeschickt; man gebrauchte das Recht des Stärkeren und kümmerte sich wenig um die „Himmlischen". Von Petersburg aus, wo man das rücksichtslose und kühne Vorgehen Murawiew's durchaus billigte, erhielt er fortwährend Unterstützungen, und in der That war, wenn auch nicht dem Namen nach, im Jahr 1858 alles nördlich vom Amur liegende Land im Besitze Rußlands. Durch den am 28. Mai 1858 zu Aigun geschlossenen und nach dieser Stadt benannten Vertrag ward Rußlands Eroberung von Seiten Chinas bestätigt. Was die Landschaften zwischen dem Flusse Ussuri und der mandschurischen Küste betraf, in denen Rußland auch schon festen Fuß gefaßt hatte, so wurde bestimmt, daß sie beiden Reichen gemeinschaftlich gehören sollten. Dieses Verhältniß dauerte jedoch nur zwei Jahre, denn bereits am 14. Nov. 1860 trat China, gedrängt durch den russischen Gesandten Graf Ignatiew, auch diese Länder an Rußland ab, dessen Grenze bis nach Korea hin vorgeschoben wurde. Am Amur entwickelte sich nun ein reges Leben. Schon am 21. Mai 1858 hatte Murawiew die neue Stadt Blagowjestschensk gegründet; darauf legte er Chabarowka an der Ussuri-Mündung an und erhob Sofiewsk am untern Amur zu einem Hauptorte, da Mariinsk an einem nicht sehr praktischen Platze lag und der dort vorüberfließende Amurarm nicht das ganze Jahr hindurch schiffbar war. Kolonisten wurden herbeigezogen und längs der ganzen Grenze Kosackenstationen errichtet. Was Rußland früher widerrechtlich besaß, ist ihm durch die Verträge von Aigun und Peking nun für alle Zeiten zugesprochen worden. Auf den ersten Blick aber muß es klar werden, daß die Grenze, wie sie heute besteht, immer noch eine provisorische ist. Rußland besitzt nur eine Uferseite des Amur und Ussuri, und es wird sicher nicht ruhen, bis es auch die andere erlangt hat. Wenn dann die Zeit kommt, in der das ungeheure chinesische Reich in Stücke zerfällt, dann wird auch die ganze Mandschurei und der herrliche Stromlauf des Sungari an Rußland fallen, das jetzt schon die Macht besitzt, die bezopften Himmlischen jede Minute in den Golf von Petschili zu jagen." Aus Andrées Buch „das Amurgebiet" von 1867.

Viertes Buch.

Die Türkei.

Am schlimmsten erging es im Verlauf des Jahrhunderts denjenigen Reichen, die aus vielen und verschiedenen Völkern unnatürlich zusammengeflickt waren. Solche Staatenungeheuer hatten sich früher lange behaupten können, theils durch die eiserne Gewalt des Despotismus, theils durch die Macht der Religion. Seitdem aber dem Despotismus so viel Abbruch geschehen ist durch die liberalen Forderungen und Volksvertretungen und seitdem durch die Schuld der Regierungen selbst die Kirche von der Schule, der fromme Glaube von der Anmaßung und Eitelkeit des Wissens unterdrückt worden ist, sind die frühern Bande der Einigung gelockert worden und hat sich das Nationalitätenprincip mit unwiderstehlicher Gewalt Bahn gebrochen.

Ein trauriges Beispiel gab Oesterreich, welches auseinander zu fallen drohte und durch ein künstliches Netz nur noch sehr locker zusammengehalten wird. Rußland hat zwar auch vielerlei Völker unter sich gebracht, doch überwiegt in diesem Reich der moskowitische Kern und trachtet die Regierung unablässig, alle Unterthanen zu russificiren, staatlich und kirchlich zu uniformiren.

Mehr als alle andern Reiche leidet die Türkei an der Unvereinbarkeit der Völker, die nominell noch zu ihren Unterthanen gehören. Stück für Stück sind ihr die Grenzländer durch Rußland abgerissen worden, oder haben sich mehr oder weniger emancipirt, wie Egypten, Tripolis, Tunis, Griechenland, Rumänien, Serbien, Montenegro. Der Rest der noch unmittelbar dem Sultan gehorchenden Völkerschaften hat keinen rechten innern Zusammenhang. Die Alttürken, immer noch der tüchtigste, ehrlichste und ritterlichste Volksstamm unter allen, sind doch zu wenig zahlreich, um auf die Dauer die überwiegende Menge der Slaven, Albanesen, Griechen und der verschiedenen Völkerschaften und Sekten in Syrien im Zaum zu halten. Um so weniger, als auch die reichen und vornehmen Türken schon vielfach von der abendländischen Mode, Genußsucht und Glaubenslosigkeit angesteckt sind. Um nicht zu sehr hinter dem Abendlande zurückzubleiben, hat man in der Türkei Reformen vornehmen müssen, die sich aber mehr auf Aeußerlichkeiten, Armeewesen, Finanzschwindeleien, einige Verbesserungen in der Verwaltung und Industrie beschränken, denen aber keine geistige und sittliche Kräftigung zu Hülfe kommt. Die muhamedanische Energie verschwindet und wird durch keine christliche ersetzt. Das griechische und slavische Christenthum hat den Türken niemals imponiren können, und von Wien und Paris, selbst von London brachten ihnen Diplomaten, Glücksritter und Handelsleute auch eher alles, als den Geist, der einst die Kreuzfahrer zum Orient trieb.

An den Türken rächen sich jetzt die politischen Fehler ihrer früheren Sultane. Diese Sultane wichen nämlich vom Gesetz des Propheten ab, und anstatt alles mit Feuer und Schwert auszurotten, was sich nicht zum Koran bekannte, übten sie Toleranz gegen die unterworfenen Christen. Aus einem politischen Nützlichkeitsgrunde auf Kosten des muhamedanischen Princips, also jedenfalls ein politischer Fehler, weil, was ihnen augenblicklich vortheilhaft war, ihren Nachkommen nothwendig zum Unheil gereichen mußte. Die Sultane fanden nämlich, das niederträchtige Volk der Griechen sey ihnen, wenn sie es beim Christenthum ließen, nützlicher, als wenn sie es zum Islam bekehren würden. Gerade ihre feige Niederträchtigkeit qualificirte sie zu brauchbaren Sklaven. Auch wurden ihnen die christlichen Griechen als verschmitzte Werkzeuge außerordentlich nützlich. Der Patriarch der griechischen Kirche wurde und blieb der getreueste Sklave des Sultans, und genoß alle möglichen Privilegien unter türkischer Herrschaft einzig zu dem Zweck, daß neben der römischen Kirche noch eine derselben feindliche griechische Kirche bestehen sollte. Durch dieses Schisma brachte der Sultan eine Spaltung unter die Christen, die ihm nützlicher war, als wenn er die griechische Kirche vernichtet hätte und die ganze Christenheit unter Rom vereinigt worden wäre. Die ihm servil gehorchende griechische Kirche diente ihm als Barrière gegen Papstthum und Kaiserthum des Abendlandes. Ueber dieser Politik aber haben die Sultane versäumt, die europäische Türkei mit einer compacten muhamedanischen Bevölkerung anzufüllen. Die Türken sind hier als eine aristokratische Minderheit isolirt geblieben und das gereicht ihnen jetzt zum Verderben, denn die christlichen Volkselemente wachsen ihnen über den Kopf, und wenn ihnen die Politik des Schisma's auch früher von Nutzen gewesen ist, so wird sie ihnen jetzt vollkommen von Rußland abgewonnen und zu ihrem Schaden verwendet.

Diese Hinfälligkeit der Türkei mußte Rußland nothwendig reizen, seine Hände raubgierig darnach auszustrecken. Wenn ihm auch das übrige Europa die schöne Beute nicht gönnte, so waren die europäischen

Mächte doch immer viel zu uneinig, um mit gesammter Macht ein für allemal den Russen einen Riegel vorzuschieben und für die Zukunft der Türkei nach einem vernünftigen Plane zu sorgen. Mit Recht spottet Rüffer in seiner Flugschrift über die Balkaninsel der Gesandtschaften in Pera. „Jene europäischen Diplomaten, die sich, so lange der Halbmond sich im Bosporus abspiegelt, in ihren Palästen zu Bujuk-dere auf orientalischen Divans wiegen, dort mit einander in den paradiesischen Strandgärten Blindekuh spielen und sich ab und zu auf Haider-Pascha vom ‚Beherrscher aller Gläubigen' en masse abfüttern lassen, wollen freilich vom Untergang der türkischen Heidenwirthschaft nichts wissen und möchten gleich der edlen Pompadour ‚die Sache nur noch so lange halten, als ich eben lebe.' Es träumt sich gar schön im musikalischen, geheimnißvollen Rauschen der vom Nordostwinde sommerlich heiter durch das Bosporusthor getriebenen Pontuswelle. Es träumt sich dort gar fein und lieblich von dem großen europäischen Concert, in dem der Türke als possierlicher Kerl und nur nebenbei Gurgelabschneider allezeit aus besonderer Gefälligkeit die Schenellen oder die Triangel rührt. Ach, es ist gar hübsch, schlau zu seyn, wenn man seinen Kopf dabei nicht anzustrengen braucht. Aber die Wirklichkeit, ma foi, die böse Wirklichkeit! Schon haben sich die Türken selbst zweimal mit allem Glanze aufgegeben, und wer sich selbst zweimal als ‚kranken Mann' geberdet, darf sich nicht eben wundern, wenn er dann endlich beim drittenmale als völlig ‚todter Mann' zum Tempel hinausgetragen wird. Und daher wird auch der Tag kommen, wo die lustigen Lebemänner von Bujukdere im Unisono mit ihren occidentalischen Standesgenossen gleich Kapodistrias ausrufen werden: ‚Nous voilà à bout de notre latin!'"

England und Frankreich, welche sich in die Herrschaft über das Mittelmeer getheilt haben, werden niemals zugeben, daß durch Eroberung Constantinopels Rußland in der Levante Herr werde. Darin lag die Bedeutung des Krimkriegs. Da unterdeß aber der Verfall der Türkei und die geheimen Umtriebe Rußlands, durch welche die christlichen Unterthanen des Sultans zur Empörung gereizt werden, immer fortdauern, versucht die Regierung des Sultans nach dem Vorgang der egyptischen, durch Reformen im Innern die alttürkische Barbarei und muhamedanische Ausschließlichkeit immer mehr zu beseitigen und den türkischen Staat den christlichen Nachbarstaaten immer ähnlicher zu machen.

Das geschah freilich nur allmälig, und anfangs nur in einer plumpen und oberflächlichen Weise. Man steckte z. B. die türkischen Soldaten in die Uniformen der christlichen Heere, so widernatürlich und geschmacklos, daß sie wie geputzte Affen aussahen und alles Ehrwürdige, wie auch die kriegerische Grazie des Orientalismus dabei verloren ging. Dabei dauerte unter dem gutmüthigen und schwachen Sultan Abdul=Medschid die echt orientalische Serailwirthschaft fort. Seine Damen verschwendeten ungeheure Summen, die der Staatsverwaltung und der Armee entzogen wurden. Im Jahr 1860 starb im Serail eine alte Sklavin, die nach und nach zur Schatzmeisterin aufgestiegen war, den Schönen des Harems alles, was sie nur wünschten, verschafft, sich selbst aber dabei ein Privatvermögen von 150 Millionen Piastern erspart hatte, welches sie doch ehrlich genug war, dem Sultan, ihrem Herrn, zu vermachen.

Der Sultan starb am 25. Juli 1861 an Erschöpfung in noch nicht vorgerücktem Alter. Da im Hause Osman das Seniorat gesetzlich ist, wurde des Sultans Bruder Abdul Aziz, geb. 1830, sein Nachfolger und der älteste Sohn des Sultans, Mehemed Murad, geb. 1840, übergangen. Eine der ersten Regierungshandlungen des neuen Sultan war, die häßliche Uniformirung der Armee wieder abzuschaffen und dafür die bequeme und kleidsame Tracht einzuführen, welche die französischen Zuaven in Algerien angenommen hatten.

Das schwerste Hinderniß für eine durchgreifende Reform der Türkei war der muselmännische Fanatismus der alttürkischen Volks= partei unter dem Einfluß der Ulemas. Die Großen des Reichs hegten diesen Fanatismus nicht mehr, sondern ahmten gern europäische Sitten nach und tranken bei Festlichkeiten mit den Christen um die Wette, wenn gleich der Koran den Wein verbietet. Die christlichen Missionäre genossen Duldung, ohne Fortschritte zu machen, denn der gebildete Türke wollte mit dem Christen lieber trinken, als beten. Am wenigsten paßte die evangelische Mission hierher in den Süden, wie sie auch in Italien und Spanien niemals Fortschritte gemacht hatte.

In den ersten Tagen des August 1864 geriethen die Alttürken in Grimm gegen die protestantischen Missionäre in Constantinopel und einige der letztern wurden in Verhaft genommen, weil sie in der türkischen Hauptstadt gewagt hatten, dem Islam allzukühn zu trotzen. Man hatte ihnen erlaubt, protestantischen Gottesdienst zu halten, Schulen zu errichten, Bibeln und Tractätlein zu drucken, und frug auch nichts darnach, wenn sie unter der Hand einige Proselyten machten. Als aber ein von ihnen bekehrter angesehener Türke öffent= lich und mit Ostentation den Islam abschwur, ein anderer eine den Islam schmähende Schrift drucken ließ und viele eine Petition an den Sultan vorbereiteten, worin sie baten, eine Moschee der Haupt= stadt in eine protestantische Kirche umwandeln zu dürfen, schritt der Sultan zu Gunsten des Islam ein und zog den Missionären eine bestimmte Grenze. Sie sollten ferner geduldet werden, sich aber aller Angriffe auf den Islam enthalten. Auch in Smyrna zeigte sich da= mals große Aufregung unter den Türken und die Christen daselbst kamen in Besorgniß. Um die Missionäre zu entschuldigen, verbreitete man die etwas unwahrscheinliche Meinung, die alttürkische Partei selbst habe jene Angriffe auf den Islam machen lassen, um nicht sowohl die Missionäre selbst, als vielmehr Fuad Pascha zu verdächtigen, den sie als Reformer und Christenfreund haßten.

Ein erster wichtiger Schritt zur Reformirung des Islams war am 4. Oct. 1865 der in einer türkischen Ministerconferenz gefaßte Beschluß, das Grundeigenthum der Moscheen, wenn es auch von den Ulemas fort verwaltet wurde, doch einer Staatssteuer zu unterwerfen. Es war durch Schenkungen ungeheuer angewachsen.

Unter den türkischen Vasallenstaaten, die schon fast ganz unabhängig waren, nimmt zunächst Rumänien oder die vereinigte Wallachei und Moldau unsere Aufmerksamkeit in Anspruch. Das gemeine Volk spricht hier noch eine romanische Mundart, weil das Land zu den Zeiten der Römer eine römische Provinz war. Der Adel der s. g. Bojaren ist theils slavischer, theils griechischer Abstammung, sofern die vormaligen Hospodare sich gern verschmitzter Griechen bedienten, die dann im Lande die erste Rangstufe einnahmen. Diese Bojaren sind in noch höherem Grade als die russischen „Tataren in Glacéhandschuhen," die brutale Roheit versteckend in eleganter europäischer Modetracht. Bisher hatte Rußland lange Zeit hindurch seine schwere Hand auf die beiden Donaufürstenthümer Wallachei und Moldau gelegt, nach dem Krimkrieg wurden sie durch den Pariser Frieden von 1856 frei und unter französischem Einfluß sogar in ein Fürstenthum Rumänien geeinigt 1859. Der erste Fürst dieses neuen Reiches war der von Frankreich begünstigte Alexander Couza, der wohl den guten Willen hatte, das arme Volk aus seiner tiefen Barbarei herauszureißen, aber zu übereilt mit Reformen vorschritt und die Achtung dadurch einbüßte, daß er und seine mitgebrachten Handlanger sich persönlich zu bereichern trachteten. Mit dem gemeinen Volke selbst verdarb er es, indem er dessen griechische Kirche zu schwächen und zu berauben versuchte. Am 26. August hob er in ganz Rumänien die Frohnden auf und erlaubte den Bauern, Grundeigenthum zu besitzen, was vorher nur den Bojaren zustand. Als er aber am 12. Jan. 1865 den julianischen Kalender der griechischen Kirche abschaffte und dafür den gregorianischen des Abendlandes einführte, als er die griechische Synode in Rumänien für selbständig und unabhängig vom Patronat in Constantinopel erklärte und sogar die Civilehe einführte, entstand der Verdacht, er wolle Rumänien überhaupt von der griechischen Kirche abwendig machen.

Wenn die Slaven in der Bulgarei ihre nationale Sprache auch im Cultus gebrauchen wollten und sich von der griechischen zur lateinischen Kirche hinneigten, um wie viel näher lag es noch den Rumänen, deren Sprache noch auf lateinischer Grundlage ruht, gleichfalls die griechische Kirchensprache zu verwerfen. Couza verfuhr sehr summarisch, zog die griechischen Klostergüter ein, mißhandelte den griechischen Klerus und setzte den Metropolitan Milesko gefangen, unter dem Vorwand der Sittlichkeit. In einem Rescript vom 7. Nov. 1860 heißt es: „Was soll man von den Frauen sagen, die Morgens geschieden, Abends schon wieder verheirathet sind?" Und wird dem Metropolitan vorgeworfen, so lüderliche Ehen gedulbet und eingesegnet zu haben. Um Aufklärung zu verbreiten, gründete Couza zu Jassy eine Universität, natürlich nur das Aushängeschild davon, denn in einem Lande, das keine Schulen, nicht einmal Straßen hatte, kam eine Universität zu früh. Weil die Bojaren eine Hauptstütze des griechischen Kirchenthums, wie auch der alten Barbarei und Sclaverei im Volke waren, suchte Couza auch ihre alte Macht zu brechen und seinen neuen Thron auf breitester demokratischer Grundlage aufzubauen. Zu diesem Behuf bereitete er eine Emancipation der Bauern vor. Die Bojaren waren darüber sehr unzufrieden, aber ihr Vorkämpfer Kartarzi wurde im Sommer 1862 meuchlings erschossen.

Um diese innere Reform von außen zu unterstützen und zugleich womöglich den insurgirten Polen zu helfen, trat Couza in Verbindung mit der europäischen Revolutionspropaganda in London, welche den intriganten General Türr abschickte, um die untern Donauländer heimlich zu bewaffnen. Zugleich sollte Klapka von Italien her unterstützt werden, um Ungarn zu insurgiren. Eine bedeutende Waffensendung, 110 französische Kanonen, wurden an der Donaumündung von den türkischen Behörden aufgehalten, aber das französische Schiff weigerte sich sie auszuliefern. Da inzwischen die Westmächte Polen nicht direct zu unterstützen wagten und Rußland die polnische Insurrektion überwältigte, gerieth auch die Agitation in den untern Donauländern wieder ins Stocken.

Nun erfolgte auch in Rumänien ein Rückschlag. Die Partei der griechischen Kirche und der Bojaren, d. h. die russische Partei wurde wieder trotzig. Weil Couza im November 1862 die griechische Kirchensprache abschaffte, im J. 1864 alles Kirchengut einzog und den vom griechischen Patriarchen in Constantinopel zum Bischof von Bukarest ernannten Bischof polizeilich ausweisen ließ und im April desselben Jahres der Bojarenversammlung zumuthete, den Bauern einen Theil ihres Grundbesitzes abzutreten, erhob sich der stolze Adel zu lebhaftem Widerstande, richtete aber seine Angriffe zunächst nur gegen den Minister Cogalnitscheano. Der Fürst aber machte kurzen Proceß, ließ am 13. Mai 1864 die Versammlung durch Bajonnette auseinanderjagen und den Fürsten Sutzos, Sohn des früheren Hospodars, verhaften. Dieser Staatsstreich entsprach so vollkommen dem 2. Dezember, daß auch ein Plebiscit nicht ausblieb. Couza forderte alle Rumänen auf, darüber abzustimmen, ob das Volk ihm sein Vertrauen schenke, ihn zum Vollstrecker seines Willens erwähle und eine neue Verfassung, ein Zweikammersystem mit überwiegender monarchischer Gewalt, genehmige. Die Volksabstimmung war am 2. Juni vollendet und ergab 713,000 Ja gegen 57,000 Nein. Die rohen Bauern stimmten natürlicherweise im eigenen Interesse für einen Fürsten, der sie von der

Adelsherrschaft befreite. Die neue Verfassung war der französischen nachgebildet und legte alle Gewalt in die Hände des Souveräns, dem ein gänzlich abhängiger Senat und ein timides Abgeordnetenhaus an die Seite gesetzt wurde. Dem letztern war jede Initiative, jedes Amendement, jede Interpellation, jede Adreßdebatte und überdies die Oeffentlichkeit untersagt. Gründlicher konnte der Fürst mit der Revolutionspartei nicht brechen. Daher wurde er, als er schon am 5. Juni nach Constantinopel abreiste, vom Sultan gnädig empfangen und bekorirt und erhielt die Bestätigung seiner neuen Verfassung.

Gleichwohl schrieb man dem Fürsten Couza große Pläne zu, die mit dem Bestande der Türkei nicht vereinbar waren. Indem er mit der Revolutionspartei brach, ahmte er nur das Beispiel Victor Emanuels nach und hoffte, als Werkzeug und Vasall des klugen und mächtigen Kaisers der Franzosen mehr zu gewinnen, als durch revolutionäre Mittel. Er trat in enge Verbindung mit seinen südlichen und westlichen Nachbarn und verständigte sich mit denselben im Voraus, falls im Laufe der Dinge die Herrschaft der Osmanen in Europa ihr unvermeidliches Ende erreichen würde. Man hat ihm sogar zugeschrieben, er denke an eine Vergrößerung seines rumänischen Reiches, wenn einst die Türkei auseinanderfalle, und der Zufall schien diese Aussichten sogar zu begünstigen, da weder der Fürst Michael von Serbien, noch der Fürst Danilo von Montenegro Kinder hatten, er also bei einer großen Erhebung gegen die Pforte ihre Länder noch erben konnte. Auch die Bulgarei, in welcher Frankreich eine großartige Lostrennung von der griechischen Kirche betreibt, konnte ihm als Nachbarland zufallen.

Was auch an diesen Plänen Wahres gewesen seyn mag, sie wurden vereitelt und Couza durch eine Revolution gestürzt. Hat Rußland insgeheim zu diesem Sturze mitgewirkt, so muß man doch unterscheiden. Rußland sah nur in der Person Couzas ein Hinderniß seiner

Die Türkei.

eignen Politik, nicht aber in der Bildung eines rumänischen Reichs. Darüber bemerkt der bekannte Militärschriftsteller Pz in seinen „kriegerischen Träumereien" 1857, Rußland selbst habe die Vereinigung der Wallachei und Moldau befürwortet und sich darüber mit Frankreich trotz der Abneigung Oesterreichs und Englands verständigt. „Was Rußland mit diesem Vereinigungsplane bezweckt, liegt auf der Hand. Es wünscht zwischen sich und der Pforte (und beziehentlich Oesterreich) ein neues Rumänenreich zu haben, das zwar äußerlich stärker, innerlich aber viel schwächer seyn würde, als die bisherigen beiden Fürstenthümer in ihrer getrennten Verfassung, mithin auch viel leichter bearbeitet und nach seinem Willen gelenkt werden kann. Wenn Frankreich denselben Plan unterstützt, so kann dies nur im Hinblick auf ein künftiges engeres Bündniß mit Rußland einen praktischen Sinn haben." Jedenfalls war auch das vereinigte Rumänien ein Zwerg neben dem russischen Riesen und Rußland konnte mit ihm spielen trotz des fernen Frankreichs.

Nachdem Couza es mit allen Parteien verdorben hatte und auch dem Ausland nicht mehr gerecht war, wurde er in der Nacht auf den 23. Februar 1866 vom General Golesko und dessen Mitverschworenen bei seiner Maitresse, der Frau Obrenowitsch, im Bette überfallen, ohne Widerstand gefangen und zur Abdankung gezwungen, Niemand stand ihm bei. Eine provisorische Regierung wurde sogleich ernannt und die Ruhe blieb ungestört. Alles war vorher besonnen verabredet worden, und um Couzas frühere Gönner zu schonen, ließ man ihn frei und erlaubte ihm, sich mit seinen Schätzen nach Paris zurückzuziehen. Dieselbe Gunst widerfuhr seinem bisherigen Liebling, dem Postdirector Liebrecht, der sich eine große Menge Geld zusammengerafft hatte. Im Pariser Frieden von 1856 waren sämmtliche Großmächte zur Ueberwachung der beiden Donaufürstenthümer ermächtigt worden, nachdem früher Rußland allein sich angemaßt hatte, seinen

Einfluß dort an die Stelle des türkischen zu setzen. Schon vor Couzas Sturz hatte Rußland denselben vorausgesehen und wahrscheinlich auch einleiten helfen, denn bereits standen 50,000 Russen gerüstet am Pruth. Einseitig vorzugehen durfte jedoch Rußland noch nicht wagen, so lange Oesterreich noch nicht mit Preußen und Italien im Kriege begriffen und so beschäftigt war, daß es seine Aufmerksamkeit vom Orient ablenken mußte. Die provisorische Regierung in Bukarest, an deren Spitze Golesko und Citawogi standen, holte sich zunächst bei Frankreich Rath und suchte einen europäischen Prinzen zum regierenden Erbfürsten zu erhalten wie das kleine Königreich Griechenland. Aber gerade das Beispiel Griechenlands war wenig lockend. Die erste Wahl der Rumänen fiel auf den Grafen Philipp von Flandern, Bruder des Königs der Belgier, aber er lehnte ab, die zweite auf den Prinzen Karl von Hohenzollern-Sigmaringen. Unterdeß versuchte eine demokratische Partei in Bukarest aufzukommen und mußte in Jassy eine Partei, welche die Moldau von der Wallachei wieder trennen wollte, durch Militärgewalt unterdrückt werden.

Prinz Karl erschien plötzlich am 22. Mai 1866 in Bukarest, wurde mit lautem Jubel aufgenommen und auch vom Sultan, zu dem er reiste, anerkannt.

Natürlicherweise war in Europa alles überrascht und man suchte sich die Sache auf die verschiedenste Art zu erklären. Ein preußischer Prinz war ohne Zweifel am besten geeignet, Bürgschaft dafür zu leisten, daß Rumänien kein Herd der europäischen Revolutionspropaganda werde, noch einer neuen Insurrection in Polen Vorschub leiste. Zugleich schien aber auch in der Befestigung eines neuen Reichs an der untern Donau eine Bürgschaft dafür zu liegen, daß Rußland seine Absicht auf Eroberung des untern Donaugebiets, wenn nicht aufgegeben, doch auf lange vertagt habe. Rüffer in seiner interessanten Flugschrift über die Balkanhalbinsel behauptet, daß sich Rußland begnügen würde, nach Vertreibung der Türken aus Europa das bisherige Gebiet der europäischen Türkei an unabhängige Staaten vertheilt zu sehen, ohne sie selbst erobern zu wollen. Das sey auch die Bedingung der freundlichen Beziehungen Preußens zu Rußland. „Der ‚alte Fritz' soll einmal den Ausspruch gethan haben, und möglich ist es schon, daß er ihn wirklich gethan: ‚Wenn die Russen erst in Constantinopel stehen, ziehen sie andern Tages in Königsberg und am dritten Tage in Wien und Berlin ein.' Sonderbar, im Orient besteht die größte Freundschaft zwischen Rußland und — Preußen. Das heißt, dies ist eigentlich gar nicht sonderbar, sondern sehr natürlich, denn die preußische Politik im Oriente ist zwar noch sehr jung, aber wahrhaft genial. Preußen weiß, daß Rußland die Balkanhalbinsel vom Türken säubern, nicht aber für sich erobern will. Voilà tout! Es war ein meisterhafter Schachzug der preußischen Politik, als sie, kurz vor dem Ausbruch des Krieges von 1866 einen Prinzen von Hohenzollern auf den Thron Rumäniens steigen ließ. Das bis dahin der Balkanhalbinsel so ferne Preußen stand so auf einmal mit einem Fuße in der Türkei, Oesterreich bedrohend, Rußland sich verbindend und eine Fülle von Garantien für die Zukunft gewinnend. Die Occupirung des moldo-wallachischen Throns durch einen intelligenten preußischen Prinzen kam aller Welt so unerwartet, so wie aus der Pistole geschossen, daß man für den ersten Augenblick und im Donner der gleich nachfolgenden Ereignisse die ganze ungeheure Bedeutung dieses Schrittes gar nicht zu ermessen im Stande war. Die politische Strategie des Grafen von Bismarck ist nicht blos kühn, sie ist mitunter nahezu providentiell und war bisher immer glücklich." Die Voraussetzung, daß Rußland den Südslaven ihre Selbständigkeit gönnen werde, unterstützt Rüffer durch eine Erinnerung an den Feldzug des General Diebitsch. Als dieser nämlich über den Balkan ging und die Bulgaren von ihm verlangten, er möge sie für unabhängig erklären, fuhr er sie zornig an und verscherzte dadurch so sehr alle Sympathien der Südslaven, daß er von ihnen nicht unterstützt wurde und in eine gefährliche Lage kam, aus welcher ihn nur der schnell geschlossene Friede von Adrianopel rettete. Endlich wird darauf aufmerksam gemacht, daß Rußland eine Menge Bulgaren zur Auswanderung nach der Krim veranlaßt habe. „Möchte wohl Rußland, wenn es wirklich das Gelüste verspürte, die Balkanhalbinsel zu erobern, so handeln? Möchte es die dortigen slavischen Bevölkerungen dann absichtlich zu schwächen versuchen?"

Wir trauen den Versicherungen nicht, die uns Herr Rüffer gibt. Für den Augenblick glauben wir gern, wird Rußland sich mäßigen, denn es ist nicht so unklug, eine neue europäische Coalition gegen sich heraufbeschwören zu wollen, und leidet auch in seinen Finanzen. Allein der Grundgedanke der russischen Politik bleibt doch immer derselbe, der Gedanke der alten alles erobernden, alles unterwerfenden, alles uniformirenden Weltreiche. Während es Europa in Ruhe läßt und nur innerhalb seines Reichs zum Trotz des übrigen Europa und zum Zeichen, wie wenig es die Nachbarn respectirt, an seinen Grenzen die katholischen Polen und die lutherischen Deutschen in den Ostseeprovinzen russificirt und gräcisirt, macht es ungeheure Eroberungen an den Grenzen Indiens und Chinas. Das Wachsthum der russischen Macht ist kein Gespenst, womit man politische Kinder schreckt, sondern eine Realität, die nicht beachten zu wollen wenig Klugheit und Voraussicht verrathen würde.

Die Voraussetzung, Rußland strebe nicht nach dem Besitz der Türkei, stimmt nicht mit dem überein, was seit Katharina II. die eingestandene Absicht Rußlands gewesen ist. Und wie sollte auch Rußland ohne jedes Hinderniß die Dardanellen passiren können, was Herr Rüffer selbst verlangt, wenn Byzanz nicht russisch würde? Auch die Voraussetzung, der Sultan störe die große Mission Rußlands in

Asien, ist irrthümlich, denn der Sultan übt nur Einfluß auf Kleinasien und ist durch die Eifersucht Persiens gehemmt. Mit den den Türken stammverwandten Turkomannen jenseits des kaspischen Meeres ist Rußland schon fertig geworden, ohne daß der Sultan es zu hindern vermocht oder auch nur zu wollen die Miene angenommen hätte. Wenn Rußland jetzt wirklich keinen Anspruch mehr auf die künftige Annectirung der Balkanhalbinsel machen sollte, so gibt es dafür keine andere Voraussetzung als die, daß nach Auflösung des türkischen Reiches in Europa eine lockere Föderation unabhängiger Staaten und heterogener Nationalitäten Rußland ganz erwünscht seyn könnte, um sie trotz ihrer Unabhängigkeit factisch zu Vasallen machen zu können, wodurch es sich weniger Verantwortung aussetzen und die Eifersucht der europäischen Mächte weniger reizen würde.

Der österreichischen Politik darf man mit Recht Vorwürfe machen, sofern sie schon lange vor Rußland Zeit gehabt hätte, die Donauvölker zu beeinflussen, die civilisatorische Mission an der untern Donau zu übernehmen und Oesterreichs Macht dort so zu befestigen, daß Rußland niemals an die Donaumündungen hätte gelangen können. Im Uebrigen müßte, da es nun einmal versäumt ist, Oesterreich daran liegen, die Unabhängigkeit der Rumänen, Südslaven, Albanesen und Griechen und deren Föderation zu Stande kommen zu lassen, denn es würde als nächster Nachbar, wenn es nur die civilisatorischen Mittel, deren es mehr als Rußland besitzt, mit Energie gebrauchen wollte, sich dieselben mehr befreunden, als Rußland vermöchte.

Was wir hier von Oesterreich sagen, gilt auch speciell von Ungarn. Der Zwist zwischen Rumänien und Ungarn wegen der beiderseitigen Ansprüche auf Siebenbürgen ist rein unvernünftig, denn sowohl Magyaren als Rumänen haben das natürliche Interesse, einander zu schonen und sich mit einander zu verbinden, um nicht bloße Werkzeuge und Opfer der Wiener und Petersburger Politik zu werden und um sich als nichtslavische Inseln mitten in einem Meere von Slaven auf die Dauer behaupten zu können. Der natürliche Rückhalt für beide ist das sich einigende Deutschland. Ungarn, als nächster Nachbar der untern Donauländer, hätte viel mehr zu hoffen, wenn es sich dieselben befreundete, sie wie der älteste und stärkste Bruder die jüngern und schwächern behandelte, nicht aber feindselig.

Unter den südslavischen Staaten, die zur europäischen Türkei gehören, nimmt Serbien den ersten Rang ein, obgleich es nicht so viele Seelen zählt, wie Bulgarien. Es ist nämlich schon seit längerer Zeit so gut wie selbständig, nur durch ein lockeres Band noch an die Pforte gebunden und das serbische Volk ist überaus energisch. Gustav Rasch (die Völker der untern Donau 1867) zieht sie den Rumänen und Griechen vor. „Bei den Südslaven sind die Fehler der Griechen und Wallachen nicht zu finden; sie sind weit weniger demoralisirt, wie die letzteren. Bei allen von den Türken unterjochten südslavischen Stämmen, sogar bei den Bosniaken, welche sich zum Islam bekehrt haben, hat das demokratische Element immer vorgeherrscht, sie haben immer in einer freien Gemeindeverfassung gelebt. Darin ist auch der Grund zu suchen, daß sie sich ihre Nationalität weit treuer bewahrt haben, wie die Griechen und die Rumänen. In Bulgarien sowohl wie in Serbien glaubt jeder Bauer sich berechtigt, gleichen Theil an der Verwaltung der Gemeindeangelegenheiten nehmen zu dürfen. Major Mischa war nichts anderes als ein Bauer, sowie Milosch ein Bauer war. In allen auf der rechten Seite der untern Donau belegenen Ländern existirt kein Adel, wie in den Ländern an der linken Seite der Donau. In Bosnien, in Serbien, in Bulgarien ist das demokratische Bewußtseyn der allgemeinen Gleichheit zur andern Natur geworden. Verleitet durch die Aufschrift des mir in Pesth mitgegebenen Empfehlungsbriefes, nannte ich den Oberhofmeister des Fürsten von Serbien einmal in der Anrede ‚Herr Baron‘. — ‚Sie sind im

Irrthum,' erwiderte er mir, ‚ich bin nicht Baron. Auf dem rechten Ufer der untern Donau gibt es keinen Adel. Auch der Fürst von Serbien ist nicht adelig; er heißt wie jeder Serbe „Herr", „Herr Michael Obrenovits.' Er ist der einzige Mann in Serbien, der einen Titel führt, indem er so lange er Fürst ist, ‚Durchlaucht' angeredet wird. Er verliert ihn, sobald er nicht mehr Fürst ist.' Der reiche Slave lebt in der europäischen Türkei, wie die Türken selbst, mit und unter dem Volke; er trägt seine Nationalkleidung und hat dieselben Sitten. Der reiche Slave in der Türkei denkt nicht, wie der wallachische Bojar, daß er schon deshalb Europäer ist, weil er Glacehandschuhe trägt, weil er galonirte Bedienten hat und in einer prächtigen Equipage fährt; er läßt sich von diesem Schimmer oberflächlicher Civilisation nicht blenden, sondern er sucht sich, wenn er auch noch in seinen Kleidern dem Orientalen gleicht, innerlich heranzubilden und sich die Kenntnisse zu erwerben, welche der gebildete Europäer sich erworben hat. Ich habe in Belgrad und in Rustschuck weit mehr gebildete Männer angetroffen, als in Bukarest, wenn sie auch in ihrem Aeußern den Orientalen glichen. Es finden sich auch in Bulgarien und in Serbien weit mehr Volksschulen, wie in der Moldau und in der Wallachei."

Der alte Fürst von Serbien, Milosch Obrenowitsch, starb am 26. Septbr. 1860. Er war durch russischen Einfluß auf seinen Posten gekommen, nachdem sein Vorgänger Alexander, Sohn des berühmten Helden Kara Georg, vertrieben worden war. Sein Sohn Michael hielt noch die Verbindung mit Rußland fest, hegte aber auch Pläne der Selbständigkeit und der Hegemonie unter den Südslaven. Er wollte den Montenegrinern, als sie im Sommer 1862 von Omer Pascha gedrängt wurden, Luft machen und hoffte vielleicht, sich durch einen Handstreich in den Besitz der wichtigen Grenzfestung Belgrad zu setzen. In dieser Stadt nämlich fielen am 15. Juni 1862 die bewaffneten Serben, weil ein serbischer Knabe wegen Unarten an einem Brunnen von einem Türken (mit Recht) gezüchtigt worden war, plötzlich über die türkische Besatzung her, belagerten dieselbe in der Festung und stürmten sie in der Nacht auf den 17., wurden aber abgeschlagen und die rebellische Stadt ein paar Stunden lang von der Festung aus bombardirt, wozu der englische Consul gerathen haben soll, der natürlicherweise nicht wünschen konnte, daß ein so wichtiges Bollwerk der Türken den Russen in die Hände gespielt werden sollte. Viel Landvolk strömte in die Stadt, ein türkischer Courier wurde unterwegs ermordet; Garaschanin, das Haupt der Fortschrittspartei, hätte gern alles in Brand gesteckt, aber Fürst Michael und die Furcht vor den nahen Oesterreichern geboten Mäßigung. Im Winter desselben Jahres wurden 700 Wagen voll russischer, mit dem Stempel des kaiserlichen Arsenals von Tula versehener Waffen nach Serbien eingeschmuggelt, was in der englischen Presse großen Lärm machte. Doch kam es zu keinem ernsten Kampf mit der Pforte.

Von Seite aller Großmächte wurde schon am 25. Mai das Gesuch der Pforte, Rumänien mit türkischen Truppen besetzen zu dürfen, abgelehnt und der neue Fürst anerkannt. Am 12. Juli leistete Karl als Fürst von Rumänien den Eid auf die neue Verfassung und nachdem auch die Pforte beruhigt war und ihn am 21. Oct. anerkannt hatte, ging er selbst nach Constantinopel und wurde vom Sultan aufs ehrenvollste empfangen. In der Moldau gab es anfangs einige Gährung, doch wurde der Fürst auch hier anerkannt und hielt in Jassy einen feierlichen Einzug. Der Sultan hatte ihm gestattet, daß die Erbfolge in seiner Familie bleiben, er eine Armee von 30,000 Mann halten und noch andere Rechte eines selbständigen Regenten ausüben dürfe.

Die Bildung erstarkender Staaten an der untern Donau diente ohne Zweifel dem Sultan zum Schutz gegen Rußland, so lange sie nicht ausschließlich unter russischem Einfluß standen, und das war in

Rumänien nicht in dem Maaße der Fall, wie man glauben machen wollte. Es gab allerdings eine russische Partei in Bukarest, neben ihr aber eine noch stärkere nationale oder großrumänische Partei, die eine Wiedervereinigung aller Rumänen, also auch derer, die in Siebenbürgen österreichische, in Bessarabien russische Unterthanen waren, mit denen in der Moldau und Wallachei zu einem großen Reiche erstrebten.

Rußland steckte sich geschickt hinter diese Partei, um durch sie seine specifisch russischen Zwecke zu erreichen, b. h. Umtriebe in Bulgarien anzetteln und die Türkei in immerwährender Sorge schweben zu lassen, bis die wachsende Insurrection einen Einmarsch russischer Truppen rechtfertigen würde. Oesterreich sah das Erstarken neuer Staaten, wie die des rumänischen und serbischen, nicht gerne, weil sie seinem Einfluß in dem Maaße mehr entgegenwirkten, als sie gleich den Ungarn nach nationaler Selbständigkeit trachteten. Frankreich hatte seinen Couza nicht schützen können, übte aber immer noch Einfluß auf die nationale Partei, was mit dem von Frankreich proclamirten Nationalitätenprinzipe übereinstimmte, und hielt der russischen Agitation die Waage. Es gab ziemlich viele russische Unterthanen in der Moldau und Wallachei, die vieles thun durften, was andere nicht gewagt hätten.

Die Montenegriner fuhren in ihrem Uebermuthe fort, unterstützten den christlichen Aufstand in der benachbarten Herzegowina und benutzten jede Gelegenheit, ein türkisches Dorf zu plündern. Aber am 12. August 1860 wurde Danilo Petrowich, Fürst von Montenegro, im Seebade von Perzagno im Canal von Cattaro meuchlerisch erschossen und zwar von einem Montenegriner, Namens Cabich, dessen Schwester der Fürst gegen ihren Willen verheirathet hatte. Ihm folgte Nikizza (Nicolaus) Petrowich, Sohn des Mirko. Der letztere leitete die Regierung und war ein Todfeind der Türken, sein eifriger Bundesgenoß aber der Herzegowiner Luka Vukalowich. Beide gemeinsam begannen nun die frechsten und unbarmherzigsten Razzias auf dem türkischen Gebiete, raubten die Heerden, mordeten die Menschen und verbrannten die Dörfer. Dabei war das Nasen-, Ohren- und Köpfeabschneiden, das Aufpflanzen der Köpfe als Trophäen noch immer an der Tagesordnung. Die Montenegriner sind seit einem Jahrtausend um keinen Schritt weiter in der Cultur vorgerückt, nur daß die Politik ihrer Führer durch das russische Bestechungssystem immer raffinirter geworden ist. Man darf dieses Naturvolk nicht zu streng beurtheilen. Auf seinen unfruchtbaren Bergen findet es keine Lebensmittel und muß sich dieselben rauben, denn sein Racestolz hat sich noch nicht zur Fabrikarbeit erniedrigt.

Nachdem die Montenegriner im März 1862 in der Gegend von Kremnitze die unerhörtesten Greuel begangen hatten, erhielt endlich am 9. April Omer Pascha vom Sultan den Befehl, mit türkischen Truppen einzuschreiten. Omer war kränklich oder zauderte noch aus diplomatischen Gründen. Wenigstens richtete Derwisch Pascha, den er vorausschickte, nicht viel aus. Man hörte wiederholt von dessen blutigen Gefechten am Dugapasse, von Angriffen Vukalowichs auf türkische Forts. Im Allgemeinen blieben die Türken im Nachtheil und Omer Pascha rührte sich nicht. Das kam daher, weil de Moustier, der französische, und Labanoff, der russische Gesandte, Montenegro in Schutz nahmen. Rußland betrachtete dieses Gebirgsland schon längst als seinen Vorposten, wollte demselben daher um jeden Preis seine bisherige Unabhängigkeit und Angriffsfähigkeit erhalten. Allein vermochte es weniger durchzusetzen, legte daher großen Werth darauf, in dieser Frage von Frankreich unterstützt zu werden. Man glaubt, daß es hauptsächlich aus diesem Grunde und lediglich als ein Compliment für Frankreich, sich so schnell bereit erklärt habe, das Königreich Italien anzuerkennen. Indem Preußen dem russischen Beispiele folgte, durfte sich Napoleon III. allerdings schmeicheln, noch immer sein Uebergewicht im Rath Europas zu besitzen. Durch diese Rücksichten wurde nun Omer Pascha verhindert, nachdrücklich gegen Montenegro vorzugehen, bis die Contreminen Englands und Oesterreichs dem armen Sultan wieder etwas Luft machten. So erhielt denn Omer Pascha in der Mitte des August Erlaubniß, Ernst zu machen. Daß am 18. August auf den Fürsten Nicolaus geschossen wurde, scheint nicht von den Türken ausgegangen zu seyn. Der Mörder Nadowich, der übrigens fehlschoß, suchte nur die Blutrache wegen der Hinrichtung seines Vaters. Das türkische Heer drang in die schwarzen Berge ein, erfocht diesmal am 23. August bei Nieka einen entscheidenden Sieg und rückte bis vor die montenegrinische Hauptstadt Cetinje. Nun wurde unterhandelt. Omer Pascha forderte im Namen des Sultans, die Montenegriner sollten sich verpflichten, nie mehr ihre Grenze zu überschreiten, weder um den Aufstand in der Herzegowina zu unterstützen, noch um zu rauben und zu plündern. Sie sollten sich gefallen lassen, daß eine große Heerstraße, durch mit Türken besetzte Blockhäuser geschützt, von Scutari an mitten durch ihr Land in die Herzegowina geführt werde. Mirko sollte verbannt werden. Damit aber die Montenegriner sich bequem von außen her verschaffen könnten, was sie bedurften, sollte ihnen der Verkehr zum Meere her freistehen und Antibari (ausgenommen in Kriegszeiten) zu einem Freihafen erklärt werden. Merkwürdigerweise war in diesen Forderungen nicht die Rede von einer Unterwerfung der Montenegriner unter den Sultan, als von empörten Unterthanen unter ihren rechtmäßigen Herrn. Insofern nahm der Sultan Rücksicht auf die Großmächte, welche die Autonomie des schwarzen Gebirges gewahrt wissen wollten. Rußland wurde offenbar durch die andern Mächte genöthigt, diesmal nachzugeben, that es aber mit sichtbarem Unwillen, denn man las am 17. September im Petersburger Journal, die Errichtung von türkischen Blockhäusern auf dem Gebiet von Montenegro laufe den frühern Verträgen zuwider. Auch wurde in Petersburg mit vieler Ostentation eine Geldsammlung für die armen Montenegriner veranstaltet, als ob es sich hier von bedrängten und verfolgten Christen handelte.

Die Montenegriner fügten sich, weil sie sonst der türkischen Uebermacht, die mitten in ihrem Lande stand, gänzlich hätten erliegen müssen. Ueberdieß konnten sie darauf rechnen, daß ihre guten Freunde in der europäischen Diplomatie ihnen bald wieder helfen würden, und sie selbst wußten aus alter Erfahrung, daß man Verträge nicht schließt, um sie zu halten, sondern nur um sich damit aus einer augenblicklichen Verlegenheit zu ziehen. Am 21. September wurde zu Cetinje der Frieden gefeiert, der sich auch auf die Herzegowina erstrecken sollte, denn auch Vukalowich unterwarf sich und wurde von Omer Pascha zum Bimbascha ernannt, um mit 500 Panduren, die er sich aus seinen Gesellen auslesen sollte, die Ordnung zu überwachen. In der Hauptsache, die Errichtung türkischer Blockhäuser auf Montenegriner Boden, mußte nachträglich der Sultan dem russisch-französischen Andrängen nachgeben und unter dem Schein der Großmuth erlauben, daß dieselben nicht errichtet würden. Uebrigens sollen die Montenegriner über Vukalowich und auch über die Serben sehr erbittert gewesen seyn, weil sie von diesen im Stich gelassen wurden.

Montenegro ist fast lächerlich klein, aber sein Völkchen ist höchst energisch. Die Staatseinkünfte des kleinen Berglandes belaufen sich nicht über 40,000 fl., nahezu ebensoviel betragen die Ausgaben. Außerdem erhält jedoch der Fürst jährlich von Rußland 2000 Ducaten und ebenso von Frankreich eine Unterstützung von 50,000 Francs. Und dennoch besitzt dieser kleine Staat eine verhältnißmäßig beträchtliche Kriegsmacht.

Noß hat in seinen „neuen Studien aus den Alpen" eine lebendige

Schilderung des Ländchens und Völkchens gegeben. „Es erzeugt keine Bäume, aus denen man Bretter schneiden kann. Nun läßt aber der Fürst ein Kaffeehaus bauen, welches zugleich als Herberge für die Fremden dienen soll, welche vorläufig, wie wir sogleich sehen werden, in seiner Hauptstadt noch nicht wissen, wohin sie ihr Haupt legen sollten, dazu braucht er Holz. Das wird zur See herbeigeführt und in Cattaro auf dem montenegrinischen Bazar abgelagert. Diejenigen seiner Unterthanen, welche ihre Steuern nicht bezahlen können, müssen sie in der Weise ‚abtragen‘, daß sie Bretter vom Hafen herauf auf den Schultern nach dem Bauplatz befördern. Es sind bis Cetinje sieben Gehstunden, darunter vier ununterbrochenen Steigens, denn die Gefilde des Schwarzen Berges erheben sich in doppelter Höhe des Brocken über die salzige Adria. — Vor uns liegt auf dem Boden ein großer Haufen graubraunes Stroh. Eine Rolle desselben bewegt sich, es erscheint zwischen den modrichen Halmen ein struppiger Menschenkopf, der uns anstarrt: ‚Dobra ti sreol‘ (Gut sey dir das Glück!) erschallt die Stimme. Der Mann steht bis zum Halse in seiner Wohnung, einem Erdloch; der Kopf beglückwünscht uns von ober aus dem Dache. Montenegro kann hinter den aufgeklärten Staaten der Christenheit unmöglich zurückbleiben: hier steht sein Dogma (Mauth) und in dem Interpellanten begrüßen wir die erste officielle Person. — Nur mit eingesenktem Kopfe, wie ein fliehender Gemsbock, können wir gegen diese Luftbewegung vorschreiten, mit welcher verglichen der Tauernwind bei Schneewetter ohne Uebertreibung ein behagliches Lüftchen genannt werden muß. Die wenigen Hütten aus Stroh und Lehm, welche das Steinfeld unterbrechen, schützen sie durch eine kreisrunde Mauer von zusammengelesenen Blöcken gegen die Zubringlichkeit der heimathlichen Luft.“

„Die Hauptstadt Cetinje gleicht mit ihrer einen langen Gasse einstöckiger gemauerter Häuser beinahe einem böhmischen Dorf. Es fällt uns nicht ein, der Armuth der „Bergmäuse‛, wie Türkenstolz dieses Volk nennt, zu spotten, aber die Aufgeblasenheit und barbarische Prunksucht seiner großthuerischen Häupter, und der unsinnige Lärm, mit welchem diese Handvoll Menschen in der Welt von sich reden macht, müssen im trockensten Besucher eine gelinde Regung zur Komik anfachen. Einige Weiber kehrten von der Thätigkeit heim, welche man auf diesem Steingeröll seltsamer Weise Feldarbeit nennt. Bewaffnete Männer saßen, Papier=Cigaretten rauchend, auf der Schwelle ihrer Thüren und schauten lungernd in den Platzregen. Die schlanken, von schwerer Arbeit etwas gekrümmten Gestalten der Weiber mit edlen Gesichtszügen und pflaumengroßen, schwarzen Augen waren der erste Gegenstand, der mir eigentlich Ver- oder besser Bewunderung abnöthigte. Das montenegrinische Sprichwort: „Schaue ein Weib der Cerna Gora nicht an, wenn du nicht willst, daß deine Haut an der Sonne trocknet!‛ hielt mich nicht im geringsten ab, deren herabgewürdigtes Aeußere mit objectivem Eifer und ohne die geringste Scheu vor ihrem tabakqualmenden Tyrannen zu studiren.‟

Der Fürst von Montenegro hat sich ein Museum angelegt. Darin befindet sich unter anderem die Haut des Ismael Aga, eines Hauptfeindes der Montenegriner. „Seine gegerbte und mit Heu angefüllte Haut stellte einen Körper dar, der mit allem Schmuck eines muselmännischen Kriegers angethan war. Er befand sich einem Crucifix gegenüber in einer solchen Stellung angebracht, daß er bei der geringsten Erschütterung sich gegen das Kreuz verneigen mußte. Nie trat ein Montenegriner in dieses Gemach, ohne mit seinem Fuß jenen Körpertheil des ausgestopften Agas zu berühren, in welchem das Gleichgewicht des Sitzenden ruht. Jetzt sind der Aga, sowie die abgeschnittenen Türkenköpfe, die man sonst auf der rothen Umfassungsmauer der Fürstenwohnung aufzustecken pflegte, verschwunden. Dutzende von Kanonen, Hunderte von prachtvollen Säbeln und Flinten, dann eine große Anzahl von Medschibieh- und Nisam-Orden, die von der Brust des Paschas heruntergerissen worden sind, an denen zum Theil noch Fetzen der Uniformen hängen, sind noch immer die Glanzpunkte jenes seltsamen Museums." Auch war hier alles enthusiasmirt für Rußland, nicht für Oesterreich.

Bosnien und die Herzegowina sind zwar auch von Slaven bewohnt, die sich aber ihre Freiheit nicht zu bewahren verstanden haben. Ihr Adel nämlich wurde nach der türkischen Eroberung muhamedanisch und hilft seitdem den Türken das christlich gebliebene Bauernvolk unterdrücken. Das jüngst über Bosnien geschriebene Werk von Roskiewicz schildert die Lage dieser Bauern als höchst kläglich. Sie heißen, wie alle den Türken gehorsamen Christen „Rajahs". „Das Wort Rajah ist arabischen Ursprungs und bedeutet eigentlich Heerde. Schon der Sinn dieses Worts läßt das Abhängigkeitsverhältniß errathen, in welchem der Rajah als Pachter oder Tagelöhner zum Muselmann stand und theilweise noch immer steht. Abgesehen von den drückenden Steuern, die ihn belasten, und die er je nach dem Gefallen des Mudirs oder Bezirksleiters oft auch zweimal erlegen mußte (da er keine Quittung hierüber erhielt), fand derselbe z. B. als Kläger wegen unbilliger Anforderungen bei Behörden ehemals gar kein Gehör. Geradezu als entwürdigend muß die Forderung bezeichnet werden, welche gebietet, daß der Rajah jedem Muhamedaner, auch dem in Lumpen gehüllten, auf der Gasse auszuweichen, wenn er ihm zu Pferde begegnet, zu halten, von dem seinigen abzusteigen, und erst nachdem der Türke vorübergeritten ist, das Pferd wieder zu besteigen und seinen Weg fortzusetzen habe."

Die Bulgaren lebten bisher unter dem doppelten Druck ihrer türkischen Herrn und ihrer griechischen Bischöfe. Da aber die Türken das bureaukratische System noch nicht eingeführt haben, behielten zum

Glück die bulgarischen Gemeinden, wenn sie nur den Türken und den Bischöfen zahlten, außerdem ihre altherkömmliche Autonomie. Ihre Bischöfe erhielten sie ausschließlich aus dem Phanar. Der Sultan überließ dem griechischen Patriarchen in Constantinopel, die Bischöfe zu ernennen und dieser ernannte dazu immer nur Phanarioten, d. h. Glieder der neugriechischen Aristokratie in der Hauptstadt, jener alten, in allen Ränken geübten und sittlich verpesteten Aristokratie, welche seit 400 Jahren zugleich kriechende Sclavin des muhamedanischen Herrn und Thyrannin der christlichen Bevölkerung ist. Der Phanariot, welcher Bischof werden will, muß dem Patriarchen dafür eine große Summe bezahlen. Darauf allein kommt es an, nach seiner Befähigung wird nicht gefragt. Ist er nun Bischof geworden, so preßt er dem niedern Klerus und dem Volke nach und nach die Summe wieder aus, die ihn sein Stuhl gekostet hat. Außerdem war Rußland schon seit lange bemüht, die griechischen Christen in der Türkei zu Empörungen aufzureizen und dadurch seinem Eroberungsplane vorzuarbeiten. Weil aber der Patriarch und die Bischöfe sich als Günstlinge des Sultans in einer hinreichend angenehmen Lage befanden, wollten sie nicht immer der russischen Politik dienen, ja haben sich öfter ausdrücklich gegen dieselbe verwahrt. Leichter gelang es den russischen Agenten, den niedern Klerus zu gewinnen, der die Vortheile der Bischöfe nicht theilt, vielmehr unter deren Druck leidet und der slavischen Nationalität, nicht der griechischen, angehört. Kaiser Nicolaus I. ließ es sich viel kosten, wie in der Moldau und Wallachei, so auch in der Bulgarei die Kirchen zu beschenken, Glocken, Bilder, Altarschmuck, Gewänder 2c. dahin zu stiften. Auch nahm er unentgeltlich junge Bulgaren in Rußland auf und ließ sie in Kiew, Moskau und St. Petersburg auf den dortigen Universitäten ausbilden, jedoch nicht mit dem erwünschten Erfolge.

Ein als Arzt in Moskau lebender geborener Bulgare Youri

Veneline schrieb 1830 ein Werk, worin er seine Landsleute zum erstenmal an ihren alten Ruhm, an ihr altes selbstständiges Königthum und an das Verdienst erinnerte, welches sich unter ihnen die ersten slavischen Apostel, Cyrillus und Methodius, erworben haben. Damit stellte er ein sowohl in nationaler und staatlicher als kirchlicher Beziehung eigenthümliches und selbstständiges Interesse fest, welches sich eben so scharf vom Interesse der griechischen Kirche in Constantinopel, als von dem des russischen Kaisers unterschied. Es versteht sich daher von selbst, daß er kein russischer Agent war, wie er denn auch arm gestorben ist. Die jungen Bulgaren nun, die in der Heimat nur in den niedern Klerus einrücken und sich aus dem höhern immer von Neugriechen zurückgestoßen sehen, wurden empfänglich für die nationale Idee und fingen an ihren Bischöfen zu opponiren. Die andern jungen Bulgaren, die in Rußland studirten, empfingen dort, wenn auch immer gegen Willen und Absicht des Kaisers, die Eindrücke abendländischer Civilisation und namentlich den Impuls französischer Ideen. Empfing denselben doch die russische Jugend selbst von der polnischen.

Hieraus nun erklärt sich, warum sich in den letzten Jahren in der Bulgarei eine Partei bilden konnte, die das Heil der Zukunft im Anschluß an die katholische Kirche des Westens erkannte, eine Partei, der es eben so sehr vor der russischen Knute wie vor dem tief corrumpirten Griechenthum graute.*)

Am 30. Dezember 1860 erschienen zwei bulgarische Archimandriten mit drei Priestern und 200 Häuptlingen in Constantinopel vor dem Erzbischof der katholischen Armenier und dem päpstlichen Vicar, Erzbischof Monsignor Brunoni, und übergaben ihm eine Adresse an den Papst mit zweitausend Unterschriften. Schon in einer bulgarischen

---

*) Vergl. den Pariser Correspondant 1860, Novemberheft.

Erklärung vom 23. Oct. war geltend gemacht, die lateinische Kirche habe das Dogma reiner bewahrt als die griechische, und war daran erinnert worden, daß die bulgarischen Apostel, der h. Cyrillus und Methodius, sich zu Rom aufgehalten hätten. Auch nahm die Bittschrift an den Papst auf die frühere Vereinbarung der morgen- und abendländischen Kirche zu Florenz Rücksicht. „Gestützt auf die Dekrete der heiligen römischen Kirche über die Erhaltung der Riten der morgenländischen Kirche, und in der Erwartung, daß diese Riten unverletzt erhalten werden, wie es auf dem Florentiner Concil beschlossen worden, bittet die bulgarische Nation, vertreten durch die Unterzeichneten: Se. Heil. Papst Pius IX. möge unsere bulgarische Kirche in den Schooß der katholischen aufnehmen, und unsere getrennte und nationale Hierarchie als kanonisch anerkennen." Die Bittschrift schloß: „Wir bitten endlich Seine Heiligkeit demüthig, Seine Majestät den Kaiser der Franzosen als ältesten Sohn der Kirche ersuchen zu wollen, sich bei Seiner Majestät dem Sultan dafür zu verwenden, daß unsere Hierarchie von ihm als eine unabhängige anerkannt werde." Diese auffallende Rücksichtsnahme auf Frankreich war gegen die russische Politik gerichtet und sollte darthun, daß Rußland nicht allein über die Sympathien der unter türkischer Herrschaft stehenden Christen zu gebieten habe. Die Sache wird noch erklärlicher, wenn man erwägt, daß Frankreich damals aus Syrien, wo es kaum festen Fuß gefaßt hatte, wieder hinausmanövrirt wurde, also auf einem andern Punkte sein Ansehen wieder geltend zu machen, alle Ursache hatte.

Doch kam die Sache nicht in Gang. Am 24. März forderte Bischof Parisios die Unabhängigkeit der bulgarischen Kirche vom Patriarchat in Constantinopel; das letztere behauptete indeß die Obergewalt unter Billigung des Sultans und im October 1864 wurden die bereits katholisch gewordenen Bischöfe und Priester vertrieben.

Die Bulgarei, von welcher man bisher viel weniger hörte, als von Serbien und Rumänien, ist gleichwohl einer der wichtigsten Bestandtheile der Balkanhalbinsel, wegen ihrer politisch wichtigen Lage einerseits an der untern Donau, andererseits nahe bei Constantinopel. Auch das gibt ihr eine große Bedeutung, daß sie von den zahlreichsten unter den südslavischen Stämmen bewohnt ist. Die Bulgaren zählen nämlich 4½ Millionen Seelen, die Serben nur 1,660,000, die Bosnier und Herzegowiner nur 1,450,000. Dazu kommen noch Montenegriner, Kroaten, einige russische und polnische Ansiedler, zusammen 350,000. Demnach sind die Bulgaren allein zahlreicher als alle übrigen Slaven im türkischen Reich, was bei einer künftigen Umgestaltung der Balkanhalbinsel sehr ins Gewicht fallen dürfte. Blanqui berechnet die Bulgaren sogar zu 7 Millionen, was aber übertrieben ist. Jedenfalls bleibt unter den Slaven der bulgarische Stamm derjenige, dem die Hegemonie gebührte, wie wenig er auch bis jetzt noch darauf Anspruch gemacht hat. Im Instinkt des Volks scheint mehr zu liegen, als seine namenlosen Häupter bis jetzt kundgegeben haben. Ein bulgarisches Volkslied singt davon, daß den Adlern des Balkangebirges die Schnäbel wachsen und daß sie sich dann sehnen, hinunter zu fliegen zum goldnen Horn (Constantinopel), wo es so viele blutige Beute gibt. — Neben den 8 Millionen Slaven leben in der europäischen Türkei, außer den 4 Millionen Rumänen und etwas über 1 Million Albanesen, nur 1 Million Türken und 1 Million Griechen. Wenn also die Türken schon wegen ihrer Minderzahl auf einen langen Fortbesitz der Herrschaft nicht mehr rechnen können, so dürften sich noch viel weniger die verdorbenen Griechen auf die Herstellung ihres byzantinischen Reiches Hoffnung machen. Das natürliche Uebergewicht ist bei den Südslaven, und wenn sie einig wären oder würden, wäre es nicht zu kühn von ihnen, wenn sie völlig selbständig werden und nicht etwa blos Rußland zum Schemel dienen wollten. Aber es ist schwer, sie zu einigen.

Wer immer in der Balkanhalbinsel Meister werden würde, hätte doch einen schweren Stand, da es nicht möglich ist, so gänzlich verschiedene Nationen anders als durch das eiserne Band der Gewalt zu vereinigen. Nun sind aber schon im Alterthum nicht einmal die Macedonier, nicht einmal die Römer und später weder die griechischen Kaiser, noch die türkischen Sultane mit den wilden Gebirgsvölkern fertig geworden. Es liegt wohl im Charakter dieser Gebirge, daß die späteren slavischen Einwanderer die Wildheit der älteren illyrischen und thrakischen Bevölkerung angenommen haben. Die slavischen Montenegriner sind kaum weniger barbarisch, wie die Albanesen, welche muthmaßlich noch den letzten Rest der vorrömischen Bevölkerung darstellen. Die Albanesen sind die wildesten von allen. Den Namen haben sie von ihren Bergen (Alpen) erhalten, sie selbst nennen sich Stepetaren. Als Söldner in den türkischen Heeren heißen sie gewöhnlich Arnauten. Obgleich sie sich alle an barbarischen Sitten gleichen, ist doch keine Einigkeit unter ihnen. Der eine Theil hat die griechische Religion und Schrift, der andere die lateinische angenommen. Jene heißen die Tosken, diese die Ghegen. Aber auch diese beiden Haupttheile des Volks zerfallen wieder in vielerlei kleine unabhängige Stämme. Wegen ihrer großen Tapferkeit werden sie von den Türken als Soldaten geschätzt und dienen selber gern der Beute wegen. Deshalb und um sich die christliche Kopfsteuer zu ersparen, geben sich viele von ihnen für Muhamedaner aus, ohne es zu seyn. Diese Menschen würden sich bei einer großen politischen Reform der Balkanhalbinsel wohl am heftigsten und längsten der Civilisation widersetzen.

Nichts würde die Civilisation, möchte sie noch von den Türken selbst beschleunigt werden oder von den Donauländern ausgehen, sicherer fördern, als Errichtung von Straßen, ein durchgreifendes Verkehrssystem. In dieser Beziehung verdient große Beachtung, was

Herr von Hahn, ein ausgezeichneter Oesterreicher, im Jahr 1864 zur Anregung gebracht und später in einem eigenen Werke (Reise nach Salonik, Wien 1868) genauer motivirt hat. Er bevorwortet nämlich damit einen für ganz Europa höchst wichtigen Plan, die Eisenbahn, welche bereits durch Ungarn führt, von Belgrad aus südwärts nach Salonik weiter zu führen, d. h. nach demjenigen europäischen Hafen, von welchem aus man auf dem kürzesten Wege über das mittelländische Meer nach Alexandria und Suez gelangt. Es ist dies mithin die kürzeste Linie zwischen Wien und Bombay. Da Eisenbahnen die Dampfschifffahrten 2½mal an Schnelligkeit übertreffen, würde man auf diesem Wege auch von England aus ungleich schneller nach Ostindien gelangen, als über Triest oder Marseille.

Man hat bisher an diesen so nutzbaren Weg nicht gedacht, weil man allgemein das Vorurtheil hegte, südwärts des Balkan laufe noch eine unübersteigliche Gebirgskette durch die ganze europäische Türkei. Es half nichts, daß schon 1840 Boué den Irrthum aufklärte und kurz nach ihm auch Grisebach, die Karten wurden dennoch immer wieder mit dem fabelhaften Gebirge ausgestattet, bis erst vor fünf Jahren Kiepert ein treues Bild der europäischen Türkei gegeben hat. Die Kiepert'sche Karte veranlaßte Herrn von Hahn, sich selbst auf den Weg zu machen, um mit eigenen Augen das Terrain und vorzugsweise die Lücke zu untersuchen, welche jene Karte noch im Süden von Serbien übrig ließ. Sobald er einmal wußte, anstatt des fabelhaften Quergebirges, welches Thessalien von Serbien absperre, laufe vielmehr eine Rinne von Belgrad bis Salonik, längs der in die Donau fließenden Morawa und sodann längs der in das Mittelmeer fließenden Warbar hin, schöpfte er die Hoffnung, die Natur selbst möchte diese Rinne für eine Eisenbahn offen gelassen haben, und es kam ihm nur noch darauf an, die Wasserscheide zwischen den beiden Flüssen näher kennen zu lernen. Der Weg, den Herr von Hahn von

Belgrad bis Salonik genommen hat, ist auf einer von ihm beigegebenen
Karte sehr genau verzeichnet und läuft fast schnurgerade südlich. Da er
zwei Flüssen entlang läuft, steigt er nie hoch in die Höhe und bietet keine
Schwierigkeiten dar, welche nicht durch die Mittel der heutigen Eisen=
bahnbaukunst überwunden werden könnten. Der von Herrn v. Hahn
in Vorschlag gebrachte Weg würde von demjenigen Punkt am rechten
Donauufer ausgehen, welcher südwärts von Weißkirchen der Ort=
schaft Bazirsch gegenüberliegt, bis wohin auf dem linken Donauufer
die ungarische Eisenbahn gezogen ist. Von hier aus würde die vor=
geschlagene Bahn durch Serbien an der Morawa hin über die Städte
Pozarewaz, Swilaiwaz, Tjuprija, Alexiwaz, Nisch, Zesbowaz und
Wranja führen, von hier, unfern von der Quelle der Morawa, süd=
wärts durch Macedonien nach Komanowa zu einem Nebenfluß der
Warbar ablenken, über Stiplje bei Ulanza unmittelbar der Warbar
entlang über Kumlikoi und andere kleinere Ortschaften bis nach
Salonik führen.

Diese Bahn würde Oesterreich das bisher verschlossene Innere
der Balkaninsel öffnen. Kein Culturstaat liegt ihr näher. Von Wien
und Ofen würde ein unberechenbarer merkantilischer, moralischer und
politischer Impuls ausgehen. Herr von Hahn hat sehr Recht, wenn
er Oesterreich ermahnt, seine Mission im Orient zu suchen. Er findet
die frühere commercielle Abgeschlossenheit des österreichischen Kaiser=
staats durchaus unnatürlich. Ebenso unnatürlich aber auch den gegen=
wärtigen Dualismus des Kaiserstaats. Nicht zuschließen und nicht
theilen, sondern öffnen und erweitern ist die Losung. Die projectirte
Eisenbahn würde mitten durch die Balkanhalbinsel führen, wie die
große Wasserstraße der Donau ins schwarze Meer. Es handelt sich
um mehr als Handelsverkehr. Auf den bezeichneten Wegen soll auch
Civilisation nach dem Osten getragen werden. Oesterreich hat in
dieser Beziehung bisher alles versäumt. Während Rußland, welches

kaum seit anderthalb Jahrhunderten aus der ärgsten Barbarei herausgerissen worden ist, an seinen persischen und türkischen Grenzen große und wichtige Eroberungen gemacht, Armenien, Transkaukasien, den ganzen Kaukasus, den ganzen Norden des schwarzen Meeres mit der Krim und Bessarabien erworben und dort sein System eingeführt, Festungen und den großen Handelsplatz Odessa angelegt hat, ist von Seiten Oesterreichs nicht das mindeste geschehen, um gleiche Erwerbungen innerhalb seiner nächsten türkischen Grenzen und an der untern Donau zu machen. Wien liegt ungleich näher an den Mündungen der Donau, als St. Petersburg und selbst als Moskau von Odessa. Oesterreich ist ein älterer Culturstaat als Rußland. Oesterreich hätte mithin schon seit viel längerer Zeit eine viel bequemere Gelegenheit gehabt, ans schwarze Meer vorzubringen, als Rußland. Oesterreich hatte zudem durch die Entwicklung seiner Geschichte und durch seine geographische Lage die Aufgabe erhalten, die abendländische Civilisation und Kirche gegen Osten auszubreiten, mit der überlegenen germanischen Kraft und mit dem überlegenen Geiste, welcher der abendländischen Kirche innewohnt, die Völker des Ostens von der geistlosen Tyrannei zu befreien, welche dem russischen Cäsaropapismus kaum weniger innewohnt, wie dem Islam der Osmanen. Aber anstatt diese Mission, diese Pflicht des europäischen Oesterreichs zu begreifen, haben die Habsburger im Orient die Russen allein wirthschaften lassen und in dieser Beziehung schienen sie auf ihrem schönen Throne immer nur zu schlafen. Wenn man eine lebhafte Thätigkeit bei ihnen wahrnahm, so richtete sich dieselbe immer nur gegen den Westen. Gegen den Osten verhielten sie sich höchstens defensiv, gerade da, wo sie offensiv hätten verfahren und der Cultur und Freiheit hätten Bahn brechen sollen. Nach dem Westen hin brachten sie, wo vorher Licht war, Finsterniß, — wo vorher Freiheit war, Knechtschaft. Betraut mit der höchsten Würde auf Erden, dem deutschen Kaiserthum, machten sie sich so hohen Ranges unwürdig, indem sie sich mit dem Romanismus in Italien und Spanien gegen den Germanismus, gegen die heiligsten Rechte der deutschen Nation verbanden. Noch zuletzt mißkannten sie den sichtbaren Willen Gottes nach der Ueberwältigung Napoleons in dem Grabe, daß ihr Spiritus familiaris, Fürst Metternich, die deutsche Nation kunstreicher fesseln und schmachvoller um Einheit und Freiheit betrügen durfte, als es je vorher geschehen war. Zum zweitenmal können sie jetzt den Willen Gottes in den Sternen lesen, die am deutschen Himmel endlich aus der tiefen Nacht der Metternich'schen Zeit aufgestiegen sind. Die alten Fesseln sind zerbrochen, die österreichischen wie die französischen. Im dringendsten und natürlichsten Interesse der deutschen Nation hat Preußen, wie es 1813 am Zerbrechen des französischen Jochs das meiste mitgewirkt, so auch 1866 wieder das Joch zerbrochen, welches Metternich auf dem Wiener Congreß der deutschen Nation über den Nacken geworfen hatte. Wenn die Habsburger jetzt noch nicht einsehen, daß ihre nach Westen gerichtete Politik eine schlechte und undankbare gewesen ist, wenn sie auch jetzt noch nicht einsehen, daß ihre Wirkungssphäre nicht mehr im Westen, sondern im Osten liegt, so ist ihnen nicht mehr zu helfen.

Noch ist es Zeit. Noch hat Rußland die Donau nicht abgesperrt, noch seine eiserne Mauer nicht bis ans adriatische Meer vorgerückt. Noch kann Oesterreich seinen vollen Einfluß als nächster Nachbar üben, wenn es nicht fortfährt, sich zur russischen und französischen Agitation in Serbien, Bosnien, Bulgarien passiv zu verhalten. Die Türken aus Belgrad zu entfernen, hat Oesterreich sogar mitgewirkt, während es erstes Gebot seiner Politik seyn sollte, hier keinerlei fremde Einmischung zu dulden und die Türken so lange zu lassen, wo sie sind, bis es selbst seine Garnisonen an die Stelle der türkischen setzen kann. Nur die fabelhafte Passivität Oesterreichs hat es verschuldet, daß ferner liegende Staaten in den Donauländern mehr gelten, als das nahe Oesterreich, daß dort Dinge geschehen, als ob Oesterreich gar nicht vorhanden wäre.

Und doch kann Oesterreich, wenn es will, mit Sicherheit der Donau entlang und im Balkan operiren, weil es ganz Europa hinter sich hat. Wie 1854 würden auch in jedem kommenden Conflict mit Rußland die Westmächte auf österreichischer Seite stehen und jetzt auch Preußen, dessen natürliche Politik es ist, sobald es von Oesterreich nicht mehr in seiner deutschen Politik gestört wird, es aufs kräftigste gegen Rußland zu unterstützen.

Mit dieser großen Frage der auswärtigen Politik sollten sich auch die Delegationen mehr und einläßlicher beschäftigen, als mit dem kleinlichen Abtheilen und Abmarken im Innern und mit dem Concordatstreite. Sie zwingen dadurch Herrn von Beust, ängstlich auf Socken zu gehen und seine auswärtige Politik durch die innere zu lähmen. Wie sinnlos ist vollends das liberale Anstürmen gegen die Kirche! Oesterreich könnte seine Kirche nicht genug ehren und pflegen, um ihr das Ansehen zu geben, das ihr zukommt, und dem Popenthum entgegenzuwirken, das immer mehr Eroberungen in den Gebieten der abendländischen Kirche macht und in diesem Augenblick Polen gänzlich zu bekatholisiren im Begriff ist. Dorthin, woher die Gefahr kommt, sollten die katholischen Oesterreicher ihre Blicke richten, und nicht zum Vergnügen des Czaaren den armen h. Vater in Rom ängstigen helfen.

Aus der asiatischen Türkei ist wenig zu berichten, doch hat auch dahin die russische Fühlung sich erstreckt. Darüber gibt das Buch von Noroff, „die sieben Kirchen der Offenbarung Johannis," vom Jahr 1860 Auskunft. Noroff, der vormalige russische Minister der Volksaufklärung, bereiste Kleinasien, um jene sieben ältesten Kirchen in Kleinasien aufzusuchen und einstweilen moralisch für die russische

Kirche in Anspruch zu nehmen (Laodicea, Philadelphia, Sardes, Thyatira, Smyrna, Pergamus und Ephesus). Er sagt: „Alle Hoffnung der hiesigen Christen ist auf den Norden gerichtet," d. h. auf Rußland.

Vor drei bis vier Jahrzehnten war es unter den russischen Geschichtschreibern, Karamsin, Bulgarin, denen sich auch der Pole Lelewel anschloß, zur Mode geworden, panslavistische Ansprüche auf halb Europa zu machen, sofern sie Venedig, Vindelicien, die Vendée ꝛc. für ursprünglich wendische, d. h. slavische Länder erklärten und für das neu zu gründende große Slavenreich reclamirten. In jüngster Zeit haben russische Reisende angefangen, ähnliche Ansprüche in kirchlicher Beziehung zu machen und das Gebiet der griechischen Kirche im Süden als zum großen Reich der russischen Kirche gehörig, zu inspiciren. Die griechische Kirche, sagen sie, ist die älteste, allein echte und orthodoxe. Ihr gebührt also von Rechtswegen die Herrschaft über die ganze Erde. Die katholische Kirche hat sich, nach dem Dafürhalten des Herrn Noroff, nur böswillig von ihr abgerissen. „Die Veränderungen, welche die Lateiner an dem Glaubenssymbol gemacht hatten, gründeten sich nicht auf Ueberzeugung, sondern waren nur der Feindschaft gegen die rechtgläubige Kirche entsprossen. Auf Wunsch des Kaisers nahmen die griechischen Bischöfe an den Versammlungen zu Ferrara und Florenz theil, um sich mit den Lateinern wegen einer möglichen Einigung der beiden Kirchen zu berathen. Als nach der ersten Sitzung des Concils Marcus Eugenicus von Ephesus den Vorschlag vernahm, den Papst als Oberhaupt der ganzen Christenheit anzuerkennen und die Veränderung des Glaubenssymbols — ganz den Beschlüssen des nicäischen Concils zuwider — zu bestätigen, entbrannte er im heiligen Zorn und Eifer für den wahren Glauben, überführte die Lateiner des Irrthums und zeigte ihnen an seiner Person die Stärke des Glaubens, der auf den Ueberresten des Reichs noch fest und unerschüttert blieb. Gesegnet sey sein Andenken in unserer heiligen Kirche, die er vor dem Pesthauche des Westens beschützt hat!" Das heißt mit andern Worten: „Der Wunsch des Kaisers ist der wahre Glauben." Herr Noroff hätte doch, wenn er die griechische Kirche der lateinischen so schroff gegenüberstellt, den Hauptunterschied beider Kirchen hervorheben und herausstellen sollen, welcher darin besteht, daß die abendländische Kirche eine wirkliche Kirche, die morgenländische aber nur eine Staatskirche, d. h. ein Departement der Staatsverwaltung ist.

Die Protestanten kommen bei Herrn Noroff natürlicherweise eben so übel weg, wie die Katholiken. „Als im Jahre 1836 die Sendlinge einer protestantischen Bibelgesellschaft nach Philadelphia kamen, boten sie den griechischen Priestern eine für ihre Armuth ziemlich bedeutende Summe, wenn sie die Christen in Philadelphia nicht vor ihnen warnen wollten. Das Geld wurde zurückgewiesen, und die Verbreiter des Protestantismus fanden in Philadelphia nicht Einen, der ihre Lehre annahm; ‚denn du hast eine kleine Kraft, und hast mein Wort behalten, und hast meinen Namen nicht verleugnet.'"

In Syrien hatte sich der alte Nachbarkampf zwischen den christlichen Maroniten und der Sekte der Drusen im Gebirge Libanon erneuert. Ein landeskundiger Correspondent der Kreuzzeitung von 1860 Nr. 168—202 behauptet, die friedlichen und schwächern Maroniten würden nie gewagt haben, die heldenkräftigen Drusen anzugreifen, und nicht französische Agenten hätten sie aufgereizt, sondern die türkischen Behörden hätten den alten Nachbarhaß geschürt. Die Maroniten stünden, wie alle Christen im Orient, physisch und moralisch tiefer als die Muhamedaner. Im Hauptkloster der Maroniten hatten sich Stadtmönche eingenistet, die erst nach blutigem Kampfe von den Landmönchen vertrieben werden konnten.

Die französische Expedition zum Schutze der Christen in Syrien unter dem Grafen Beaufort d'Hautpoul setzte sich im September 1860 mit Fuab Pascha in Verbindung, um die Drusen zu bewältigen und die allgemeine Entwaffnung derselben zu vollziehen. Allein er kannte das Terrain nicht und kam den Türken überhaupt ungelegen, da diese den Drusen geneigter waren, als den christlichen Maroniten, und da noch insbesondere der Sultan sich die französische Hülfe verbeten und versichert hatte, er werde allein mit den Drusen fertig werden. Deshalb half den Franzosen ihr guter Wille und Eifer in Verfolgung der Drusen nichts, denn Fuab Pascha ließ die letzteren mit dem ganzen Raube der zerstörten Christendörfer in die Berge von Hauran entschlüpfen. Die Anwesenheit der Franzosen in Syrien war natürlicherweise den andern Großmächten nicht erfreulich, obgleich sie dieselbe zugegeben hatten. Nachdem aber die Maroniten hinlänglich gesichert waren, erklärte sich zuerst Lord Russel am 28. Februar 1861 im englischen Parlament dahin, die französische Expedition habe ihren Zweck erreicht und die Conferenz der Großmächte in Paris gestatte die Anwesenheit der französischen Waffen in Syrien nur noch bis zum 1. Mai. Dieser Termin wurde später bis zum 5. Juni verlängert, dann aber zogen die Franzosen wirklich ab.

Im Jahr 1864 empörte sich das Gebirgsvolk im Taurus gegen den Sultan wegen harter Bedrückung und Rekrutirung.

Im October 1865 brach in Jerusalem die Cholera mit solcher Heftigkeit aus, daß bei einer Bevölkerung von 53,000 Seelen die Zahl der Todten täglich bis auf 100 stieg. Der Tod erfolgte meist in wenigen Stunden, und da die Türken und Juden die Leichen reinlich waschen, wurden sie von diesen desto leichter angesteckt, so daß zuweilen, wer Vormittags Einen begraben hatte, Nachmittags selbst begraben wurde. Der Pascha sammt allen Soldaten, alle Beamten, alle Reichen flohen davon. Nur der lateinische Patriarch blieb und errichtete eine Ambulance nicht nur für Katholische, sondern für alle Confessionen.

Die tapfern Tscherkessen, die in ihrem langen heldenmüthigen Kampfe gegen Rußland von der Türkei nicht unterstützt worden waren, fanden auch, wie schon oben bemerkt, als sie mit ihren Familien und ihrer geretteten Habe von ihren Heimathsbergen in die Niederungen der Türkei auswanderten, um dem russischen Despotismus zu entrinnen, durchaus die Aufnahme nicht, die sie verdienten. Man wünschte sie, als eine Last, wieder los zu werden, wies ihnen ungenügende Wohnplätze an, unterstützte sie nicht, zerstreute sie, um ihren etwaigen Widerstand zu schwächen, und ließ einen großen Theil von ihnen durch Krankheiten umkommen oder verhungern. Eine Abtheilung Tscherkessen wurde am weitesten vorgeschoben bis nach Serbien hinein und sollte sich auf dem berühmten Amselfelde ansiedeln. Aber müde der herzlosen Mißhandlung, entschlossen sich diese Helden des Kaukasus, nach Rußland zurückzukehren, vielleicht daß der grimmige Czaar doch mehr Mitleid mit ihnen haben würde, als der stumpfsinnige Türke. Sie verbrannten daher plötzlich ihre Hütten, ließen ihre Saaten durch die Rosse zerstampfen und zogen mit Weibern und Kindern von bannen, der russischen Grenze zu, unterwegs raubend, was sie brauchten. Da wurden Truppen gegen sie aufgeboten. Auch von andern Abtheilungen, die weiter hinten in der Türkei zurückgeblieben waren, hörte man ähnliche Dinge. Sie hätten es nirgends in der Türkei aushalten können und überall eine gewaltsame Rückkehr, aber vergeblich versucht. Von ihrer ursprünglich großen Anzahl, die seit drei Jahren eingewandert, sey kaum mehr die Hälfte am Leben.

Griechenland war während des Krimkrieges von den Westmächten gemaßregelt worden, weil es einen Kampf gegen die Türken zu Gunsten Rußlands begonnen hatte. Rußland behauptete seinen Einfluß nur im Norden des türkischen Reichs, in den Donaufürstenthümern, Serbien, Montenegro. England befestigte den seinigen um so mehr in Griechenland. Frankreich suchte sich beider für seine Zwecke zu bedienen, und die europäische Revolutionspropaganda trat als vierter Factor hinzu, um die Völker der europäischen Türkei zu insurgiren und dadurch die künftigen Revolutionen in Ungarn und Polen zu unterstützen. Die Fäden der Intrigue liefen hier so ineinander, daß sogar Rußland in den Donaufürstenthümern dieselbe Revolutionspartei begünstigte und mit Waffen versah, die es in Polen bekämpfte. Unter diesen Umständen hingen auch alle Bewegungen an der Süd- wie an der Nordgrenze der europäischen Türkei zusammen, und unter diesen Gesichtspunkt fällt auch alles, was in Griechenland geschah.

Dieselbe Partei, welche früher schon gegen den Willen des König Otto Krieg mit den Türken angefangen hatte, fuhr immer noch fort, byzantinische Ansprüche zu erheben, als sey es die natürliche Bestimmung der Neugriechen, das alte griechische Kaiserthum in seinem ganzen Umfang wiederherzustellen. Das war jedoch nur eine Fiction, als Aushängeschild gebraucht von den russischen und westmächtlichen Agenten und von den griechischen Häuptlingen, die von jenen erkauft waren. Die Zahl der Neugriechen ist viel zu klein und ihre Race viel zu verdorben, als daß sie jemals hoffen könnten, sich die tapfern Albanesen, Montenegriner, Bosnier, Serben, Bulgaren und Rumänen zu unterwerfen, selbst wenn sie jemals mit den Türken fertig würden. Die kriegs- und eroberungssüchtige Partei der Heterochthonen (die noch andere Erde wollen) besteht aus keinen edlen Schwärmern für eine große Sache, sondern aus fremden Agenten, bezahlten Lärmern und Klephthen, die jede Störung der öffentlichen Ruhe gern sehen, um rauben und plündern zu können.

Die loyale Partei der Autochthonen (der auf ihrer Erde Zufriedenen) verhielt sich nur passiv und unterstützte den König nicht kräftig genug. Die Wühler aber ließen ihm keine Ruhe. Im Jahr

1861 schoß ein Student in Athen, ohne jedoch zu treffen. Am 13. Februar 1862 riefen Botzaris, Neffe des Kriegsministers, und Grivas die Besatzung von Nauplia zur Empörung auf und setzten eine provisorische Regierung ein, an deren Spitze Patros stand. Es geschah im Einverständniß mit Couza, Serbien, Montenegro und Mazzini; der letztere soll Geld geschickt haben. Allein der Aufstand war verfrüht und die Rebellen in Nauplia capitulirten. Gleichwohl dauerte die geheime Agitation fort und der Sturz des König Otto wurde so geschickt vorbereitet, daß er noch in demselben Jahre gelang. Als nämlich der König mit seiner Gemahlin zu Schiffe gegangen war, um die Küsten des Peloponnes zu bereisen, brach in seiner Abwesenheit am 22. October 1862 die Revolution in der Hauptstadt Athen und zugleich im ganzen Lande aus. Schon am folgenden Tage wurde eine provisorische Regierung ernannt mit Bulgaris und Kanaris an der Spitze. Alles war längst vorbereitet. Als der König die erste Nachricht erhielt, war ihm der Rückweg schon versperrt. Alles fiel von ihm ab. Die fremden Gesandten eilten zu ihm, als er auf der Fregatte Amalia in den Piräus einlaufen wollte, und überzeugten ihn, daß seine Rückkehr nach Athen unmöglich geworden sey. Sogar die Mannschaft seines Schiffes gehörte zu den Verschworenen und er würde vielleicht gefangen worden seyn, wenn sich nicht ein englisches und französisches Schiff schützend an die Seite der Fregatte gelegt hätten. Es blieb dem König und der Königin lediglich nichts übrig, als auf einem englischen Schiffe nach Triest zu flüchten und von da in die bayrische Heimath zurückzukehren. Unterdeß war sein Schloß in Athen geplündert, alles was zum Hofe gehörte, schwer bedroht und zur Flucht genöthigt worden. Viele deutsche Familien retteten mit ihren Kindern nur das nackte Leben auf die Schiffe. Der Hafencommandant im Piräus wurde, weil er Briefe der Königin besorgen wollte, niedergeschossen.

Man legte diese Revolution so aus, als habe König Otto den Neugriechen nicht genügt, weil er sich nicht energisch genug erwiesen habe, um das neugriechische Reich zu erweitern und das alte byzantinische Reich herzustellen. Man log den Griechen wieder einmal erhabene patriotische Gefühle an. Die betheiligten Häupter des Aufstandes waren durchaus nur, wie alle früheren Chefs, bestochene Creaturen der russischen oder englischen Politik. Kaum war die Rebellion in Athen ausgebrochen, als auch schon der alte Räuberhauptmann Grivas mit seiner Bande einzog, das Plündern und die allgemeine Anarchie noch vermehren half und dabei offen verkündete, Griechenland müsse sich eng an Rußland anschließen und nur den auf den griechischen Thron setzen, den Rußland empfehlen würde. Grivas aber starb bald darauf und die russische Partei wurde von der englischen überholt. Lord Palmerstons Politik war damals in Griechenland trefflich bedient, weit besser als die russische und französische, denn aller Contreminen ungeachtet erklärte sich in dem Plebiscit, welches die provisorische Regierung ausschrieb, die ungeheure Mehrheit der Griechen für den englischen Thronkandidaten, Prinzen Alfred.

Die europäische Diplomatie war in großer Thätigkeit. König Otto gab den Thatsachen nach, behielt sich aber seine Rechte vor. Die Leichtigkeit, mit welcher sich die Großmächte über sein Recht hinwegsetzten, war nicht nur eine Kränkung für Bayern, sondern verrieth auch auf eine bedenkliche Weise, wie wenig überhaupt in Europa das Recht noch gelten sollte, wenn ihm nicht die Macht zur Seite stand. Der Kaiser von Rußland wünschte den griechischen Thron seinem Neffen, dem jungen Herzog von Leuchtenberg, zuzuwenden, der auch französische Sympathien hatte, England aber seinem Prinzen Alfred, dem jüngern Bruder des Thronfolgers. Da nun aber in den Verträgen von 1832 die Großmächte, welche damals den griechischen

Thron aufrichteten, sich gegenseitig verpflichtet hatten, keinen Angehörigen ihrer Dynastien den griechischen Thron besteigen zu lassen, waren jene beiden Candidaten, einer wie der andere, vertragswidrig. Dies wurde geltend gemacht, und um einen allgemeinen Krieg zu vermeiden, mußten beide verzichten. Man bewunderte in diesem diplomatischen Kampfe wieder die große Ueberlegenheit des Lord Palmerston in Arglisten. Als nämlich Rußland und Frankreich sich über den Herzog von Leuchtenberg geeinigt hatten, spielte ihnen Palmerston den Streich, seinen Alfred als Candidaten aufzustellen und dessen Wahl in Athen wirklich durchzusetzen. Er bediente sich dabei nicht nur der gewöhnlichen Mittel der Bestechung, sondern versprach auch, die zu England gehörenden ionischen Inseln sofort an das griechische Reich abtreten zu wollen. Soviel konnten die andern nicht bieten, die Wahlen in Griechenland wurden also auf den Prinzen Alfred gelenkt, und Rußland und Frankreich hätten zu den Waffen greifen müssen, um den Herzog von Leuchtenberg in Athen einzuführen. Unter diesen Umständen erfolgte ein Compromiß. Rußland und Frankreich verzichteten im Sinn der Verträge von 1832 auf ihren Candidaten und Palmerston zog nun auch den seinigen, aber auch seine Versprechungen hinsichtlich der ionischen Inseln zurück. Man suchte sich sodann über einen anderweitigen Candidaten für den griechischen Thron zu verständigen, aber niemand hatte Lust, auf einen Thron niederzusitzen, von dem ein guter und unschuldiger Fürst so eben erst schmählich verjagt worden war. Ferdinand, der König=Vater von Portugal, Herzog Ernst von Koburg ꝛc. schlugen die Wahl aus. Man frug sich damals mit Recht, welcher deutsche Prinz wird sich noch dazu hergeben wollen, sich auf einem Throne niederzulassen, der einem andern deutschen Prinzen schändlich gestohlen wurde. Der Undank gegen Bayern ging so weit, daß englische Blätter den König Otto verleumbeten, er habe auf Kosten der griechischen Nation unnütze Bauten

aufgeführt und einen üppigen Hof gehalten, während bekanntlich alle
Bauten in Athen nur auf bayrische Kosten aufgeführt und der gewiß
sparsame Hofstaat nur aus der bayrischen Apanage bestritten wurde.
Bayern hatte Griechenland Millionen zum Opfer gebracht und erntete
dafür nur Hohn und den schmählichsten Undank. Doch lag darin
eine nicht ganz ungerechte Bestrafung des lächerlichen Wahnes, welcher
in einer durch und durch corrumpirten, die Laster der Barbarei mit
denen der Civilisation monströs verflechtenden Klephtenrace von vorzugsweise slavischem Blute noch alte Hellenen, edle Nachkommen der
Perikles, Miltiades, Leonidas und Epaminondas hatte sehen wollen.

Endlich erklärte sich Deutschlands schlechtester Freund, der Dänen-
könig, bereit, den noch unmündigen Prinzen Wilhelm, Sohn des
Prinzen Christian von Glücksburg, zum König von Griechenland
machen zu lassen, und die Westmächte stimmten zu, da der englische
Thronfolger soeben die Schwester jenes Prinzen Wilhelm geheirathet
hatte, Frankreich aber Dänemark zu einem Werkzeuge seiner even-
tuellen Politik in Bezug auf Preußen, Polen und Rußland aussah.
Nachdem sich Dänemark bereit erklärt hatte, bekamen die Griechen
alsbald geheimen Befehl, eine Deputation nach Kopenhagen zu schicken
und sich den neuen König allerunterthänigst auszubitten. In Athen
hatte inzwischen große Anarchie geherrscht. Zwar der alte Räuber
Grivas war zum Glück gestorben, aber unter den übrigen Chefs
Bulgaris, Kanaris ꝛc. herrschte wie immer Uneinigkeit, während das
Volk that, was es wollte, und noch sein Müthchen an den zuletzt abziehenden Deutschen kühlte. Räuberei erfüllte das ganze Land. Präsident der provisorischen Regierung, der aber jeder nur nach Belieben
gehorchte oder nicht, war Bulgaris. Um Europa durch das Gaukel-
spiel einer s. g. Nationalversammlung zu täuschen, trieb man eine
solche Versammlung aus den verwegensten Räubern und pfiffigsten
Intriganten des Landes zusammen, die am 3. Februar in lächerlicher

Nachahmung der französischen und sardischen Plebiscite den Namen des englischen Prinzen Alfred als den Wahlurnen zog und denselben unter erkünsteltem Jubel zum König ausrief. Bald darauf kam Gegenbefehl von Paris, mußte die Begeisterung für Alfred sich wieder abkühlen und eine neue für den dänischen Prinzen erlogen werden, von dessen Existenz man bis dahin in Griechenland noch weniger als im übrigen Europa etwas gewußt hatte.

Prinz Christian, der Vater des neuen Griechenkönigs, verlangte, daß derselbe lutherisch und bis zu seiner Großjährigkeit in Dänemark bleiben dürfe und eine Civilliste von 50,000 Pfund Sterling erhalten solle. Auch legte er England ans Herz, die ionischen Inseln an Griechenland abzutreten. Eine griechische Deputation begab sich nach Kopenhagen und erhielt die Zusage des Prinzen unter den Auspicien des Dänenkönigs, der in einem offenen Brief die Bedingungen des Prinzen Christian guthieß, am 10. Juni. Am 28. Juni proclamirte die Nationalversammlung in Athen den neuen König unter dem neuen Namen Georgios. Ein Glück für den letztern, daß er noch zu jung war, um schon in die Falle gehen zu müssen. In Athen stand ihm nichts anderes bevor, als der englischen Politik zum blinden Werkzeug dienen zu müssen, denn er wie sein Vater waren ganz mittellos.

In Athen selbst brachen schon am 30. Juni Unruhen aus. Botzaris, ein Anhänger des Bulgaris, mußte dem Koronäus im Kriegsministerium weichen. Darüber kam es zu einer Straßenschlacht. Die Parteien bekämpften sich fortwährend, während die größte Anarchie im Lande herrschte. Die Truppen schlugen sich bald auf diese, bald auf jene Seite oder zerstreuten sich im Lande, um zu plündern. Wer ans Ruder kam, stahl, so daß die Staatskasse immer leer blieb. In Athen behauptete Bulgaris den Platz und Miaulis und alle, die man für Anhänger des König Otto ausgab, wurden geächtet.

Am 30. October 1863 kam der Sohn des Protokollprinzen,

selber ein Protokollprinz, als neuer König in Athen an. Da er noch nicht 18 Jahr alt war, scheint er über dem Glanz einer Königskrone vergessen zu haben, daß es einem deutschen Fürsten nicht gezieme, sich auf Befehl eines englischen Ministers auf den Thron zu setzen, von dem durch die Ränke desselben Ministers soeben erst ein anderer deutscher Fürst vertrieben worden war. Deutsche Prinzen können höchstens durch Unreife des Verstandes entschuldigt werden, wenn sie im Dienst englischer Politik eine so schimpfliche Rolle spielen. Der junge König wurde von Graf Sponek geleitet, welcher sich bald mit Bulgaris überwarf, so daß dieser weichen mußte und Kanaris und Zainis ins Ministerium traten. Weil die Minister über Kassen verfügten, war das Gedränge nach ihren Posten so groß gewesen, daß man nachrechnete, vom Dezember 1862 bis zum Mai 1864 seyen in Athen nach einander 69 Minister ernannt worden.

England mußte ein kleines Opfer bringen, um seinen Candidaten dem griechischen Volke angenehm zu machen. Es erkaufte die Wahl des Georgios mit der Abtretung der ionischen Inseln an das Königreich Griechenland, ließ aber zuvor die Festungswerke in Corfu schleifen. Die Abtretung erfolgte am 15. Nov. 1863.

Der arme neue König wurde von den Parteien in Athen hin- und hergestoßen, wie sein Vorgänger. Graf Sponek, den er als Rathgeber mitgebracht, wurde durch Intriguen ebenso wie früher der bayrische Graf Armansberg vertrieben, im Dezember 1864.

Die griechische Nationalversammlung blieb sich gleich. Als im Anfang des August 1864 der Abgeordnete Kalos sich mit größter Unverschämtheit rühmte, durch ihn allein sey die Vereinigung der ionischen Inseln mit dem Königreich Griechenland zu Stande gebracht worden, und ihn Saripulos zurecht wies und bei diesem Anlaß überhaupt die revolutionäre Frechheit mißbilligte, der es Zeit sey, ein Ende zu machen, ließ Bulgaris die Soldaten, mit denen er die Tri=

bühne besetzt hatte, einen Höllenlärm machen und der Präsident Deli=
georgi billigte und beförderte den Scandal, so daß Saripulos die
Tribüne und das Haus verlassen mußte und noch auf der Straße
geohrfeigt wurde. Am 26. August entstand eine große Prügelei in
der Nationalversammlung selbst, weil ein Abgeordneter gedroht hatte,
man werde den König Georgios fortjagen, wie den König Otto.
Am 18. October ermuthigte man den jungen König so weit, daß er
in einem Rescript an die Nationalversammlung derselben ihre Unge=
bühr vorwarf und Beschleunigung ihrer Arbeiten forderte, widrigen=
falls er selbst thun werde, was die Versammlung bisher versäumt habe.

Sein Oheim, der Prinz Julius von Glücksburg, rief am Ende
Januar 1865 eigenmächtig die Minister zusammen, um Aufschlüsse
über den Jammer des Landes zu erhalten, wurde aber wegen dieses
Eingriffs ins königliche Recht sogleich von seinem Neffen aus dem
Reiche verbannt.

Im Winter auf 1866 entfaltete sich in den griechischen Gewässern
ein wunderbares Schauspiel. Aus dem Sumpfe Vulkano erhob sich
eine Insel, vereinigte sich mit der Insel Nea Kaiméni, bildete ein
Vorgebirge derselben und erhielt von den Bewohnern der nahen Insel
Santorin dem jungen König von Griechenland zu Ehren den Namen
Georgios. Bald aber fing dieser neue Inselberg an, Feuer auszu=
werfen und vergrößerte sich fortwährend. Nur wenige Tage später
als dieser Vulcan erhob sich aus der Tiefe des Meeres, nur 600 Meter
davon entfernt, eine zweite Insel, welche man Aphroëssa genannt hat,
und die gleichfalls Feuer auswarf. Beide Vulcane waren noch im
April in voller Thätigkeit, beruhigten sich nachher und die Insel
Aphroëssa erstarrte und erkaltete. Im September aber flog die kegel=
förmige Spitze der Insel Georgios in Folge einer neuen unterseeischen
Explosion unter fürchterlichem Krachen hoch in die Luft.

Wir gehen nun zu Egypten über, welches, obgleich noch von

einem Türken regiert, doch fast ebenso unabhängig vom Sultan war, wie Griechenland. Hier in Egypten aber rivalisirten England und Frankreich ausschließlich, denn Rußland war zu fern. England braucht Egypten als Hauptstation auf dem kürzesten Wege nach Ostindien, Frankreich braucht es, um das Mittelmeer zu beherrschen und England zu überwachen.

Said Pascha, der von 1854 an über Egypten regierte, gab sich ganz dem französischen Einfluß hin und überließ den Bau des Suezkanals einer Pariser Aktiengesellschaft, der er außerordentliche Privilegien verlieh. Der zum Kanalbau nöthige Landstrich wurde ihr geschenkt, ein großer Landstrich einer französischen Colonie eingeräumt, die das Recht haben sollte, etwaige Störungen des Baues durch arabische Horden mit den Waffen in der Hand abzuwehren, und die egyptische Bevölkerung wurde gezwungen, beim Kanalbau zu frohnden. Endlich sollte die Gesellschaft 99 Jahre im Besitz der Kanalverwaltung und der Zölle bleiben. Der Vicekönig selbst nahm 85 Procente Aktien auf sich. Said Pascha trat an Frankreich auch ein Negerregiment zur Expedition nach Mexiko ab, welches aber im Hafen von Veracruz tödtlichen Fiebern erlag. Eben als diese Hingebung des Vicekönigs an Frankreich böses Aufsehen bei den andern Mächten erregte, starb derselbe, im Januar 1863, und sein Nachfolger Ismael Pascha befolgte sogleich ein anderes System. Wenn der Kanal unter obigen Bedingungen zu Stande gekommen wäre, hätte ihn Frankreich den Engländern verschließen und ihnen somit den nächsten Weg nach Ostindien absperren können; deßhalb strengte sich England an, dem französischen Monopol entgegenzuwirken, wozu ihm auch der Sultan, als Oberherr Egyptens, die Hand bot. Derselbe erklärte am 6. März 1863, der Kanal müsse völlig neutral bleiben, Frohnden dürften nicht mehr erzwungen werden und die Gesellschaft müsse auf Landbesitz am Kanal verzichten. Hierauf übernahm Ismael Pascha den Bau des

Kanals auf seine eigene Rechnung. Prinz Napoleon reiste zwar nach Kairo, um ihn bei Frankreich festzuhalten, aber vergebens. Die englische Politik feierte hier einen glänzenden Triumph über die französische und die Türken handelten ihrem eigenen Interesse gemäß, denn England würde sich niemals ungestraft den Weg nach Ostindien haben versperren lassen. Der Kanalbau wurde in zwei Jahren fertig und die neue Wasserstraße am 15. Juli 1865 eröffnet. Ein österreichisches Schiff war das erste, das durch den Kanal fuhr.

In demselben Jahre 1865 mußte Ismael Pascha einen Aufstand in Oberegypten unterdrücken. Der Vorgang blieb dunkel, doch erfuhr man, ein Scheich, Chan el Kebir habe Christ werden und sich unabhängig machen wollen. Im nächsten Jahre gab Ismael Pascha dem egyptischen Volk eine Verfassung und berief am 27. November 1866 ein Parlament ein, was freilich nur eine lächerliche Schaustellung war. Im Sommer 1867 besuchte er die Industrieausstellung in Paris, wie auch London, gleichzeitig mit dem Sultan. Die moderne Civilisation in Egypten paßt zum Islam nicht, ist nur auf die Europäer berechnet, von denen man Nutzen ziehen will, und geist- und seelenlose Nachäfferei der Form, wodurch die Race noch mehr corrumpirt wird. Bogumil Goltz nennt Egypten „das Land der wirklichen Unmöglichkeit und der unmöglichen Wirklichkeit, der ältesten Weltwunder und des neuen Weltskandals, der alten Heiligthümer und der neuen Affenschande. Langt man um jetzige Jahreszeit in diesem Lande der Pharaonen, des Staubes, des Ungeziefers, des Schmutzes, Lärmens, der Spitzbüberei und des allgemeinen Bakschisch-Geschreies an, so erscheinen einem die oben angeführten Paradoxen durchaus nicht aus der Luft gegriffen. Man kann geographischen, atmosphärischen, politischen, socialen und localen Einflüssen und Zuständen manches zugute halten, allein eine solche künstlich erzeugte Misere, eine solche systematische, grundlose Prellerei, Schinderei und Schufterei, eine solche endlose

Reihe grenzenloser Ungeheuerlichkeiten gehen über den Siedepunkt des Geduld-Thermometers eines empfindsamen Reisenden."

Zwischen Egypten und dem französischen Algerien spielten die beiden türkischen Raubstaaten Tripolis und Tunis keine bedeutende Rolle mehr, seitdem die Eroberung Algiers der Seeräuberei ein Ende gemacht hatte. In Tripolis hatten die türkischen Herren 1853 mit den empörten Kabylen (einheimischen Berbern) zu kämpfen. In Tunis war schon der frühere Bey, Sibi Hussain, seit 1824 zu Reformen und Frieden mit den Christen geneigt gewesen, sein Nachfolger Achmed Pascha reiste 1846 nach Paris und wurde von Frankreich sehr beschmeichelt. Ihm folgte Sibi Muhamed Bey, der mit Reformen noch weiter voranging und 1857 sogar eine Verfassung promulgirte. Weil er aber alles auf europäischen Fuß setzte und dabei großen Luxus trieb, mußte er die Steuern erhöhen, was die Araberstämme nicht dulden wollten. Sie empörten sich also, während gleichzeitig auch in Algerien eine neue Waffenerhebung stattfand, wie man glaubte, von englischen Agenten angeregt. Der tunesische General, welcher Ordnung stiften sollte, wurde erschossen und im April 1864 erschien ein großes Heer von Insurgenten unter Monduh, dem Sheriff von Kef, vor der Hauptstadt und verlangte die Abschaffung aller Neuerungen. Der englische Consul Wood unterstützte die Aufrührer; aber eine französische Flotte unterstützte den Bey und trieb auch die türkischen Schiffe zurück, die der Sultan geschickt hatte, um bei diesem Anlaß seine Autorität in Tunis herzustellen. Da nun die Franzosen in Algerien den Aufstand unterdrückt hatten, konnte auch Monduh nichts weiter ausrichten, als daß er am 27. Juli einen Vertrag mit dem Bey abschloß, der die Personensteuer auf ein Drittel herabsetzte.

Fünftes Buch.

England.

In England regierte noch immer der alte Lord Palmerston, Chef des Whigministeriums, in seiner bequemen und alle Welt eigentlich nur verhöhnenden Weise fort. Am frivolsten ging er mit Frankreich um. Obgleich England und Frankreich als Alliirte den Krimkrieg glücklich zu Ende gebracht hatten, blieben sie doch immer noch argwöhnisch und gegen einander wachsam. Auch in Italien ging ihre Politik Hand in Hand, sofern sie Oesterreichs Einfluß aus diesem Lande entfernen wollten; England aber gönnte auch Frankreich seinen überwiegenden Einfluß auf der apenninischen Halbinsel nicht und wollte am wenigsten Neapel etwa in die Hände eines französischen Murat fallen lassen. Daher die Contrecoups des von Palmerston inspirirten Garibaldi gegen die französisch-sardinische Politik, die wir schon kennen gelernt haben. Als Napoleon III. sich vollends Savoyen und Nizza aneignete, war man darüber in London sehr böse und die Errichtung der volunteers, deren Zahl bald zu 150,000 anwuchs, kennzeichnete den Groll und die Vorsicht des englischen Cabinets. Diese Freiwilligen nämlich waren dazu bestimmt, die Küsten Großbritanniens zu schützen, wenn etwa der zweite Dezember den Einfall bekommen sollte, plötzlich einen Angriff auf dieselben und einen Landungsversuch zu wagen.

Die Gegenüberstellung Englands und Frankreichs wurde immer schroffer. England durchkreuzte oder vereitelte alle Unternehmungen Frankreichs. Es betrieb die Expedition nach Mexiko nur, um Frankreich nachher dort im Stich zu lassen und in große Verlegenheit zu bringen. Es hätte beim Ausbruch der polnischen Insurrektion Frankreich auch gerne wieder in einen gefährlichen Krieg hineingelockt und dann selber doch nicht mitgewirkt. Es intriguirte gegen Frankreich im Orient, in Tunis und Egypten, um dort den französischen Einfluß zu lähmen. Es setzte in Griechenland den englischen Einfluß durch, vertrieb durch seine Intriguen den armen König Otto, ließ erst den englischen Prinzen Alfred und dann den dänischen Prinzen Wilhelm, nachdem dessen Schwester den englischen Thronfolger geheirathet hatte, zum Könige von Griechenland wählen.

Am 16. März 1861 starb Victoria, die Herzogin von Kent, Mutter der Königin, geborene Prinzessin von Coburg-Gotha. Mehrere Prinzen des Hauses Orleans wohnten dem Begräbniß bei, woraus die schon erwähnten Händel des Herzogs von Aumale mit dem Prinzen Napoleon hervorgingen. Man erkennt auch hieraus, wie wenig sich England genirte, seinen Alliirten in Paris zu ärgern.

Am 14. Dezember 1861 starb Prinz Albert, der Gemahl der Königin. So lange er lebte, durfte er kaum eine politische Meinung äußern, ohne daß die eifersüchtigen Lords und die Presse ihm zu fühlen gaben, er habe in englischen Staatsangelegenheiten nicht mitzureden. Nach seinem Tode aber wurde er mit Anerkennung, Lob und Ruhm überschüttet. Sein Tod änderte im großen Gange

der Dinge gar nichts. Die Königin liebte ihn so sehr, daß sie an
den verschiedensten Orten seine Statue aufrichten ließ. Auch gab sie
später ihr Tagebuch in Druck, worin sie die glücklichen Tage schildert,
die sie mit ihrem Gemahl insbesondere in Schottland verlebt hatte.
In jenen schönen Tagen auf Schloß Balmoral hatte die Königin
ihre jungen Kinder bei sich und erzählt unter anderm, wie sie
Morgens „ihre Kinder einige deutsche Gedichte überhört" hatte.
Sie war auch fromm. „Wie gewöhnlich, gingen wir um 12 Uhr
zur Kirche. Der Gottesdienst wurde von dem Reverend Norman
Mac Leod aus Glasgow, Sohn des Dr. Mac Leod, abgehalten, und
etwas Schöneres habe ich nie gehört. Die Predigt, ganz aus dem
Stegreif gehalten, war bewunderungswürdig; so einfach und doch so
beredt, und so schön disponirt und ausgeführt. Der Text war aus
der Erzählung genommen, wie Nicodemus in der Nacht zu Christo
kommt, Johannes Capitel 3. Herr Mac Leod zeigte in der Predigt,
daß wir Alle versuchten, uns selbst zu gefallen, und dafür lebten,
und deshalb keine Ruhe fänden. Christus wäre nicht allein gekom=
men, für uns zu sterben, sondern auch uns zu lehren, wie wir leben
sollten. Das zweite Gebet war sehr rührend; seine Beziehungen auf
uns waren so einfach, denn nachdem er Unserer erwähnt, sagte er
nur: ‚segne ihre Kinder.' Das gefiel mir so recht, ebenso, wenn er
für ‚die Sterbenden, Verwundeten, Wittwen und Waisen' betete.
Jeder kehrte entzückt nach Hause zurück; und wie befriedigend ist es,
mit solchen Gefühlen aus der Kirche zu kommen! Die Dienerschaft
und die Hochländer — Alle — waren gleich entzückt."

Im Jahr 1855 war die älteste Tochter der Königin schon heran=
gewachsen. Die Königin schreibt: „Unsere liebe Victoria wurde heute
mit dem Prinzen Friedrich Wilhelm von Preußen, der seit dem 14.
zum Besuche bei uns war, verlobt. Er hatte schon am 19. von
seinen Wünschen mit uns gesprochen; aber wegen ihrer außerordent=

lichen Jugend waren wir unschlüssig, ob er selbst mit ihr sprechen oder warten sollte, bis er wieder hieher käme. Indessen, wir hielten es für besser, daß er es jetzt thue; als wir nun heute Nachmittag auf den Craig=na=Ban hinaufritten, pflückte er ein Stück weißes Heidekraut (das Sinnbild des ‚Glücks‘) und gab es ihr; dies gab ihm Gelegenheit, als sie den Girnoch herunter ritten, eine Andeutung seiner Hoffnungen und Wünsche zu machen, was denn zu diesem glücklichen Ende führte."

Noch im Jahr 1859 begleiten wir die Königin mit ihrem Ge= mahl auf einen hohen Berg. „Grade als wir uns niedersetzten, kam ein Windstoß, der den Nebel zerstreute, was einen wundervollen An= blick gewährte, grade wie die künstlich nachgeahmten Nebelbilder — es enthüllte die großartigste, wildeste Landschaft, die man sich denken kann! Wir saßen oben auf dem Steinhaufen, um unser Vesper ein= zunehmen, — unsere guten Leute mit den Ponies hatten sich in unserer Nähe versammelt. Nach dem Vesper lief Albert mit Alice nach dem Bergrücken, um die prächtige Aussicht zu sehen, und ließ mich nach= kommen. Ich folgte; aber nicht ohne Grants Hülfe, denn es waren Mengen von großen, losen Steinen auf Haufen zusammengelegt, über die man gehen mußte. Der Wind war fürchterlich stark rc."

Der englische Thronfolger, Albert Eduard, Prinz von Wales, erbte nicht die hohe Gestalt seines Vaters und auch nicht dessen edles Wesen. Man ließ ihn Bildungsreisen nach Amerika und dem Orient machen und vermählte ihn 1863 mit der Prinzessin Alexandra von Glücksburg, Tochter des Protokollprinzen Christian, welcher Dänemark erben sollte. Lord Palmerston hatte diese politische Ehe zu Stande gebracht und wollte den Protokollprinzen in Dänemark, wie dessen Sohn in Griechenland nur als Werkzeuge der englischen Politik brauchen. Die englische Presse wurde daher inspirirt, für die dänische Braut und überhaupt für die Dänen zu schwärmen. Die Königin

Victoria hegte diese dänischen Sympathien nicht, sondern war in dem Conflict mit Dänemark von der Gerechtigkeit der deutschen Sache überzeugt. Der Sohn trat im Gegensatz zur Mutter auf Palmerstons Seite. Die Sitten des Prinzen von Wales wurden nicht gelobt. Er schlug nicht seinem soliden Vater, sondern seinem Großoheim Georg IV. nach und war daher auch ein Herz und eine Seele mit Palmerston, während seine königliche Mutter von diesem faunischen Alten, den sie selber nur den „bösen Menschen" nannte, auf alle Art geplagt war. Aus dieser Quelle kamen fortwährend boshafte Verdächtigungen, als sey die Königin schwachsinnig geworden*) und wäre es Zeit, dieselbe in Ruhestand zu setzen. Doch widmete sich der Prinz

---

*) „Je mehr sich die Königin von den Menschen zurückzieht, desto eifriger wendet sie sich dem Himmel zu. Wandlungen dieser Art gehören zu den Gewöhnlichkeiten. Bei der Königin Victoria mag überdies noch ein krankhaftes Familienerbtheil potenziren. Und so ist es gerade nicht zu verwundern, daß sie, mit ihren Gedanken im Jenseits lebend, wirre Schatten in das wirkliche Leben eingreifen sieht. Wer mit Geistern verkehren will, wird nur zu bald Geisterseher und wittert Uebersinnliches in den natürlichen Dingen. Diesem Seelenzustande der Königin scheint ein gewisser Brown, dem niedrigen Haushalte von Balmoral angehörend, die Ehre zu verdanken zu haben, daß ihn seine königliche Herrin stets in ihrer Nähe haben will. Er folgt ihr überall wie ihr Schatten, und sie will ihn nicht missen, gleichviel, ob sie in Balmoral, Windsor oder Osborne weilt. Der Mann hat nämlich eine entfernte Aehnlichkeit mit dem seligen Prinzen Albert, und da mag wohl die Königin sich in eine transsubstantielle Phantasie hineingelebt haben. Dieser Mr. Brown ist dem Haushalte wahrhaft fatal, und hat schon zu den boshaftesten Bemerkungen Anlaß gegeben, so erhaben auch der Charakter der Königin über jede Anzüglichkeit steht. Mancherlei Künste wurden versucht, ihn vom Hofe zu entfernen; bisher vergebens; Schatten Brown ist unentbehrlich, die Herrin will nicht von ihm lassen, und dem guten Mann ist ohne Zweifel zu wohl am Hofe, als daß er freiwillig verschwinden sollte."

von Wales nicht den Geschäften, sondern nur dem Vergnügen und solchen Ausschweifungen, daß seine junge Gemahlin sich keines großen Glückes zu erfreuen hatte.*) Sie gebar am 10. März 1864 ihren ersten Sohn, Albert Victor.

Aus London brachte im Januar 1868 die N. Fr. Pr. einen

---

*) London, 30. Mai. Der N. fr. Pr. wird geschrieben: „Am hiesigen Hofe hat das toll=lustige Gebahren des Prinzen von Wales mancherlei Betrübniß erregt. Die ‚dänische Rose' liegt fortwährend auf dem Schmerzenslager, wahrscheinlich für immer gelähmt; der Prinz aber treibt es mittlerweile wie einst ‚der erste Gentleman in Europa.' Den Ausbruch der Krankheit der Prinzessin schreibt man einer Erkältung zu, die sie während ihrer Schwangerschaft durch die Rücksichtslosigkeit des Prinzen sich zuzog. Er ließ sie nämlich, so wird erzählt, mit auf die Entenjagd gehen, und dann den Wagen, in welchem sie saß, längere Zeit in einem Teiche stehen, wo das Wasser bis über den Kutschentritt reichte. Von jenem Tage an kränkelte die Prinzessin Alexandra, und es bildete sich allmälig die Entzündung am Knie aus, an welcher sie nun ohne Hoffnung auf gänzliche Wiedererlangung der Gesundheit darniederliegt. Die Art und Weise, wie der Prinz sich mittlerweile amüsirt, gibt vielfach Anlaß zu Aergerniß. Sein Geschmack, heißt es, ist zugleich fein und grob, und es wird z. B. über seine Tanzbelustigungen, denen er sich gelegentlich nach dem Besuche des Theaters hingibt, Vieles berichtet, was ich nicht wieder erzählen oder verbürgen will. Anders sein Bruder der Herzog von Edinburgh. Dieser hat, wie von glaubwürdigster Seite aus persönlichem Verkehr mitgetheilt wird, bei weitem mehr geistiges Streben, als der vermuthliche Thronfolger. Bei Prinzen bedarf es zwar nur einer geringen Gabe von Geist oder von Streben, um ihnen einen Ruf der Auszeichnung zu verschaffen, und so mag es auch bei dem genannten Sohne der Königin Victoria seyn. Immerhin zeichnet er sich vortheilhaft vor seinem Bruder aus. Das weiß der Letztere, wie er auch weiß, daß man in manchen Kreisen darüber spricht; darum gibt sich unter dem näheren Anhang der beiden Prinzen gelegentlich eine Eifersucht kund, die sich in der Umhertragung bissiger Anekdötchen verräth, wie die neulich über das Pariser Ballfest in Umlauf gesetzten."

Brief über die Spannung zwischen der Königin Victoria und ihrem Sohne, dem Thronfolger Prinzen von Wales. Seit Jahr und Tag ist der Prinz ein einzigesmal — auf eine halbe Stunde! — mit seiner Gemahlin nach Schloß Windsor gekommen, um daselbst, wie es im Court Circular hieß, ein Gabelfrühstück einzunehmen. Die Königin ihrerseits hat sich in Sandringham, dem Wohnorte ihres Sohnes, seit vier Jahren gar nicht blicken lassen; die beiden königlichen Haushaltungen stehen somit eigentlich auf keinem Fuße zu einander. Die Ursache liegt in der eigenthümlichen Führung des Prinzen und in seiner schlecht verhüllten Sucht, die Souveränin zur Abdankung zu bringen. In Gesellschaftskreisen, die dem Prinzen nahestehen und ihm wohlwollen, kann man über den ersterwähnten Punkt sonderbares hören, was für die öffentliche Mittheilung sich kaum schickt. Das Gespräch darüber ist jedoch in England so häufig, hie und da in tadelnder, häufiger in scherzender Weise, daß eine Andeutung wohl gemacht werden mußte. Daß der Prinz verschuldet ist, weiß man allgemein. Mit den 100,000 Pfd. St., die er selbst, und den weiteren 10,000 Pfd., die seine Gemahlin aus dem Staatsbeutel bezieht, kann der Arme nicht auskommen!

Im Anfang des Jahres 1864 machte ein gewisser O'Kane einen Prozeß gegen Lord Palmerston anhängig, der ihm seine Frau verführt haben sollte, und forderte von demselben eine große Geldbuße. Der Fall erregte vielen Scandal, doch entschuldigte den Beklagten sein hohes Alter und die ganze Sache wurde als eine Spekulation auf seinen Geldbeutel angesehen. Da der Lord übrigens stets ein Roué gewesen war, entschuldigten ihn nur seine Jahre, nicht sein Charakter, und halb England fing doch an, sich zu wundern, daß es seit so langen Jahren in seiner Regierung ein so unsittliches und frivoles Element vorwalten lasse.

Als Napoleon III. einen großen europäischen Congreß vorschlug, auf welchen die Großmächte die brennenden Fragen friedlich lösen sollten, war es wieder Palmerston, der ihm in den Weg trat und seinen Vorschlag sogar mit der Miene der Geringschätzung zurückwies, denn die englische Antwort lautete, ein europäischer Congreß werde die Verwicklungen nicht lösen, sondern nur vermehren. Im Anfang des Jahres 1864 hatte Greco mit einigen andern Italienern wieder einen Anschlag auf das Leben Napoleons III. gemacht und bei der Untersuchung ergaben sich Indicien, wonach Greco nicht nur in naher Beziehung zu Mazzini gestanden, sondern auch der englische Admiralitätslord Stansfield als alter Freund Mazzinis um den Anschlag gewußt haben sollte. Da die französischen Staatsanwälte diese Beschuldigung im öffentlichen Gericht vortrugen, sah sich Stansfield gezwungen, am 29. Februar vor dem Unterhause sich zu rechtfertigen. Er leugnete die Thatsache nicht nur in seinem, sondern auch in Mazzinis Namen, den er seit 18 Jahren kenne und ehre und den er eines Mordanschlags, als einer schändlichen Handlung, nicht für fähig halte. Nun wußte man aber, daß Mazzini jenen Greco recht wohl gekannt und ausdrücklich als einen „enthusiastischen Patrioten" gelobt hatte. Auch wußte man, daß Stansfield in engster Verbindung mit Mazzini Gelder für dessen Zwecke gesammelt und aufbewahrt habe. Das Parlament begnügte sich also mit seiner stolzen Entschuldigung nicht, sondern in der Unterhaussitzung vom 17. März trat ihm Stracey mit der Bemerkung entgegen: „Die Antecedenzien Stansfields, der 1857 und 58 in einiger Beziehung zu den Planen Tibaldis und Orsinis gestanden habe, geben demselben kein Recht, der Behauptung des französischen Staatsprokurators im Tone gekränkter Unschuld entgegen zu treten" und stellte den Antrag, die Sache ernstlich zu untersuchen. Palmerston selbst vertheidigte Stansfield und doch wurde Straceys Antrag nur mit einer Minderheit von 10 Stimmen verworfen. Mazzini selbst trat für Stansfield auf und erklärte öffentlich,

Stansfield habe nie mit Greco, so wenig wie früher mit Tibaldi in Verbindung gestanden; auch sey das Geld nur gesammelt worden, um armen verbannten Italienern Lebensunterhalt zu verschaffen. Indessen fand es Stansfield doch gerathen, von seinem Amte zurückzutreten, und obgleich Palmerston ihm eine Ehrenrede hielt und sehr bedauerte, daß die Regierung ein verdientes Mitglied verliere, so war und blieb die Verabschiedung Stansfields doch das Eingeständniß, dieser Lord der Admiralität habe eine unreine Sache nicht wieder rein machen können, und eine erstaunliche Blamage für das Ministerium Palmerston. Die noch am günstigsten darüber urtheilten, sahen in dem Rücktritt Stansfields eine Concession Englands an Frankreich, darauf berechnet, die Westmächte nicht noch weiter auseinander zu reißen.

Unterdeß war der dänische Conflict weiter gediehen, Holstein war von Bundestruppen besetzt, Schleswig von den Truppen der deutschen Großmächte angegriffen. Palmerston war ganz auf dänischer Seite und inspirirte die Presse, das englische Volk in einen wüthenden Deutschenhaß hinein zu hetzen. Mancher mochte dabei wohl an die dänischen Sympathien des Thronfolgers denken, welche die Zukunft der englischen Politik Dänemark so günstig erscheinen ließen, wie die gegenwärtige. Doch kam auch der Hochmuth des englischen Volks den Dänenfreunden insofern zu gute, als die Engländer, die auf die Deutschen bisher immer nur wie auf dumme und gehorsame Heloten herunter gesehen hatten, sich jetzt ärgerten, die Deutschen so einig und entschieden gegen Dänemark auftreten und alle englischen Drohungen verachten zu sehen. England schrieb Noten über Noten an die deutschen Mächte, aber man achtete ihrer nicht oder wies grobe Drohungen sehr energisch zurück. England beeinflußte Dänemark, aber unentschieden und treulos. Denn in der Hoffnung, es werde Frankreich, Rußland und Schweden noch gegen Deutschland hetzen oder die deutschen

Mittelstaaten gegen Preußen und Oesterreich benutzen und die deutschen Waffen lähmen können, machte es den Dänen Muth und ließ sie auf englische Unterstützung nicht nur bei den Unterhandlungen, sondern auch im Kriege, insbesondere auf das Erscheinen einer großen englischen Flotte in der Ostsee hoffen. In der Besorgniß aber, es könne doch isolirt werden, und da es für Dänemark kein Opfer bringen wollte, gab es auch den Dänen keine bestimmten Versprechungen.

Im Anfang des April, als der dänische Krieg vor der Erstürmung der Düppeler Schanzen einige Wochen lang ins Stocken gerieth, kam der alte Palmerston auf den tollen Einfall, mit Garibaldi Humbug zu treiben, und ließ diesen berühmten Volkshelden von der Insel Caprera, wo er noch verweilte, nach England kommen, oder erlaubte ihm wenigstens auf seine Bitte zu kommen. Man glaubt nämlich, Garibaldi habe in dem reichen und für ihn schwärmenden England Geldmittel für ein neues revolutionäres Unternehmen sammeln, Palmerston aber dessen Erscheinen in England als eine große politische Demonstration benutzen wollen. Garibaldi hatte früher schon an die dalmatische Küste übersetzen und Ungarn allarmiren, die polnische Insurrektion unterstützen wollen. Damit hing die Agitation bei den Rumänen, Südslaven und Griechen zusammen. Schon lange hatte die europäische Revolutionspropaganda eine furchtbare Erhebung jener Völker im Osten gegen Oesterreich und Rußland in Aussicht genommen. Mit dem Gespenste dieser Revolution sollte nun Garibaldi den nordischen Mächten drohen. Sofern aber auch Frankreich sich von England nicht ins Schlepptau nehmen ließ und England somit von allen Großmächten isolirt war, schien sich dieses England mit allen unterdrückten Völkern gegen deren Beherrscher zu alliiren, indem es Garibaldi auf den Schild hob. Es durfte hoffen, sich in demselben Maße die Sympathien aller Umsturzparteien in Europa zu erkaufen, in welchem die Großmächte sich von ihm abwandten.

Garibaldi kam am 11. April 1864 in England an und wurde mit unermeßlichem Jubel empfangen. Sein Einzug in London war ein Triumphzug. Eine unermeßliche Volksmenge erwartete und begleitete ihn, zahlreiche Corporationen und Vereine mit italienischen Farben und Schärpen, die Damen in s. g. Garibaldijacken und Garibaldihemden, zahlreiche Deputationen, Parlamentsmitglieder und Magistrate. Die Jubelrufe wurden nur von Reden und Gegenreden unterbrochen. Garibaldi nahm seine Wohnung beim Herzog von Sutherland und empfing die Besuche nicht nur der meisten Minister und Parlamentsmitglieder, sondern auch des Prinzen von Wales. Der letztere soll jedoch in nicht ganz nüchternem Zustand gewesen seyn, als er dem großen Agitator die Hand drückte. Marquis de Boissy im französischen Senate bemerkte nicht mit Unrecht, wenn der Kronprinz von England dem Flibustier die Hand drücke, so heiße das muthwillig die Revolution heraufbeschwören, die ihm selbst über den Kopf wachsen werde. Garibaldi wurde in London von einem schweizerischen Bankett zum anderen geschleppt. In dem großen Glaspalast, wo eine ungeheure Menschenmenge sich seines Anblicks erfreuen konnte, sollte er feierlich Adressen und einen Ehrendegen empfangen. Mächtige Anschlagzettel luden das Publikum ein: „Große Attraction! nächsten Montag, Schlag 3 Uhr, besucht der berühmte General Garibaldi den Krystallpalast, wo er aus den Händen des italienischen Comité einen Ehrendegen erhalten wird. Es wird Musik gemacht. Preis der Plätze bis Samstag 2 Sch. 6 D., später 5 Sch. Extraplätze, in welchen man den Helden reden hört, bezahlen 10 Schilling. NB. Der General wird auf eine Estrade gestellt, so daß man ihn von allen Plätzen aus sehen kann." Zu dieser Comödie gab sich Garibaldi her, kam jedoch in einige Verlegenheit, was er alles den vielen Deputationen antworten sollte, die ihn anreden. Als die Polen zu ihm kamen, rief er aus: „Großmüthiges englisches Volk, verlasse Polen nicht!" Den Dänen sagte er, er hege die lebhaftesten Sympathien für den edlen kleinen Volksstamm, der mit so colossalen Mächten im Kampfe liege, und er möchte wohl gern, wenn es seine Dienste annähme, für Dänemark Blut und Leben lassen. Einer Deputation von Deutschen mußte er, um sie nicht zu beleidigen, wieder andere Phrasen sagen, und er endete seine Gegenrede mit den Worten: „Ihre Nation wird schließlich das Schicksal Europas entscheiden." Die City gab ihm das Ehrenbürgerrecht und ein großer Garibaldifond wurde gesammelt. Von 30 englischen Städten erhielt er Einladungen, auch sie zu besuchen, und war unklug genug, zuzusagen.

Der Besuch sollte nicht stattfinden. Garibaldi war gar zu naiv in seinen Aeußerungen. Bei einem Bankett brachte Mazzini einen feurigen Toast auf Garibaldi aus und dieser erwiderte ihn mit einem glänzenden Lobspruch auf Mazzini. Mazzini sey der Führer und Rathgeber seiner Jugend gewesen. Mazzini allein habe gewacht, als alle schliefen, er allein habe das heilige Feuer der Revolution unterhalten rc. Das war denn doch zu viel für ein Ministerium, welches erst kurz vorher Stansfield hatte entlassen müssen. Noch taktloser verfuhr Garibaldi, indem er öffentlich im Glaspalast dem englischen Ministerium dankte, daß es ihm durch seine Unterstützung die Landung in Sicilien und die Eroberung Neapels möglich gemacht habe. Da er nun eben wieder viel Geld zu einer neuen Unternehmung sammelte und eine triumphirende Rundreise durch ganz England vorhatte, fürchtete sein Gönner Palmerston von diesem Scandale mehr Nachtheil als Vortheil für England und — gab dem Helden von Caprera einen Fußtritt, wie man ihn einem Hunde gibt, den man eben erst an sich gelockt hat. Das Nähere über die moralische Mißhandlung des allzu offenherzigen Italieners erfuhr man aus den Verhandlungen des Unterhauses vom 21. April. Hier sagte Gladstone: „Am vergangnen

Sonntag theilte mir der Herzog von Sutherland mit, daß General Garibaldis Freunde wegen der Wirkung seines hiesigen aufregenden und anstrengenden Lebens für seine Gesundheit besorgt zu werden anfingen, und ersuchte mich, mit ihm die Frage zu besprechen, ob dem General darüber ein Rath ertheilt werden sollte. Ich besuchte den Herzog und sowohl er, als der Graf von Shaftesbury (Palmerstons Stiefsohn) und einige andere Herrn, erkannten es als unsere Pflicht, dem General zu rathen, daß er den Kreis seiner Besuche in der Provinz möglichst einschränken möge. Ich stellte ihm vor, daß seine Gesundheit nach der Meinung des englischen Volks nicht nur für Italien, sondern für die Welt einen hohen Werth habe. Auch sey einige Gefahr vorhanden, daß der großartige nationale Empfang, der ihm in London zu Theil geworden durch häufige Wiederholung auf dem Lande etwas von seiner Würde verlieren könnte." Man erzählt, daß sich Garibaldi tief verletzt gefühlt und beschlossen habe, England augenblicklich zu verlassen. Das geschah am 22. April. Londoner Blätter berichteten, Garibaldi sey ganz gesund gewesen. Ein Meeting in London erklärte mit Entrüstung, seine plötzliche Abreise sey die Folge, nicht einer Besorgniß für seine Gesundheit, sondern eines Drucks, den die Regierung auf ihn geübt habe. Man war geneigt, dieses Verfahren Palmerstons als eine Concession an Frankreich, als einen Versuch zu erklären, Napoleon III. zu versöhnen. Palmerston handelte aber an Garibaldi nicht edler, als es Victor Emanuel gethan hatte. Deshalb nannte man auch Garibaldis Behandlung in England sein zweites Aspromonte.

Zu derselben Zeit wurde Palmerston auch durch die Opposition im Parlamente hart angegangen. Osborne warf der Regierung vor, sie habe das einst so mächtige und geachtete England in die schwächste Stellung gebracht, gänzlich isolirt und dem Spott und der Verachtung des Auslands blosgestellt. Seine natürlichsten Alliirten, die Deutschen, habe sich England zu Gegnern gemacht. England habe ungeheuer geprahlt und nichts geleistet, immer gedroht und nichts gethan, immer gehetzt und dann die bethörten Freunde im Stich gelassen. England habe früher den Ruhm genossen, ein Schutz und Hort des Rechts zu seyn. Die gegenwärtige englische Regierung trete das Recht der Völker mit Füßen. So stehe es gegenwärtig auf Seite des Unrechts in der dänischen Frage. Es sey Unrecht gewesen, die Erbfolge in den Elbherzogthümern willkürlich abzuändern. Man spreche vom Verzicht des Augustenburgers. „Doch was würde man im Parlamente davon denken, wenn der Prinz von Wales und alle männlichen Kinder der Königin auf ihr Thronfolgerecht in England zu Gunsten der Prinzeß Royal Verzicht leisteten und wenn die Prinzeß Royal wieder zu Gunsten des Prinzen von Preußen verzichtete?" Der Fall sey analog. Die Dänen hätten, allem Recht und allen Verträgen zum Trotze, die deutsche Bevölkerung in den Herzogthümern mißhandelt. Und all dieses Unrecht dulde, vertheidige und schütze England. In ähnlicher Weise sprach sich auch Kinglake wiederholt gegen das Ministerium aus und d'Jsraeli, das Haupt der Tories, griff ebenfalls die Minister an, doch nicht aus Rücksichten des Rechts und der Humanität, sondern nur der ministeriellen Rivalität. Die Tories bemühten sich, das bisherige Whigministerium zu stürzen, würden aber, wenn sie am Ruder gewesen wären, eine unmittelbare Theilnahme am Kriege eben so wenig gewagt haben. Da keine große Entscheidung erfolgte, blieb alles beim Alten. Das Ministerium behauptete sich und auch das Parlament wurde nicht aufgelöst, sondern am 29. Juli nur vertagt.

Der unnatürliche und nur künstlich durch die Presse hervorgerufene Grimm gegen Deutschland beruhigte sich bald, die Engländer schienen sich der verkehrten, stets drohenden und dann doch unthätigen Politik Palmerstons endlich zu schämen. Da starb dieser berühmte Greis, am 18. October 1865.

Das bisherige Whigministerium fiel, als Gladstone seine am 12. März 1866 eingebrachte neue Reformbill nicht durchsetzen konnte. Sie wollte mehrere kleine Städte, die zwei Parlamentsglieder wählten, auf eines rebuciren. Die Minister traten nun ab und ein neues Toryministerium unter Graf Derby an seine Stelle. Stanley wurde Minister des Auswärtigen. Mittlerweile brach der deutsche Krieg aus, in welchem England strenge Neutralität einhielt, die Sympathien der Königin Victoria aber mehr Preußen als Oesterreich zugewendet waren.

Am 23. April 1864 sollte der 300jährige Geburtstag Shakespeares in England gefeiert werden. Die Zeit war aber schlecht dafür gestimmt. Ganz England war damals vom Garibaldischwindel ergriffen und dachte an seinen großen Dichter nicht. Zwar wurde ein achttägiges Fest zu Stratford veranstaltet, wobei es an Humbug nicht fehlte. Aber wie in Deutschland bei ähnlichen Anlässen, hatten sich auch in England nur untergeordnete Geister, Zweckesser und Schreier der Leitung des Festes bemeistert, so daß sich gerade die höhern Geister, die dem Geiste Shakespeares näher standen, lieber von dem Spectakel fern hielten. Englische Blätter selbst gestanden, es gebe nur wenige Engländer, welche Shakespeare recht verstünden und zu würdigen wüßten.*) In Paris wurde eine beabsichtigte

---

*) Nach der Times war die Shakespeare-Feier „eine geschäftliche Profanation, ein complicirter Humbug, der die rohesten Mittel anwendet, um aus dem Andenken des großen Dichters und aus der wahren oder erheuchelten Verehrung, die jeder respektable und solvente Engländer dem Namen Shakespeares zollen muß, Capital zu schlagen, um neuerfundene Shakespeare-Promenaden, Shakespeare-Photographien und Shakespeare-Literatur an den Mann zu bringen, um den Vergnügungsunternehmern,

Shakespearefeier ausdrücklich vom Kaiser untersagt, weil sie dem Nationalgefühl der Franzosen widersprach.

Die wichtigste Erfindung der Neuzeit, der elektro=magnetische Telegraph, wurde zuerst von den praktischen Engländern für den

<hr>

Hotelbesitzern, Buchhändlern, Literaten, Vorlesern u. s. w. ein anziehendes Aushängeschild für ihr Geschäft zu liefern. So wurde die von namen= losen Literaten in London und spekulativen Hausbesitzern in Stratford vor das Publikum gebrachte Idee von Anfang an betrachtet und ausgebeutet. Die Spekulation bemächtigte sich ihrer so vollständig, daß der wirklich gebildete Theil der Nation, welcher Shakespeare liest und versteht, sich mit Ekel von dem Humbug zurückzog und alle die großartigen Pläne, die mit pompösen Reclamen in der Presse verherrlicht wurden, einer nach dem andern scheiterte, bis nichts mehr übrig blieb, als was wir heute sehen: 1) gemischte Unter= haltung mit Bankett, das heute unter Lords Carlisles Vorsitz Geld ein= bringen soll, Concerten, Maskenball, Vorlesungen, Aufführungen von grob= komischen Farcen der neuesten Fabrik und Shakespeare's ‚Romeo und Julie', zu deren Besetzung man sich eine Schauspielerin von Paris verschreiben mußte, und eine Reihe von ‚Popular Entertainments', bei denen die wirksamste Verherrlichung des ‚Schwans von Avon' singenden Negern und genialen Luftspringern anvertraut seyn wird, in Stratford; 2) eine Fülle von Shakespeare=Annoncen auf allen Industriefeldern, namentlich auf dem literarischen, Shakespeare=Feier zum Vortheil der Actionäre im Krystallpalast mit einem ganz gewöhnlichen Concert, das nach dem Programm durch ‚eine kleine Shakespear'sche Ueberraschung' gewürzt werden soll; ‚vermischte Unterhaltung in der landwirthschaftlichen Halle', die zu diesem Zweck nach der Entfernung des Kunstreitercirkus mit, bei N. N. sehr billig zu habenden und empfehlenswerthen, Shakespeare=Büsten dekorirt ist, und für nächsten Freitag in einem Tanzsaal für einen Shakespear'schen ‚Charakterball' ver= wandelt werden, aber am folgenden Montag schon wieder für die ‚inter= nationale Hundeschau' bereit seyn wird; Shakespear'sche Stücke in zwei Theatern und eine trotz alledem unüberwindliche Gleichgültigkeit des Publi= kums in London. Das dem Namen nach noch bestehende Comité gibt zu verstehen, daß die Idee einer Statue noch nicht aufgegeben sey, und ver= langt vergeblich Geld dazu."

großen Verkehr nutzbar gemacht, obgleich die Erfindung und erste
Anwendung einem Deutschen angehört. Wir entnehmen Petermanns
geographischen Mittheilungen die kurze Geschichte der Erfindung.
„Xerxes stellte auf seinem Zuge nach Griechenland von Strecke zu
Strecke Männer auf, die sich die Botschaft zuzurufen hatten; er er=
reichte dadurch eine 30mal größere Geschwindigkeit als die eines
Reisenden. Das träumerische Mittelalter vertraute seine Geheimnisse
dem Flug der Tauben an. Unter Napoleon I. ward die Erfindung
der Gebrüder Chappe in den Jahren 1792—94 berühmt und er=
folgreich. Es zeigt sich in diesen Semaphoren, die mittelst Stangen
auf Thürmen und Bergen nicht blos Zeichen, sondern auch durch be=
sondere Zusammenstellungen Worte signalisirten, der Beginn der
modernen Mechanik. Ein Befehl von Paris nach Calais brauchte 3,
von Paris nach Straßburg 6½, nach Toulon 20 Minuten. Diese
Vorrichtungen auf das Gehör und Gesicht berechnet, können kaum
als Vorboten des Telegraphen gelten, sie sind zu unvollkommen. Der
Gedanke verlangte für seinen Flug eine Kraft, die selbst nicht an die
Schranken von Zeit und Raum gebunden ist. Diese ist die Elek=
trizität. Wirklich geistreich sind die Versuche, welche das vorige Jahr=
hundert machte, die Reibungselektrizität, den elektrischen Funken, für
die Fernschrift zu benützen. Lesage in Genf hüllte 24 Drähte in
eine isolirende Substanz, verband je einen mit einem Elektrometer,
an dem ein Zeiger befestigt oder eine Markkugel aufgehängt war.
Jeder Zeiger bedeutete einen Buchstaben, und indem man daher am
Aufgabeort der Depesche dem betreffenden Drahte die Elektrizität
mittheilte, bewegte sich an der Empfangsstation der entsprechende
Zeiger. Ein solcher Telegraph verband Madrid und Aranjuez. Eine
einfache Elektrisirmaschine genügte als Quelle des elektrischen Flui=
dums. Die Vortheile, welche der konstante Strom der galvanischen
Elektrizität darbot, brachten jene Versuche zum Stillstand. Der erste,

der ihn benützte, und zwar schon 1811, war Sömmering in München. Die einzelnen Drähte des Lesage'schen Bündels endigten je in einem mit einem Buchstaben des Alphabets bezeichneten Wassergefäße, und ließen, sobald der Strom einen der Drähte durchlief, an der Zersetzung des Wassers erkennen, welchen Buchstaben der Empfänger in seiner Depesche zu setzen hatte. Die Entdeckung des Elektromagnetismus durch Oerstedt aber, 1819, gab den Geistern sofort die Richtung, auf welcher das eigenthümliche Problem des Telegraphen zu lösen war. Der Amerikaner Morse will seinen Telegraphen auf der Fahrt von Havre nach New-York 1832 erdacht haben, veröffentlichte aber seine Versuche erst 1837. Die ersten, welche denselben anwandten, und zwar schon 1833—34, waren Gauß und Weber in Göttingen, indem sie die Sternwarte mit dem 3000' entfernten physikalischen Kabinet über die Häuser hinweg durch Drähte in Verbindung setzten. Sofort stellte sich auch 1837 Steinheil in München eine Leitung von der K. Akademie nach der ³/₄ Meilen entfernten Sternwarte Bogenhausen her, und in demselben Jahre verpflanzte Cooke die Erfindung, die er in Heidelberg kennen gelernt hatte, nach England über, wo Wheatstone seit einigen Jahren mit einschlagenden Versuchen beschäftigt gewesen war, und betrieb mit diesem gemeinschaftlich nun die weitere Vervollkommnung und praktische Anwendung. Für die Eisenbahnen machten daher zuerst die Engländer den Telegraphen dienstbar, und zwar 1840 an der Blackwallbahn, während in Deutschland die Direktion der Rheinischen Eisenbahn bei Aachen 1843 die erste Leitung ausführte. 1844 verschaffte sich das neue Kommunikationsmittel Eingang in Amerika, 1845 in Frankreich, 1847 in Holland, 1849 in Belgien, 1851 in Rußland, 1852 in der Schweiz, 1855 in Norwegen, 1857 in Portugal ꝛc.

Diese großen Erfolge ermunterten die praktischen Engländer, einen Versuch zu machen, auch einen Telegraphen unter dem Meere fortzuleiten. Wheatstone gebührt jedenfalls das Verdienst, unterseeische Telegraphen in Anregung gebracht zu haben. Schon 1840 wollte er Dover mit Calais verbinden. Noch 1844 lachte man darüber. Der Mann, der Wheatstone's Gedanken aufnahm, aber von einem Hofe nach dem andern, von England 1845, von Frankreich 1847 abgewiesen wurde, weil sein Plan für unausführbar galt, war J. W. Brett; 1850 wandte er sich an Napoleon III., und man muß es ihm nachrühmen dem Manne, der so feine Fühlung mit der Zeit und ihren schlummernden Gedanken zu nehmen verstand, daß er ihn unterstützte. Am 28. August 1850 gingen die ersten Depeschen von Frankreich nach England. Haltbar war das Tau allerdings nicht; am 29. August wurde es todt, aber im September 1851 lag ein haltbares auf dem Meeresgrunde. 1853 legte Brett ein Tau von Dover nach Ostende, und schon 1854 ging er daran, wenn auch bei den ersten Versuchen ohne Erfolg, das mittelländische Meer zu durchschneiden. Das endliche Gelingen dieser und ähnlicher Unternehmungen ermuthigte zu immer weiteren Planen."

Die Engländer dachten nun darauf, ein Kabel (Drahtseil) auch auf der kürzesten Linie zwischen der Westküste Irlands und der Nordostküste Nordamerikas zu legen, um beide Welttheile zu verbinden. Die Idee gewann allgemach Boden und im Jahre 1857 wurde zum ersten Versuch geschritten. 2500 Meilen Kabel wurden auf den Kriegsschiffen „Agamemnon" und „Niagara" eingeschifft und eine ganze Operationsflottille setzte sich in Bewegung; aber schon nach einigen Meilen Fahrt verwickelte sich das ausgesponnene Kabel in die complicirte Maschinerie und das Kabel riß ab. Die Expedition kehrte zurück, ging aber bald darauf wieder in See. Bei diesem zweiten Versuch scheiterte das Unternehmen an dem Mangel an Erfahrungen, denn das plötzlich abfallende unterseeische Terrain vermehrte den Zug des ausgesponnenen Kabels. Der Abwicklungsapparat konnte diesem vermehrten Zug nicht nachgeben und das Kabel, welches diesmal schon einige hundert Meilen versenkt war, riß neuerdings ab. Erst im nächsten Jahre (1858) wurde der Versuch erneuert. Ein fürchterlicher Sturm, welcher das überlastete Schiff „Agamemnon" zu verschlingen drohte, zwang die Kabelflottille zur Rückkehr. Nach einigen Tagen lief das Kabelgeschwader neuerdings aus und diesmal mit glücklichem Erfolge, wenigstens für den Anfang, denn am 5. Aug. 1858 wurde die erste telegraphische Depesche über den Ocean gesendet. Die Königin correspondirte wirklich mit dem damaligen Präsidenten Buchanan auf telegraphischem Wege. Aber die Freude war von kurzer Dauer. Die Zeichen wurden immer undeutlicher. Die Leute in Trinity Bay sendeten zwar fort und fort telegraphische Zeichen über den Ocean, aber was sie sagen wollten, konnten die Ingenieure in Valentia nicht verstehen. Die Zeichen wurden immer schwächer und hörten zuletzt ganz auf. Es war klar, daß die Isolirung des Kabels unterbrochen, daß das Kabel so gut wie todt war. Durch sieben Jahre ruhte nun das Werk, wenigstens dem Anscheine nach. In der That aber wurden die Vorbereitungen zu einer neuen Expedition eifrig betrieben und alle Vorsichtsmaßregeln zur Sicherung des Erfolges getroffen.

„Man weiß nicht, was bewundernswürdiger ist, die Ausdauer der Ingenieure oder das Vertrauen der Kapitalisten oder endlich der Muth der Wissenschaften, denen es, nach dem vergeblichen Versuch vom Jahre 1857, das unterseeische Tau von Europa nach Amerika zu legen, nach dem ungeheuren Fall der Erwartungen, die durch das eintägige Arbeiten des Taus vom Jahre 1858 wach gerufen worden waren, nach dem furchtbaren Riß, mit dem am 2. August 1865 1186 englische Meilen Tau in der Meerestiefe von 11,400' versunken waren, doch noch gelang, am 27. Juli 1866 das Drahtseil an die Küste von Neufundland anzulegen. Wie durch höhere

Fügung waren zwei unentbehrliche Hülfsmittel dazu, die Guttapercha und das Riesenschiff Great Eastern, das zuvor ein höchst unnützes Daseyn auf der Welt gefristet hatte, dem großen Gedanken zur Verfügung gestellt worden. Auch das Tau von 1865 wurde am 2. September aus der Tiefe von 10,800' heraufgeholt, und arbeitet seither mit dem andern. Die Zeit, die der Strom braucht, den 454 deutsche Meilen langen Draht zu durchlaufen, beträgt $^{87}/_{100}$ Sekunden."

Das größte Schiff der Welt, der „Great Eastern," wurde zur Aufnahme des Kabels hergerichtet und gelangte 1866 glücklich zum Ziel, so daß von da an eine regelmäßige Telegraphenverbindung zwischen beiden Welttheilen gesichert ist. Dieses wichtige Ereigniß fällt in dieselbe Zeit, in welcher Deutschland durch die Siege der Preußen in Böhmen dem Ziele seiner Einheit entgegengeführt wurde.

Aus der Neigung der reichen Engländer, alles im kolossalen Maßstabe zu bauen, ging ein großes Unglück hervor. In der Nacht auf den 12. März 1864 brach der Damm eines ungeheuern Wasserreservoirs im Thale des Don, und die gewaltige Wassermasse ergoß sich über die Dörfer und einen Theil der Stadt Sheffield, zerstörte 798 Häuser und ersäufte 241 Menschen, die letztern durchgängig in ihren Betten und im Schlafe. Die englischen Blätter berichteten das Nähere. „Die, besonders durch ihre Stahlwaaren berühmte Fabrikstadt Sheffield liegt im Westriding (westlichen Bezirk) der nordenglischen Grafschaft York, an den Flüssen Don (Dun) und Sheave. Das große Reservoir der ‚Sheffield Water Company' (Broadford-Reservoir), welches die Stadt und Umgegend mit Trinkwasser versorgt, liegt in beträchtlicher Höhe über derselben bei dem Dorfe Matlock, 5—6 englische Meilen von Sheffield in dem von den Hügeln Loxlei und Stannington gebildeten Winkel, von welchem zwischen diesen Hügeln ein steil abfallendes Thal ausläuft. Das Reservoir bedeckt, beträchtlich länger als breit, einen Flächenraum von

70—80 Hufen (acres) und faßt, wenn es ganz gefüllt ist — was aber in den letzten Tagen nicht der Fall gewesen seyn soll — über 110 Millionen Kubikfuß Wasser. Die Eindeichung derselben gegen das Thal hin war ein kolossaler Bau, von 40 Fuß Dicke, einer durchschnittlichen Höhe von 85 Fuß und 300 Ellen lang. Der Behälter schien gegen jeden Unfall gesichert, war es aber leider nicht, und wirklich sollen schon seit einiger Zeit ominöse Gerüchte über dessen Zustand in Umlauf gewesen seyn. Indessen die das Werk beaufsichtigenden Ingenieurs hatten es am 11. März Abends, wie gewöhnlich, besichtigt und es, ohne etwas verdächtiges bemerkt zu haben, um 9 Uhr verlassen, da kam ihnen ein Feldarbeiter nachgerannt mit der Anzeige: er habe einen Bruch im Damm bemerkt. Sie kehrten um und fanden den Bruch unerheblich; bald aber stellten sich schlimmere Zeichen ein und man versuchte nun durch Sprengung ein Wehr zu öffnen, um dem Wasser einen unschädlichen Abfluß zu verschaffen. Es war zu spät: bald vor Mitternacht barst der Damm in einer Weite von 110 Ellen und in einer Höhe von 70 Fuß, und mit dem furchtbarsten Donnergetöse stürzte sich die ganze Wassermasse ins Thal, zunächst die meistens von Fabrikarbeitern bewohnten Dörfchen Hillsborough-Bridge und Malin-Bridge überfluthend, und ihre Häuschen mit den im Schlaf überraschten Bewohnern wegschwemmend. Aber nicht blos diese leichtgebauten Cottages stürzten vor dem Andrang der 16 bis 18′ tief daherwogenden Wassermasse, sondern auch massiv gebaute Brücken, Schmieden und Wirthschaftsgebäude. Von da wälzte sich der Strom, auf welchem Leichen und Trümmer aller Art trieben, in die Stadt und richtete auch hier entsetzlichen Schaden an, doch mehr an Eigenthum als unter der Bevölkerung, welche sich meistentheils retten konnte. Der Schrecken und die Größe des Unglücks wurden durch das Dunkel der Nacht begreiflicherweise noch bedeutend vermehrt. Wie die ganze von der Ueberschwemmung Sheffields aus gartenähnlicher Kultur in eine wüste Schlammfläche verwandelt ist, so hat das ganze Thal des Don, bis über Doncaster hinab, mitgelitten. Ganze Dörfer sind weggeschwemmt, und in Sheffield waren noch am Sonntag durch die angetriebenen Trümmer viele Straßen gesperrt, in denen Menschenleichen, todtes Vieh, Möbel und Gebälke durch einander lagen. Unter anderem wurde die schöne Kettenbrücke in der Stadt fortgerissen."

Auch in der Verbesserung der Schiffe und des schweren Geschützes machten die Engländer immer noch Fortschritte. Ihre Erfindung der Schraubendampfer datirt schon von 1853. Im Jahr 1862 wurde in London wieder eine große Weltindustrie-Ausstellung eröffnet. In der That war und blieb England die erste Weltmacht, sein Volk das reichste auf dem ganzen Planeten.

Von der Rohheit und dem engherzigen Nationalegoismus der Engländer gab das Jahr 1863 ein merkwürdiges Beispiel. Bei dem großen Wettrennen zu Epson gewann die französische Stute fille de l'air, Eigenthum des Grafen Lagrange, den ersten Preis, indem sie alle Wettrenner englischer Race überflog. Ueber diese Niederlage ihrer Pferde, auf die sie immer so stolz gewesen, ärgerten sich nun die englischen Zuschauer, daß sie mit Steinwürfen, Fäusten und Stöcken über das schöne französische Pferd und seinen Reiter herfielen und beide würden in Stücke gerissen haben, wenn sich nicht die policemen mit aller Macht dazwischen geworfen hätten. Kurz vorher hatte in Frankreich bei einem Wettrennen ein englisches Pferd den Sieg errungen und die französischen Zuschauer hatten ihm neidlos lauten Beifall geklatscht.

Der ungeheure Reichthum Englands hat zwar viele Quellen, geht aber doch hauptsächlich aus seiner Industrie hervor, aus der soliden Arbeit, welche alle englischen Fabrikate so berühmt und gesucht macht. Die Baumwollenindustrie hat aber wieder alle andern

Industrien überflügelt. Dem Werke von Watts über die Baumwollennoth zufolge hat sich die Zahl der Spindeln in England von 1850 bis 1865 fast verdoppelt, von 17 bis auf 30 Millionen. Baumwollenzeuge, von denen noch 1830 keine Million Yards producirt wurden, beliefen sich 1860 schon auf 4½ Millionen. Der Werth der Ausfuhr baumwollener Garne und Fabrikate aus England betrug 1838 erst 24½ Millionen, dagegen 1860 schon 53 Mill. Pfund Sterling. In diesem letzteren Jahre waren in England 775,534 Arbeiter in 6,378 Baumwollenmanufakturen beschäftigt. Während des nordamerikanischen Bürgerkrieges trat eine Stockung ein, weil viele Baumwolle aus Amerika wegblieb, doch hob sich diese Krisis wieder. Der Reichthum an Steinkohlen erleichtert England den Gebrauch zahlloser Dampfmaschinen. Nächst der Baumwolle sind seine Eisenwaaren und mittelst des Handels Kaffee, Zucker und Thee seine einträglichsten Artikel.

Aber der Reichthum befindet sich nur in den Händen theils der alten Landesaristokratie, welche den ganzen Boden Englands in Besitz hat, theils der großen Kaufleute und Fabrikanten und dehnt sich nur auf die Mittelclassen aus, nicht aber auf die Pächter der adeligen Felder und noch weniger auf die zahllosen Fabrikarbeiter. Die Noth der letzteren hat in dem Maaße zugenommen, in welchem ihre Zahl anwuchs, also in dem Maaße, in welchem die Industrie zunahm und die Arbeitgeber bereicherte. Die Habgier der Fabrikbesitzer suchte den Preis der Waaren zu erhöhen, den Lohn der Arbeiter aber herabzudrücken. Es kamen arge Dinge vor, die sich nur aus der Härte des englischen Charakters (wie die Behandlung der Sclaven durch die Anglo-Amerikaner) erklären lassen. Das Aergste war das s. g. Truksystem, welches den unglücklichen Arbeiter verpflichtete, wenn er überhaupt Arbeit erhalten wollte, als Lohn statt des baaren Geldes verlegene Waare in Empfang zu nehmen. Das mußten sich die Aermsten gefallen lassen, um wenigstens Etwas zu verdienen und nicht Hungers zu sterben. Daran schloß sich das s. g. Gangsystem, welches bei der Feldarbeit auf dem Lande ebenso angewendet wurde, wie in den Fabriken. In Careys „Wirthschaftspolitischen Rückblicken" (München 1868) wird das letztere System beschrieben, wie es noch jetzt in England auf dem Lande vorkommt. „Das ‚Gang'=System, wie es neulich im Parlament dargestellt wurde, besteht in kurzen Worten in Folgendem: In den ‚Fen'=Distrikten, die fast eine Million Morgen des reichsten Landes in England bedecken, in Huntingdonshire, Cambridgeshire, Nottinghamshire, Norfolk, Suffolk und in Theilen der Grafschaften Northampton, Bedford und Rutland werden gegen 7000 Kinder von 5 Jahren aufwärts, neben Personen beiderlei Geschlechts von 15—18 Jahren in ‚Gangs' verwendet, die je zwischen 15 und 20 Arbeiter unter einem Meister umfassen, und zwar in einem Zustande, der von Sclaverei einzig dadurch unterschieden ist, daß er unendlich schlechter noch als diese. Der ‚Gang'=Meister ist fast regelmäßig ein lüderlicher Mensch, der als Arbeiter keine ständige Beschäftigung bei irgend einem anständigen Pächter erhalten kann. In den meisten Fällen kauft er thatsächlich die Arbeit der Kinder von armen Eltern, verkauft diese Arbeit wieder an Pächter, zahlt dem ‚Gang' so viel ihm beliebt, und steckt den Nutzen in die Tasche. Sieben oder acht Monate im Jahr werden diese ‚Gangs' oft 7 oder 8 Meilen täglich zu Pächtereien getrieben, wo sie mit Pflanzensetzen, Ausjäten von Unkraut, Aufsammeln und Wegbringen von Steinen und dergleichen Arbeit von $1/_2$ 6 Uhr des Morgens bis 7 oder 8 Uhr des Abends beschäftigt sind. Der ‚Gang'=Meister wird pr. Tag oder pr. Morgen bezahlt und er seinerseits zahlt wieder den Kindern 4 bis 6 Pence täglich, während die ältern Burschen und Mädchen von 9 bis 15 Pence erhalten. Der Meister verschafft sich damit, daß er seine Mannschaft aufs Feld treibt, sie bei der Arbeit hält und zwar mit dem Strcke, einen Gewinnst, der auf ohngefähr 1 Pfd. Sterling wöchentlich geschätzt wird. Es ist Zeugniß dafür vorhanden, daß Hunderte von den jüngern Kindern auf den Armen der ältern Bursche jede Nacht nach Hause getragen werden. Bis an die Brust in nassem Getreide arbeitend, werden viele der Kinder für ihr ganzes Leben gelähmt durch rheumatische Leiden, während andere die Anlage zu Fieber, Rückenlähmung und Auszehrung sich holen. Es sind Fälle bekannt, wo kleine Mädchen von 4 Jahren diese langen schrecklichen Tage hindurch zur Arbeit angetrieben wurden. Die schwungvollsten Gemälde, die Wilberforce von dem Wesen der Sclaventreiber, wie es vor 40 Jahren in den Colonien herrschte, uns entwarf, lassen das britische Westindien, im Vergleich mit den heutigen ‚Fen'-Distrikten in England selbst doch noch als ein wahres Arkadien erscheinen. Diese Darstellung des ‚Gang'-Systems, so sehr wir uns an ihr entsetzen, bietet doch noch keineswegs die schrecklichste Phase des ‚Gang'-Systems. Die Gangs stehen unter keiner sittlichen Beschränkung irgend einer Art. Oft sind bei Nacht beide Geschlechter in Scheunen zusammengesteckt, wo unter den ältern Knaben und Mädchen die schamlosesten Dinge natürlicherweise vorkommen, und Geistliche und andere achtbare Gewährsmänner bezeugten der Untersuchungscommission, daß die ‚Gang'-Arbeiter ‚unter aller Moral' ständen. Sie haben keinen Begriff von Keuschheit und kennen die Bedeutung des Wortes gar nicht. Aerztliche Vorsteher von Krankenhäusern sagen aus, daß ‚Gang'-Mädchen, nicht älter als 13 Jahre, in schwangerem Zustande zu ihnen gebracht worden seyen. Ihre Sprache und ihr Betragen sind so verworfen, daß Dutzende von Gemeindegeistlichen, von Chirurgen und anständigen Arbeitsleuten der Commission erklärten, daß die Einführung von ‚Gang'-Arbeitern in ein Dorf jedesmal die Sittlichkeit untergrabe. Evening Post."

Solche Mißstände führten zu einer Reaktion der mißhandelten

Menschennatur gegen die Brutalität des Reichthums und gegen die parteiische Gesetzgebung, die dergleichen duldete. Zu derselben Zeit, noch während der Regierung Ludwig Philipps war auch in Frankreich der Arbeiterstand schwer gedrückt und machte sich hier in Revolten und communistischen Träumereien Luft. Das veranlaßte nun auch in England die bekannte große Bewegung des Chartismus.*) Das geschah im Jahr 1839, ging aber bei dem größeren Ordnungssinn der Engländer gelinder aus als in Frankreich. Regierung und Parlament verfügten auf dem Wege des Gesetzes einige Verbesserungen im Verhältniß der Arbeiter zu den Arbeitgebern. Ein kleines Gesetz folgte dem andern nach, immerwährend, aber immer kleinlich, zurückhaltend, karg. Man fing mit sehr kleinen Concessionen an und beschränkte sie auf eine gewisse einzelne Arbeiterclasse, ehe man auch eine zweite und dritte Classe bedachte. Man empfahl Sparkassen und Mäßigkeitsvereine, was an sich löblich war, jedoch zu sehr die Absicht verrieth, die Reformen sollten den Arbeitgebern nichts oder so wenig als möglich kosten. Am zähesten wichen Regierung und Parlament der Forderung aus, den Kindern der Fabrikbevölkerung Unterricht ertheilen zu lassen. Sogar in dem Werke von Ludlow und Lloyd Jones, welches in sehr conservativem Sinne die Arbeiterfrage erörtert, wird S. 46 der deutschen Uebersetzung von v. Holtzendorff zugegeben, daß ein gehässiger Einfluß vorhanden sey, welcher die niedern Classen nicht wolle aufkommen lassen. Daher konnten im Jahr 1845 in Manchester und Salford von 164,000 Kindern nur 55,000 eine Schule besuchen und in Birmingham von 34,495 Kindern nur 9226 (S. 107 des oben genannten Werkes).

Am 12. Mai 1865 richtete Lord Shaftesbury im Oberhause eine Bitte an die Krone, das traurige Loos der Kinder zu erleichtern,

---

*) Vergl. meine Geschichte der letzten 40 Jahre. Dritte Auflage. II. 15.

die vom fünften Lebensjahr an schon in den Fabriken und Bergwerken arbeiten müssen und nach dem Gangsysteme, getrennt von ihren Eltern den Mißhandlungen der rohen Aufseher ausgesetzt sehen. Aber er hat im Wesentlichsten nichts ausgerichtet. Wie man selbst die kleinsten, vier bis fünfjährigen Kinder in den Bergwerken benutzt, zeigt der Gebrauch, ein solches Kind den ganzen Tag über in ein feuchtes Seitenloch eines unterirdischen Schachtes einzusperren, wo es nichts anderes zu thun hat, als eine Thür zu öffnen und wieder zu schließen. Die Sterblichkeit unter den Kindern ist daher ungeheuer. Und sie sind glücklich, dem Elend des Lebens und der Corruption, die sie erwartet, frühe entrissen zu werden.

Im Jahr 1863 erfolgten in England 207 Erkenntnisse auf Mord, 203 auf Todtschlag, 1385 auf Selbstmord und wurde in 140 Fällen Hunger als Ursache des Todes erkannt. In demselben Jahr sammelte der Bischof von London 3 Millionen Pfd. Sterl. ein, um davon neue Kirchen in London zu bauen und neue Prediger anzustellen. Da die Sitze in der Kirche zum Besten des Geistlichen vermiethet werden und hohe Miethpreise bezahlen müssen, ist den Armen der Kirchenbesuch verwehrt. Bibeln und Traktätlein werden in ungeheurer Anzahl mittelst Dampf fabricirt und verbreitet, damit aber war dem fürchterlichen Elend der armen Volksclassen nicht abgeholfen.

Als Curiosum sey erwähnt, daß 1866 der letzte Sprößling des königlichen Hauses Plantagenet in England gestorben ist. Sein Name war Stephen Penny, früher Todtengräber am Kirchhofe zu St. Georges, Hannover Square, in London. Schon Sir Bernard Burke wies in seinem Buche „Vicissitudes of Families" nach, daß die Familie Penny vom ächten alten Blute der Plantagenets wäre, und in einem neuen Buche von Towle „the History of Henry V." werden Beweise dafür geliefert. Uebrigens war diese Thatsache in London längst bekannt, ebenso, daß ein anderer Zweig derselben alten Königsfamilie in Wales in einem Kesselmacher erlosch.

Irland litt noch immer unter dem alten Druck.*) Hier bildete sich nun eine geheime Gesellschaft E. M. A. oder Emmet Monument Association, Gesellschaft für das Emmet=Denkmal. Ein gewisser Robert Emmet, wegen Hochverraths zum Tode verurtheilt, hatte vor seinem Ende den Wunsch ausgesprochen, man möge ihm erst ein Denkmal setzen, wenn Irland vom Joche der Engländer befreit seyn würde. Unter dem Schein nun, ein Denkmal errichten zu wollen, trachtete eine geheime Gesellschaft dahin, Irland zu befreien. Ihr Stifter war O'Mahony, sie machte sich aber wenig bemerklich. Erst im Herbst 1865, nach Beendigung des großen Bürgerkrieges in Nordamerika, erhielt der geheime Bund der Iren eine weit größere Ausdehnung und einen neuen Namen. Millionen Irländer waren nach Nord=amerika ausgewandert und Tausende hatten dort im Bürgerkriege mitgefochten. Indem sie plötzlich nach wiederhergestelltem Frieden ab=gedankt wurden, wandelte sie die Lust an, statt in Amerika wieder gewöhnlicher Tagesarbeit obzuliegen, lieber nach Irland zurückzukehren und ihr altes, noch unvergessenes Vaterland von den Engländern zu befreien. Die tapfern irischen Regimenter, die bisher der Union ge=dient hatten, schienen allerdings geeignet, den Kern einer großen Volks=bewaffnung in Irland zu bilden. Aber der Plan mußte sehr geheim gehalten werden, die Soldaten konnten nur einzeln und geheim dafür gewonnen werden und auch nur einzeln und nach und nach aus Nordamerika herüber kommen. Ein geheimer Chef leitete das Ganze, den aber nur die ihm zunächst untergebenen Unterchefs in Irland, in

---

*) Am 21. Nov. 1860 ließ Plunkett, protestantischer Bischof zu Tuam in Irland, alle seine irischen Pächter, weil sie ihm nicht so viel Pacht geben konnten, als er verlangte, durch zwanzig berittene Constabler und hundert Soldaten mit Weibern und Kindern von Haus und Hof jagen.

der Union und in Canada kannten. Jeden von diesen kannte wieder nur einer der Verschwornen und auch jedes Mitglied kannte nur den, von dem es angeworben worden war. So bildete die Gesellschaft eine lange Kette, die von einem Gedanken gelenkt wurde, in der aber jedes Glied nur das nächste Glied kannte. Weil aber nach irischer Ueberlieferung Irland zuerst von den Phöniciern bevölkert und angebaut worden seyn soll, erhielten die Verschwornen den Namen Fenians. Von ihnen sollte Irland von Amerika aus aufs Neue bevölkert und verjüngt werden. Inzwischen kamen die Engländer der Verschwörung auf die Spur und nahmen während des Septembers in Irland zahlreiche Verhaftungen vor.

Der Haß der Irländer wurde gesteigert durch englische Insolenz. In Dublin hatte eine O'Connel-Feier stattgefunden. Da fiel es den Protestanten oder Oranienmännern in der benachbarten Fabrikstadt Belfast ein, jenes Dubliner Fest zu verhöhnen. Sie schleppten eine Spottfigur O'Connels unter lautem Lärmen durch die Straßen, um sie zuletzt zu verbrennen, begnügten sich aber nicht mit diesem plumpen Spaße, sondern fielen auch über die katholischen Irländer her, um sie zu morden und auf das greulichste zu mißhandeln, wobei 400 Häuser derselben gänzlich demolirt wurden. Die Protestanten suchten sich zu entschuldigen, sie hätten geglaubt, ein großes Heer katholischer Arbeiter werde mit der Eisenbahn kommen, um sie anzugreifen. Aber dieses vage Gerücht diente ihnen nur, sie in ihrer Brutalität noch zu steigern, denn nun stürzten sie sich auf den Bahnhof und mißhandelten ohne Unterschied der Person alle Reisende, die von Dublin kamen. Diese Greuel währten vom 15. August ab eine ganze Woche lang, ohne daß die Regierung wirksam einschritt.

Unterdeß leitete ein gewisser Stephens, ähnlich wie der ehemalige Stadtmeister in Warschau, die Fenier in Irland und bereitete eine Volkserhebung vor, während in Nordamerika ein großer Feniercongreß abgehalten wurde, der einen Angriff auf das englische Kanada zu machen drohte, am 20. October. Der Congreß nahm die Würde eines Parlaments an unter dem Vorsitz des John Mahoney. Die Fenier wurden aber durch die Regierung in Washington zurückgehalten und waren überhaupt nicht stark genug. In Irland selbst wurde Stephens schon im November entdeckt und verhaftet, entkam jedoch mit großer Schlauigkeit und Kühnheit. Im Frühjahr 1866 brach ein ganz kleiner Fenieraufstand wirklich aus und ein etwas größerer wieder im Frühjahr 1867, wieder ohne allen Erfolg. Man zählte überhaupt nur 800 bewaffnete Fenier, und 4000 Verdächtige wurden rechtzeitig von der Polizei ergriffen.

Die Fenier in Nordamerika wagten einen kleinen Einfall in Kanada, der jedoch mißlang. Von der Union erhielten sie keine Unterstützung. Auch beeilte sich England, nachdem die Südstaaten im großen Bürgerkriege unterlegen waren, den letztern „die Rechte von Kriegführenden" wieder zu entziehen, um die siegreiche Union zu versöhnen. Die letztere forderte Entschädigung für nordstaatliche Schiffe, die von südstaatlichen Capern unter englischer Flagge genommen worden waren, und insbesondere die Auslieferung des Caperschiffs Alabama, welches in einem englischen Hafen Schutz gefunden hatte. Doch wußte England die Entscheidung in die Länge zu ziehen. Sehr groß waren die Verluste englischer Capitalisten, die den Südstaaten Geld geliehen hatten, das sie nun nicht wieder bekamen, denn die Staatsschuld des Südens wurde vom Norden nicht anerkannt. — Um Kanada zufrieden zu stellen, daß es nicht etwa zur Union abfalle, überließ ihm der Mutterstaat durch das Colonialpatent vom 19. Januar 1865 die Autonomie eines Staatenbundes mit eignem Parlament.

Obgleich im Herbst 1865 die Emancipation der Neger in den Vereinigten Staaten von Nordamerika noch nicht vollständig gesichert war, wurden doch durch deren Hoffnungen die freien Neger auf der britischen Insel Jamaika elektrisirt. Die englische Regierung hatte hier die Negersclaven längst emancipirt und ihre weißen Herrn mit einer großen Summe dafür entschädigt. Aber die frei gewordenen Neger wollten nicht mehr arbeiten und versanken hier in dieselbe Apathie und Armuth, wie auf Hayti. Sie verstanden die Freiheit nur als ein Recht zum Müßiggang. Von einem edlen Aufschwung der Geister, von einem Trachten nach Bildung und Gesittung, ja nur nach Eigenthum und Wohlstand war hier so wenig die Rede, als irgend sonst wo unter emancipirten Schwarzen. Weil die Plantagen nur noch schlecht oder gar nicht mehr angebaut wurden, zogen sich die reichen Pflanzer zurück und es blieb nur ein schlechtes Gesindel von Weißen, aus denen natürlich auch schlechte Beamte hervorgingen. Man zählte auf Jamaika 360,000 Schwarze und nur 10,000 Weiße. Das englische Gouvernement unterhielt 2000 Mann Soldaten, worunter 500 Mulatten. Ein Neger war, wie es hieß mit Unrecht, verhaftet worden. Dies erregte die Wuth des schwarzen Volkes. Zu Kingston war am 16. October 1865 gerade eine Sitzung des Gerichtshofs, bei der sich die Mehrheit der achtbarsten weißen Einwohner versammelt hatten. Da fiel plötzlich der schwarze Pöbel über sie her, legte Feuer an das Gerichtsgebäude und mordete 15 von den herausfliehenden Weißen, einige unter grausamen Martern. Allein dieser Exceß blieb vereinzelt. Das Gouvernement schritt rasch ein und seine kleine Truppenzahl reichte hin, den Aufruhr zu dämpfen und seine Weiterverbreitung zu verhindern. Die Soldateska verfuhr dabei ungeheuer brutal, peitschte die Neger zu Tausenden und es sollen 2000 Schwarze hingerichtet worden seyn. Darunter der Rädelsführer Paul Bogle und ein baptistischer Geistlicher, der angeblich die Neger aufgehetzt hatte. Man wollte auch Neger aus Hayti darunter gefunden haben. Indeß schien die Verdächtigung der armen Neger und namentlich des rechtschaffenen Gordon unwahr. Wäre der Aufstand vorbereitet gewesen, so würden die Neger bei ihrer ungeheuren Mehrheit sich von den wenigen Regierungstruppen nicht wehrlos haben abschlachten lassen. Empörend war die Härte des Gouvernements. Daher sich sogleich viele Stimmen in England gegen den Gouverneur Eyre erhoben und die Regierung sich veranlaßt sah, eine Commission zur Untersuchung nach Jamaika zu schicken.

Die Wahrheit dürfte in der Mitte liegen. Es ist doch nicht unwahrscheinlich, daß durch Agenten unter den Schwarzen wenigstens Hoffnungen genährt worden sind, was nach erfolgter Emancipation der Sclaven in den Vereinigten Staaten nur natürlich erscheinen kann. Und es ist eben so wahrscheinlich, daß die große Furcht davor die Weißen zu extremen Voraussetzungen und Maaßregeln getrieben hat.

Eyre wurde nach England zurückberufen und vor Gericht gestellt. Ein Theil der Presse war gegen ihn, der andere für ihn. Seine Partei machte ihm große Ovationen. Das Ende war seine Freisprechung.

In Südafrika wurde der holländische Orange-Freistaat von seinen schwarzen Nachbarn überfallen und von der gleichfalls holländischen Republik Transvaal unterstützt, nicht aber von den Engländern am Cap, die sich vielmehr nur darüber freuten, daß die holländischen Boers, die sich von der englischen Colonialtyrannei losgerissen hatten, in Noth kamen, 1865.

Im October 1865 langten in Europa Nachrichten aus Nordamerika an, wonach Kapitän Hall, ein nordamerikanischer Wallfischjäger, mit seinem Schiff im höchsten Norden Amerikas im vorigen Jahre (1864) von freundschaftlich gesinnten Eskimos erfahren habe, von den Gefährten des in der Eiszone umgekommenen Sir John Franklin seyen im Jahre 1854 noch drei am Leben gewesen, nämlich sein Nachfolger im Commando Kapitän Crocier und zwei von der Mannschaft.

Crocier sey furchtbar abgemagert gewesen, weil er nicht gleich den anderen die Leichen seiner verschmachteten Unglücksgefährten habe verzehren wollen. Doch sey er durch die Eskimos gerettet worden und lebe vielleicht noch. Der Ort, wo sie ihn fanden, war die Pelly=Bucht. Er war noch reichlich mit Flinten und Pulver versehen.

Sechstes Buch.

Indien, China und Japan.

Nachdem England die Revolution in Ostindien im Jahr 1857 glücklich unterdrückt hatte, litt das große Land noch eine Zeit lang an den Nachwehen, England aber blieb im Vollbesitz desselben. Man bemerkte, daß nach dem Aufhören der ostindischen Compagnie die unmittelbar von der Regierung in London aus eingesetzte Verwaltung im Geiste der Compagnie fortfuhr, die Handelsinteressen Englands gierig und rücksichtslos zu verfolgen, den reichsten Gewinn in China suchte und fand, aber darüber seine Nordgrenzen vielleicht zu wenig beachtete, sofern die Russen von Norden her in die turkomannische Steppe eindrangen und überwiegenden Einfluß in Persien erlangten.

Eine gute Charakteristik der Engländer enthielt das Hallesche Volksblatt. Hier wird gesagt, „daß sie zum Besten ihrer civilisatorisch genannten Fabrik- und Handelsinteressen und oft sogar auf dem Wege der christlichen Mission einen wahren Strom der Entnationalisirung, der Zerstörung aller angestammten Sitte bis in den tiefsten Winkel der Häuslichkeit und der häuslichen Arbeit hinein und einen Kosmopolitismus von ertödtender Langweiligkeit und Häßlichkeit über alle Völker des Erdenrundes verbreiten. Es würde ein umfangreiches staatswissenschaftliches Werk nöthig seyn, um die hier in aller Kürze angedeuteten zerfressenden Einflüsse Englands, vielleicht unter einer Parallele mit denen der andern West= und Culturmacht Frankreich, vollständig darzulegen, und zugleich gegen den Vorwurf der Paradoxie oder des allzu harten Urtheils sich zu schützen. Will man aber das Wesen der heutigen Engländer mit kurzen scharfen Zügen schildern, so muß gesagt werden, daß sie mit eben so viel Civilisationsfanatismus, wie kühler, selbstsüchtiger Berechnung Christenthum und Opium importirten, Bibeln und Branntwein, Tractate und Revolvers, compendiösen Comfort aller Art und fertige Baumwollenhemden, auch wo es angeht constitutionelle Könige; und wenn die Hausgeräthe eines bisher für wild gehaltenen Volkes die Fabrikstempel von Sheffield oder Birmingham tragen, so gilt es ihnen für „civilisirt."

Wir werfen zuerst den Blick auf Ostindien. In Bezug auf die große Revolution des Jahres 1857 muß noch nachgeholt werden, daß sie mit dem ihr unmittelbar voran gegangenen Krimkrieg in Beziehung stand. Rußland regte die Perser auf, die Engländer in Ostindien zu bedrohen. Es galt wieder der Grenzstadt Herat, deren sich hier die Perser, dort die Afghanen unter Dost Muhamed, der diesmal zu England hielt, zu bemächtigen suchten. Dost gewann die Stadt, verlor sie aber wieder an die Perser, am 29. August 1856. Obgleich nun um diese Zeit der Krimkrieg bereits zu Ende war, so setzte doch Persien, heimlich von Rußland aufgereizt, seine Feindseligkeit gegen England fort. Der englische Gesandte wurde vom persischen Schah Nasuredbin ausgewiesen. Nun entwickelten aber die Engländer in Ostindien eine große Energie, ein englisches Heer unter General

Outram drang vom persischen Golf aus vor und schlug die Perser in einer großen Schlacht bei Khuschab. Nun vermittelte Frankreich und am 4. März 1857 schloß Persien Frieden und verzichtete auf Herat.

Der Krimkrieg stand auch mit einer revolutionären Bewegung im indo-britischen Reiche selbst in einem kaum zu verkennenden Zusammenhange, wenn man jene Bewegung auch vorzugsweise aus dem Fanatismus der Muhamedaner in Indien hergeleitet hat. Das innere Asien war überhaupt damals sehr aufgeregt, theils durch den Krimkrieg, theils durch den chinesischen Krieg, hier durch russische Agenten, dort durch kühne Asiaten, die im Zwiespalt der europäischen Mächte, hauptsächlich Rußlands und Englands, eine Möglichkeit ersahen, sich von der englischen Colonialtyrannei loszureißen. Ohne Zweifel hätte die große indische Revolution schon einige Jahre früher ausbrechen und die Macht Englands schwächen und im Krimkriege lahm legen sollen. In Asien geht aber alles langsamer von statten als in Europa, und der Krimkrieg war schon zu Ende, als an der allzu langsam entzündeten Lunte die Mine am Ganges erst explodirte.

Man hat allgemein angenommen, der Ingrimm der indischen Muhamedaner, der die Revolution zunächst veranlaßte, sey in Mecca erweckt worden, wohin jene Muhamedaner jährlich in großer Zahl zu pilgern pflegten; hier wurzelte alter Haß gegen die Engländer, welche den persischen Golf und das rothe Meer beherrschten, die Seeräuberei der Araber unterdrückt hatten. Hier wirkten auch russische und französische Agenten den Engländern entgegen, die Russen, die den Einfluß der Engländer in Asien systematisch durch den ihrigen zu verdrängen trachteten, und die Franzosen hauptsächlich aus Eifersucht auf den Einfluß, den die Engländer in Egypten zu erringen suchten, um sich die Verbindung mit ihrem indo-britischen Reiche durch Egypten und das rothe Meer offen zu halten. Es ist wenigstens wahrscheinlich, daß die zur Empörung geneigten Inder auf den großen Pilgerfahrten nach Mecca über die Eifersucht der europäischen Großmächte näher orientirt wurden und darnach geheime Instructionen erhielten. Die Revolution in Indien sollte zunächst den Persern Luft machen.

Am 4. October 1864 wurde die Hauptstadt Calcutta und Umgegend von einer furchtbaren Sturmfluth überfallen. Das Meer trat ins Land hinein und bedeckte es 20 Fuß hoch, plötzlich in der Nacht, so daß sich niemand vorsehen konnte. Im Hafen wurden 120 Schiffe zertrümmert und 20,000 Menschen kamen um. Die Hütten der Vorstädte wurden weggeschwemmt, in der Stadt selbst blieb fast kein Haus unbeschädigt. Diese Sturmfluth richtete auch an andern weit entfernten Orten Verheerungen an, in Rio de Janeiro, Florenz und sogar in der Ostsee. Das Meer war in ungewöhnlicher Aufregung.

Im Jahr 1864 hielt die englische Regierung für nöthig, an der Nordwestgränze ihres indischen Reichs einen Feldzug gegen den Staat Bhutan zu unternehmen, um dem Beherrscher desselben einen wichtigen Gebirgspaß zu entreißen, der ursprünglich zum Königreich Assam gehört hatte, aber nicht mit den andern Theilen dieses Reichs ausgeliefert worden war, als England Assam sich annectirte. Ein englischer Gesandter, der den Paß reclamirte, war in Bhutan verhöhnt und am halben Kopf und Bart geschoren worden. Sir John Lawrence erklärte nun den Krieg an Bhutan. Dieser berühmte General war im November 1863 dem Lord Elgin in der Verwaltung des indobritischen Reichs gefolgt. Man hörte, derselbe habe im Frühjahr 1865 viele Verhaftungen in der Armee müssen vornehmen lassen, weil schon wieder ein einheimischer Offizier bei der Parade in Serur den englischen Major Westropp mit dem Degen angefallen habe. Ueberhaupt war seit der Revolution die Ergebenheit und Zuverlässigkeit der Sepois noch nicht vollkommen wieder hergestellt und es wurde über Mangel an landeskundigen Offizieren geklagt, die den Sepois

Indien, China und Japan.

einen bessern Geist hätten beibringen können. Um das Land im Zaum zu halten, zählte das Heer in Ostindien 70,000 europäische Soldaten. Da blieben nicht genug Offiziere übrig, um die 115,000 Sepois persönlich zu haranguiren. Weitere Eingeborene waren 150,000 Gensdarmen oder Polizeisoldaten.

Der Krieg gegen Bhutan nahm den gewöhnlichen Verlauf der indischen Kriege. Die Bhutaner leisteten zwar in den unwegsamen Gebirgen hartnäckigen Widerstand, mußten aber zuletzt doch der europäischen Taktik weichen, da sie von außen keine Hülfe erhielten. Die Engländer nahmen im Dezember 1864 die Festung Damliket. Im folgenden Januar aber wurde das einheimische Regiment unter Oberst Campbell bei Dewagauri von vielen tausend heulenden Barbaren umringt, floh davon und plünderte noch das eigene Gepäck auf der Flucht. Eine wenn auch nur kleine, doch schimpfliche Niederlage, da sie den schlechten Geist der Sepois beurkundete. Als die Regenzeit vorüber war, erhielten die Engländer Verstärkung, rückten wieder vor und drohten dem Dongfu Penlon, Usurpator von Bhutan, seine Hauptstadt Punaka der Erde gleich zu machen. Da gab er nach und trat im Frieden zu Buxa am 11. November 1865 die strittigen Bezirke (Duars) zwischen Assam und Bhutan an die englische Regierung ab, die ihm dafür einen jährlichen Tribut zusicherte. Man tadelte diesen Frieden, aber Lawrence hatte gute Gründe, die Mäßigung und Friedensliebe immer neuen Gewaltthaten vorzuziehen.

Wir werfen hier einen Blick auf die englische Armee-Organisation. Nur die Energie des englischen Volksstammes überhaupt macht es erklärlich, wie trotz dieser nicht preiswürdigen Organisation es doch möglich war, daß England der großen indischen Revolution im Jahr 1857 Meister wurde. Wir folgen Dwyers „militärischen Federzeichnungen" vom Jahr 1868. Die Offiziersstellen werden in England verkauft. „Es besteht, wie bekannt, ein reglementarischer Preis für jede Charge, z. B. Ensign (b. h. Unterlieutenant der Infanterie) 450 Pfund, Lieutenant (dem deutschen Oberlieutenant äquivalent) 700 Pfund, Captain d. h. Hauptmann 1800 Pfund u. s. w. Wenn nun ein Unterlieutenant in seinem Rang der älteste wird und ein Hauptmann austreten will, so sollte gesetzlich folgendermaßen verfahren werden: Der älteste Oberlieutenant wird aufgefordert, sich zu erklären, ob er die 1100 Pfund Differenz zwischen dem Preise seiner Charge und jener des Hauptmanns zahlen will oder nicht. Um zur Beförderung befähigt zu seyn, muß er 2 Jahre gedient haben. Es kommt nun häufig vor, daß dieser Offizier, wenn er auch bemittelt ist und die nöthigen Summen zur Disposition hat, dennoch nicht kaufen will, weil er auf einen Sterbefall zu warten gedenkt, denn solche werden ohne Kauf ersetzt; oder der Betreffende kann nicht zahlen. In beiden Fällen geht nun die Wahl auf den zweitältesten über, u. s. f., auf den dritten, vierten, bis einer oder der andere sich zu kaufen entschließt. Auf gleiche Weise wird mit dem ältesten Unterlieutenant (Ensign) verfahren, der aber nur die Differenz zwischen 450 Pfund und 700 Pfund, d. h. 250 Pfund zu zahlen hat. Hiermit sind nun 1350 Pfund von dem reglementsmäßigen Preise der Hauptmannscharge für den austretenden Hauptmann zusammengebracht; die noch fehlenden 450 Pfund werden von dem neu eintretenden Unterlieutenant erlegt, und hiermit ist das Geschäft beendigt. Sobald es sich aber um die Besetzung einer höhern Charge handelt, z. B. eines Oberstlieutenants, wird die Sache complicirter. Wie in allen anderen Armeen, so ist auch in der englischen die Majors- oder erste Stabsoffiziersecke am schwierigsten zu umschiffen, deshalb fängt hier schon ein System der Versteigerung an. Der Oberstlieutenant und Regimentscommandant geht nicht gern ab, ohne eine bedeutende Summe über den reglementarischen Preis seiner Charge zu erhalten; somit müssen geheime oder wenigstens vertrauliche Verhandlungen unter den andern Offizieren stattfinden, um zu ermitteln, wer in die Charge avanciren soll, und weil die Aufzahlung eines höhern Betrags als des reglementaren eigentlich ungesetzlich ist, so bietet dieses Verfahren manche Schwierigkeiten; dennoch werden solche Geschäfte häufig gemacht, und die Behörde drückt ein Auge zu, weil das Avancement dadurch beschleunigt wird."

„Trotz — oder vielleicht auch wegen — des Kaufsystems ist das Avancement in dieser Armee sehr langsam, war es auch von jeher. Um diesem Uebelstande zu begegnen, hat man mittelst Brevet du Roi (denn daher kommt augenscheinlich dieser Ausdruck) Offizieren einen höhern Rang geben können, ohne Rücksicht auf ihre Charge, selbst wenn sie auf halbem Solde standen und keine Charge bekleideten. Von Zeit zu Zeit bei besondern Gelegenheiten, wie z. B. Krönungen, Geburten von Thronerben u. dgl., hat man sämmtliche Generale bis zu einem gewissen Rangalter und die verschiedenen Stabsoffiziere und Hauptleute in jedem Grade ebenfalls nach einem gewissen Rangalter um eine Rangstufe höher gestellt, ohne ihre sonstige Lage zu verändern. So könnte z. B. ein Hauptmann auf Halbsold zu Hause vegetiren und nach und nach Major, Oberstlieutenant, Oberst und General werden. Auch die activen Offiziere rücken im Rang auf dieselbe Weise vor, und wenn ein Regiments-Oberstlieutenant, der auf diese Weise Oberstenrang bekommen hatte, hoch oben stand und daher mit der Brevetbeförderung zum Generalmajor bedroht war, so sputete er sich, seine Charge gänzlich oder halb zu verkaufen, weil ein General nicht verkaufen kann. Vor einigen Jahren hat man dieses absurde System dahin abgeändert, daß niemand General werden konnte, ohne zwei Jahre hindurch eine Majors- oder Oberstlieutenantscharge wirklich bekleidet zu haben; dann gab man jedem General, der nicht Oberst eines Regiments war, einen fixen Gehalt von 450—600 Pfund jährlich. Mit dieser Oberststelle hatte es aber folgende Bewandtniß. In

frühern Zeiten bestand in England wie fast überall das Regiments=
inhabersystem. Diese Inhaber verkauften die Chargen ihrer Regimenter
und bekamen eine Pauschalsumme, um die Mannschaft zu bekleiden.
Als nun der Staat sich für den halben Sold der Offiziere verant=
wortlich machte, übernahm er auch von den Inhabern das Recht, die
Offiziere zu ernennen, resp. den Chargenverkauf zu handhaben, und
es blieb dem Oberstinhaber nur das Recht, sein Regiment zu be=
kleiden. Dieses that er natürlich nicht selbst, sondern durch die Ver=
mittelung eines sogenannten Armeebekleiders, d. h. eines Lieferanten,
und das Pauschale war so bemessen, daß für ein Infanterieregiment
ungefähr 1000 Pfund jährlich als Ueberschuß blieben. Bei der Ca=
vallerie war die Summe für den Inhaber etwas höher, etwa 1300 Pfund.
Dieser Scandal ist aber jetzt endlich beseitigt worden; man zahlt dem
Inhaber direct 1000 Pfund jährlich und läßt die Bekleidung durch
eigene Anstalten fabriciren."

„Der ganze Stab ist somit eigentlich eine große Belohnungs= und
Versorgungsanstalt; will man einen weitern Beweis hierfür, so findet
man ihn in der Vorschrift, daß eine Stabsanstellung nur für eine
gewisse Zeit — nämlich 3 Jahre — von einem Individuum besetzt
werden kann. Ist diese sogenannte Dienstperiode abgelaufen, so muß
sich der betreffende Offizier auf seinen halben Sold zurückziehen, und
ein anderer erhält das Amt u. s. w. Diese Vorschrift wird zwar
manchmal im Interesse des Dienstes oder vielleicht auch nur aus
individuellen Rücksichten dadurch umgangen, daß ein Offizier, der
heute seine Periode in der Adjutantur vollendet, morgen auf halben
Sold gesetzt wird und dann nach einigen Wochen irgendwo anders
eine General=Quartiermeistersstelle bekommt. Aber weil eine Masse
Aspiranten immer das Obercommando und das Kriegsamt belagern,
und diese zwei Behörden sich auch noch dazu über jede einzelne Stelle
verständigen müssen, so geht das eben nicht so leicht, wenigstens nicht

ohne manche Reclamationen in den Zeitungen, besonders den Militär=
wochenblättern, oder gar Interpellationen im Parlament. In der
Sandhurster Militärakademie besteht eine höhere Schule mit einem
Cursus für angehende Generalstabsoffiziere (es sind gegenwärtig 33
Hauptleute und Lieutenants), die eine Eintritts= und eine Austritts=
prüfung zu bestehen haben. Es sollen in der Folge nur die hier
erzogenen Offiziere Generalstabsanstellungen erhalten, auch will das
Obercommando dieses durchsetzen, aber so lange das Kaufsystem fort=
besteht, wird es sehr schwer seyn, irgend etwas Vernünftiges in dieser
Richtung zu erzielen. Alles in Allem genommen, ist das System,
nach welchem die englischen Offiziere ursprünglich ernannt und be=
fördert werden, viel zu künstlich und complicirt, das Geld und die
Protection zusammen spielen die Hauptrolle, und wenn hier und da
ein unbemittelter Offizier sich ohne Freunde emporarbeitet, wie z. B.
der verstorbene Lord Clyde, so ist das ganz zufällig."

Nur „die Artillerie= und Ingenieurcorps haben wissenschaftliche
Corps=Institute beim Hauptquartier in Woolwich und geben von Zeit
zu Zeit Hefte von Aufsätzen wissenschaftlichen Inhalts heraus, die
manchmal sehr interessant sind. Es besteht auch in London ein s. g.
United Service Institut, welches ein schönes Museum besitzt, sowie
eine Bibliothek und einen Hörsaal, in welchem Vorlesungen über
militärische Gegenstände gehalten werden."

Bei alledem ist die englische Armee respectabel, äußerst tapfer
und zähe. Das liegt in der Race. Der Pedantismus erklärt sich
nur aus der Aristokratie des Reichthums und seiner Tyrannei. Auch
ist die Begünstigung und der Stellenverkauf einer=, das verwickelte
Anstellungs= und Avancementsystem andrerseits und endlich die Drillerei
und die studirte Verachtung des Soldatenstandes als solches ein Regie=
rungsmittel, wie es schon Phöniker und Karthager, Venetianer und
Holländer, kurz alle Geldaristokratien und reichen Handelsstaaten an=

gewendet haben, damit nie der Soldatengeist Herr werde über den Kaufmannsgeist und nie ein glücklicher General die Adelskette sprenge.

Im Krimkrieg ließ auch die englische Armeeverwaltung viel zu wünschen übrig. Wir haben es in der Geschichte dieses Kriegs (Geschichte der letzten 40 Jahre, 3. Auflage, II, 464) dargelegt.

Nachdem nun durch die außerordentliche Energie der Engländer der gefährliche Aufstand überwältigt war, dauerten zwar die Empörungen noch eine Weile fort, aber nur in kleinem Maßstab und erfolglos. Im Jahr 1860 wurde in der Provinz Bombay die verhaßte Einkommensteuer verweigert und erlitten die Engländer unter Campbell durch das tapfere Gebirgsvolk von Sikkim in der Nähe von Nepal eine Schlappe. In demselben Jahre empörten sich auch einige europäische Regimenter in Bombay und Dinapore gegen die verhaßte European forces bill, welche die europäischen Truppen mit denen der vormaligen indischen Compagnie verschmolz. Im Jahr 1861 dehnte sich die in Persien herrschende Hungersnoth auch über Indien aus. Im folgenden Jahr wurde Rao Sahib, der sich beim Morde der englischen Weiber und Kinder in Khanpur betheiligt hatte, aus seinem Versteck in Kaschmir durch Verrath hervorgezogen, nach Khanpur geschleppt und hier am 21. August gehenkt. Gleich dem berühmten Nana Sahib war er ein Adoptivsohn des alten pensionirten Mahrattenfürsten Peschwa. Nana selbst blieb sicher in Nepal verborgen, in den hohen Gebirgen, die an Tibet grenzen.

Man hat die Frage aufgeworfen, ob England nicht besser thäte, wenn es seine ostindischen Unterthanen zum Christenthum bekehrte. Ohne Zweifel ist das seine Mission. Gelänge es, so würde es sich schwere Sorgen um die Colonien ersparen und auch wirksamer dem Plan Rußlands, ganz Asien zu erobern, entgegenarbeiten. Allein es war von Anfang an und ist seine Politik geblieben, die Muhame=

baner und Heiden in Ostindien gewähren zu lassen, um eine Religionspartei durch die andere im Schach zu halten.

Wenn man nicht schon längst wüßte, wie es die englischen Machthaber in Ostindien treiben, würde man sich in der That wundern müssen, warum ihre schon so lange dauernde Herrschaft der christlichen Bekehrung nicht förderlicher gewesen ist. Nur Schande halber, um die Frommen im Mutterlande Englands nicht vor den Kopf zu stoßen, duldet das englische Gouvernement die Missionäre in Ostindien, läßt sie aber dort nicht gedeihen. In den „Erinnerungen eines ostindischen Missionärs," die 1865 in Halle erschienen, lesen wir, wie viele Engländer sich bei den heidnischen Festen betheiligen und wie einer sogar öffentlich zu Ehren der Götzen mitgetanzt habe. Vor noch nicht langer Zeit theilten die Zeitungen mit, ein reicher Engländer in Calcutta habe auf dem Grabe seiner Maitresse, eines schönen Hindumädchens, einen heidnischen Tempel erbauen lassen, und als zwei Missionäre das öffentlich zu tadeln gewagt hätten, seyen sie zu 300 Pfund Sterling Strafe verurtheilt worden. Es ist viel vortheilhafter für die englische Regierung, die ohnehin unter sich in feindliche Sekten gespaltenen Eingeborenen Ostindiens bei ihrem alten Aberglauben zu lassen, als sie zum Christenthum zu bekehren. Getrennte Religionsparteien und Kasten lassen sich leichter beherrschen. Ein ernster Bekehrungsversuch würde die Parteien erst einigen und einen gefährlichen Widerstand hervorrufen. An der Verbreitung des Christenthums liegt der englischen Politik gar nichts, alles aber am Verschluß des Opiums, der Baumwolle ꝛc. und an der systematischen Ausplünderung des reichen Landes Ostindien.

Da die Regierung nun lediglich nichts thut, um die Bekehrung im Großen zu fördern, können die einzelnen Missionen nichts ausrichten. Schon Millionen sind von den Missionsgesellschaften für Ostindien verausgabt worden, und doch haben sich immer noch nur ganz wenige Heiden bekehren lassen. Raffen die Missionäre auch Findlinge und verwahrloste Kinder auf und locken andere durch unentgeltlichen Unterricht in ihre Schulen, so treten dieselben doch fast durchgängig wieder in die überwältigende Masse der Heiden zurück. Denn wer nicht eine solche Anstellung erhalten kann, die ihn vor jedem Mangel und vor dem Unwillen des heidnischen Volkes schützt, kann aus seiner Kaste nicht austreten, von allen seinen früheren Verbindungen sich nicht gänzlich losreißen. Das ist der Hauptpunkt und deshalb hat auch die Leipziger Missionsgesellschaft, um die Bekehrung zu erleichtern, ihren Missionären in Ostindien erlaubt, den von ihnen bekehrten Indern das Verbleiben in ihrer bisherigen Kaste zuzugestehen. Das hat dahin geführt, daß der Neubekehrte im alten Verbande mit den Heiden seiner Kaste bleibt, aber bei keinem sitzen, mit keinem beten und das Abendmahl genießen will, der nicht zu seiner Kaste gehört. Dieses Kastenwesen der Hindu ist aber der Bekehrung noch kaum so hinderlich, als der tiefe und unbezwingliche Haß der Muhamedaner. Sodann sind die Inder nicht so ganz ohne gesundes Urtheil, daß sie die schwache Seite der Mission nicht hätten erkennen sollen. „Ein Hindu auf unserer Station, der innerlich von der Wahrheit des Christenthums überzeugt war und Lust hatte Christ zu werden, zögerte deshalb mit dem Uebertritt zum Christenthum, weil er gefunden hatte, daß unter den Christen (die Hindu machen anfänglich keinen Unterschied zwischen wahren und falschen Christen, zwischen Gläubigen und Ungläubigen) wenig Liebe zu finden sey. Wenn er Christ würde, meinte er, würden ihn die Heiden hinausstoßen, und die Christen würden sich seiner vielleicht auch nicht annehmen, dann sey er ganz verlassen." Ungefähr dasselbe warfen die Taiping den Engländern in China vor. Ihr wollt Christen seyn, sagten sie, und lebt doch nicht nach Christi Geboten, sondern seyd lieblos und bös=

artig. Deswegen werden die armen Taiping auch aufs schnödeste in den englischen Berichten verleumdet.

Endlich sind auch die vielen verschiedenen, zum Theil einander hassenden Confessionen, welche feindselig concurrirende Missionäre nach Ostindien senden, nicht geeignet, dem Eingebornen eine herzerhebende Vorstellung vom Reiche Christi auf Erden zu machen. Alle nennen sich Christen und alle schimpfen zugleich aufeinander. Das ist eben nicht christlich. Die Apostel haben es nicht so gemacht und wenn sie es so gemacht hätten, würde die Welt nicht bekehrt worden seyn. Ferner ist noch zu bemerken, daß die Missionäre auf englische Art leben, also in der kalten Zeit wenigstens 8—9, in der heißen Zeit wenigstens 10—11 Diener um sich haben müssen, was auch nicht apostolisch ist.

Wir kehren zu den äußeren Verhältnissen des britischen Reichs in Indien zurück. Der Norden desselben, Afghanistan, war durch Bürgerkrieg zerrüttet, was Rußland ermuntern zu müssen schien, seine Eroberungen bis zur Grenze Afghanistans vorzuschieben. Der bisherige Beherrscher dieses Landes, Dost Muhamed, erreichte 1862 ein Alter von 80 Jahren, aber seine Söhne und Enkel lebten in Haber. Da glaubte sein Neffe und Eidam Achmed in Herat, die Gelegenheit sey günstig, sich selbst ein Stück von Afghanistan wegzureißen. Auch nahm er Ferrah ein, welches ihm jedoch der alte Dost wieder entriß. In dem heftigen Kampf, der unter Dosts Söhnen ausbrach, siegte 1864 Ali Chan über die beiden andern Ausum=Chan und Afsul=Chan.

In Hinterindien fuhren Engländer und Franzosen fort, wetteifernd ihren Einfluß zu üben. Ziemlich viel Aufsehen erregte 1861 eine Gesandtschaft des Königs von Siam, die nach Paris und London kam, um Frieden und Handelsverkehr zu fördern und Europa ein wenig zu sondiren. In halb chinesischer, halb indischer Tracht warfen sich die Gesandten vor den europäischen Majestäten auf ihr Angesicht nieder und rutschten auf den Knieen zum Throne heran.

In Cochinchina behaupteten sich die Franzosen an der Küste und trachteten, hier eine blühende Station zu gründen. Im Jahr 1861 erfochten die Franzosen und Spanier vereinigt wieder einen kleinen Vortheil, aber der Landesherr Tuduk verfolgte die Christen wieder aufs neue und ließ 21 katholische Priester hinrichten. Inzwischen brach im Lande selbst eine Empörung zu Gunsten der frühern Herrscherfamilie Lee in Tunking aus und dem aus China zurückgekehrten Grafen Montauban gelang es, 1862 dem Tuduk einen Friedensvertrag abzuzwingen, worauf sich auch eine anamitische Gesandtschaft nach Paris begab.*) Man war in England unzufrieden damit, daß die Franzosen sich im Combotschathale festsetzen und hier eine wichtige Station für ihre Seemacht gründen zu wollen schienen, und wirklich erfuhr man im Jahr 1867, daß sich die Franzosen unter ihrem Admirale de la Granbière am 25. Juni dieses Jahres in den Besitz von drei Provinzen Nieder-Cochinchinas gesetzt hätten.

In China hatten die Engländer sich die Handelsvortheile, namentlich den freien Opiumhandel, mittelst dessen sie das chinesische Volk physisch und moralisch vergifteten, im blutigen Kriege erkämpft. Ihr Uebermuth wurde aber einigermaßen wieder gedämpft, indem ihr Gesandter Bruce, den der französische Gesandte Bourboulon begleitete, vor Peking auf dem Flusse Peiho, als sie die Durchfahrt in brutaler Weise erzwingen wollten, von den Forts der Chinesen aus angegriffen und in die Flucht geschlagen wurde, am 25. Juni 1859.

England und Frankreich mußten nothwendig die Scharte am Peiho auswetzen und an den Chinesen furchtbare Rache nehmen, wenn sie nicht ihr ganzes Ansehen in Hinterasien einbüßen wollten.

---

*) Correspondant 1861 Févr. 1865 Janv.

Sie rüsteten daher eine Flotte mit 10,000 Mann Landungstruppen aus, die Engländer unter Lord Elgin, die Franzosen unter Baron Gros. Die Flotte fuhr wieder durch die Mündung des Peiho und beschoß zuerst die Paitang-Forts. Als man zum Sturm schritt, machten sich die Chinesen davon und die Forts wurden leer gefunden. Hierauf begann das Bombardement der Taku-Forts, die am 21. August durch die Franzosen unter General Montauban erstürmt wurden. Das Terrain war sehr schwierig, ringsum Wasser und Sumpf, so daß die Kulis bis an den Hals im Wasser standen, indem sie die Leitern hielten, auf denen die Stürmenden herankrochen. Engländer und Franzosen verloren hier 3—400 Mann, erstürmten aber die Forts und erzwangen sich somit die freie Einfahrt. Man muß sich wundern, daß die Chinesen nicht weiter oben am Flusse Peiho noch mehr Forts oder Strandbatterien angelegt hatten, um die feindliche Flotte aufzuhalten, und daß sie die große Hauptstadt Peking, auf welche die Flotte zusteuerte, nicht gehörig befestigt hatten. Eine Hauptstadt von mehr als 2 Millionen Einwohnern in einem so großen und bevölkerten Reiche, dem es auch an Artillerie nicht fehlte, hätte doch wohl 10,000 Europäer zurückschlagen können. Aber das chinesische Volk verhielt sich völlig passiv und neutral, und die ganze Streitmacht, die der Kaiser den Fremden entgegenstellte, bestand aus 20,000 tartarischen Reitern vom Stamme der Mantschu, dem auch die Dynastie angehörte. Die Engländer und Franzosen konnten ungehindert landen und in Palicaho, nahe bei Peking, ein Lager beziehen, während Kong, der Bruder des Kaisers, in Tien-stien mit den englischen und französischen Kommissären um den Frieden unterhandelte. Am 21. September griffen die Tartaren plötzlich das Lager an, wurden aber mit blutigen Köpfen zurückgeschlagen. Dagegen wurden einige Engländer, die von den Chinesen widerrechtlich gefangen worden waren, von denselben grausam ermordet.

Diese Vorgänge bewogen die Befehlshaber der Expedition, ein Exempel zu statuiren und den immer zum Zögern und zur Verrätherei geneigten Chinesen einen Schrecken einzujagen. Sie befahlen nämlich die Plünderung und Zerstörung des außerhalb der Hauptstadt liegenden kaiserlichen Sommerpalastes, in welchem die größten und seltensten Kostbarkeiten des chinesischen Reichs zusammengehäuft waren. Die Plünderung und Zerstörung war hier nicht improvisirt, wie früher während des Krimkrieges in Kertsch, sondern vorbedacht und zu einem politischen Zweck ausgeführt. Doch machte die Art und Weise der Ausführung den Truppen civilisirter Nationen nicht viele Ehre und wurde auch im englischen Parlamente getadelt; aber der Minister Lord John Russel entschuldigte die Plünderung des Sommerpalastes. Sie sey nothwendig gewesen, um den Chinesen Furcht und Respect einzuflößen, nachdem sie englische Gefangene ermordet hatten. Der Sommerpalast, Yuen-Ming-Yuen genannt, war gar nicht vertheidigt, noch hatten die Chinesen die Reichthümer desselben weggeschafft, was doch so leicht hätte geschehen können. Welchen Stumpfsinn, welche Confusion oder welchen Verrath setzt das voraus!

In der Times wird die Verheerung des Palastes folgender= maaßen geschildert. „Am 18. October marschirte Sir John Mitchells Division nach dem etwa 7 Meilen vor der Hauptstadt gelegenen Yuen-Ming-Yuen, um die beschlossene Zerstörung ins Werk zu setzen. Er stieß nicht auf den geringsten Widerstand. Der Palast liegt am Fuße der ersten Hügelreihe, von der die Pekinger Ebene gegen Norden abgegrenzt wird, inmitten von ausgedehnten Parkanlagen, Pagoden, Seitengebäuden und künstlichen, mitunter 300 bis 400 Fuß hohen Hügeln. In den Anlagen befinden sich unter Anderem ein großer Teich mit Inseln, auf denen wieder kaiserliche Bauten stehen, und die vermittelst Steinbrücken unter einander und mit dem Festlande in Verbindung stehen. Ringsherum schattige Haine, Blumengänge und herrliche Steinterrassen längs der Teichufer, während der Hintergrund von den tartarischen Berghöhen malerisch abgeschlossen ist — in der That, es ist einer der herrlichsten Punkte, die man sehen kann! In zwei Tagen waren alle Gebäude sammt den Gängen und Terrassen zerstört. Dabei ging auch Vieles, was nicht gerettet werden konnte, mit zu Grunde. Man schätzt den Schaden auf 2 Millionen Pfund Sterling, ganz abgerechnet vom Werthe der Gebäude (und von dem, was früher verschleppt worden war)." — Ueber dasselbe Ereigniß spricht sich der officielle Bericht des französischen Generals Montauban folgendermaßen aus: „Ich hielt darauf, daß unsere Allirten bei dem ersten Besuche dieses Palastes zugegen seyen, da ich mehrere Zimmer von unbeschreiblicher Pracht darin gesehen hatte und deshalb vermuthete, daß er große Reichthümer enthalten müsse. Ich ließ überall Posten aufstellen, und beorderte zwei Artillerieoffiziere, darüber zu wachen, daß Niemand in den Palast einbringe, und daß Alles bis zur Ankunft des Generals Grant unberührt bleibe. Nachdem die Chefs der englischen Armee angelangt waren, kamen wir überein, wegen der vielen Reichthümer drei Commissäre von jeder Nation zu ernennen, welche beauftragt waren, die kostbarsten Gegenstände bei Seite zu thun, um damit eine gleiche Theilung vornehmen zu können; es wäre unmöglich gewesen, daran zu denken, all das fortschaffen zu können, was da war, da unsere Transportmittel zu beschränkt waren. Ein wenig später entdeckte man bei neuen Nachsuchungen eine Summe von ungefähr 800,000 Frcs. in kleinen Gold- und Silberbarren. Obige Commission schritt sogleich zur Vertheilung derselben unter die beiden Armeen, und kamen auf jeden Soldaten ungefähr 80 Frcs. Die Commission wurde von General Jamin präsidirt. Dieselbe erklärte im Namen der ganzen Armee, daß letztere wünsche, S. M. dem Kaiser, sowie J. M. der Kaiserin und dem Kaiserl. Prinzen ein Geschenk zu überreichen, zum Andenken an die

Masse wunderbarer Gegenstände, welche im Sommerpalaste aufgefunden worden waren. Im Augenblick der Theilung zwischen den beiden Armeen bestand ich im Namen des Kaisers darauf, daß Lord Elgin die erste Wahl für J. M. die Königin von England thue. Lord Elgin wählte einen Commandostab des Kaisers von China, aus grünem Nephrit von unschätzbarem Werthe und mit Gold verziert. Da sich noch ein zweiter Stab, dem vorhergehenden in Allem ganz ähnlich, vorfand, so wollte Lord Elgin s. S., daß er für S. M. den Kaiser bestimmt würde; es war demnach bei der ersten Wahl vollkommene Gleichheit. Es ist mir unmöglich, all die Pracht der Gebäude zu schildern, welche sich auf einem Raume von vier Stunden befinden, und welche man den Sommerpalast des Kaisers nennt. Hierauf folgen Pagoden, welche Götter von riesenhafter Dimension aus Gold, Silber und Bronce enthalten. So hat ein einziger Gott aus Bronce (ein Boubdah) eine Höhe von ungefähr 70 Fuß und alles Uebrige ist im Verhältniß. Gärten, Seen und merkwürdige Gegenstände seit Jahrhunderten in Gebäuden von weißem Marmor mit blendenden Ziegeln von allen Farben bedeckt, angehäuft. Hierzu noch die Aussicht auf eine bewundernswerthe Landschaft, und man wird sich eine schwache Idee von dem machen, was wir gesehen haben. In jeder der Pagoden befinden sich nicht nur viele Gegenstände, sondern außerdem noch ganze Magazine voll Gegenstände jeder Art. Um nur ein Beispiel zu geben, bemerke ich, daß so viele Seidenstoffe vom feinsten Gewebe vorhanden sind, daß wir alle Gegenstände, welche ich an Se. Majestät sende, mit Seide emballiren."

In einem anderen Berichte heißt es: „Keine Beschreibung läßt sich von dem Glanz des kaiserlichen Aufenthaltes machen. Der Eingang zur Empfangshalle ist mit Marmor gepflastert, Wände und Decken sind mit Gold, himmelblau und scharlachroth prachtvoll gemalt. Der Thron des Kaisers ist aus dem schönsten dunklen Holz geschnitzt, die Polster sind mit goldenen Drachen bestickt und zogen die allgemeine Bewunderung auf sich. Eine goldene Krücke, deren sich der Kaiser bedient zu haben scheint, fand sich gleichfalls vor. Die inneren Zimmer und Salons waren prachtvoll ausgestattet. Rollen von Seidenzeug, Satin und Krepp, alle von glänzender Arbeit, waren von den französischen Soldaten bereits wüst durcheinander geworfen worden. Geschirr aus Jaspis und Porzellan von großem Werth fand man vor und darunter auch manches Sèvresgeschirr aus Ludwig XIV. Zeit, das die Augen von Kuriositätensammlern höchlich erfreut hätte."

Bereits am 22. October rückten die Alliirten in der Hauptstadt Peking selber ein, ohne den mindesten Widerstand zu finden, wie wenn sie in London oder Paris eingezogen wären. Der Kaiser war entflohen.

Die Drohung, daß man auch seinen Winterpalast in der Stadt zerstören werde, machte ihn nachgiebig und am 25. October wurde der Friede unter folgenden Bedingungen geschlossen. Der Kaiser bedauert den vorjährigen Vorfall am Peiho. Ein englischer Gesandter soll seinen Sitz in Peking nehmen. China zahlt 60 Millionen Franken Kriegskosten. Der Hafen von Tien-stien bleibt offen. Das Kuli-Auswanderungsverbot ist aufgehoben. Die Christen erhalten ihre Kirchen zurück. — Die Times gab folgende Schilderung der Ratification des Friedensvertrages. Sie ist sehr charakteristisch. „Endlich, am 24. früh, ging der große Einzug vor sich. Voran der Commandirende, Sir Hugh Grant, mit seinem Stab zu Pferde; dann Lord Elgin in einem von 16 scharlachbekleideten Chinesen getragenen Staatspalankin, zu beiden Seiten die Mitglieder der Gesandtschaft, dahinter Lord Elgins Pferd gesattelt, und als Escorte 600 Mann mit etwa 100 Offizieren aller Waffengattungen. Die zweite Division unter Sir Robert Napier machte in den Straßen Spalier, und faßte, als der Zug sich nach dem Innern der Stadt weiter bewegte, an bestimmten Punkten Posto, um auf etwaigen Verrath gefaßt zu seyn. Von der Stadtbevölkerung hatten sich große Massen eingefunden, um das Schauspiel mitanzusehen; sie benahmen sich sehr ordentlich und waren vor allem begierig, einen Blick in die Staatssänfte zu thun, in welcher der große „Barbar" saß. So ging es vom Atingsthor etwa 3½ Meilen fort bis zum Ministerium der Ceremonien. Dort angekommen, wurde Lord Elgin von einer englischen Ehrengarde und der Nationalhymne begrüßt, und in seiner Sänfte bis in den Saal getragen, wo die Zeichnung geschehen sollte, und wo ihm der Prinz Kong mit allen Mandarinen entgegenkam. Lord Elgin erwiderte deren Begrüßung mit einer kalten Kopfverneigung, schritt sofort zu seinem auf der Estrade stehenden Stuhl, und gab dem Prinzen ein Zeichen sich zu seiner Rechten niederzulassen, was in China nicht der Ehrenplatz ist. Vor ihnen stand ein Tisch mit den Friedensinstrumenten, Vollmachten u. s. w. Die Ceremonie war bald vorüber; es wurden die Documente unterzeichnet, gesiegelt, ausgewechselt, dann einige höfliche Worte gewechselt, worauf sich Lord Elgin, stolz und kalt, wie er eingetreten war, wieder entfernte. Der Prinz gab ihm zögernd und verlegen einige Schritte das Geleite. Der Prinz ist ungefähr 28 Jahre alt, sieht aber älter aus. Seine Physiognomie ist nicht ohne Intelligenz, aber er sah ängstlich und unbeholfen aus, was sich sehr leicht erklären läßt, da seine Stellung sehr verschieden war von der, die er bisher am Hof eingenommen hatte. Auch die Mandarinen waren von der schroffen Haltung Lord Elgins sichtlich betroffen." Man sieht, die Engländer verstehen es, zu imponiren.

Der chinesische Kaiser war nach dem Norden geflohen. Was im Gemüthe dieses noch jungen Monarchen vorgegangen seyn muß, als er vor einer Handvoll Europäer flüchtete und seinen herrlichen Sommerpalast, seinen Lieblingssitz, den fremden Räubern überließ, ist nicht

bekannt geworden. Wenn er nicht selbst stumpfsinnig war, muß ihn
die charakterlose Schwäche, die Unfähigkeit oder der böse Wille und
Verrath seiner Umgebungen zur Verzweiflung gebracht haben. Man
ist nicht im Stande, sich einen Begriff von der Ohnmacht und Rath=
losigkeit eines Hofes zu machen, der über so viele Millionen Unter=
thanen gebot und kaum Versuche einer Gegenwehr gegen den Feind
machte. Man erfuhr nur, der Kaiser sey wenige Wochen nach dem
Friedensschlusse gestorben. Er hieß Hienfong und war erst dreißig
Jahr alt. Ihm folgte sein erst sechsjähriger Sohn Kisiang unter
der Leitung seiner Mutter und seines Oheims, des obengenannten
Kong. Dieser letztere mußte aber erst seine Gegner am Hofe durch eine
blutige Palastrevolution beseitigen. Sutschun, der bisherige erste Mini=
ster und vertrauteste Rath des Kaisers, ein Todfeind der Engländer
und aller Fremden, wollte selbst für den jungen Kaiser regieren,
wurde aber ergriffen und enthauptet, zwei seiner vornehmsten An=
hänger eingekerkert. Kong selbst war den Fremden günstig, weil er
einsah, daß er sie doch nicht loswerden könne, und weil sie ihm gegen
die Taiping helfen könnten.

Im Innern Chinas machten die Taiping Fortschritte. Der
Missionär Muirhead wohnte zu Nanking am 7. Februar 1862 einer
Neujahrsfeier der Taiping bei, und zwar am Hofe des Taipingkaisers
oder Tiente (auch Tienwong genannt), den seine Unterkönige um=
gaben. Er beschreibt diese Ceremonie folgendermaßen: „Am genann=
ten Tage begaben sich die Könige, die Hauptleute und Offiziere zum
Kaiser. Die Versammlung war sehr groß. Die Könige kamen in
gelben Sänften, getragen von 16 Männern, die Hauptleute in Sänften
von verschiedenen Farben, getragen von 8 Leuten. Vor ihnen und
hinter ihnen zog eine zahllose Menge mit den buntesten Fahnen. Die
Könige und Hauptleute traten in den inneren Hof des Palastes, wo
der Tienwong auf seinem Throne saß. Ich blieb mit den andern

braußen. Auf ein gegebenes Zeichen fiel alles Volk auf sein Angesicht, dem Kaiser zugekehrt. Dann sang man ein Loblied auf ihn. Hierauf wandten sich alle nach der entgegengesetzten Seite, warfen sich wieder auf das Angesicht und beteten, wie es hieß, den himmlischen Vater an. Vor einem Tisch, auf welchem Schüsseln mit Nahrungsmitteln und brennende Lampen aufgestellt waren, stand ein Mann, der von einem Papiere Gebete ablas und dann das Papier verbrannte. Endlich wandten sich alle wieder um, fielen noch einmal vor dem Kaiser (als dem Sohn Gottes) auf ihr Angesicht nieder und verharrten in dieser Lage ziemlich lange. Damit schloß dieser seltsame Gottesdienst."

Als die kaiserlich chinesische Regierung hinlänglich gedemüthigt und geschwächt war, begannen die Engländer die Taiping, zu denen sie sich bisher freundlich gestellt hatten, zu vernachlässigen, ja geradezu feindlich zu behandeln und sich mit den Kaiserlichen gegen sie zu verbinden. Den nächsten Anlaß gab die Absicht der Taiping, sich in den Besitz von Schangay zu setzen, die bedeutende Handelsstadt, welche die Engländer allein unter ihrer Botmäßigkeit haben wollten. Ueberhaupt aber fiel es den Engländern nicht ein, eine neue elastische Macht in China aufkommen zu lassen, die ihnen leicht mit mehr Energie hatte entgegenwirken können, als es die bisherige kaiserliche Regierung gethan hatte. Der englische General Staveley erhielt daher Befehl, im Bunde mit einer kaiserlichen Armee die Taiping von Schangay und der Umgebung zu vertreiben, was ihm auch mit seiner überlegenen Artillerie ohne Mühe gelang, 1862. Die Taiping wehrten sich verzweifelt in Ningpo und Kahding, wurden aber unbarmherzig niedergemetzelt. General Burgewine, der unter Staveley diente, ließ die gefangenen Taiping vor die Kanonen binden und „wegblasen", nach der grausamen in Ostindien aufgekommenen Sitte. Im Winter auf 1864 wurde Gordon abgeschickt, um den Sieg über die Taiping zu verfolgen, sein Nebenbuhler Burgewine ging jetzt zu den Taiping über, fiel aber den Kaiserlichen in die Hände und verschwand, indem man vorgab, er sey ertrunken. Gordon marschirte grade zu gegen Nanking, die Hauptstadt der Taiping und erfocht unterwegs einen glänzenden Sieg vor Tschangchow-fuh. Nun aber erhielt er von der englischen Regierung gemessenen Befehl, nicht weiter vorzugehen. Auch die französische Regierung schloß sich dieser Maßregel an und allen Engländern und Franzosen wurde befohlen, sich von den Kaiserlichen zu trennen und zurückzukehren. Man wollte wahrscheinlich die Kaiserlichen nicht wieder zu mächtig werden lassen. Aber auch die Taiping nicht und da diese damals im Vortheil waren, durften viele europäische Abenteurer beim kaiserlichen Heere zurückbleiben, welches unter dem Befehl des Tsang-kouo-fan Nanking belagerte und am 19. Juli 1864 eroberte. Damit schien dem Reiche der Taiping ein Ende gemacht. Tiente war verschwunden. Indessen ruhte die Rebellion noch nicht.

Die Taiping sind von England systematisch verleumdet worden, weil England nicht will, daß China durch sie regenerirt und wieder einig und mächtig werde. Unparteische Berichte*) schildern den Tiente als einen schönen, begeisterten und würdevollen Mann. Weit entfernt, ein Charlatan zu seyn, verstehe er auch seine Bruderschaft mit Christo nur in dem Sinne, in welchem alle Menschen Christi Brüder seyen. Er habe sich den Engländern aufs wohlwollendste genähert, sey aber von ihnen nur verleumdet und angefeindet worden und habe auch in Leuten, die das arme chinesische Volk mit Opium zu vergiften kamen, keine guten Christen zu erkennen vermocht. Auch Kreyher in seiner Schilderung der preußischen Expedition nach Japan bestätigt das vollkommen. Die Taiping oder die Christen in China waren nahe daran, wie sie schon den Süden und die Mitte Chinas inne hatten,

---
*) Im Correspondant, 1863, Juin.

auch noch den Norden einzunehmen und der Mandschu-Dynastie ein
Ende zu machen. Seit dem Opiumkriege von den Engländern hart
bedrängt, besiegt und beraubt, konnte sich der chinesische Kaiser der
Macht der Taiping kaum mehr erwehren. Nun hätte England sich
eigentlich freuen sollen, daß das Christenthum in China seinem endlichen Siege so nahe sey und es hätte die Taiping unterstützen sollen.
Das that aber England nicht. Es besorgte, wenn die Christen unter
ihrem Kaiser Tiente zu mächtig würden, so würde ganz China unter
ihnen einig werden und die bisherige Zerrüttung aufhören, bei der
die Engländer so bequem im Trüben fischen konnten. Dem Engländer, wie fromm er auch thut, steht das Geldinteresse immer höher
als das Christenthum und ihm gilt das Herz gar nichts, der Beutel
alles. Deshalb unterstützt nun die englische Politik die alte Dynastie
und das alte Heidenthum in China, damit es der christlichen Partei
noch fernerhin die Waage halte und den Bürgerkrieg dort verewige.
Diese englische Politik besoldet sogar Missionäre, um die Taiping zu
verleumden und Europa zu überreden, dieselben seyen gar keine
rechten Christen. Kreyher weist sehr bündig nach, daß die englischen Auslassungen darüber erlogen sind und daß der wahre Sachverhalt ein anderer ist. Tiente oder Tienwong gibt sich zwar für
einen jüngeren Bruder Christi aus, ist aber weit entfernt, sich demselben gleich stellen zu wollen, wie das seiner Zeit Muhamed gethan hat. Die Taiping erklären: „Die heil. Schrift unterscheide
Kinder Gottes, Kinder der Welt und Kinder des Teufels. Alle
Frommen und Gläubigen seyen Kinder Gottes. Nur in diesem ethischen, nicht etwa in einem natürlichen Sinne sey auch der himmlische
König Sohn Gottes. Doch unterscheide er sich allerdings von andern
Frommen und Gotteskindern so, wie der Mittelfinger von den andern
Fingern. Er sey nämlich durch die Sendung ausgezeichnet, China
zur Erkenntniß des wahren Gottes zu bringen und für dasselbige jetzt

dasjenige geltend zu machen, was Gott durch Christum einst der Welt überhaupt übermacht habe. Darum sey er der jüngere Bruder Christi. Denn Christus selbst sey in keinem andern als ethischen Sinne Sohn Gottes. Gott, Te dürfe er nicht genannt werden, das sey der himmlische Vater allein. Jedoch sey Christus allerdings in einem ganz außerordentlichen Sinne Gottes Sohn, da ihm die Er‑lösung der gesammten Menschheit für alle Zeiten übergeben sey, wes‑halb er der älteste Sohn Gottes, der himmlische, älteste Bruder der Menschheit sey, welcher angebetet werden müsse und mit welchem Tien‑wong sich nicht messen dürfe. Um dies Verhältniß klar zu machen, beruft er sich auf die Analogie der verschiedenen Autorität der ein‑zelnen Glieder in der chinesischen Familie: der Vater müsse größer seyn als der Sohn und der erstgeborne Bruder viel größer als der jüngere. In Folge dieser Erklärungen ließen die Missionare dem Rebellenchef sagen, daß seine Lehre von Christo sich von derjenigen der ganzen Christenheit unterscheide, denn diese nenne den Erlöser allerdings Gott und schreibe ihm gleiches göttliches Wesen zu. Tien‑wong antwortete darauf: Dies sey ihm nicht unbekannt, er habe in‑dessen in einer von den Missionaren selbst verfaßten Schrift gelesen, daß die ersten Christen (Ebioniten) dieselbe Lehre von Christo gehabt hätten, wie er selbst. Auch verwahrte er sich auf das Entschiedenste gegen die Meinung, als ob er sich eine göttliche Würde zuschreibe. Auch wollen die Taiping nur einfache Christen und nichts neues oder besonderes seyn und sie haben keine andere heilige Urkunde als unsere Bibel alten und neuen Testaments nach der Uebersetzung von Gütz‑laff. Was die Taiping am meisten von den echten Christen unter‑scheidet, ist die Vielweiberei, welche sie aber mit Salomon und den Patriarchen des alten Testaments entschuldigen." Im Großen und Ganzen ist Kreyher überzeugt, das echt Christliche überwiege bei den Taiping und sie würden sich mit der Zeit den Christen Europas immer mehr nähern, weshalb es ziemlich unverantwortlich von der englischen Politik sey, dieselben so grausam anzufeinden. Jetzt hilft England den Heiden. „Hätte man die Hälfte dieser Anstrengungen zu Gunsten der Taiping gemacht, so wäre zweifellos die Herrschaft derselben und damit die des Christenthums über China gesichert gewesen." Kong, der gegenwärtige Prinz-Regent von China, ist nur durch Unterstützung Englands (und Frankreichs) zu seinem Posten gelangt und wird auf demselben dadurch erhalten, daß englische und französische Truppen, besonders Artillerie, ihm die Taiping zusammenschießen helfen. Frankreich spielt dabei nur eine Nebenrolle, hängt sich aber an Englands Arm, um es zu überwachen. Im englischen Parlament erhoben sich einige Stimmen, denen Lord Palmerstons Politik in China doch verwerflich oder wenigstens bedenklich vorkam, aber er antwortete mit gewohnter Dreistigkeit, die Regierung der Taiping sey nicht stark und einheitlich genug, um dem englischen Handel dieselbe Sicherheit zu gewähren, wie das heidnische Kaiserthum. Das sagte Palmerston, während er gerade nur deshalb die Heiden in China unterstützte, um es zu der starken und einheitlichen Regierung nicht kommen zu lassen, welche die Taiping ohne Zweifel aufgerichtet haben würden.

Im Jahr 1865 erfuhr man, die Taiping halten noch immer das Feld und ihr General Lee-schai-Din habe von Tschang-tschau aus, welches er erobert, ein Schreiben an die Engländer, Franzosen und Nordamerikaner erlassen, worin er sie als Christen zu einem Bündniß und zum Sturz des Heidenthums in China aufforderte. Dagegen habe auch der kaiserliche General die Fremden zu einem Bündniß mit dem Kaiser eingeladen und ihnen die Hälfte der Beute versprochen. Der arme Kaiser hatte damals gegen vier Rebellionen zu kämpfen, gegen die der Taiping, der Wasserliliensekte im Norden, der muhamedanischen Tatarn im Westen und des Tseng-kwo-fan, Vicekönigs der zwei Kiangprovinzen, eines Tyrannen, der sich gegen den Kaiser empörte, als er abgesetzt werden sollte. Man erfuhr, in Peking selbst habe eine Palastrevolution am 31. März 1865 den bisherigen Regenten Kong, Oheim des Kaisers, gestürzt unter dem Einfluß der kaiserlichen Mutter, der neue Minister Wan-slong sey aber den Europäern geneigt.

Die große Verwirrung des Reichs wurde demnach noch von andern Parteien, als den Taiping, zu Aufständen und Raubzügen benutzt. Im Norden tauchte die alte Verbindung der weißen Seerose wieder auf, bemächtigte sich der Stadt Kusn-Schien und plünderte von hier aus das Land. Andrerseits erhoben sich die muhamedanischen Unterthanen in Schen-Si und bildeten kleine unabhängige Genossenschaften. Doch hält man diese beiden Aufstände nicht für sehr gefährlich. Die Secte der Nien-fu soll den meisten Anhang unter den Muhamedanern gefunden haben.

Man muß es sehr bedauern, daß die Engländer es vorgezogen haben, ihren Einfluß in China auf die Schwäche des heidnischen Kaiserthums zu stützen, anstatt auf die christliche Brüderlichkeit der Taiping. Ein Verständniß mit diesen wäre doch wohl möglich gewesen.

Wir müssen hier noch einmal auf das englische Missionswesen zurückkommen, dem das deutsche bisher eben immer nur in die Schuhe zu treten gezwungen war. Der Engländer Marshall hat in einem sehr ausführlichen Werke, welches 1862 zu Mainz ins Deutsche übertragen wurde, alle Mängel desselben zusammengefaßt. Hier nur einige Bemerkungen daraus. Die evangelischen Missionen machen der Weiber und Kinder wegen ungeheure Kosten. Die Gesellschaft muß nicht nur die Missionäre, sondern auch deren Familien erhalten. Das alles ersparen sich die katholischen Missionen. Rechnet man zu der Familienverpflegung noch die Kosten der zahlreichen Bibelübersetzungen, so darf man sich nicht wundern, daß nachgerechnet worden ist, in England und Amerika allein (ungerechnet Deutschland, Scandinavien und die Schweiz) seyen seit Anfang unseres Jahrhunderts bereits 40 Millionen Pfd. Sterling für die evangelische Mission verausgabt worden.

In Indien hat der Katholik dem Protestanten nichts vorzuwerfen. Sie sind beide nicht durchgedrungen. Was die Insel Ceylon anbelangt, so hätte Marshall aus dem deutschen Buche Grauls noch mehr Waffen entlehnen können, denn Graul gesteht gradezu, die von englischen Missionären bekehrten Ceylonesen seyen größtentheils zu den katholischen Missionären übergelaufen, die ihnen besser zugesagt hätten.

In Neuholland sind die Eingebornen so wild, daß hier gar keine Bekehrung gemacht wird. Auf Neuseeland sind die bekehrten Einwohner entsittlichter, als die noch übrigen Heiden. Daran sind freilich nicht die Missionen, sondern die Matrosen und Speculanten Schuld. Auch in Afrika sind die Bekehrungen kaum nennenswerth. In Dahomey werden noch unter den Augen der Engländer die greulichsten Menschenopfer in Masse dargebracht. Vom Kap aus sind die Kaffern nicht bekehrt, sondern nur zum wüthendsten, leider nur zu wohl berechtigten Hasse gegen die Engländer gereizt worden.

Am meisten sind die protestantischen Bekehrungsversuche bei Muhamedanern mißlungen. Es ist auch wohl unmöglich, daß Missionäre, welche von den verschiedenen Standpunkten, vom calvinischen, lutherischen, herrnhutischen, methodistischen, baptistischen, quäckerischen ꝛc. ausgehen und sich unter einander selber streiten, auf den ernsten Muselmann Eindruck machen können. Eben so wenig Erfolg hatte die Mission unter den Juden. Am wenigsten unter den Katholiken, zu denen im Ganzen mehr Protestanten (besonders in England) übertraten als umgekehrt. In Bogota wurden die von den Engländern eingeschmuggelten Bibeln öffentlich verbrannt und zwar mit Zustimmung des nordamerikanischen Gesandten, der die Einmischung der

Engländer in der neuen Welt mißbilligte. In Spanien machte der Engländer Barrow mit seiner Bekehrungsreise schlechte Geschäfte. In Italien wäre jetzt der Boden gehörig aufgewühlt und doch gedeiht dort nur der Same des Unglaubens, nicht aber der Same irgend welcher unter den verschiedenen sich evangelisch nennenden positiven Glaubensformen.

Die Missionäre, deren Predigten keinen Eindruck machen, helfen sich, verwahrloste Kinder zu erziehen, die elendesten Individuen der niedrigsten Classe durch kleine weltliche Vortheile an sich zu locken und Bibeln in der Landessprache zu verbreiten. Aber diese Bibeln entsprechen dem Zwecke nicht, sie sind unkritisch übersetzt.

Einsichtsvolle Heiden mögen nun solche Bücher nicht lesen oder benutzen deren Fehler, um die christliche Religion überhaupt zu verunglimpfen. Unzählige können gar nicht einmal lesen. Die gratis vertheilten Bibeln werden also zu ganz anderen Zwecken verbraucht, als zu denen sie bestimmt waren. Marshall erzählt: „In Singapore sah ich die Mauern von zwei Häusern über und über mit Blättern der Bibel bedeckt; diese Profanation ist jedoch nicht größer, als wenn sie zur Verpackung von Tabak oder Speck verwendet werden. Ein anderer Augenzeuge erzählt uns, daß in den Grenzstädten Chinas fortwährend ganze Kisten voll Bibeln auf Auctionsweg verkauft und namentlich von Schuhmachern, Krämern und Spezereihändlern zum Preis von altem Papier erhandelt werden. Pecot, der sowohl mit Hindostan als China genau bekannt war, bemerkt, indem er die Ruhmredigkeit der Bibelgesellschaften, ‚ihre Uebersetzungen seyen in alle Theile der bekannten Welt gedrungen,' erwähnt, daß dies, soweit seine Beobachtung reiche, vollkommen wahr sey; aber er setzt hinzu: ‚die Krämer aller dieser Länder können dasselbe Factum bestätigen, da sie zu jeder Stunde des Tages diese Uebersetzungen Bogen für Bogen vertheilen.' Auch Marchini berichtet, indem er nach eigener

Beobachtung spricht, ‚daß sie von Schuhmachern nach dem Gewicht gekauft werden, um chinesische Pantoffeln daraus zu fertigen;' und dieser gelehrte Mann drückt sein Erstaunen darüber aus, daß ‚die Engländer, welche so viel Schärfe und Bestimmtheit des Urtheils in anderen Dingen an den Tag legen,' sich von bezahlten Speculanten oder phantastischen Enthusiasten so düpiren ließen."

Wir müssen an ein Buch erinnern, welches schon vor vierzig Jahren erschienen ist und ganz dasselbe sagt, was Marshall, die lettres on the state of Christianity von Abbé Dubois. Derselbe sagt von den Bibelübersetzungen ins Indische das nämliche, wie Marshall. Wie die von Canada, so sind auch die in Tamul und Telinga höchst ungenau, selbst unrichtig, fehlerhaft und verwerflich. Gewiß, wenn das Ansehen der heiligen Schriften größtentheils auf ihrem innern Werthe beruht, und zunächst auf ihrer erhabenen und unnachahmlichen Einfachheit, so ist sehr zu fürchten, daß die Hindus sich in dieser Hinsicht nicht einen geradezu entgegengesetzten Begriff bilden, wenn sie sehen, auf welch eine ungereimte, gemeine und oft ganz unverständliche Weise der heilige Text in den Uebersetzungen, welche man unter ihnen in Umlauf setzt, verunstaltet ist. Die einsichtigern Indier können nicht glauben, daß in diesem Styl ein göttliches Buch geschrieben seyn könne, sie schreiben es daher einem unwissenden Betrüger zu.

In dem Königreich Korea, einer Halbinsel, welche zwischen China und Japan in der Mitte liegt und beiden tributbar ist, sind schon längere Zeit französische Missionäre thätig und geduldet. Im Anfang des Jahres 1866 kamen russische Schiffe an die Nordküste Koreas und wollten Land abgetreten haben, um ein Comptoir zu errichten. Der König erschrak deshalb und ließ die französischen Missionäre kommen, um sich bei ihnen Raths zu erholen, wie er am besten jene Schiffe abfertigen könne, ohne mit Rußland in Krieg zu gerathen. Zufällig aber kam grade der Gesandte zurück, der den jährlichen Tribut Koreas nach Peking gebracht hatte und erzählte, dort seyen alle Christen ermordet worden. Wahrscheinlich wurde diese Lüge am Hofe des Königs selbst ausgeheckt, um ihm einen Vorwand zu leihen, die Missionäre loszuwerden, denn er ließ sie augenblicklich, wie auch alle Eingebornen, die sich zum Christenthum hatten bekehren lassen, enthaupten. Es befanden sich darunter zwei französische Bischöfe, Berneux und Daveloy. Frankreich beauftragte den Admiral Roze nach Korea zu segeln. Derselbe langte mit einer kleinen französischen Flotte am 11. October 1866 an der Mündung des Flusses Kanghoa an, fuhr denselben hinauf, landete vor der Stadt Kanghoa und forderte Genugthuung für den Mord der Missionäre. Die koreanische Regierung schickte einen Mandarin, der sich sehr stolz benahm und die Genugthuung verweigerte. Hierauf griff der Admiral die Stadt an und nahm sie nach einem schwachen Widerstande ein, am 16. October. Nach einigen Tagen erbot sich die Regierung zu Unterhandlungen, schickte aber zugleich eine Armee nach Kanghoa. Die Mannschaft der Flotte war zu schwach und mußte sich zurückziehen. Napoleon III. hatte andere Sorgen und konnte zunächst nicht daran denken, sich durch eine Kraftanstrengung in diesem abgelegenen Welttheile Genugthuung zu verschaffen.

Erst nach zwei Jahren brachte der französische „Monde" aus den missions catholiques nähere Nachrichten. „Ein Schreiben der Directoren des Seminars für auswärtige Missionen läßt keinen Zweifel mehr über die Verfolgungen, die im März 1866 durch die Hinrichtung von 9 Missionären eröffnet und mit gesteigerter Grausamkeit fortgesetzt wurden, so daß es sich nicht mehr um einzelne Fälle, sondern um massenhafte Einkerkerungen zur gänzlichen Ausrottung des Missionswesens auf der Halbinsel handelt. Das Missionsblatt hebt aus einem Berichte vom 18. Sept. 1868 das heraus, „was ihm die Klugheit zu veröffentlichen gestattet.' Darnach schätzt man die Zahl der Märtyrer auf ‚mehr als 2000, von denen über 500 allein auf die Hauptstadt kommen; während in den Provinzen die Christen in Verhör genommen werden, erdrosselt man in der Hauptstadt alle diejenigen, die als ehemalige Christen erkannt werden, ohne Procedur auf der Stelle im Gefängnisse; alle Christen sind verjagt und viele der Getreuen kommen elend um, während die Heiden die Verfolgung benutzen, um ihnen alles, was ihnen etwa noch blieb, wegzunehmen.' Ein neues Gesetz befiehlt allen Einwanderern, sich bei den Bezirksbeamten zu melden, sobald sie angekommen sind, um sich auszuweisen, ob sie Christen sind oder nicht. Der König von Korea hat gesagt: ‚Binnen sechs Jahren will ich diese Religion mit der Wurzel vertilgen.' Drei Christen der Hauptstadt sind Apostaten geworden und haben viele ihrer früheren Mitchristen angezeigt. In dem Missionsberichte wird der koreanische Nero auch sonst als blutgieriger, verhaßter Tyrann geschildert, der eine werthlose Münze schlagen ließ, welche Zwangscurs erhielt, die er aber selbst wieder anzunehmen sich weigere; mehrere Leute, welche die Annahme dieser Münze verweigerten, seyen hingerichtet worden; sein Bruder, der ihm Vorstellungen machte, mußte entfliehen und sich versteckt halten. Es werden Beispiele muthiger Bekennerschaft von Christenfamilien angeführt, die den Missionären, die noch auf Korea blieben, eine Zufluchtsstätte bieten. Der Versuch der Franzosen, durch eine Schiffsdemonstration dem Tyrannen Schrecken einzujagen, lief bekanntlich schlecht aus; die Franzosen zogen von Kiao-ke mit blutigen Köpfen ab. Die Verhältnisse liegen, wie man sieht, auf Korea ähnlich wie in Anam vor dem letzten Kriege, die zu der Losreißung der Südprovinzen führte, aus denen die Franzosen sich eine einträgliche Besitzung in der Hauptstadt Saigun geschaffen haben. Der König von Korea ist unumschränkter Gebieter und Herr des ganzen Grundes und Bodens im Reiche; zum

Pekinger Hofe, dem er jährlich zweimal Geschenke zu schicken hat, steht er in einem ähnlichen Verbande, wie der Vicekönig von Egypten zur Pforte. Zwischen China und Korea wird, um Grenzstreitigkeiten zu meiden, ein breiter Gürtel Landes gelassen, der nicht bebaut werden darf. Die Hauptstadt Han-tsching, auch Han-jao oder chinesisch King-ki tao genannt, ist stark bevölkert, mit Mauern nach chinesischer Art umgeben und liegt zwischen Bergen in der Mitte der Halbinsel."

In Japan waren endlich seit dem Vorgang der Nordamerikaner, die sich 1854 einen Handelsvertrag erzwangen, ähnliche Verträge auch mit den europäischen Handelsstaaten geschlossen und denselben mehrere Häfen geöffnet worden. Doch gab es immer noch Streitigkeiten. Im Jahre 1861 wurde das englische Consulat gestürmt, die Herren Morrison und Oliphant schwer verwundet. Der Taikun (Seogun) zahlte eine große Entschädigungssumme und entschuldigte sich, die Morde seyen von der rebellischen Partei der Daimios (Fürsten, Feudalherren) ausgegangen. Auch schloß derselbe einen Handelsvertrag mit Preußen ab, nachdem eine preußische Flotille unter Graf Eulenburg 1860 gelandet war, und schickte eine Gesandtschaft, um die Handelswelt zu beruhigen, über Nordamerika nach Europa. Sie wurde in Washington vom Präsidenten Buchanan und von den europäischen Höfen ehrenvoll empfangen. Französische Blätter gaben von ihnen folgende Schilderung: „In dem Gefolge befindet sich auch ein japanischer Bonze, ein ehrwürdig aussehender Greis, der beständig eine wie einen Bischofsstab zugekrümmte Weinrebe in den Händen hat. Die ganze Gesellschaft besteht aus fünf Gesandten, zwölf Offizieren und verschiedenen Dienern. Das Haupt der Gesandtschaft, Take-No-Utschi-Schimobue-Kuno-Kami, ist ein Mann von etwa 50 Jahren. Ihre Physiognomie ist ausdrucksvoll und intelligent, obgleich ihr Gesichtstypus für das europäische Auge wenig Verführerisches darbietet. Ihre schwarzen Haare sind oben auf dem Scheitel zusammengebunden; mehrere haben rasirte

Köpfe, bei keinem aber findet sich eine Spur von Barthaar. Sie sind durchgängig einfach gekleidet: sie tragen dunkelfarbige, wenig verzierte gewebte Röcke, darüber einen seidenen Ueberwurf, Beinkleider von weißem Mousselin und Sandalen von gelbem Leder. Im Gürtel haben sie ciselirte Dolche und auf dem Kopfe eine Art chinesischen Strohhuts, der bei den Gesandten auf der Rückseite vergoldet ist. Sie leben mäßig, essen an Tischen und bedienen sich der Messer und Gabeln." Sie benahmen sich bescheiden und zeigten sich sehr intelligent und eifrig, die erstaunenswürdigen Fortschritte der europäischen Mechanik und Industrie zu studiren. Sie bereisten Paris, London, Berlin, St. Petersburg und wurden überall sehr artig empfangen.

Inzwischen ruhten die Daimios nicht. Der neue Taikun soll noch sehr jung seyn und sucht wie sein Vorgänger die Freundschaft der mächtigen Fremden, während der Dairi oder Mikado von den Daimios angetrieben wird, Japan den Fremden zu verschließen, es aber officiell zu thun doch nicht wagt. Der Taikun zahlt den Engländern, was sie zur Sühne der Morde fordern, und läßt sich von ihnen zugleich bescheinigen, er habe ihnen den Befehl des Mikado, nicht zu zahlen, zugestellt. Nach einem Bericht des Schweizer Consuls. Man ersieht daraus, wie anarchisch die Zustände in Japan sind. Nach der englischen China-mail sollen sich die Engländer, wie überall, wo sie im fremden Lande Meister zu seyn glauben, brutal benommen und die gerechte Wuth der Japanesen herausgefordert haben, indem im Sommer 1860 ein englischer Consul einen japanischen Beamten mit der Reitpeitsche schlug und ein Mädchen mißhandelte.

Am 14. Sept. 1862 wurde wieder ein Herr Richardson mit zwei andern Engländern und einer Dame auf einem Spazierritt, weil sie einem vornehmen Eingebornen nicht auswichen, angegriffen, er selbst erschlagen, die beiden andern schwer verwundet. Die Dame entkam. Ein amerikanisches, zwei englische und ein französisches Schiff wurden gleichfalls angegriffen, schossen aber ein japanisches Fort in Trümmer.

Im Frühjahr 1863 forderte England durch Oberst Neale, nachdem es seine Flotte vor Yebbo verstärkt hatte, auf eine drohende Weise Genugthuung, aber der Taikun erklärte, er sey beim besten Willen zu schwach, um den Daimios Schimab, der den Mord der Engländer veranlaßt hatte, zu bestrafen. Zugleich erfuhr man, die meisten Daimios und ihre zahlreichen Clientel, ein großer Theil des gemeinen Volks, habe Yebbo verlassen und sey nach Miako, der Residenz des Mikado oder geistlichen Kaisers gezogen, dessen Macht dadurch so verstärkt worden sey, daß er dem Taikun habe den Befehl können zukommen lassen, er solle die Fremden aus Japan vertreiben. Hierauf sey im Mai 1863 der japanische Kriegsminister (man weiß nicht, ob auf Befehl oder trotz des Taikun) mit 18,000 Mann ausgerückt und habe die Engländer und Franzosen bedroht, welche, 2000 Mann stark, sich in guten Vertheidigungsstand gesetzt hätten. Doch lief es ohne Krieg ab, die von England geforderte Sühnungssumme wurde geleistet.

Im Spätsommer 1863 sperrte der Fürst Satsuma von Nagato, einer der mächtigsten Daimios aus dem uralten Geschlecht der Mori, den Europäern den Canal Simonosaki, um die Ausfuhr von Seide zu verhindern, so daß der englische Admiral Kuper sich bewogen fand, unterstützt von den französischen und holländischen Schiffen, die Sperre gewaltsam zu durchbrechen, des Fürsten Hauptstadt Kagosima in Brand zu stecken, 1000—1500 Ballen Seide wegzuführen (am 15. und 16. August). Kuper wurde im englischen Parlament streng getadelt, daß er die Einwohner der großen Stadt, die an der Politik ihres Fürsten vollkommen unschuldig waren, so barbarisch behandelt hatte.

Am 25. Dez. wurde der Palast des Taikun in Yebbo durch

seine Gegner in Brand gesteckt und soll ein großer Theil der Stadt mit abgebrannt seyn. Der Taikun blieb aber standhaft und schickte im Winter eine neue friedliche Gesandtschaft nach Europa, die am 3. Mai 1864 in Paris Audienz hatte. Man hörte von einer Aussöhnung des Taikun und Mikado, dem andere Nachrichten widersprachen. Was die Daimios anlangt, so wurde gesagt, sie seyen keineswegs fanatische Feinde aller Fremden, sondern handelten nur aus Gewinnsucht, weil durch die Ausfuhr die inländischen Waaren vertheuert würden und sie seitdem nicht mehr so viele Diener halten und Aufwand machen könnten, wie bisher.

Im Jahr 1867 kam der jüngere Bruder des Taikun zur Ausstellung nach Paris und man erfuhr, der Taikun selbst, Stotsbaschi, sey sehr intelligent und zu Reformen geneigt.

Endlich brachte das Journal des Debats und aus ihm die Augsb. Allg. Zeitung (1868, Nr. 358) eine sehr interessante Darlegung der politischen Verhältnisse in Japan und der Ursachen, welche den in jenem Lande herrschenden Bürgerkrieg veranlaßt haben. Der eigentliche Grund der Krisis ist bekanntlich die Eifersucht unter den großen Vasallen des Reiches. Die Gelegenheit und der Vorwand wurden von den Verträgen hergenommen, welche der Taikun — der in Yebbo regierende Fürst — ohne Ermächtigung seitens des wahren Herrschers, des Mikado, mit den Fremden abgeschlossen hatte. Dieß ist aber, wie gesagt, nur der Vorwand gewesen, denn sonst müßte seit der im Jahre 1864 erfolgten Ratification der Verträge der Friede in Japan herrschen. Augenblicklich steht dort noch die Organisation des europäischen Mittelalters in voller Blüthe. Die Eifersucht der Nebenbuhler wagt sich indessen nicht bis zum Mikado heran: vor diesem Kaiser-Papst, der mit der vollen Autorität der geistlichen und weltlichen Macht ausgerüstet ist, der dem nationalen Glauben nach der directe Nachkomme der göttlichen Geister ist, die das Reich ge=

gründet haben, der Enkel der Sonne, ihres gemeinsamen Stammvaters — vor ihm beugen sich alle in tiefer Ehrfurcht. Gegen den in Yeddo thronenden Taikun, den reichsten und mächtigsten der Vasallen, den Befehlshaber der Armeen, den Imperator im antiken Sinne des Worts, richten sich die Anschläge der großen Vasallen. Die Macht des Taikun, dessen Familie während fast drei Jahrhunderten durch ausgezeichnete Dienste sich den Titel und Rang eines Vicekönigs verschafft hat, obgleich sie sich vorzugsweise den Fremden gegenüber bethätigt, ärgert die andern Fürsten, denen sie sich durch verschiedene Zeichen der Abhängigkeit aufdrängt. So z. B. sind dieselben verpflichtet, in Yeddo einen Palast zu besitzen, wo sie während eines Theils des Jahres wohnen müssen; wenn sie sich in ihre betreffenden Fürstenthümer begeben, müssen sie ihre Familien als Geiseln in Yeddo zurücklassen. Um die Lage noch verwickelter zu machen, gehört der Archipel der Lieu-Kieu-Inseln südlich von Japan, man weiß nicht recht, unter welchem Titel und in welcher Form, dem mächtigsten der Fürsten, dem Prinzen von Satsuma an, der sich in Europa bei Gelegenheit der vorjährigen allgemeinen Ausstellung den Titel eines Königs von Lieu-Kieu beilegen ließ. Der erste Schritt nun, welchen die Daimios gegen die Uebermacht des Taikun thaten, bestand darin, daß sie durch eine Unterhandlung mit dem Mikado sich die Erlaubniß verschafften, mit ihren Familien die Stadt Yeddo zu verlassen, indem sie die Nothwendigkeit vorschützten, ihre von den Fremden bedrohten Fürstenthümer zu schützen, als diese ihre Macht gegen den Fürsten von Nagato sammelten, welcher ihnen die Meerenge von Simonosaki und das innere Meer schließen wollte. Von dem Augenblick an organisirten die Vasallen ein Schutz- und Trutzbündniß im Süden des Reichs, wo ihre Fürstenthümer gelegen sind.

Angesichts dieser feindlichen Haltung begriff der Taikun sehr wohl, daß ein Kampf gegen seine Autorität sich vorbereite, welcher ihn nöthige, alle seine Macht zu entfalten und vielleicht sich auf seine neuen Freunde, die Vertreter der fremden Mächte, zu stützen. Er organisirt sein Heer und seine Flotte, er errichtet in Yeddo ein Collegium, in welchem europäische Lehrer die Wissenschaft lehren; er schickt junge Japanesen nach Europa, um sich in directen Verkehr mit der dortigen Civilisation zu setzen. Inmitten dieser Vorbereitungen trifft im Jahr 1866 der Tod den Taikun und seine Stelle ward von einem Mitgliede seiner Familie, vom Fürsten Stotsbaschi, besetzt. Dieser begreift vollständig, daß die alte Verfassung des Reichs und sein eigenes Ansehen durch die Umtriebe im Süden gefährdet werden. Nach einigem Zaudern wendet er sich mit seinen Befürchtungen an den Hof des Mikado, der ihm dieselbe Macht verspricht, welche seine Vorfahren besaßen. Seine Gegner verfolgen ihren Plan mit großer Geschicklichkeit. In Erwartung der günstigen Umstände zu einem offenen Kampf ziehen sie mit gastfreundlicher Höflichkeit die Befehlshaber der englischen Schiffe in ihre Häfen; sie öffnen ihre Städte der Neugierde der Reisenden und Handeltreibenden, sie suchen sich Freunde in Europa zu verschaffen. Alle diese Thatsachen, die in Europa kaum bemerkt werden, machen in Japan einen tiefen Eindruck. Der französische Gesandte bestrebt sich, ihnen jeden dem Taikun feindlichen Charakter zu benehmen. Aber der Taikun selbst findet sich eines Tags in großer Verlegenheit zwischen seiner Neigung für die Franzosen und seiner Pflicht als japanischer Fürst. Da geschieht es, daß eine gewisse Anzahl einheimischer Katholiken mit einem mehr frommen als klugen Eifer von den Missionären dazu gereizt werden, einen fast öffentlichen Cultus ihrer Religion auszuüben. Der Taikun, ungeachtet seiner guten Absichten und seiner persönlichen Toleranz, kann nicht umhin, das Gesetz des Reichs zur Geltung zu bringen, welches die Ausübung der christlichen Religion verbietet. Die Sache wird beigelegt, aber der Taikun sieht ein, daß ihm eine neue Quelle der

Beunruhigung aus dieser Religionsangelegenheit erwachsen wird. Alle die Schwierigkeiten, welche sich immer mehr und mehr vor ihm häufen, bestimmen ihn dazu, abzudanken. Im Jahr 1867 legt er vor den Füßen des Mikado seine Regierungsgewalt nieder. Er legt seinem Souverän in einem Manifest dar, daß der Fortschritt der Civilisation und die nunmehr unvermeidlich gewordenen Beziehungen mit dem Auslande die Lebensbedingungen der Staaten verändert haben, unter welchen Japan von seinem Range herabstiege, wenn die Gesetze und die Verfassung nicht verändert würden. Er rieth dem Mikado, in Kioto, seiner Hauptstadt, unter seiner göttlichen Autorität eine Versammlung aller großen Daimios behufs einer Revision der Verfassung zusammenzuberufen. Ehe er diesen heldenmüthigen Entschluß faßt, versäumt er nicht mit den Großwürdenträgern des Hofes des Mikado und mit den Daimios im Norden, seinen Freunden und Vasallen, sich zu verständigen. Die Daimios des Südens ihrerseits sind nicht ohne Besorgniß und fürchten, der Taikun werde aus dieser Prüfung mächtiger hervorgehen, da seine Gewalt durch die nationale Beistimmung gestählt wäre. Sie geben sich den Anschein, als bewundern sie das Verfahren des Fürsten von Yeddo, und die Mehrzahl begibt sich nach Kioto. Dem herrschenden Gebrauch gemäß hatten sie ihr zahlreiches Gefolge mitgebracht, welches zusammen ein wirkliches Heer ausmachte. Anscheinend war alles ruhig, als während einer Nacht die Fürsten von Satsuma, von Nagato und von Tosa heimlich in den Palast des Mikado eindrangen, die Hüter der Thüren niederstießen, die Hofbeamten, welche der Ergebenheit für den Taikun verdächtig sind, ins Gefängniß warfen, und ihren Freunden, die im voraus gewählt waren, die Bewachung des Mikado, eines schwächlichen Knaben von fünfzehn Jahren, übertrugen. Auf diesen kühnen Handstreich antwortete der Taikun mit einer Proclamation, in welcher er die Verfassung für verletzt und die geheiligte Person des Mikado, als von den rebellischen Daimios unterdrückt, erklärte, und sagte: er werde an der Spitze seines Heeres die eine sowohl als die andere zu rächen wissen. In der That ging er mit seinem Heer gegen Kioto vor, und in einem ersten Zusammenstoß mit den Truppen Satsumas und Nagatos trug er den Sieg davon. Den nächsten Tag aber änderte eine Kriegslist seiner Feinde die Lage. Seine Feinde nämlich ließen vor sich her die Fahne des Mikado tragen, und als seine Truppen diese heiligen Insignien erblickten, sank ihr Muth, und sie wagten es nicht, gegen dieselben zu kämpfen. Der Taikun selbst wagte nicht gegen diese heiligen Zeichen zu streiten, trotz der Ermunterung mancher seiner wärmsten Anhänger. Er eilte schnell nach Yeddo zurück und erneuerte dort feierlich seine Abdankung und seine Betheuerung der Treue für den Souverän, und um seine Aufrichtigkeit zu zeigen, zog er sich nach der Stadt Mito, seiner Privatresidenz, zurück. Aber eine Palast-Revolution konnte der Sache nicht ein Ende machen. Die Bande des Bluts und der Interessen machten dem Taikun eine Partei, die ihn als ihr Oberhaupt anerkannte. Die Vasallen der nördlichen Provinzen schlossen sich der Sache Stotsbaschis an, und unter seiner Leitung bildete sich ein Nordbund, befehligt von einem der ersten Fürsten, welcher seine Plane und seine Waffen denen des Südbundes entgegensetzt. Das ist die geschichtliche Erklärung des jetzt in Japan herrschenden Bürgerkriegs.

Durch diese Darlegung kommt erst in die vereinzelten Nachrichten, die uns die Zeitungen bisher brachten, ein gehöriger Zusammenhang.

Siebentes Buch.

Die Vorgänge in Abessinien. Afrika und Neuholland.

Unter den Conflicten des meerbeherrschenden England und des ihm immer über Meer nachfolgenden Frankreich mit der schwarzen Race an den Küsten des stillen Oceans zeichneten sich in der Periode, von der wir hier handeln, die mit Abessinien und Madagaskar aus.

In Abessinien (Habesch) hatte sich von den ältesten Zeiten der egyptischen (koptischen) Kirche an das Christenthum erhalten, aber in großer Entartung, denn die Race dort ist schwarz gleich den Negern, wenn auch viel stolzer, anmaßender und verschmitzter. Das Land ist sehr gebirgig. Die Herrschaft war getheilt. Im Süden war das Reich Schoa unabhängig, im Norden herrschte ein s. g. Negus, angeblich noch aus salomonischem Geschlecht, gegen den sich aber längst Theilfürsten empört hatten. Im Jahr 1858 war es dem König Theodoros gelungen, den letzten Negus zu beseitigen und sich zum Herrn des Nordens zu machen und auch Schoa zu unterwerfen, obgleich immer noch gegen ihn rebellirt wurde. Dieser energische und schlaue Fürst brauchte bessere europäische Waffen, um die rohen Stämme überwältigen zu können, schmeichelte daher den europäischen Missionären, die zu ihm kamen, um durch sie mit Waffen und geschickten Arbeitern versehen zu werden, und täuschte sie dermaßen, daß sie seinen Ruhm in ganz Europa verkündeten und ein großes Heil für die Bekehrung Afrikas erwarteten, obgleich er sie heimlich auslachte und gleich seinen Geistlichen viel zu stolz und eingebildet war, um nicht das alte in Abessinien einheimische Christenthum für etwas viel besseres zu halten als das, was ihm die Missionäre, noch dazu der eine in der katholischen, der andere in der lutherischen, der dritte in der calvinischen, der vierte in der methodistischen ꝛc. Façon zubrachten.

In dem Werke Abels „Drei Monate in Abessinien," welches 1866 erschien, wird die Geschichte des Theoboros ergänzt. „Einer alten Prophezeihung zufolge sollte ein König Theoboros einst das heilige Grabmal den Händen der Ungläubigen entreißen, die Türken aus Europa in ihre ursprüngliche asiatische Wildniß zurücktreiben und die ganze muhamedanische Religion von der Erde vertilgen. Auch sollte der betreffende König die heilige Stadt Jerusalem unter seinen Schutz nehmen und zum Hauptsitze der abessinischen Kirche erheben, welche sich dann zu Glanz und einer kaum erhörten Blüthe entfalten sollte." Der junge Kassa bezog das auf sich und rüstete sich, eine große Rolle zu spielen. „Mit einem Haufen Abenteurer führte er eine Zeit lang ein Banditenleben, bis er sich mächtig genug fühlte, die Provinz Dembea anzugreifen, welche von der Menene, Mutter des Ras Ali, regiert wurde. Menene, die Tochter eines reichen Moslems, trieb der Ehrgeiz, sich mit dem regierenden Negus zu vermählen. Sie spielte eine bedeutende Rolle in den Angelegenheiten des Staates. Ihre eigene Provinz hielt sie in strenger Ordnung, und, als sie vom Einfalle des Kassa benachrichtigt worden, stellte sie sich an die Spitze ihrer Truppen, um den Verwegenen in Person zu züchtigen. Bei dem ersten Zusammenstoße jedoch zerstreute sich ihre Mannschaft bei dem wilden Angriff des jungen Kriegers, und die Königin wußte nichts Besseres zu thun, als dem Kassa die Provinz Dembea als ihrem Vasall zu überlassen und ihm die Hand ihrer jungen Enkelin Tsootedje anzubieten. Glücklich im Krieg, glücklich in der Minne, schwamm ihm nun der Kopf vor großartigen Plänen, und nichts weniger als ein Zug gegen die Egypter konnte nun seinen Ehrgeiz befriedigen. Diese Letzteren hatten die Provinz Gallabat während der Unruhen in Abessinien erobert, und gegen die Hauptstadt dieser Provinz richtete er nun seinen ersten Angriff. Es war gerade Markttag in Matamma, als er mit seinen wilden Gefährten die Stadt überfiel, ausplünderte und mit einer ungeheuren Beute sich zurückzog. Bei diesem glücklichen Streiche verdoppelte sich seine Mannschaft, alle die Taugenichtse Abessiniens, welche lieber eine Lanze schwingen als arbeiten wollten, gesellten sich zu ihm."

Er setzte nun seine Eroberungen fort, bemeisterte sich, trotz einiger Niederlagen, einzelner Theile Abessiniens und besiegte endlich auch den Negus (Kaiser) Ras Ali, den bisherigen Oberherrn des Reichs. Ein einziger Häuptling hielt ihm noch Stand, wurde aber ebenfalls durch Verrath beseitigt. Im Jahr 1855 war er Herr von ganz Abessinien und ließ sich zum Kaiser krönen.

Munzinger in Petermanns Mittheilungen 1867, XI. berichtet weiter, wie sich dem Theodor der Beherrscher von Tigre, Negussin, entgegengesetzt und fünf Jahre lang behauptet habe, bis auch er im Jahr 1861 von Theodor besiegt worden sey und einen schmählichen Tod gefunden habe. Dieser Negussin war ein Freund der französischen Missionäre, die ihn aber durch falsche Versprechungen von Hülfe, die er aus Frankreich bekommen sollte, nur täuschten. Der englische Consul schürte schadenfroh den Haß gegen die Franzosen, ohne es zu merken, daß seine Landsleute noch verhaßter seyen. Die französischen Missionäre, unter denen der 1860 verstorbene Bischof Justin de Jakobis gerühmt wird, achteten wenigstens den Marienkultus der abessinischen Christen, den die englischen Missionäre verwarfen. Die Missionäre versündigten sich, indem sie in Europa verkündeten, Theodor sey ein großer Reformator und werde das abessinische Christenthum aus seiner bisherigen Verwilderung herausreißen. Er stand im Gegentheil mit dem Abuna, dem koptischen Oberpriester oder Papst, im innigsten Bunde und auch das ganze abessinische Volk, soweit es christlich war, hielt an der koptischen Kirche fest, mit ebenso viel Hochmuth, als Aberglauben. Diese schwarzen Abessinier halten sich nämlich für die ersten und vorzüglichsten Menschen der Welt. Neben ihnen gibt es viele Muhamedaner voll Haß gegen die Europäer, ungerechnet die heidnischen Neger. Gleichwohl duldete Theodor eine Zeit lang die englischen Missionäre, an die sich auch deutsche anschloßen, aber nur als Techniker und Handwerker, deren Kenntnisse ihm seine Kriegsrüstungen fördern halfen, und um einen Versuch zu machen, ob ihm vielleicht England zur Eroberung Egyptens behülflich seyn würde.

Aus dem Abel'schen Werk erfahren wir weiter über Theodor. Schon 1854 hatte sich der Irländer Bell, der ein Jägerleben am blauen Nil führte, ihm angeschlossen und war sein Liebling geworden. „Die Gnade, welcher dieser Irländer sich bei dem Könige erfreute, schien ohne Zweifel dem Bischof Gobat eine gute Gelegenheit zu seyn, eine Mission in Abessinien zu begründen; denn im Jahre 1838 hatte er das ganze Land schon durchreist und drei Jahre lang das Wort Gottes dort gepredigt. Nur schade, daß ein Mann, welcher sonst im persönlichen Lebenswandel untadelhaft und in seinem Eifer für das heilige Werk unermüdet dasteht, das abessinische Volk in so falschem Lichte gesehen hat. Leichtgläubig und mit einer gewissen Eitelkeit behaftet, war er durchaus nicht geeignet, sich mit dem schlauesten und sophistischesten Volke des ganzen Orients zu messen." Die Missionäre kamen als Techniker ins Land und erhielten vom Könige gleich anfangs nur die Erlaubniß, Juden zu bekehren, wenn sie Lust hatten; er verbot ihnen aber aufs strengste, unter seinen christlichen Abessiniern Proselyten zu machen oder Bibeln unter ihnen auszutheilen. Gobat selbst kam nicht wieder ins Land, aber die von ihm abgeschickten Missionäre übertraten das Gebot des Königs.

Die Kirchenverfassung Abessiniens ist eigenthümlich. Der Abuna (wörtlich: unser Vater) wird formell vom koptischen Patriarchen ernannt, weil das Christenthum aus Egypten nach Abessinien gekommen ist. Im übrigen ist der Abuna unabhängig, ernennt die ihm untergebenen Priester und regiert die Kirche allein, nur mit Zuziehung des Etschege, welches der Obergeneral aller Mönche ist. Die Priester dürfen heirathen, aber nur vor der Ordination und nachher nicht wieder. Der Abuna ordinirt sie mit Anblasen, Handauflegen, Bekreuzigen und Darreichen von zwei Salzstücken. Jeder Priester muß lesen können, hat aber bloß lange Litaneien zu lesen, zu taufen und das Abendmahl auszutheilen. Das letztere geschieht mit einem Stück Brod und einem Löffel voll Wasser, welches über Rosinen gegossen wird. Predigen gehört nicht nothwendig zum Amte. (Nach Krapfs Reisen I. 65.) Der Gottesdienst besteht aus lauter Ceremoniell. Jeder Tag hat seinen Heiligen, ebenso jede Kirche. Jeglichem Bedürfniß oder Leiden hülft ein bestimmter Heiliger ab. Der eine heilt diese, der andere jene Krankheit. Der eine steht dem Feuer, der andere dem Wasser ꝛc., der eine einer Gattung von Vieh, der andere einer andern vor. Ueberall sieht man Lichter vor den Heiligenbildern brennen und wird von ihnen Hülfe verlangt, so daß der Heiligencultus hier in noch viel vollerer Blüthe steht, als in griechischen oder katholischen Ländern (Krapf II. 384).

Es gibt auch Sekten. „Vor etwa 70 Jahren alarmirte die Abessinier die Lehre von den drei Geburten Christi, ein Dogma, das von einem Mönche in Gonbar aufgebracht wurde. Hiernach war Christus vor allem Weltanfang schon aus dem Vater hervorgegangen (erste Geburt), dann Mensch aus der Jungfrau Maria geworden (zweite Geburt) und durch die Taufe im Jordan durch den heiligen Geist zum dritten Male geboren. Nach einem langen Kampfe mit der Gegenpartei, die nur zwei Geburten annahm, wurde 1840 durch Befehl Sahela Selassies, des Königs von Schoa, der Glaube an die drei Geburten als allein rechtgläubig durchgesetzt und die Anhänger der zwei Geburten mußten das Feld räumen. Sie flohen zum Abuna in Gonbar, der sie in seinen Schutz nahm und vom Könige verlangte, daß er die Vertriebenen wieder aufnehme, da ihr Glaube, als mit demjenigen des heiligen Markus übereinstimmend, der einzig rechte sey. Als Sahela Selassie sich nicht fügen wollte, bedrohte ihn der Abuna mit Krieg, der jedoch erst 1856 unter König Theoboros gegen Sahelas Sohn zur Ausführung kam. Dieser unterwarf Schoa und führte die Lehre von den zwei Geburten wieder ein, die nun allein herrschend ist, nichtsdestoweniger aber als „Karra-Haimanot", d. h. Messer-Glauben bezeichnet wird, da sie die dritte Geburt Christi gleichsam abschnitt." (Nach Andrées Werk über Abessinien 1869.)

Merkwürdiger Weise wird die Ehe in Abessinien nichts weniger als heilig gehalten. Die Civilehe ist dort herkömmlich und kirchliche Trauungen sind zwar nicht ausgeschlossen, kommen aber nur selten vor und bestehen einfach darin, daß das Brautpaar gemeinschaftlich das Abendmahl einnimmt. Wollen sie sich trennen, so hindert sie niemand und sie können gleich wieder eine neue Ehe schließen. Rüppel sah, wie ein erst siebzehnjähriges Frauenzimmer sich bereits zum achten Mal verheirathete. Der Missionär Isenberg, der lange im Lande lebte, kannte nicht ein einziges Paar, das einander treu geblieben wäre.

Der deutsche Missionär Krapf brachte dem Kaiser tüchtige Arbeiter aus der Basler Missionsgesellschaft, welche ihm Straßen bauten und Artillerie errichteten. Im Jahr 1862 aber, in demselben Jahre, in welchem der englische Consul Cameron sich einfand, kamen auch zwei zur englischen Kirche übergetretene Juden, Stern und Rosenthal mit, wodurch das bisherige gute Einvernehmen in trauriger Weise gestört wurde. Der frühere englische Consul Plowden war der beste Freund des Kaisers gewesen, hatte ihn überall begleitet und den günstigsten Einfluß auf ihn geübt, so daß derselbe viele nützliche Reformen vornahm und namentlich den Sklavenhandel und die Vielweiberei abschaffte, was er nachher widerrief. Als Plowden von einem rebellischen Häuptling erschlagen wurde, rottete der Kaiser, ihn zu rächen, den ganzen Stamm des Mörders aus. Der neue Consul, Cameron, der mit seinem Sekretär, einem intriganten Franzosen Namens Barbel ankam, ging auf Theodors Wunsch einer Allianz mit England und Frankreich ein und Theodor schenkte ihm 1000 Thaler, um einen eigenhändig von ihm geschriebenen Brief an die Königin von England persönlich zu überbringen und dem Barbel 500 Thaler, um einen ähnlichen Brief dem Kaiser Napoleon zu überreichen. Cameron beging die Untreue und Taktlosigkeit, das Geld zu nehmen, den Brief aber nur auf die Post zu geben und sich unterdeß in Egypten zu amusiren. Der Brief kam in London an, wurde aber dort nicht beachtet und nicht beantwortet. Barbel reiste wirklich nach Paris, richtete aber wenig aus, denn Kaiser Napoleon III. war unzufrieden, daß die katholischen Missionäre in Abessinien keine so gute Aufnahme gefunden hatten, als die protestantischen, und ließ zwar seinen auswärtigen Minister Drouyn de l'Huys an König Theodor eine höfliche Antwort schreiben, aber ihm Toleranz empfehlen. Von einer Allianz war nicht die Rede. Als nun von England gar keine Antwort und von Frankreich nur ein Ministerialschreiben in Abessinien anlangte, sah sich Theodor bitter getäuscht und ärgerte sich nicht mit Unrecht. In seinem Briefe an die Königin Victoria hatte er einen stolzen Ton angeschlagen. Er hatte sich gerühmt, Alleinherr Abessiniens geworden zu seyn, die kriegerischen Gallaneger überwunden und den Türken gedroht zu haben, er werde sie aus Suban verjagen. Als ihm nun auf seinen warmen Antrag England nicht einmal eine Antwort gab, mußte er daraus schließen, daß Palmerston ein gutes Einvernehmen mit den Türken dem mit Abessinien vorziehe.

Während Barbels Abwesenheit in Paris hatte sich ein anderer Franzose Namens Lejean bei König Theodor eingefunden, aber durch unbesonnenes Intriguiren dessen Ungnade auf sich gezogen, war verhaftet und fortgejagt worden, rächte sich, als er über der Grenze war, durch einen dummen Drohbrief, erzürnte dadurch den König Theodor noch mehr und flößte ihm Argwohn gegen alle Europäer überhaupt ein.

Zugleich erfuhr er, der Missionär Stern habe ein Buch über Abessinien geschrieben und ihn und seine Mutter darin lächerlich gemacht. Stern mußte seine Vorwürfe anhören und fuhr dabei mit seiner Hand an die Lippen. Nun ist aber das Beißen in den Daumen bei den Abessiniern das Zeichen der Verachtung. Der König glaubte, Stern wolle ihm Verachtung bezeigen, ließ ihn auf der Stelle tüchtig durchprügeln und in den Kerker werfen*). Auch Rosenthal wurde gefangen gesetzt. In einem einläßlichen Aufsatz der Augsb.

---

*) Nach dem Bericht des Missionär Flad war Stern, gegen die Hofsitte, unangemeldet mit zwei Dienern zu Theodor gegangen. Dieser schalt ihn tüchtig aus und ließ die beiden Diener, auf welche Stern die Schuld schob, todtprügeln. Als aber Stern bei dem gräßlichen Anblick sich umwandte und in den Finger biß, wurde der König noch wüthender und ließ ihn selber blutig schlagen. Stern hatte nämlich nicht gewußt, daß sich in die Finger beißen in Abessinien „Rache" bedeutet.

Allg. Zeitung von 1867, Beilage Nr. 278 heißt es, diese beiden Missionäre jüdischer Abstammung scheinen sich in einer durchaus nicht ihrer Würde und der christlichen Demuth entsprechenden Weise gegen den König, dessen Gastfreundschaft sie genoßen, betragen zu haben*). Ihr Benehmen wird sogar von ihren Collegen in hohem Grade mißbilligt. Nun kam auch noch im Spätherbst 1863 eine Depesche aus England an, worin Cameron, der unterdeß zu Theodor zurückgekehrt war, getadelt wurde, zu freundschaftlich gegen Theodor gewesen zu seyn, und den Befehl zur Rückkehr erhielt. Da riß dem König die Geduld und er ließ nun auch Cameron und alle noch übrigen Engländer und Missionäre in Abessinien gefangen setzen.

Die englische Regierung schickte den Armenier Rastam, einen gewandten und jenes Landes kundigen Mann nach Abessinien, und ihm gelang es, den König wieder zu beruhigen. Er ließ am 14. Februar 1866 die Gefangenen los. Schon waren sie unterwegs

---

*) Abel erzählt unter Anderem: „Bei einer Gelegenheit, als Herr Rosenthal dem Könige ein Geschenk machen wollte, ist es jenem sehr schlecht gegangen. Von Khartum aus hatte er einen sechs Fuß langen Teppich erhalten, worauf der berühmte Jäger Jules Gérard, im Begriff einen Löwen zu erlegen, abgebildet war. Mit diesem Teppiche glaubte Herr Rosenthal dem König ein Vergnügen zu machen, ersuchte um eine Audienz und brachte ihm seine Gabe dar. Anstatt aber daß der König das Geschenk gnadenvoll annahm, gerieth er in die größte Wuth und schrie, seinen Höflingen zugewandt: ‚Seht mir diesen frechen Buben an! Die Unverschämtheit hat er, mir zu sagen, daß ich von den Türken fortgejagt und erschossen werde!‘ Jules Gérard war im türkischen Fez abgebildet, und der Löwe ist auch das Bild der abessinischen Nation. Umsonst suchte ihn Herr Rosenthal zu besänftigen und ihm die wahre Bedeutung des Bildes zu erklären. Er wurde straks in das Gimp eingeführt, und erst nach drei Wochen langer schlechter Behandlung ist es seiner Frau gelungen, ihm Pardon bei dem Könige zu erwirken."

nach Egypten und freuten sich, ihre Heimath bald wieder zu sehen, als sie plötzlich wieder verhaftet und gefesselt zum König zurückgebracht wurden. Indessen erklärte sich Theodor bereit, sie frei zu lassen, wenn ihm die englische Regierung eine Genugthuung gebe. Dieselbe solle darin bestehen, daß man ihm geschickte Mechaniker und Handwerker schicke, um seinem Volke den Straßen- und Brückenbau, Kanonengießen, Büchsenmachen ꝛc. zu lehren. Der Missionar Flad wurde beauftragt, deßfalls nach London zu gehen, mußte aber Frau und Kinder als Pfand zurücklassen. Dagegen nahm er einen jungen Abessinier, seinen Schüler, mit. Er wurde in England gütig von der Königin und Lord Stanley empfangen und erhielt die Erlaubniß, Handwerker für Abessinien zu werben. Die Sache zerschlug sich aber, da neuere Nachrichten aus Abessinien von einem neuen friedlichen Versuche abriethen. Am 26. Juli berieth das Unterhaus in London eine Adresse Seymours, der eine bewaffnete Expedition verlangte, um die Auslieferung der in Abessinien gefangenen Engländer zu erzwingen. Die Mehrheit fand jedoch die Ausführung so schwierig, für das Leben der Gefangenen selbst so bedrohlich, und unter Umständen, denen analog, welche die französische Expedition in Mexiko hatten mißlingen lassen, so bedenklich, daß Seymour seinen Antrag zurückzog.

Unterdeß hatten sich in Abessinien verschiedene Häuptlinge gegen Theodor empört, und er mußte gegen sie zu Felde ziehen. Zwar blieb er überall Sieger, allein der Geist des Aufruhrs nahm immermehr überhand, und seine Macht wurde dadurch geschwächt, daß die Desertionen in seiner Armee nicht aufhörten. Diese hatten verschiedene Gründe. Wie tapfer auch die Soldaten unter ihrem siegreichen König noch immer zu fechten gewohnt waren, auch bezahlt wurden und Beute machten, so litten sie doch in dem verheerten Lande oft Mangel an Lebensmitteln, auch unter seinen despotischen Launen, und waren keinen Augenblick ihres Lebens sicher, weil er beim geringsten Verdacht die fürchterlichsten Todesstrafen verhängte. Durch solche Schreckmittel suchte er insbesondere den Desertionen vorzubeugen. Unnachsichtlich wurde nicht nur jeder Deserteur, oder den er nur im Verdacht hatte, er wolle desertiren, lebendig verbrannt, sondern dasselbe Schicksal traf auch seine ganze Familie. Es kam daher so weit, daß die Weiber oft, nur um sich selbst und ihre Kinder zu retten, ihren Mann fälschlich anzeigten, als wolle er desertiren. Dann wurde doch wenigstens nur der Mann allein verbrannt. Diese gräßlichen Hinrichtungen folgten sich massenhaft. Aller Augenblicke lesen wir in dem Tagebuch der Frau Flad, daß achtzig, hundert und noch mehr Soldaten mit den Ihrigen verbrannt worden seyen. Es gab auch andere Hinrichtungsarten. Einem Vater und seinem Sohn wurden Hände und Füße abgehauen. „Sie lebten noch mehrere Tage, bis sie der Brand verzehrte. Herzzerreißend waren die Berichte unserer Leute, wie die Verstümmelten so flehentlich um einen Trunk Wasser gebeten hatten; aber niemand durfte es wagen, ihren brennenden Durst zu löschen, sonst hätte er ihr Schicksal theilen müssen. Wer sollte es glauben?! 293 Soldaten mit ihren Frauen wurden, weil sie entfliehen wollten, mit den Hälsen in hölzerne Gabeln gespannt, zum Hungertod verurtheilt. Manche lebten 10, 12 und noch mehr Tage." Ein andermal ließ der König gegen 200 Soldaten mit der „großen Peitsche" durchhauen. Wie diese Peitsche beschaffen war, wird nicht gesagt, wohl aber, daß viele unter der Peitsche todt weggetragen wurden, und daß die Peitsche die Körper zerfleischte, wie wenn sie mit Messern wären zerschnitten worden.

Die Unzufriedenheit unter den Soldaten wuchs immer mehr. Nicht wenig trug dazu bei, daß sie dem König auf seinen Eilmärschen gegen die Rebellen über die unwegsamsten Gebirge seine schweren Kanonen ohne Zugvieh mit Menschenhänden nachschleppen mußten, und weil diese schweren Geschütze erst durch die Europäer eingeführt worden waren, wurden diese letztern wegen der Kanonen von den Eingebornen furchtbar gehaßt, was ihre Lage begreiflicherweise noch verschlimmerte.

Gegen die Rebellen verfuhr Theodor mit furchtbarer Grausamkeit, ließ alle niedermachen mit Weibern und Kindern, alle ihre Städte und Dörfer ausplündern und dann niederbrennen. Aber diese Schreckmittel halfen nichts, der Aufruhr entbrannte immer von Neuem. Ein Brief meldet: „Vor einigen Wochen hat er Gondar mit all seinen Kirchen zerstört, d. h. ausgeraubt und dann dem Boden gleichgemacht. Die Leute brachte er hieher, sowie auch die Tabote und alle Kirchengeräthschaften, darunter eine große Menge Kronen, theils goldene, theils silberne und messingene. Letztere wurden in den Flammofen geworfen, um Kanonenmetall davon zu machen. Die silbernen erhielten die Silberschmiede, um Schildbeschläge davon zu machen. Diese Sache hat ihm in den Augen seines Volkes einen großen Schlag versetzt. Die Unzufriedenheit unter dem Militär ist außerordentlich. Die Revolution in den Provinzen macht gewaltige Fortschritte. In dieser Woche hat er Antabiet und Goma plündern lassen. — Die Dörfer wurden wiederholt ausgeplündert, und die Landleute sammt ihren Häusern verbrannt. Weder die Kindheit, noch das Alter, noch Kranke und Krüppel wurden verschont. Entlaufene Soldaten wurden über ein Tausend aufgefangen und ihnen die Hälse abgeschnitten; Frauen, Dienstboten und Kinder Entronnener wurden auf die grausamste Weise hingemordet, ein Knabe von 4 Jahren erschossen. Ueber eine Million geraubtes Rindvieh mußte innerhalb drei Tagen bei Todesstrafe geschlachtet werden und wurde zum Futter der Hyänen und Raubvögel weggeworfen. Als er diese That verübt, sagte er zu seinen Soldaten: ‚Grade so viele Menschen müssen dieses Jahr noch sterben.' Auf das arme unschuldige Landvolk wurde nun Jagd gemacht und wer aufgefangen werden konnte, wurde verbrannt.

Die bevölkerten Städte Mabracha und Mahebar Mariam wurden mit ihren Einwohnern verbrannt."

Der Missionär Flab wurde bei seiner Rückkehr zu Theodor von diesem nicht gut aufgenommen, denn er brachte zwar ein Schreiben der Königin Victoria mit, in welchem wieder Handwerker zugesagt waren, dagegen die Auslieferung aller Engländer gefordert wurde. Ein Fluchtversuch der letzteren erbitterte den König noch mehr und er ließ sie nicht los. Die Gefangenen waren außer Rastam der Consul Cameron, dessen Sekretär Keraus mit drei Dienern, der Maler Barbel, die deutschen Naturforscher Schiller und Eßler, die Missionäre Stern, Staiger, Branders, Flab, Rosenthal nebst den Frauen der beiden letztern mit ihren Kindern.

Die englische Regierung sah sich endlich genöthigt, eine Flotte mit einer Landungsarmee nach Abessinien zu schicken, um die Gefangenen mit Gewalt zu befreien, oder wenigstens das Ansehen Englands in Ostafrika und den arabischen Gewässern so zu befestigen, daß Gewaltthätigkeiten und Unverschämtheiten wie die des Königs Theodor nicht mehr vorkommen könnten und die wilden Häuptlinge Afrikas und Arabiens im Respect gehalten würden. Die Expedition ging unter General Robert Napier von Ostindien aus, 4000 Engländer und 8000 Sepoys. Am 16. October 1867 segelten sie von Aden ab.

Wir gehen zum zweiten Conflict über, der mehr die Franzosen als Engländer in Anspruch nahm. Auf der großen Insel Madagaskar, östlich von Afrika, hatten schon öfter Franzosen den Anfang mit Niederlassungen gemacht, um eine Station weiter im stillen Meere zu besitzen, waren aber immer wieder von den heidnischen Schwarzen der Insel vertrieben worden, sammt ihren katholischen Missionären, zuletzt im Jahr 1857.

Das Volk der Insel besteht, wie Frau Ida Pfeiffer, welche dort war, berichtet, "aus vier verschiedenen Racen; auf der Südseite leben die Kaffern, auf der Westseite die Neger, während auf der Nordseite die arabische Race und auf der Ostseite und im Innern die malaische vorherrschend ist. Diese Hauptracen zerfallen in viele Stämme, von welchen gegenwärtig jener der Hovas, zur malaischen Race gehörend, der zahlreichste und civilisirteste auf der ganzen Insel ist. Die Hovas bevölkern den größten Theil des Innern und bildeten schon zur Zeit der Entdeckung Madagaskars ein mächtiges Reich, dessen Hauptstadt ‚Tananariva', in der Mitte einer großen Hochebene in dem Bezirke Emir gelegen, aus einer Vereinigung vieler Dörfer besteht. Am wenigsten bekannt, oder besser gesagt, gänzlich unbekannt ist die Süd=westküste, deren Bewohner für die ungastlichsten und für die erklärte=sten Feinde der Europäer gelten."

Der König der Hovas, Radama, der den Christen sehr geneigt war, starb 1828. Seitdem regiert seine energische Wittwe Ranavola in einem entgegengesetzten System, indem sie schon mehrmals alle Weißen von der Insel verjagt und die Christen grausam verfolgt hat. Auch in Bezug auf ihre heidnischen Unterthanen scheint sie kein anderes System zu verfolgen, als so viele Menschen als möglich auszurotten, die Bevölkerung der Insel zu verdünnen. Unter den nichtigsten Vor=wänden werden ganze Districte durch Mord menschenleer gemacht. In gleichem Verhältniß steht die Sittlichkeit. „Meine Feder erlaubt mir nicht, eine Beschreibung zu geben von den vielen unsittlichen Gebräuchen, die nicht blos unter dem Volke, sondern in den höchsten Familien des Landes üblich sind, und welche den Leuten ganz natür=lich erscheinen; ich kann nur sagen, daß die Keuschheit einer Frau hier nicht den geringsten Werth hat, und daß, was Ehen und Nach=kommenschaft anbelangt, so sonderbare Gesetze herrschen, wie gewiß nirgends in der Welt. So kann sich z. B. der Mann von seinem Weibe scheiden lassen und ein anderes nehmen, so oft er will. Die Frau kann zwar auch mit einem anderen Manne leben, darf sich jedoch nicht wieder verheirathen; alle Kinder aber, die sie gebiert, nachdem sie von ihrem ersten Manne geschieden ist, werden dessenungeachtet als diesem angehörig betrachtet. Der eigentliche Vater hat nicht das geringste Recht auf sie, und die Mutter muß sie ihrem ersten Gatten auf dessen Verlangen augenblicklich ausliefern. Auch wenn der Mann stirbt, werden alle Kinder, die seine Wittwe in der Folge gebiert, dem Verstorbenen zuerkannt. Diesem Gesetze zufolge kommt es, daß der Prinz Rakoto, Sohn der Königin Ranavola, obwohl erst lange Zeit nach König Radama's Tode geboren, dennoch als dessen Sohn gilt."

Die Königin ließ im Jahr 1857 alle ihre Unterthanen, die sich von den Missionären hatten bekehren lassen, hinrichten. Nun war aber der Franzose Lambert mit ihrem Sohn Rakoto befreundet worden und intrigirte mit ihm gegen diese schon 75 Jahr alte Mutter. Lambert ging 1856 nach Paris, um Frankreich für seine Pläne zu gewinnen, Napoleon III. wies ihn aber ab, weil er wegen Madagaskar nicht mit England in Streit gerathen wollte. In der That waren auch die Engländer sehr wachsam, und ihr Missionär Ellis verfehlte nicht, Lambert bei der Königin zu denunciiren. Gerade damals war Ida Pfeiffer am Hofe der Königin, welche jedoch auf die Anzeige der Engländer nicht so viel Werth legte, als diese schadenfroh gewünscht hatten, denn Lambert wurde frei entlassen und auch der Prinz blieb verschont.

Die alte Königin starb am 10. August 1861, und die Engländer versuchten gegen deren Verfügung den Prinzen Ramboasalam auf den Thron zu bringen, derselbe wurde aber im Kampfe getödtet und Rakoto behauptete den Platz, vom französischen Schiffskapitän Dupré energisch unterstützt. Er wurde unter dem Namen Radama II. König und ließ sich mit seiner Gemahlin Rabodo feierlich krönen. Die Engländer versuchten sogleich, den französischen Einfluß an seinem

Hofe zu durchkreuzen und schickten eine große Gesandtschaft, an deren Spitze General Johnstone und Dr. Ryan, Bischof von Mauritius, standen, nach Tananariva, der Hauptstadt des Reichs Madagaskar, welche 120,000 Einwohner zählen soll. Diese englische Gesandtschaft wurde zwar sehr ehrenvoll empfangen, aber der schlaue Franzose Lambert wußte sich vom Könige ein ergiebiges Küstenland zu erkaufen, um darauf Holzhandel zu treiben und Bergwerke anzulegen. Das wollten die Engländer nicht leiden. Sie verlangten vom Könige ähnliche Concessionen, aber die Zudringlichkeit ihres Missionärs Mr. Ellis verdarb alles. Er wagte nämlich, in dem Dorfe predigen zu lassen, in welchem die alte Königin begraben lag, worin das Volk eine große Entweihung sah. Nun scheint die Uneinigkeit zwischen Franzosen und Engländern der schwarzen Nationalpartei (den Hovas oder Garben), welche bisher zurückgesetzt war, Muth gemacht zu haben, dem Einfluß der verhaßten Weißen einen Damm zu setzen. Der junge König, meinte man, habe diesen Fremden schon viel zu viel nachgegeben. Man zog die junge Königin ins Interesse und in Folge einer großen Verschwörung wurden zuerst die 27 vertrautesten Räthe und Freunde des Königs, die s. g. Menamoso (Xyugen), aufgehängt und dann er selbst, da er die Forderungen der Verschworenen hartnäckig zurückwies, erdrosselt, am 12. Mai 1863. Seine Wittwe Rabobo übernahm nun allein die Regierung und vernichtete den mit Lambert eingegangenen Vertrag. Sie erhielt den Namen Rassahery-Manjaka (stark gemacht). Sie soll bereits 50 Jahre und 15 Jahre älter als ihr ermordeter Gemahl und eine Vertraute der alten Königin gewesen seyn, deren Energie sie zu theilen scheint. Obgleich sie den Europäern Sicherheit versprach, zogen es doch die Consuln von Frankreich und England vor, sich zu entfernen. Doch kehrten sie zurück und man erfuhr, daß noch im Beginn des Jahres 1865 Ellis und

Lambert auf der Insel waren und im englischen und französischen Interesse gegen einander intriguirten.

Der Zusammenstoß zwischen den europäischen Westmächten und der schwarzen Race erfolgte nur an der Ostküste Afrikas in Abessinien und in Madagaskar, der großen Insel im Osten dieses Welttheils. Das Innere Afrikas blieb von der europäischen Politik unberührt. Nur kühne Reisende durchstreiften es fort und fort.

Im Jahr 1861 entdeckte der Engländer Baker die großen Seen, in denen die obern Quellen des Nil ihre Gewässer sammeln und aus denen er dann majestätisch dem Mittelmeer zuströmt. Schon vor ihm hatte der Engländer Speke einen dieser Seen entdeckt. Baker aber gab beiden die Namen der Königin Victoria und ihres Gemahls Albert. „Der Albertsee oder N'yanza war eine ungeheure Einsenkung weit unter das allgemeine Niveau des Landes, von jähen Klippen umringt und im Westen und Südwesten von großen Bergketten begrenzt, die sich 5—7000 Fuß über den Stand seiner Wasser erhoben — er war daher der eine große Behälter, in welchen alles Wasser abfließen mußte, und aus dieser ungeheuren Felsencisterne nahm der Nil seinen Ausgang, ein Riese schon bei seiner Geburt. Für die Geburt eines so gewaltigen und wichtigen Stroms wie der Nil hatte die Natur eine großartige Einrichtung getroffen. Spekes Victoria N'yanza bildete einen Wasserbehälter in bedeutender Höhe, welcher durch den Kitangulèstrom den Abfluß von Westen aufnahm, und Speke hatte in großer Entfernung den M'Fumbiro-Berg als eine Spitze zwischen andern Bergen gesehen, von denen die Flüsse herabkamen, welche durch ihre Vereinigung den Hauptstrom Kitangulè, den vorzüglichsten Speisekanal des Victoria-Sees von Westen her, unter etwa 2° südlicher Breite bildeten; dieselbe Bergkette, welche den Victoria-See im Osten speiste, mußte daher auch eine Wasserscheide nach Westen und Norden haben, die in den Albert-See floß. Da der allgemeine Abfluß des Nilbeckens von Süden nach Norden gerichtet ist und der Albert sich viel weiter nach Norden erstreckt als der Victoria-See, so nimmt er den Fluß aus dem letztern auf und reißt also die ganzen Quellwasser des Nil allein an sich. Der Albert ist der große Behälter, während die Victoria die östliche Quelle ist."

Von großer Wichtigkeit war ferner die Reise der beiden englischen Brüder, David und Charles Livingstone, in den Jahren 1858 bis 1864 zum Flußgebiet des Zambesi in der portugiesischen Colonie im südöstlichen Afrika, eine Strecke weiter südlich als Zanzibar. Portugal besitzt diese Landstrecken nur dem Namen nach. Der Reisebericht der Brüder sagt: "Wenden wir uns einmal von Süden nach Norden und werfen wir einen Blick auf die ungeheure Meeresküste, von welcher die Portugiesen in Europa sich bemühen uns glauben zu machen, daß sie ihnen gehöre. Delagoa Bai hat ein kleines Fort, Lorenzo Marques genannt, aber jenseits der Mauern nichts. In Inhambane haben sie mit Zulassung der Eingebornen einen schmalen Streifen Landes inne. Sofala liegt in Trümmern, und von Quillimane nordwärts haben sie 690 Meilen weit nur eine einzige kleine Schanze, die durch eine bewaffnete Barkasse in der Mündung des Flusses Angora geschützt wird, um ausländische Fahrzeuge zu hindern, dort Handel zu treiben. Dann haben sie in Mosambik die kleine Insel, auf welcher das Fort steht, und einen ungefähr drei Meilen langen Streifen auf dem Festlande, auf welchem sie einige Landgüter haben, die nur dadurch vor Feindseligkeit geschützt werden, daß sie den Eingebornen einen jährlichen Tribut entrichten, was sie ,die Schwarzen in ihrem Sold haben' nennen. Die Niederlassung ist in Handel und Wichtigkeit lange im Sinken gewesen. Sie hat als Besatzung wenige Hundert kränkliche Soldaten, die ins Fort eingesperrt sind, und kann eben so wie eine kleine Koralleninsel in der Nähe kaum sicher genannt werden. Auf der Insel Dibo oder

Iboe werden eine unermeßliche Anzahl Sclaven zusammengebracht, aber es gibt wenig Handel irgend einer Art. In Pomba Bai wurde ein kleines Fort hergestellt, aber es ist sehr zu bezweifeln, ob es noch besteht, da der Versuch, dort eine Niederlassung zu bilden, gänzlich fehlgeschlagen ist. Für die Ländereien, welche sie auf dem rechten Ufer des Zambesi bebauen, entrichten sie den Zulus Tribut, und die allgemeine Wirkung des Anspruchs auf Macht und der Hinderung des Handels ist die, daß sie die unabhängigen eingebornen Häuptlinge dem Sclavenhandel der arabischen Dhows zutreiben, als dem einzigen Handel, der ihnen offen steht. Es ist der englischen Regierung aus zuverläßlichen Documenten, die bei der Admiralität und dem auswärtigen Amte liegen, wohl bekannt, daß erst im November 1864, zwei Monate später, als meine Rede in Bath gehalten wurde, als von Ihrer Majestät Schiff ‚Wasp‘ in Mosa...öil die Bestrafung derer verlangt wurde, die an der Mannschaft des Kutters von Ihrer Majestät Schiff ‚Lyra‘ in der Nähe eines 45 Meilen südwestlich von Mosambik gelegenen Flusses eine Gewaltthätigkeit verübt hatten, der gegenwärtige Generalgouverneur erklärte, daß er über die dortigen Eingebornen keine Gewalt habe. Dieser portugiesische Anspruch auf Herrschaft ist der Fluch der Negerrace auf der Ostküste Afrikas, und er würde bald zu Boden fallen, wenn er nicht die moralische Unterstützung hätte, welche er aus der Achtung herleitet, die ihm von unserer eigenen Flagge erwiesen wird. Der König von Portugal hat ein neues Gesetz zur Abschaffung der Sclaverei vorgeschlagen; da aber nie Anstalt gemacht worden ist, um ähnliche bereits erlassene Verfügungen zur Ausführung zu bringen, so flößt es mir kein Vertrauen ein, und wir können dasselbe nur als eine neue Bitte um noch weitere Fügung in ein System betrachten, welches die Barbarei forterhält."

Die englische Regierung schickte, angeregt durch die früheren

Berichte, eine neue größere Expedition nach Ostafrika, an deren Spitze der Bischof Mackenzie zu gleicher Zeit eine großartige Missionsanstalt unter den Negern gründen und Baumwollenpflanzungen anlegen lassen sollte. Ausbreitung des Christenthums und Sicherung eines friedlichen Anbaues unter englischem Schutz schien allerdings das geeignetste Mittel zu seyn, um dem heillosen Sclavenhandel ein Ende zu machen. Natürlicherweise gehörte dazu auch eine ausreichende Militärmacht und da der Bischof ohne diese ankam, konnte er freilich nichts ausrichten. England hätte förmlich Portugal bekriegen und die Colonie in eigenen Besitz nehmen müssen, um zum Zwecke zu kommen. Da es so weit nicht gehen wollte, hatte die Expedition das Schicksal aller halben Maßregeln. Der Bischof befreite in seinem ersten Eifer einige hundert Sclaven, machte sich dadurch aber nicht nur die Portugiesen, sondern auch die einheimischen Häuptlinge zu Feinden, wagte sich zu tief ins Land, fiel ins Wasser, bekam das Fieber und starb, von den Eingebornen geflohen, in der Hut einiger treuen Diener. Er erhielt zwar einen andern Bischof zum Nachfolger, dieser jedoch mißfiel sich in Afrika und kehrte unverrichteter Dinge zurück. Man kann kaum zweifeln, daß dieser zweite Bischof, Herr Tozer, das richtige Gefühl gehabt hat, ohne Soldaten und ohne geradezu den Portugiesen die Anerkennung ihrer Herrschaft im Lande zu verweigern, lasse sich hier nichts machen. Livingstone gibt darüber die beste Auskunft. Frankreich hat eben so wie England den Sclavenhandel aufs strengste untersagt, und dennoch wird dem Befehl nicht Folge geleistet. „Der Commandant in Tette, der erfahren hatte, daß eine Frau von schlechtem Charakter eine Schiffsladung Sclaven mit den Fluß hinabgenommen habe, schickte ihr der Form halber einen Offizier nach. Er verfolgte sie, holte sie ein, kehrte aber ohne sie zurück. Als wir mit dem Commandanten darüber sprachen, sagte er mit Siegesmiene: ‚Jetzt, wo uns die französische Flagge schützt, können uns die Eng-

Die Vorgänge in Abessinien. Afrika und Neuholland.

länder nichts anhaben. Und diese Flagge schützte den Sclavenhandel bis zum Mai 1864." Alle Reclamationen in Lissabon halfen nichts. Man schickte von dort zwar Instructionen in die Colonie, die aber wie alle früheren unbeachtet blieben.

Die Baumwolle, auf welche Livingstone mehrmals zurückkommt, soll am Fluß Zambesi sehr gut gedeihen und von der besten Qualität seyn, viel besser, als die ostindische. Ohne Zweifel haben die Brüder Recht, wenn sie dringend empfehlen, das reiche Flußgebiet des Zambesi auf andere Art zu colonisiren, als es die Portugiesen gethan haben, und sie machen darauf aufmerksam, daß sich mittelst dieses Flusses das Innere Afrikas den Europäern öffnen würde.

Hier öffnet sich insbesondere einer deutschen Colonisation für die Zukunft ein großes Feld. Denn nirgends herrscht eine Uebervölkerung und Auswanderungslust wie in Deutschland. Denken wir uns einmal die Interessen Hollands mit denen Deutschlands ausgeglichen und im großen Interesse der germanischen Gesammtheit vereinigt, so ist der Umstand von Wichtigkeit, daß die Republiken der Boers, d. h. der holländischen Bauern, die sich, als das Capland von den Engländern erobert wurde, England nicht unterwarfen, sondern in nordöstlicher Richtung auswanderten, jenem portugiesischen Colonialgebiet nahe liegen. Da ist schon ein germanischer Kern vorhanden, an den sich die deutsche Auswanderung nur anschließen dürfte. Auch liegt die Mündung des Zambesi am stillen Ocean den holländischen Colonien auf Sumatra und Java in Ostindien, wenn auch nicht nahe, doch gerade gegenüber, so daß sich die Colonien hier gegenseitig unterstützen können. Ohne eine solche kräftige Unterstützung germanischer Bevölkerungen würde sich auch die Herrschaft der Engländer in Ostindien auf die Dauer nicht behaupten lassen, sowie auch dem Uebergewicht der Russen und Nordamerikaner in den chinesischen Gewässern nicht immer durch englisch-französische Flotten, die unmittelbar von Europa herkämen, würde entgegengewirkt werden können. Starke Zwischenstationen, deren es bisher nur eine und auch dazu weit entfernte in Neuholland gab, wären sehr nöthig, um die maritime Hegemonie zwischen Afrika und Asien aufrecht zu erhalten.

Gleichzeitig machte ein Deutscher, Klaus v. d. Decken, eine äußerst interessante Reise von Zanzibar an der Ostküste Afrikas aus ins Innere und beschrieb den wunderschönen Berg Kilimandscharo. „Aus einer 10 deutsche Meilen breiten Grundfläche erhebt sich der ‚Berg der Größe' 16,500' hoch über die Ebene, oder 18,700' über die Meeresfläche. Zwei Gipfel krönen ihn, im Westen ein prachtvoller, mit blendend weißer Schneekuppe bedeckter Dom; im Osten eine 2500' niedrigere schroffe Masse jäh abfallender Riesenpfeiler und -säulen, beide durch einen langgeschweiften Sattel verbunden, das Zackig-Rauhe nebst dem Sanft-Schönen." Diesen Berg hatte schon der Missionär Rebmann kennen gelernt, dessen Nachrichten darüber in Krapfs Reisen in Ostafrika II. 49. 73. 160. mitgetheilt sind. Der Name soll Berg der Größe oder auch Berg der Karawanen bedeuten, weil ihn die Karawanen als Markzeichen des Landes schon aus weiter Ferne sehen. Zu seinen Schönheiten gehört, daß sich fast jeden Mittag um seinen Gipfel ein Gewitter sammelt und eine kurze Zeit lang in die Ebene hinunter blitzt und donnert. Er liegt im Lande der Dschagganeger, denen es aber nicht einfällt, hinaufzusteigen. Sie wissen daher nicht einmal, was der Schnee ist und halten den weißen Glanz des Gipfels für Silber. Ein Negerkönig wagte es einmal, Leute hinaufzuschicken, um nach dem Silber zu sehen, aber nur ein einziger kehrte mit erfrornen Händen zurück, die anderen waren alle vor Kälte umgekommen.

Rebmann erfuhr, daß weiter nordöstlich ein zweiter noch höherer Berg, Namens Kenia, liege. Das sind die Vorsprünge, die ersten in die weiten Ebenen vorgeschobenen Posten des berühmten Mondgebirges in Centralafrika. Von diesem noch nicht erforschten Gebirge aus laufen alle großen Ströme Afrikas nach allen Himmelsgegenden dem Meere zu. Der Missionär Krapf glaubt, auf diesen natürlichen Wasserstraßen werde das Christenthum ins Innere des Welttheils einbringen. Der Niger wird die Friedensboten zu den verschiedenen Ländern von Nigritien führen, während sein großer Zufluß, der Tschabba, zusammen mit dem Congo die Missionäre nach dem westlichen Mittelpunkt von Afrika, nämlich nach Uniamesi bringen wird. Die verschiedenen Zweige des Nil werden von Norden her das Evangelium nach den Aequatorgegenden tragen, während der Dschub und Dana einen Wasserweg ins östliche Central-Afrika abgeben werden, und der Kilimani oder Sambesi endlich wird von Südosten her ins Innere eine Heerstraße bilden. Die Quellen aller dieser großen Flüsse liegen nicht so weit von einander entfernt, als unsere jetzige geographische Kenntniß uns möchte glauben lassen. Alle diese Quellen scheinen sich um den Aequator und das große Binnenland Uniamesi herum zu concentriren; daher man sich nicht wundern darf, wenn die Araber alle diese Flüsse aus Einer Quelle entspringen lassen, was nur richtig verstanden werden muß, nämlich so, daß um den Aequator herum sich die Wasserscheiden bilden, aus denen jene Flüsse aus Norden, Osten, Westen und Südosten ihre Richtung nehmen. Von Uniamesi (Besitz oder Land des Mondes), sagen die Suahilis, könne man nach vier Enden der Erde gelangen.

Die große englische Colonie in Neuholland, oder wie es die Engländer lieber nennen Neu-Süd-Wales, gedieh zwar vortrefflich und wuchs durch immer neue Einwanderungen aus England und Deutschland an, hatte aber doch immer nur erst noch einen kleinen Theil des großen Welttheils angebaut, der in weiter Erstreckung immer noch eine nur spärlich von den rohesten Wilden bewohnte Wildniß blieb. Colonialprodukte baute man hier nicht. Der Hauptreichthum der Bevölkerung besteht in Viehzucht, besonders in ungeheuern Heerden von Schafen. Mundy rühmt den Ertrag aus der Wolle. Ein einziger Besitzer Namens Clark gewann jährlich an seiner Wolle 30 bis 40,000 Pfd. Sterling. Seit man die reichen Goldlager entdeckt hat, wimmelt es hier wie in Californien von Goldgräbern, die aus allen Nationen zusammenströmen, um schnell durch Goldklumpen reich zu werden. Je mehr sie verdienen, desto mehr schwelgen sie, so daß die Sitten hier nicht weniger verdorben sind wie in Californien.

Interessant ist, daß auch viele Chinesen in die Goldgrabereien kommen, fleißig und nüchtern arbeiten und mit ihrem Gewinne wieder davon gehen, daher sie von den übrigen Goldgräbern beneidet, gehaßt und sogar mißhandelt werden. Rietman sagt in seinen 1868 erschienenen Wanderungen in Australien: „Die letzte Regierung ging sogar so weit, von jedem Chinesen bei seiner Ankunft in der Colonie eine Kopfsteuer von 250 Franken zu verlangen, so daß eine Zeit lang die Gefängnisse vollgepfropft waren von armen Burschen, welche die verlangte Summe nicht besaßen. In einem ähnlichen Mißcredite befanden sich in frühern Jahren die deutschen Einwanderer, welche auch von den Engländern keineswegs liebevoll aufgenommen wurden. Als es aber auch dem Kurzsichtigsten klar wurde, daß die Deutschen ein höchst werthvolles Element der australischen Bevölkerung zu bilden anfingen, legte sich die Abneigung, und jetzt nehmen die Deutschen den ihnen gebührenden Rang in der Colonie ein. Anders verhält es sich freilich mit den Chinesen. Diese besuchen Australien nicht, um sich hier eine Heimath zu gründen. Ihr einziger Zweck ist, Gold zu graben und dann mit den Ersparnissen in ihr Vaterland zurückzukehren. Sie leben daher äußerst eingezogen und sparsam, scheuen den Verkehr mit Weißen so viel wie möglich und beziehen ihre wenigen Bedürfnisse von den chinesischen Kaufleuten, die sich in Australien niedergelassen haben. Während daher der europäische Goldgräber,

Dank seinem Mangel an ökonomischen Talenten, mit wenigen Ausnahmen, kaum auf einen grünen Zweig kömmt, gelingt es den meisten Chinesen, bald ein Erkleckliches zusammenzusparen. Da ihr Aufenthalt in Australien nur temporär ist, so bringen sie auch ihre Familien nie hieher. Ich kann mich wirklich nicht entsinnen, unter den Tausenden von Chinesen eine einzige Frau gesehen zu haben. Auch Knaben machen erst dann die Reise mit, wenn sie bereits im Stande sind, bei der Arbeit behülflich seyn zu können. Der Haß der Kaukasier gegen die Mongolen beruht also lediglich auf Brodneid; denn alle Laster, deren man sonst die Letztern beschuldigt, existiren meist nur in der Einbildungskraft ihrer Gegner, welche den Splitter in dem Auge des Nächsten, nicht aber den Balken in ihrem eigenen Auge sehen. Die Besürchtung, welche schon im Parlamente von Neu=Süd=Wales ausgesprochen worden ist, daß durch die massenhafte Einwanderung der Chinesen Australien nach und nach eine mongolische Colonie werde, ist zu lächerlich, um einer Widerlegung zu bedürfen. Keineswegs lächerlich aber ist es, wenn die Spannung zwischen den zwei Nationalitäten in rohe Gewaltacte ausbricht; wenn, wie dies in den berüchtigten Aufläufen von Lambing Flat geschah, europäische Diggers in Masse das chinesische Lager überfallen, Zelte, Häuser und Werkzeug zerstören und deren Besitzer mit Waffengewalt ihres Eigenthums berauben. Das waren freilich nur ungebildete Diggers, die, durch einige Führer verlockt, zu Gewaltthätigkeiten schritten. Aber sogar Leute, welche den sogenannten höhern Ständen angehören, theilen das Vorurtheil gegen die mongolische Race. Haben ja selbst Parlamentsmitglieder, um Popularität zu erlangen, als Devise den Ruf: ‚No Chinese‘ angenommen. Und dies alles geschieht zu derselben Zeit, da die Engländer, vereint mit den Franzosen, die Hauptstadt Chinas stürmen und den kaiserlichen Palast plündern, um die Chinesen zu zwingen, ihr Land dem allgemeinen Weltverkehr zu er=

öffnen. Dem Chinesen soll also englisches Gebiet verschlossen werden, während die Engländer durch das Recht des Stärkern in China einfallen. Freilich stimmen nicht alle Colonisten in das Geschrei gegen die Chinesen ein. Grade der Gutsbesitzer, mit welchem ich mich, während wir auf dem Verdecke auf und ab schritten, über den Gegenstand unterhielt, nahm lebhaft die Partei der Chinesen und beklagte die Schwäche oder Parteilichkeit der colonialen Regierung, welche nicht im Stande ist, den Mongolen im Lande vor Plünderung und Mißhandlung zu schützen, während das geringste Unrecht, das einem Engländer in China angethan wird, alsbald von den Behörden begierig aufgefaßt und gerächt wird."

Die Goldgräbereien sollen in der letzten Zeit nicht mehr so ergiebig gewesen seyn, als anfangs. Im J. 1859 wurden 12 Mill. Pfund Sterling gewonnen, 1860 deren nur 9, obgleich die Zahl der Goldgräber sich auf 139,000 vermehrt hatte. Daher Verarmung, Lüderlichkeit, Betrug in allen Stadien.

Im Frühjahr 1860 unternahm W. Stuart eine Reise ins Innere des Welttheils und fand in der Mitte desselben einen großen Salzsee, neben einer 60 Meilen langen wasserlosen Wüste, aber auch fruchtbares Gras- und Waideland. Im J. 1862 zogen Burke und Wills von Melbourne im Süden mitten durch den Welttheil bis nach dem großen Carpentariagolf im Norden, beide aber wurden das Opfer ihres Forschergeistes, indem sie der Erschöpfung durch Hunger und Durst erlagen.

Im Allgemeinen tritt das ältere Element der Bevölkerung, die der englischen nach Botany-Bay verbannten Verbrecher, welches Element noch zu Anfang des Jahrhunderts sich sehr bemerklich machte, allmälig immer mehr zurück, da die Einwanderung freier und unbescholtener Menschen und mit ihr auch der Nachwuchs der im Lande unbescholten Gebornen beständig zugenommen hat. Doch hat die Goldgräberei wieder allerlei loses Gesindel dem neuen Welttheil zugeführt und die Sorge um Erwerb und materiellen Genuß hält die höhere geistige, wissenschaftliche und künstlerische Bildung noch ziemlich zurück.

Auch die englische Colonie Neuseeland gedieh zusehends, seitdem die Einwanderung aus England immer mehr zugenommen hatte. Professor Hochstetter, welcher mit der österreichischen Fregatte Novara auf seiner Reise um die Welt auch Neuseeland besuchte, hat ein eignes vortreffliches Werk über sie herausgegeben, aus welchem man die Reichthümer und Schönheiten derselben erst genauer kennen lernt. Man darf nicht zweifeln, daß die weiße Bevölkerung durch immer neue Einwanderer aus Europa vermehrt, die eingebornen wilden Maoris immer mehr zurückdrängen und bis auf einen Rest, der sich vielleicht mit ihr assimilirt, vernichten wird. Diese am ganzen Leibe tätowirten Maoris waren immer sehr wild und Menschenfresser, die Engländer sind aber auch schlecht mit ihnen umgegangen.

Neuseeland, eine große und schöne Insel, eine der reichsten und schönsten der Welt, wo nur Glück wohnen sollte, ist doch, seit man sie kennt, der Schauplatz ununterbrochenen Blutvergießens gewesen und ist es noch. Der berühmte Weltumsegler Cook, der zuerst mit einem englischen Schiffe hier landete, bewies den wilden Einwohnern Zutrauen, welches sie erwiderten, indem sie die Weißen für eine Art höherer Wesen hielten. Dieser gute Glaube aber wurde bald darauf durch die Mannschaft eines französischen Schiffes, welches 1769 hier landete, wieder zerstört. Denn wegen eines kleinen Diebstahls richteten die Franzosen ein furchtbares Blutbad unter den Eingebornen an. Dafür rächten sich die letztern nun bei der Ankunft jeden neuen Schiffes, bis allmälig gegen Ende des Jahrhunderts durch die vielen Wallfischfänger, welche hier auf dem Wege zum südlichen Polarmeer landeten, ein friedlicher Tauschverkehr angebahnt wurde. Nach und nach ließen sich auch entlaufene Matrosen förmlich hier nieder, heiratheten einheimische Weiber, nutzten den Eingebornen durch die Kenntnisse, die sie aus Europa mitbrachten, und vertrugen sich mit ihnen um so besser, als sie ihnen an Rohheit der Sitten nichts nachgaben. Sie verschafften ihnen Waffen, Tabak und Rum. Mittelst der Eisenwaffen und des Schießgewehrs rotteten die Stämme, die ewig mit einander im Krieg lebten, einander gegenseitig immer mehr aus, so daß die Einwohnerzahl von Jahrzehnt zu Jahrzehnt sichtlich abnahm. Dabei blieben sie Menschenfresser und verwilderten durch den Branntwein in immer höherem Grade. Die Verworfenheit, in welcher die europäischen Abenteurer niedrigster Bildungsstufe mit den einheimischen Kanibalen wetteiferten, wird als greulich geschildert. Da kam 1814 der erste englische Missionär auf die Insel, Samuel Marsden, dem andere folgten, und diese edlen Männer, einzeln und wehrlos, imponirten den Maoris, und flößten ihnen Ehrfurcht und freiwilligen Gehorsam ein. Zum Beweise, daß die ursprüngliche Natur dieses auch durch seine todverachtende Tapferkeit ausgezeichneten Volkes eine gute und durch die schlechten Angewöhnungen noch nicht ganz verdorben war. Die Missionäre lernten die Landessprache und fanden Vertrauen, die Religion der christlichen Liebe fand unter dem Volk zahlreiche Anhänger und bald bildeten sich um die Missionäre her ansehnliche Christengemeinden.

Nun erfolgte leider eine gewaltsame Reaktion durch den einheimischen König Hongi, der anfangs die Europäer gern sah und sogar selbst nach Europa reiste, wo er im Jahre 1820 am englischen Hofe durch seine körperliche Schönheit und durch seinen feurigen Geist Bewunderung erregte. Es war ihm aber nur darum zu thun, europäische Waffen in großer Menge zu erhalten, um ein zahlreiches Heer auszurüsten, alle feindlichen Stämme auszurotten und sich zum Alleinherrn von ganz Neuseeland zu machen. Weil er so viel von Napoleon gehört hatte, träumte er sich in dessen Rolle hinein. Als

Die Vorgänge in Abessinien. Afrika und Neuholland.

ihm aber König Georg IV. von England die Waffenlieferung abschlug, gerieth er in Zorn und wußte sich auf anderen Wegen wenigstens Waffen für 3000 Mann zu verschaffen, mit denen er wirklich den ganzen Norden der Insel eroberte und in Blut badete. Er hätte wahrscheinlich auch den Süden erobert, aber von einer Kugel getroffen, starb er 1828. Nach dieser Schreckenszeit trat wieder Ruhe ein und die geängstigten Eingebornen schlossen sich mit doppelter Liebe wieder an die Missionäre an. Man sah neue Gemeinden entstehen, neue Kapellen, Kirchen und Schulen. Die Maoris widmeten sich freudig dem Ackerbau, der Viehzucht und nützlichen Gewerben. 13 Häuptlinge vereinigten sich im Jahr 1833 mit den Missionären, den König von England zu bitten, er möge Neuseeland als einen unabhängigen Staat anerkennen und einen Consul daselbst beglaubigen, was zwei Jahr später geschah.

Da nun aber einmal die Aufmerksamkeit auf Neuseeland gelenkt war und durch den nicht genug zu rühmenden Eifer der Missionäre geordnete Zustände dort eingetreten waren, fehlte es bald nicht an Auswanderungslustigen, die den ergiebigen Boden der Insel ausbeuten wollten, aber auch nicht an Abenteurern und Spekulanten, die dort im Trüben zu fischen hofften. Im J. 1836 gründete in London ein gewisser Wakefield eine New=Zealand=Association im wohlwollendsten Sinne, um eine Menge weiße Familien dort anzusiedeln und die Civilisation auf der Insel noch weiter auszubreiten. Das sahen nun die Missionäre, welche bisher mit den ihnen ergebenen Häuptlingen allein auf der Insel geherrscht hatten, nicht gern und sie begingen den Fehler, sich der Association zu widersetzen. Sie hätten begreifen sollen, daß sie durchaus nicht im Stande waren, eine namhafte Auswanderung aus England zu verhindern, nachdem die Lust dazu einmal erwacht war und die englische Regierung selbst einen großen Zuwachs der englischen Colonialbevölkerung wünschen mußte, um die Insel dem britischen Reiche zu annektiren, den Naturreichthum derselben der englischen Nation anzueignen und eine zweite wichtige Station, neben der neuholländischen, in der Südsee zu gewinnen. Die Renitenz der Missionäre war insofern unklug. Sie hätten alles thun müssen, sich die Association zu befreunden. Sie begingen nun aber den noch weit größeren Fehler, sich mit den s. g. Landhaifischen gegen die Association in ein Bündniß einzulassen. Diese übelberüchtigten Landhaifische (land-sharks) waren Spekulanten, die auf eigene Faust mit den Maoris Handel trieben und denselben für geringe Waaren, namentlich Tabak und Rum, ganze Landstrecken abkauften. Die englische Regierung wollte die Missionäre nicht ganz im Stich lassen, unterstützte also die Association nicht, die aber als Privatverein Mittel genug besaß, um die Ansiedlung durchzusetzen, und unter dem neuen Namen einer Neu-Seeland-Compagnie ihre erste Niederlassung Wellington gründete in der Mitte der Insel an dem Canal, der dieselbe in eine nördliche und südliche Hälfte trennt. Der Zudrang der Einwanderer war außerordentlich und 1840 erhielt die Compagnie auch die Sanktion der englischen Regierung, welche Neuseeland für eine Colonie der britischen Krone erklärte und Hobson zum ersten Gouverneur ernannte. Derselbe nahm seinen Sitz zu Auckland, was damals noch ein sehr kleiner Ort war.

Nun brach aber bitterer Hader zwischen den drei Faktoren, der alten Mission, der neuen Compagnie und der neuen Regierung aus, wodurch Unordnung in die Verwaltung kam, welche nicht nur untreuen Beamten und Spekulanten, sondern noch einem verwilderten Theile der Maoris erwünschten Anlaß zu Betrug und Raub gab. Erst 1847 brachte der neue Gouverneur George Grey wieder Ordnung und Strenge in die Verwaltung und unterwarf die Maoris, welche rebellirt hatten. Die Einwanderung aus Europa mehrte sich unter diesen Umständen und Grey setzte die wichtigste Maßregel durch, welche den Landhaifischen gegenüber getroffen werden konnte und mußte, nämlich das Verbot, daß Privatpersonen von den Eingebornen fernerhin Land kaufen durften, weil die einfältigen und rohen Maoris dabei gewöhnlich schändlich betrogen und mit Recht zu neuem Haß gegen die Colonisten aufgereizt worden waren. Greys Verwaltung war so vortrefflich und die Colonie wuchs durch Einwanderungen in dem Grade, daß er im J. 1853 bereits eine Verfassung für Neuseeland verkündigen konnte mit einem Oberhaus und Unterhaus, nach welchem Muster auch in jeder der neuen Provinzen eine Provinzialverfassung und Provinzialregierung gegründet wurde.

Im J. 1861 wurde im Süden der Insel ein reiches Goldlager entdeckt und nachher noch mehrere andere. Auch Steinkohlen fanden sich in reicher Menge. Die Anwesenheit Hochstetters, eines ausgezeichneten Naturforschers, trug ganz besonders dazu bei, den Naturreichthum der schönen Insel zu constatiren.

Leider trug das Verfahren der Landhaifische noch schlimme Früchte. Der Häuptling Wirimu wollte mit Recht nicht leiden, daß die Weißen einen District besetzten, der ihnen verrätherisch von einem seiner Untergebenen ohne Auftrag verkauft worden war. Er verjagte die englischen Feldmesser, sogleich aber wurden Truppen gegen ihn geschickt, die den ersten Angriff machten. Er protestirte dagegen und verwahrte sich, daß er nicht angegriffen habe, schlug aber nachher die Engländer zurück, am 6. November 1860. Man hörte nachher, General Cameron habe sich verstärkt, um den Krieg mit mehr Nachdruck fortzusetzen. Aber noch im Sommer 1863 berichteten englische Zeitungen, die Unruhen, welche die in ihrem Recht so schwer gekränkten Eingebornen erregten, seyen immer noch nicht gestillt. Wie es scheint, nimmt es hier seinen Verlauf, wie in den englischen Colonien von Nordamerika. Die Eingebornen werden allmälig immer mehr verdrängt, zusammengedrängt, und wenn sie sich empören, ausgerottet. Im Parlament zu

London erklärte Roebuk zu Anfang des Juli 1863 geradezu: die Ausrottung des braunen Mannes sey ein Naturgesetz und es sey nur Englands Pflicht, das Elend dieses Naturprocesses scharf und kurz zu machen. Die Maoris wehren sich aber immer noch als Verzweifelte, und nach den letzten Nachrichten ist der Rest der Maoris noch immer nicht ganz weder befriedigt, noch unterworfen oder ausgerottet.

Achtes Buch.

Der Bürgerkrieg in Nordamerika.

Die Vereinigten Staaten von Nordamerika hatten sich über Texas bis an den Rio Grande und im Westen bis zum goldreichen Californien ausgedehnt, durch die jährlichen Einwanderungen aus Europa immer mehr bevölkert und erfreuten sich eines außerordentlich großen Wohlstandes, als sie plötzlich durch einen blutigen, vier Jahre lang dauernden Bürgerkrieg erschüttert wurden. Veranlassung dazu gab die Sclavenfrage, welche sich, weil die Interessen dabei gar zu entgegengesetzte waren, nicht mehr friedlich lösen ließ.

In Europa sah und sieht man diese Frage vorzugsweise gern aus dem Gesichtspunkt der christlichen Bruderliebe oder der Humanität und des Liberalismus an und fordert die Abschaffung der Sclaverei als einer Versündigung an der Würde und dem Recht des Menschen. Nur in England hatte man ganz andere Gedanken und Absichten, als man in den Colonien die Negersclaverei abschaffte und mit größter Ostentation im Namen des Christenthums und der Civilisation die

Abschaffung derselben auch in allen andern Staaten verlangte. Diese frommen Engländer wollten sich nur eine Concurrenz vom Halse schaffen. Durch die Arbeit von vielen Millionen schwarzen Sclaven in den Vereinigten Staaten wurden dort so viele Colonialwaaren, namentlich Baumwolle producirt, daß die amerikanischen Handelshäuser den Markt beherrschten und die in den englischen Colonien Ostindiens erzeugte Baumwolle gegen die nordamerikanische nicht aufkam. Nun gab es kein besseres Mittel, die Baumwollenproduction in den Vereinigten Staaten zu zerstören oder wenigstens sehr zu verkleinern, als die Befreiung der Sclaven, welche bekanntlich, sobald sie frei sind, nicht mehr arbeiten wollen. Die europäischen Großstaaten, welche von der Sclaverei keinen Nutzen hatten und die auch bei ihren theils frommen, theils liberalen Bevölkerungen sich durch ihren Eifer gegen die Sclaverei gern populär machten, schloßen seit 1831 (Frankreich) und seit 1841 (Rußland, Oesterreich und Preußen) mit England Verträge, worin sie sich verpflichteten, in ihrem Gebiet keine Sclaverei mehr zu dulden, und 1845 vereinigten sich England und Frankreich noch insbesondere zu einer Ueberwachung der Küsten Afrikas, um die Sclavenausfuhr von da zu verhindern.

In den Vereinigten Staaten von Nordamerika selbst hatte seit der Einwanderung der Puritaner, Quäker, Herrnhuter, Methodisten, der wegen ihres Glaubens verfolgten Pfälzer, Salzburger ꝛc. mehr Frömmigkeit geherrscht, als in Europa, wo die Maitressenwirthschaft an den Höfen und die Freigeisterei Glauben und Sitte verdarben, und doch hatte man in Amerika die Sclaverei mit dem Christenthum verträglich gefunden. Als die Union sich vom englischen Mutterlande losriß und unter den nordamerikanischen Bürgern republikanischer Rechtssinn in musterhafter Reinheit waltete, von ganz Europa bewundert, fiel es doch niemand im Congreß zu Washington ein, die schwarze Race mit denselben bürgerlichen Rechten beschenken zu wollen, wie die weiße. Auch trugen die schwarzen Menschen kein Verlangen darnach. Man folgte noch dem natürlichen Gefühl, noch keiner Abstraction und künstlichen Schablone. Erst sehr allmälig kam hier die Partei der Abolitionisten auf, welche sich die Aufhebung der Sclaverei zum Ziele setzten. Anfänglich waren es eble Schwärmer, die entweder von der christlichen Bruderliebe oder von den f. g. Menschenrechten ausgingen und den Negern die gleiche Befähigung zutrauten, wie den Weißen, oder sich wenigstens einbildeten, wenn man den Schwarzen nur gleiche Rechte gewähre, wie den Weißen, würden sie auch bald zu gleicher sittlicher und intellectueller Befähigung gelangen. Es waren eble und uneigennützige Männer, die dem Gesetz zuwider in die Sclavenstaaten gingen, um den Negern Freiheit zu predigen und ihre Kinder zu unterrichten. Sie thaten es mit Gefahr ihres Lebens. Sie muß man daher auch unterscheiden von den erst in neuerer Zeit aufgetauchten Spekulanten, welche die Schwärmerei für die Neger zur Modesache machten und auf Kosten der Wahrheit die Grausamkeit der Sclavenbesitzer und die rührende Unschuld und Tugend der Sclaven übertrieben. Im Jahr 1852 schilderte eine Dame, Harriet Beecher Stowe, in dem Romane „Onkel Toms Hütte" die Leiden der Negersclaven in den Vereinigten Staaten und erntete davon unermeßlichen Ruhm, denn ihr Buch wurde in alle Sprachen übersetzt. Und doch enthielt es nichts, als eine große sentimentale Lüge, denn gibt es auch harte Herren, so sind sie doch nur Ausnahmen, da es im Interesse der Herren liegt, ihre Arbeiter gesund, wohlgenährt und bei guter Laune zu erhalten, und gibt es auch viele gutmüthige und treue Neger, so bleibt doch die Regel dieser Race das Kindische und Halbthierische. Mistreß Stowe macht aus den Weißen Karricaturen, Henker und Teufel, aus den Schwarzen Ideale, unschuldige Opfer und Engel. Das ist einfach gelogen.

Allein in den Vereinigten Staaten selbst fand diese Uebertreibung

Beifall, wie auch die anfangs sehr gering geachteten Abolitionisten immer mehr Terrain gewannen. Das verdankten sie nicht irgend einem edlen christlichen oder menschlichen Gefühl, sondern nur dem Neide, mit welchem die Staaten des Nordens und insbesondere des Westens nach den reichen Sclavenstaaten im Süden hinüberschielten.

Graf Reichenbach „Krisis in Nordamerika 1863" sagt sehr wahr: „Während unter Menschen desselben Stammes das Unterthanenverhältniß mehr auf positiver Rechtsbestimmung beruht, hat unter Menschen verschiedener Racen die Natur selbst dem Herrn wie dem Knechte ihren unauslöschlichen Stempel aufgedrückt. Sociale Gleichstellung, wohl gar Familienverbindung mit dem Schwarzen will daher auch der Abolitionist so wenig wie der Mann des Südens. Hiergegen empfinden vielmehr beide die tiefste Antipathie, wie denn schon die eigenthümliche Ausdünstung, welche den Vollblutneger verräth, abstoßend wirkt. Gerade je weniger daher die Gesetze Schranken ziehen, desto mehr thut dies die Sitte. De Tocqueville und Julius bemerken aus eigener Anschauung, daß der Instinkt gegen den Neger in den sclavenlosen Staaten noch größer ist, als in den sclavenhaltenden. In Kirchen, Schulen, Taubstummenanstalten, ja sogar in Rettungshäusern für jugendliche Verbrecher wird der Schwarze im freien Norden vom Weißen getrennt gehalten. In Philadelphia, im freien Staate Pennsylvanien und Boston, im freien Staate Massachusetts stehen die Namen der Farbigen im Wohnungsanzeiger abgesondert hinter denen der Weißen, oder sind durch einen Stern bezeichnet. In New-York — im freien Staate gleiches Namens — wird keinem Farbigen gestattet, einen Erlaubnißschein zur Haltung eines von einem Pferde gezogenen Karrens zu lösen; er muß selbst die Rolle des Pferdes übernehmen. In dem für die Befreiung des Negers geführten Kriege ward ein Negeroffizier, weil er ausnahmsweise einmal ein weißes Regiment aus dem freien Staate Maine zu befehligen bestimmt wurde, sofort von diesen weißen Freiheitsschwärmern mit dem Tode bedroht, wenn er sich ein Commandowort erlauben würde. Auf dem Kirchhofe zu Cincinnati endlich — im freien Staate Ohio — liegen die weißen Leichen von Norden nach Süden, die schwarzen von Osten nach Westen; also Ungleichheit und Absonderung bis auf den Gottesacker! So macht die Natur der Dinge sich geltend da, wo das Gesetz sie ignorirt. Und daß sie sich dessenungeachtet geltend macht, ist nicht Fluch, sondern Segen. Auf der Antipathie des Weißen Nordamerikas gegen Familienverbindung und sociale Gleichstellung mit Menschen anderen Stammes überhaupt, vor allem aber mit dem Neger, beruht die Reinheit der Race; gerade diese aber ist, bei aller Demokratie der Staatseinrichtungen, das germanisch-aristokratische Moment, welches die Bevölkerung der früher vereinigten Staaten noch heute so hoch über die romanischen Mischlingsgenerationen Mexikos und Südamerikas stellt."

Es liegt in der That ein ungeheurer Widerspruch in dem Drängen nach Abschaffung der Sclaverei und in dem gleichzeitigen und von den Abolitionisten selbst am unbarmherzigsten kundgegebenen Hasse gegen die schwarze Race. Man will die Schwarzen befreien und doch nicht unter sich dulden. Mit Recht bemerkt Reichenbach, die Behandlung der Schwarzen im Süden sey nur hie und da in neuerer Zeit härter geworden, weil die Abolitionisten die Sclaven systematisch zu verführen und zur Flucht oder Rebellion aufzureizen trachteten. Onkel Toms Hütte sey ein Parteiroman voll Uebertreibung und Unwahrheit, wie sich jeder überzeugen könne, der die Neger in den Südstaaten selbst in ihrer harmlosen Fröhlichkeit beobachte.

Die Südländer waren schon seit geraumer Zeit die herrschende Partei in der Union. Diese Partei hieß sehr unpassend die demokratische, man hätte sie vielmehr die aristokratische nennen sollen. Denn ihren Kern bildeten die reichen Sclavenbesitzer, die großen

Producenten der Baumwolle, zum Theil die Nachkommen der aus England ausgewanderten Cavaliere und des französischen Adels in Louisiana. Durch aristokratische Geburt, durch Reichthum, sociale und politische Bildung fühlten sie sich erhaben über die bürgerlich steifen Puritaner und Quäker, sowie über die hungerleidenden Glücksritter aus Deutschland und Irland im Norden der Vereinigten Staaten. Alle Präsidenten der Union und alle übrigen bedeutenden Staatsmänner und Generale, alle irgend einflußreichen Beamten waren bisher aus der demokratischen Partei des Südens hervorgegangen. Die Partei war im Vollbesitz der Macht, wurde daher von den Yankees im Norden beneidet.

Nun waren aber auch viele der alten bürgerlichen Puritaner und Quäker und rührige Einwanderer im Norden durch den Handel reich geworden und ihre Rivalität mit den reichen Grundbesitzern im Süden war für die Entwicklung des Haders noch wichtiger, als der Groll der Armen gegen die Reichen. Die Kaufleute in New-York rechneten. Die Bilanz zwischen Süd und Nord stand ungünstig für den letztern. Der Norden führte jährlich nur für 91 Millionen Dollars Waaren aus und dagegen für 350 Millionen Waaren ein und die letztere Summe kam größtentheils in den Süden für Baumwolle und andere Rohprodukte. Dagegen führte der Süden jährlich nur für 32 Millionen Waaren ein. Folglich mußte der Norden darauf denken, erstens womöglich wohlfeilere Rohprodukte aus dem Süden zu beziehen und zweitens im Süden einen einträglicheren Markt für seine Ausfuhrartikel zu gewinnen, als bisher. Beide Zwecke konnten nur erreicht werden, wenn man die bisherige Aristokratie als solche ausrottete und an ihre Stelle eine ganz andere Bevölkerung im Süden consolidirte. Wurden die großen Güter im Süden in viele kleine zerschlagen, die schwarzen Sclaven frei gemacht und zerstreut und überall im Süden Yankeefamilien angesiedelt, so ließ sich erwarten, daß einerseits weiße

Arbeiter die Rohprodukte billiger liefern würden, als die bisherigen Sclavenbesitzer, und daß andererseits diese vielen weißen Familien dem Norden mehr Industrieartikel abkaufen würden, als es die bisherige Aristokratie gethan hatte. Daß solche Erwägungen im Norden gepflogen wurden, wenn man sie auch nicht zur Schau trug, erhellt aus vielen Thatsachen und auch aus einzelnen Aeußerungen.*)

Norden und Süden begannen in der Gründung neuer Bundesstaaten und Territorien zu concurriren. Im Westen der Union nahm die Bevölkerung, besonders durch die vielen Einwanderer aus Deutschland und Irland, außerordentlich zu und wurden von dem unermeßlich ausgedehnten Unionsgebiete, welches bisher nur von wilden Indianern und großen Büffelheerden durchstreift worden war, immer neue Gebiete colonisirt und zunächst als Territorien unter die Aufsicht der Union genommen, dann wenn die Bevölkerung zahlreich genug geworden war, als selbstständige Staaten den andern Bundesstaaten angereiht und im Congreß vertreten. Die Bevölkerung der westlichen Staaten bestand größtentheils aus Farmers (Bauern) und Kleinbürgern der Städte, die von eigener Arbeit lebten, ohne Sclaven; sie

---

*) Ein amerikanischer Correspondent der Augsburger Allgemeinen Zeitung 1864, Nr. 100 sagt: „Es mag für den Norden zweckmäßig seyn, wenn Sclavenhalter und Neger zugleich ausgerottet werden." Dasselbe Blatt 1864, Nr. 225 theilt aus dem Basler Missionsmagazin folgende charakteristische Aeußerung mit: „Jeder Neger, der im Kampfe fällt, erleichtert den Ueberlebenden die endliche Lösung der Frage, indem er die Zahl der Schwarzen vermindert." Damit stimmt die grausame Art der Kriegführung überein. Man verbrennt in Virginien Städte und Dörfer, vernichtet das Eigenthum, schleppt die emancipirten Sclaven auf die Schlachtfelder und läßt ihre Weiber und Kinder massenhaft verhungern. Der Prediger Fisk in Memphis begrub allein in drei Monaten 1200 Schwarze, die man zwar von der Sclaverei befreit, aber in Hunger und Krankheit hatte verschmachten lassen. Nach dem erstgenannten Correspondenten der Allgem. Zeitung.

hielten also mit den übrigen Nordstaaten zusammen und brachten sogar ein neues Leben in dieselben, insofern sie den stolzen Baumwollenbaronen im Süden mit ihren schwarzen Sclaven noch abholder waren, als die reichen Kaufleute in den großen Handelsstädten im Osten, die den Baumwollenhandel des Südens mehr oder weniger vermittelten. Die westlichen Staaten vereinigten nun im Congreß ihre Stimmen mit denen der bisherigen Nordstaaten, die sich bis dahin noch in der Minderheit befanden. Um ihnen nun die Möglichkeit, daß sie einmal die Mehrheit erlangen könnten, zu nehmen, verstärkten sich die Südstaaten durch die neuen, seit dem siegreichen Kriege mit Mexiko eroberten Staaten, die gleich ihnen Sclaven hielten und deren Vertreter im Congreß mit ihnen stimmten. Es handelte sich nun noch um die bisher unbewohnten weiten Gebiete im Südwesten der Union. Wurden diese vom sclavenhaltenden Süden aus colonisirt, so gewann der Süden durch sie neue Stimmen, wenn vom Norden aus, der Norden. Die Südstaaten hatten bisher die Mehrheit im Congreß und aus ihnen ging auch regelmäßig der Präsident der Union mit den höchsten Beamten hervor. Sie suchten sich nun auch der Zukunft zu versichern und setzten 1850 den s. g. Clay'schen Compromiß durch, demzufolge die Sclaverei nicht nur als zurechtbestehend anerkannt, sondern auch die Nordstaaten verpflichtet wurden, Neger, die aus dem Süden zu ihnen flüchteten, wegzufangen und auszuliefern. In der That eine grobe Zumuthung und Beleidigung der Nordstaaten, die auch als solche empfunden wurde. Die Abolitionisten gewannen von dieser Zeit an mehr Anhang. Seit 1854 haderte man im Congreß, welcher Partei die weiten südwestlichen Gebiete Nebraska und Kansas zufallen sollten. Die Sclavenhalter im Süden suchten sich zunächst darin festzusetzen, um neue Sclavenstaaten zu bilden. Die weißen Bauern und Kleinbürger im Norden wanderten aber von der andern Seite ebenfalls zahlreich ein und beide rangen um das Uebergewicht, wobei es zu blutigen Excessen kam. Die Südstaaten setzten durch, daß Kansas ein Sclavenstaat hätte werden müssen, wenn ihre Partei der Gegenpartei in der Zahl überlegen gewesen wäre. Durch eine außerordentliche Anstrengung der Abolitionisten gelang es aber, den Farmern des Nordens, indem sie massenhaft einwanderten, das Uebergewicht zu verschaffen, und so wurde Kansas als ein sclavenfreier Staat in die Union aufgenommen.

Dieser erste Sieg des Nordens hatte große Folgen. Die bisher einigen Südstaaten spalteten sich in zwei Parteien, eine gemäßigte unter Douglas, der die Sclaverei nur in den Staaten behaupten wollte, wo die demokratische Partei durch Mehrheit der Stimmen es verlangen würde, und eine Ultrapartei unter Breckenridge, der das Recht, Sclaven zu halten, allen andern Rechten voranstellte. Diese Spaltung der Demokraten kam dem Norden zu gute, der von nun an alle Gegner des Südens, die es aus verschiedenen Gründen gewesen waren, in einer großen Partei vereinigte. Diese Partei nannte sich die republikanische, nicht ohne Rücksicht auf die zahlreichen deutschen Einwanderer, unter denen gar viele für die Republik schwärmten. Die Abolitionisten würden mit ihrem christlichen Eifer nicht durchgedrungen seyn, wenn man nicht den vielen religiös indifferenten Freiheitsfreunden und kleinen Besitzern und Arbeitern Haß und Neid gegen die reiche Aristokratie des Südens eingeflößt und in ihnen die Hoffnung erweckt hätte, sie würden einst den Süden erobern und die reichen Güter der Aristokratie unter sich theilen. Genug, die republikanische Partei hatte sich unter der Hand mächtig verstärkt und als die vierjährige Regierungsperiode des damaligen Präsidenten Buchanan aus den Südstaaten zu Ende ging, fielen am 4. Nov. 1860 die meisten Stimmen bei der Präsidentenwahl auf Abraham Lincoln aus Kentucky, und zum Vicepräsidenten wurde Johnson aus Tenessee gewählt. Beide waren Männer des Westens und aus niederem

Stande. Lincoln ein ehemaliger Holzfäller und Schiffer, Johnson ein Schneider.

Diese Wahl war ein Donnerschlag für die Südstaaten, die sich nicht darüber täuschten, daß es sich nicht blos um ihre Herrschaft im Congreß, sondern auch um ihren Besitz handle. Man schätzte den Werth ihrer Sclaven allein zu zwanzig Milliarden Franken. Aber die Männer des Südens waren voll Energie und zur kühnsten Offensive entschlossen.

Schon am 20. December 1860, während Buchanan noch Präsident war, proklamirte der Convent von Südcarolina in Charleston, der Hauptstadt dieses Staates, dessen Trennung von der Union, sofern jeder Staat, wie er frei in die Union eingetreten sey, auch wieder aus derselben austreten könne: „Wir Volk des Staates von Südcarolina, als Convention versammelt, erklären durch Gegenwärtiges, daß die von uns in der Convention von 1788 angenommene Erklärung, durch welche die Verfassung der vereinigten Staaten ratificirt wird, so wie alle daraus folgenden Acte zurückgenommen sind." Das Eigenthum der Union innerhalb des Staates Südcarolina wurde sofort als Eigenthum des genannten Theilstaates angesehen. Der wichtige Hafen von Charleston hatte drei Forts, worin Unionstruppen lagen. Diese Forts sprach nun der Staat Südcarolina ebenfalls für sich an, weshalb die schwache Besatzung sogleich Verstärkungen verlangte, aber Präsident Buchanan lehnte das unter nichtigen Vorwänden ab. Major Anderson, der die Besatzung commandirte, gab am Weihnachtsabend das Fort Moultrie freiwillig auf und concentrirte die Unionstruppen in dem Fort Sumter, welches sich am besten vertheidigen ließ. Er hätte durch die rebellischen Einwohner gehindert werden können, diese Concentrirung vorzunehmen, allein er täuschte sie vollständig durch seine eigene Theilnahme an einem Festgelage und ließ in der Nacht, während fast alles trunken war, die Truppen rasch übersetzen.

Schon im Anfang Januar 1861 schloßen sich die Staaten Mississippi, Alabama, Florida, nachher auch Nordcarolina, Georgien und Louisiana dem Convent von Charleston an und bildeten eine neue Union der Südstaaten, die ihre Deputirten schon am 4. Februar in Milletgeville im Staate Georgien versammelte und Jefferson Davis zu ihrem Präsidenten, Stevens zu ihrem Vicepräsidenten wählte. Die neue Union behielt das Sternenbanner bei, aber in 13 horizontalen Streifen, abwechselnd blau, roth und weiß. Das alles geschah noch, ehe Buchanan sein Amt niedergelegt hatte, was immer erst vier Monate nach der Neuwahl, also am 4. März geschehen durfte. Buchanan spielte den Neutralen, ließ aber seine Beamten alles vorkehren, was die Mittel der Union ausschließlich den Südstaaten in die Hände spielen mußte. Der Kriegsminister Floyd vernachlässigte absichtlich die von Unionstruppen besetzten Forts im Süden, so daß sie den Rebellen in die Hände fallen mußten. Auch die active Armee von 14,000 Mann, die man unter dem Vorwand, die Indianer überwachen zu müssen, im Süden zurückgehalten hatte, gingen der Union verloren und 770,000 Gewehre und 200,000 Revolver wurden noch in der Geschwindigkeit aus dem Norden in den Süden spedirt, so daß für Lincoln von der aktiven Armee nur 6 bis 700 Mann als nothdürftige Garnisonen in Washington zurückblieben. Auch der Marinesekretär Toucey sorgte dafür, daß die Schiffe der Union nach allen Richtungen hin in die Ferne geschickt und mehrere noch ganz brauchbare abgetakelt wurden, damit der neue Präsident auch keine Flotte finden könne.

Im Norden selbst war die demokratische Partei, die es mit dem Süden hielt, noch sehr zahlreich. Als Lincoln seine Heimath verließ, um sein neues Amt in Washington anzutreten, mußte er sich verkleiden, um ungekränkt durch Baltimore paſſiren zu können. In Waſhington ſelbſt, wo er am 4. März 1861 die Regierung übernahm, war nichts für ihn vorgekehrt, die Kaſſen, die Arſenale waren leer.

Man muß ſich wundern, daß die Südſtaaten, die ſchon im April 150,000 Mann unter den beſten Offizieren und Generalen beiſammen hatten, nicht raſch gegen Waſhington vorgedrungen ſind, denn die Hauptſtadt der Union war damals noch wehrlos. Davis verlegte den Congreß der Südſtaaten, zu denen noch Virginien, Texas, Tenneſſee und Arkanſas hinzutraten, nach Montgomery im Staat Alabama, und eröffnete ihn am 29. April. Damals wäre es Zeit geweſen, ſeinen Rivalen Lincoln in Waſhington überfallen und vertreiben zu laſſen. Aber er ließ ihm unklugerweiſe Zeit, ſich zur Vertheidigung zu rüſten.

Lincoln vertrat die ganze Ehrenhaftigkeit, Tüchtigkeit und Beſonnenheit der anglo-germaniſchen Race, obgleich von geringer Geburt und ohne Erziehung und Schule, doch voll Verſtand, zum Beweiſe, daß ungeſchulte Leute durch Genie und Takt oft mehr ausrichten können, als Beamte, die alle Schulen und Examina durchgemacht haben. Abraham Lincoln war 1809 in Kentucky geboren, Sohn eines armen Farmers, hatte eine rauhe Jugend, war Bauer, Holzhauer, Schiffmann, machte als Freiwilliger einen Feldzug gegen die Indianer in Florida mit, eröffnete einen kleinen Laden, wurde von ſeinem Aſſocié betrogen, gab ſich nachher mit Feldmeſſen ab, wurde in die Geſetzgebung von Illinois gewählt, machte dann als Advocat gute Geſchäfte und wurde 1846 erſtmals in den Congreß zu Waſhington gewählt, wo er ſich als eifriger Republikaner, Feind der Sclaverei und guter Redner auszeichnete. Von ſeiner Perſönlichkeit erhalten wir im Tagebuch des ſpäter von Lincoln aus Amerika verwieſenen Timescorreſpondenten ein ſehr lebendiges und charakteriſtiſches, wenn auch ein wenig karrikirtes Bild: „Bald darauf trat daſelbſt, mit einem schlenkernden, losen, unregelmäßigen, fast schwankenden Gange, ein schlanker, magerer, weit über 6 Fuß hoher Mann ein, mit nieder= hängenden Schultern, langen pendelartigen Armen, die in Händen von außerordentlichen Dimensionen endigten, welche indeß von Pro= portion von seinen Füßen weit übertroffen wurden. Er war in ein schlecht anliegendes, runzeliges, schwarzes Gewand gekleidet, das einen an die Uniform eines Leichenbegängnißunternehmers gemahnte, um seinen Hals war ein schwarz seidenes, in einem großen Knoten endi= gendes schmales Tuch gebunden, mit fliegenden über seinen Rockkragen hervorragenden Zipfeln: sein hinabgebogener Hemdkragen enthüllte einen sehnigen und muskulösen gelben Hals, und über diesem erhob sich, unter einer großen schwarzen Masse Haars, das borstenartig und dicht in die Höhe stand, in eigenthümlicher Form Gesicht und Kopf des Präsidenten Lincoln. Der Eindruck, welchen die Länge seiner Arme und Beine und seine schlappenden und weit vorragenden Ohren hervorbrachten, mag sich verwischen durch den Anschein von Freund= lichkeit und Scharfsinn und durch die linkische Bonhomie seines im ganzen übrigens nicht unangenehmen Gesichts; der Mund ist wahr= haft ungeheuer, die Lippen hervorstehend und sich fast von der einen Linie seines schwarzen Barts zur andern erstreckend, werden in Ord= nung gehalten durch zwei von den Nasenlöchern bis zum Kinn herab= laufende tiefe Furchen; die Nase selbst — hervorragendes Organ — steht aus dem Gesicht heraus, mit einer forschenden, ängstlichen Miene, als ob sie nach irgend etwas Gutem im Winde schnüffle; die Augen, dunkel, voll und tiefliegend, sind durchbringend und haben einen Aus= druck, der fast an Zärtlichkeit grenzt, und über ihnen ragen struppige Braunen hervor, die sich in den kleinen harten Stirnraum verlaufen, dessen Entwicklung, wegen der unregelmäßigen Flocken dichten sorglos darüber gebürsteten Haars, kaum bestimmt genug geschätzt werden kann."

Lincoln machte den energischen Seward zum Staatssekretär und wahrte einstweilen nur das Recht, die Untrennbarkeit der Union, ohne noch die Sclavenfrage zu berühren. Sobann ließ er 75,000 Milizen einberufen, nur um Washington einstweilen zu schützen und bald sollte ihre Zahl verzehnfacht werden.

Die nördlichen und westlichen sclavenfreien Staaten hatten zwar eine sehr überlegene Bevölkerung von 19 Millionen Weißen, während die Südstaaten nur 8 Millionen und darunter die Hälfte Schwarze zählten; aber im Süden herrschte viel mehr ritterlicher Geist und die Sclaven blieben ihren Herren treu und haben sich nirgends gegen sie empört. Ueberdem wurde die Herstellung einer tüchtigen Armee der Union außerordentlich erschwert durch die nun einmal schon herkömmlichen Betrügereien und Speculationen auf die Staatskassen. Bei den ausgeschriebenen Lieferungen wurde fabelhaft betrogen und gestohlen. Man kaufte um hohen Preis geschwind durch Betrüger aus Europa bestellte Gewehre an, von denen nicht der zehnte Theil brauchbar war. Juden erschlichen sich große Lieferungen von Schuhwerk für die Truppen und nachher fand sich, daß die Schuhe nur Sohlen von Pappdeckel hatten. Pferde wurden gekauft, als unbrauchbar ausrangirt und doch für andere Regimenter wieder zu hohem Preise gekauft. Ebenso Waffen aller Art zwei- und dreimal bezahlt. Auch die Anwerbung von Truppen kam in die Hände der Schwindler. In Sanders Geschichte des Kriegs lesen wir: „Der Polizeichef Oberst Baker war mit großer Umsicht und seltener Ausdauer nach und nach ganzen Gesellschaften und Rekrutenmäklern, Schreibern der offiziellen Werbebureaus und Sergeanten der Rekrutendepots auf die Spur gekommen, welche sich beim Rekrutirungsschwindel gegenseitig halfen und sich in den dabei erzielten Gewinn theilten. Es gab Leute, die sich mit Hülfe dieser Gauner 20 Mal hatten anwerben lassen, immer das Handgeld bezogen und nie länger als 24 Stunden im Rekruten-

Depot verweilt hatten. Ganze Gemeinden und Counties sahen plötzlich, daß sie auf diese Weise ihr Contingent nicht durch wirkliche Rekruten gestellt, sondern ihm nur durch gefälschte Anwerbungspapiere Genüge geleistet hatten. Einer der Angestellten im Rekrutendepot zu New-York, Sergeant Mulhorn, welcher den Rekruten gegen den festen Preis von 50 Dollars die Entweichung aus dem Depot gestattete, gab selbst an, daß von 10 Angeworbenen in der Regel nur 1 wirklich zur Armee gelangt sey; früher ohne alle Mittel, hatten ihm seine Betrügereien bereits so viel eingetragen, daß er eine Farm für 14,000 Dollars kaufen und baar bezahlen konnte. Ein College von ihm, ein unwissender, bisher armer Matrose, hatte zur Zeit der Aufdeckung des Schwindels 400,000 Dollars in der Bank deponirt. Wie groß die Gewinne der Rekrutenmäkler waren, geht daraus hervor, daß im Jahr 1864 zwei New-Yorker Mäkler 250,000 Dollars Nettogewinn zurücklegen konnten."

Auch die Angeworbenen stahlen, nahmen das hohe Angeld, liefen davon und ließen sich anderswo noch einmal um dasselbe Geld anwerben, oder sie faullenzten, blieben zurück, liefen vor der Gefahr davon, bis die drei Monate verflossen waren, für welche sie sich zum Dienst verpflichtet hatten. Alles Maaß aber überstiegen die Begünstigungen und Bestechungen bei den Anstellungen der Offiziere, Obersten und Generale. Man zählte zuletzt in der Unionsarmee 43,000 Offiziere und 250 Generale, die ohne alle Vorbildung und Talent um hohen Sold Führer der Truppen wurden und größtentheils nie Pulver gerochen hatten.

Die Union war bisher der reichste Staat in der Welt gewesen, bei einer wohlfeilen Regierung und einträglichen Zöllen ohne Staatsschuld. Jetzt auf einmal mußten die beiden getrennten Unionen binnen Jahresfrist ungeheure Schulden machen. Den Südstaaten fehlte das Geld noch mehr als den Nordstaaten, dennoch machten sie die größten Anstrengungen. Dabei hatten sie die traurige Aussicht, ihre Produkte nicht mehr absetzen, durch den Handel nichts mehr gewinnen zu können, denn die Nordstaaten rüsteten Schiffe aus, um alle südlichen Häfen zu blokiren und die Ausfuhr der Baumwolle und anderer Colonialwaaren zu verhüten. Damit aber die im Süden erzeugte Baumwolle den Nordstaatlichen nicht in die Hände falle, wurde sie, wenn von den letztern Gefahr drohete, im Süden sogleich massenhaft verbrannt. Dadurch wurde nun auch Europa in nicht geringen Schrecken und Nachtheil versetzt, weil die Baumwolle zu fehlen anfing und immer theurer wurde, namentlich in England große Baumwollenfabriken stillestehen mußten und tausende von Arbeitern brodlos wurden. Es fehlte daher nicht an Wünschen, daß die europäischen Großmächte die Vermittlung übernehmen möchten. Allein Lincoln und Seward hielten fest an der Monroe-Doctrin, die keine europäische Intervention auf amerikanischem Boden duldete, und erklärten es für einen casus belli, wenn England oder Frankreich die Unabhängigkeit der Südstaaten anerkennen wollten. Sie wollten aber nicht. Im Hintergrunde lag die Besorgniß, die Südstaaten würden in nicht langer Zeit ihre neue Union über Mexiko und Cuba ausdehnen wollen. Daraus erklärt sich zum Theil die mexikanische Politik Napoleons III. Zweitens besorgte man, wenn die Trennung des Nordens vom Süden entschieden sey, werde sich die nördliche Union für den Verlust des Südens durch Eroberung des weitausgedehnten Canada zu entschädigen suchen. Daraus erklärt sich, warum England sich die Freundschaft der nördlichen Union zu erhalten suchte und sehr vorsichtig war, um den Yankees keinen Vorwand zu einem Angriff auf Canada zu geben.

Am 3. Juli 1861 trat der Congreß wieder zusammen und beschloß, die Südstaaten um jeden Preis zur Unterwerfung zu bringen und den Krieg im größten Maßstabe zu führen, decretirte also eine Armee von einer halben Million Soldaten und 500 Millionen Dollars zur Bestreitung der Ausrüstung und Kriegführung. Das hätte Lincoln allein nicht zu verfügen gewagt, aber es bewies, wie fest entschlossen die republikanische Partei war, Lincoln zu unterstützen und ihm zu noch mehr Energie Muth zu machen. Zugleich aber blickte schon durch, daß sich eine extreme Partei im Congreß bilde, die viel weiter gehen wollte als Lincoln. Der Kriegsplan der Unionsregierung war von Anfang an derselbe, der nach vier Jahren glücklich durchgeführt wurde. Richmond, die Hauptstadt von Virginien und der Hauptsitz der südstaatlichen Insurrection, lag nicht sehr weit entfernt von Washington. Von dort aus war die Unionsregierung am meisten und nächsten bedroht. Es mußte ihr also daran liegen, hier nicht nur den Feind abzuhalten, sondern womöglich auch bis Richmond vorzudringen und diese wichtige Stadt wegzunehmen. Auch entbrannte der Hauptkampf während des ganzen Krieges auf dieser kurzen Linie zwischen Washington und Richmond, ein blutiger Kampf, der unsäglich viele Opfer forderte, aber Jahre lang erfolglos blieb, weil die Terrainhindernisse zwischen den beiden Städten sehr bedeutend und die Armeen sich an Stärke ziemlich gleich waren. Außer dem breiten Potomacfluß, der zwischen den beiden Städten liegt, gab es noch andere Positionen, die sich hier gut zur Vertheidigung eigneten. Während nun die Union, den Hauptstoß gegen Richmond zu führen, nie aus den Augen ließ, lag es in ihrem Plan, zweitens von dem gebirgigen Tennessee theils Richmond in den Rücken zu kommen, theils sich mit den Streitkräften der Union in Verbindung zu setzen, welche drittens das ganze lange Flußgebiet des Mississippi bis New-Orleans hinab besetzen und die Rebellion in den südöstlichen Staaten isoliren sollten.

Die Rebellen, auch Secessionisten genannt, die sich selbst Conföderirte nannten, hatten ausgezeichnete Generale, unter denen Beauregard den ersten Rang einnahm. Auch zählten sie unter sich die frühere reguläre Unionsarmee und vortreffliche Reiter und Jäger, wie es der ritterlichen Aristokratie des Südens und ihren Gefolgschaften entsprach. Die Unionsarmee wurde dagegen nur von dem alten kaum mehr brauchbaren General Scott befehligt, unter welchem andere mittelmäßige Generale dienten. Offiziere waren in großer Zahl vorhanden, aber nicht dienstgeübt. Truppen hatte man in Menge, aber um hohes Handgeld geworben, ungeübt, viele unzuverlässig. Während es an aller Kriegsübung fehlte, fröhnte man einer lächerlichen Eitelkeit in der Nachäffung europäischer Uniformen. Da sah man z. B. Zuaven in afrikanischer Tracht, Garibaldigarden in rothen Hemden und andere Soldatenspielerei und Narrethei.

Als es daher am 21. Juli zwischen Washington und Richmond am Flüßchen **Bull Run** zur ersten ernstlichen Schlacht kam, mußten die Unionisten unterliegen. Ihr General Mac Dowell wurde, als ihn Beauregard angriff, vom alten General Patterson, der die andere Hälfte der unionistischen Armee führte, nicht unterstützt. Man warf dem letzteren vor, er hätte den südstaatlichen General Johnston aufhalten sollen, als derselbe die Truppen Mac Dowells im Rücken angriff. Zwischen zwei Feuer gebracht, wurden sofort die Truppen Mac Dowells von panischem Schrecken ergriffen und liefen davon. Eine so wilde und schmähliche Flucht, wie sie noch selten gesehen worden war. Die Unionsarmee ließ fast alle ihre Kanonen und ihr Gepäck im Stich und gerieth in völlige Auflösung. Die meisten Milizen kehrten heim, weil ihre dreimonatliche Dienstzeit bald zu Ende war. Viele hatten dafür gesorgt, gar nicht ins Feuer zu kommen. Alles schimpfte über die Offiziere, die ihre Schuldigkeit nicht gethan hätten, und über die betrügerische Armeeverwaltung, und die Gemeinen entschuldigten damit die Feigheit ihrer Flucht. Man war damals in Washington sehr besorgt, und es ist auch kaum zu begreifen, warum Beauregard seinen glänzenden Sieg nicht verfolgte und nach

Washington vorbrang, was ihm in der damaligen Verwirrung nicht hätte widerstehen können. Wie es scheint, wurde er von Davis zurückgehalten, der durch die Einnahme Washingtons nicht noch mehr erbittern und zu größeren Kraftanstrengungen aufreizen wollte, sondern es für zuträglicher hielt, nur das südstaatliche Gebiet zu behaupten, während seine Truppen bei jedem Zusammenstoß siegten und ihre Ueberlegenheit bewährten, im Uebrigen aber geheime Unterhandlungen theils mit Frankreich und England, theils mit den Führern der alten demokratischen Partei in den Nordstaaten selbst zu einem ehrenvollen Ausgleich und zur baldigen Anerkennung der südstaatlichen Union führen sollten. Solche Umtriebe wurden wirklich gemacht und daraus erklärt sich der Haß und die Energie, mit der andererseits die extreme Partei unter den Republikanern trotz aller Niederlagen den Krieg fortzusetzen fest entschlossen war.

Mittlerweile war der Unionsgeneral Fremont, ein Liebling der Deutschen, nach dem Westen entsendet worden, um hier die Autorität der Union zu befestigen. Er behauptete die wichtige Stadt St. Louis, handelte aber eigenmächtig, indem er am 30. August proclamirte, er werde überall, wohin er komme, die Sclaven frei machen. Das war ganz im Sinne der extremen republikanischen Partei und sonderlich der Deutschen, aber es war noch nicht zum Unionsgesetz erhoben worden, eine bloße willkürliche Parteihandlung, durch welche sich Lincoln weder imponiren noch compromittiren lassen wollte, weshalb er Fremont sogleich seines Commandos enthob. Wenn es auch nicht wahrscheinlich ist, daß der ehrliche Lincoln den Rebellen irgend nachgeben wollte, so lag es doch in derselben ehrlichen Art eines erfahrenen amerikanischen Bürgers, so lange als möglich dem Wahnsinn entgegenzutreten, welcher die schwarze Race auf einmal aller Zügel ledig erklären wollte. Nirgends wird der heilige Name der Freiheit ärger mißbraucht, als wenn man Unmündige und Halbwilde frei macht und die mit den höchsten politischen und Ehrenrechten ausstattet, die noch mehr Thiere als gebildete Menschen sind.

Obgleich es der Union an Schiffen fehlte, wurden doch in kurzer Zeit durch die den Nordamerikanern im Seewesen eigene Energie und Praxis schnell eine Anzahl Schiffe hergestellt, namentlich durch Umwandlung von Kauffahrern in Kriegsschiffe, daß der Unionsgeneral Butler mit denselben an der Ostküste der Südstaaten hinsegeln, die wenigen der Union noch erhaltenen Forts verstärken und die Häfen der Südstaaten blokiren konnte; diese Maßregel war von der größten Wichtigkeit, weil dadurch den Südstaaten ihr einträglicher Baumwollenhandel unterbrochen wurde.

Beachtung verdient, daß die Führer der Südstaaten sich auch einer großen sittlichen Ueberlegenheit über die Nordstaaten rühmten. Die undisciplinirten Truppen des Nordens scheinen mit den wehrlosen Einwohnern in Virginien eben nicht zart umgegangen zu seyn. General Beauregard sagte in einem Aufruf vom 1. Juni den Virginiern: „Ein frecher gewissenloser Tyrann ist in euer Gebiet eingebrochen. Die abolitionistischen Schaaren morden eure Brüder, rauben euer Eigenthum und üben andere Handlungen der Gewalt, zu scheußlich und empörend, um sie nur zu nennen. Ihre Losung ist Beauty and booty (Weiber und Beute)." Auch Präsident Davis entrüstete sich in seiner Botschaft vom 20. Juli über die Mißhandlungen wehrloser Frauen. Der Yankee war ja in Feindes Land und hatte nicht gelernt, sich irgend etwas zu versagen. Ritterliche Sitte und Yankeethum sind unvereinbar.

Davis schickte im Dezember die Herren Mason und Slidell als seine diplomatischen Unterhändler nach Europa, um die Anerkennung der südlichen Conföderation zu erwirken. Sie fuhren auf dem Trent, einem englischen Schiffe, welches aber von einem Dampfschiff der Union unter Commodore Wilkes angehalten wurde, und worauf sie beibe als Gefangene der Union nach dem amerikanischen Festlande zurückgebracht wurden. Wie sehr nun aber auch die englische Regierung auf Nordamerika Rücksicht nahm, so war die an einem englischen Schiff begangene Gewaltthätigkeit doch zu grob, als daß Palmerston dem englischen Nationalstolze nicht hätte Genugthuung verschaffen müssen. Er forderte die beiden Gefangenen kategorisch zurück und Lincoln, schon mit dem Süden genug beschäftigt, wollte nicht auch noch mit England Krieg bekommen, vielmehr Anerkennung der südlichen Union durch das erzürnte England verhindern, gab also nach und ließ Mason und Slidell frei. Diese reisten sofort nach Europa, konnten aber hier die Anerkennung der südlichen Union noch nicht durchsetzen.

In demselben Winter auf 1862 suchte Lincoln die zerrüttete Nordarmee zu reorganisiren, allein es hielt noch schwer, den großen Uebelständen derselben abzuhelfen. Die Truppen waren theils von vornherein, theils durch die Niederlage von Bull Run demoralisirt. Man konnte ihnen keine lange Capitulation aufbringen, und wenn die drei Monate der üblichen Dienstzeit vorüber waren, liefen die meisten wieder fort. Auch Offiziere liefen fort, um sich in der damaligen Confusion beim Wechsel zweier Regierungen und fast aller ihrer Beamten um einträgliche Stellen zu bewerben. Die neuen Lieferungen waren so betrügerisch wie die alten und die Lüderlichkeit in der Armee kolossal. Massen von Juden begleiteten die Truppen überall und zogen ihnen nach mit Branntwein und Dirnen, um ihnen das Handgeld und den reichen Sold möglichst bald wieder abzunehmen. Am meisten aber wurde wiederholt über die Armeeverwaltung geklagt, die eine vollkommene Diebsbande war. Corvinus, der im badischen Feldzuge von 1849 Rastadt hatte vertheidigen helfen und voll Begeisterung für Völkerfreiheit nach Amerika gegangen war, schrieb damals: „Das hehre Götterbild der Freiheit, für welches sich unsere

Jünglinge begeistert in den Tod stürzten, ist hier zur gemeinen, käuflichen Straßendirne herabgewürdigt."

Für den Feldzug von 1862 ordnete Lincoln an, daß General Mac=Clellan den Oberbefehl über die Haupt= oder Potomacarmee erhielt. Nach dem Plane dieses Generals sollte nicht mehr auf dem graden und kürzesten Wege nach Richmond vorgegangen, sondern auf dem Seewege, welchen Butler im vorigen Jahr eingeschlagen hatte, von Osten her der Angriff auf Richmond gemacht werden. Wirklich schiffte sich Mac=Clellan mit einer großen Landungsarmee nach dem Fort Monroe ein, welches am atlantischen Meere auf einer Halbinsel im Südosten von Richmond liegt, im Anfang April. Allein Beauregard, dem der ganze Plan verrathen war, hatte rechtzeitig seine Maßregeln getroffen und sah dem Angriff der Unionisten in den festesten Stellungen entgegen. Nach der Landung der Unionisten kam es in diesen Gewässern zu einem außerordentlich interessanten Kampfe zwischen zwei Panzerschiffen. Das eine, der Merrimac, gehörte den Rebellen, das andere, der Monitor, den Unionisten. Es waren die ersten Panzerschiffe in der Welt, welche überhaupt die neue Erfindung und das Genie der nordamerikanischen Erfinder erprobten. Wenn längst der Bürgerkrieg vergessen ist, werden diese seine eisernen Kinder noch fortleben. Als die hölzerne Unionsflotte am 8. März in der Nähe von Norfolk erschien, fuhr ihnen der Merrimac allein entgegen und richtete eine furchtbare Verheerung unter ihr an, weil die hölzernen Schiffe das Feuer, welches sie aus nächster Nähe von ihm empfingen, nicht aushielten, während ihn selbst seine eiserne Umpanzerung gegen jeden Schuß sicherte. Es soll ein furchtbarer Anblick gewesen seyn, als der Merrimac auf der Rhede von Hampton bei Norfolk die dort liegenden Unionsschiffe angriff und eins nach dem andern zertrümmerte und versenkte oder in die Luft sprengte, bis der Monitor ankam. Beide Schiffe werden folgendermaßen beschrieben:

„Der Rumpf des Merrimac wurde drei Fuß über den Wasserlinien rasirt mit breizölligen Platten von Schmiedeeisen gepanzert, und zwar so, daß der Deckpanzer eine Wölbung bildete, um das Abgleiten von Kanonenkugeln zu befördern. An dem Bug ist, 6 Fuß unter Wasser, eine stählerne Ramme zum Einstoßen feindlicher Fahrzeuge angebracht. Der Monitor sieht aus wie ein dickes Floß, auf dem sich ein runder eiserner Thurm befindet. Der Rumpf des Fahrzeugs besteht aus zwei besonderen Körpern. Der untere davon, etwa 7 Fuß hoch, ist das eigentliche Boot, enthält die Maschine, die Steuervorrichtung u. s. w. und liegt tief unter Wasser. Es wird auf allen Seiten von dem oberen schußfest gepanzerten Körper so weit überragt, daß eine Kanonenkugel es erst, nachdem sie eine Entfernung von 25 Fuß im Wasser zurückgelegt hat, treffen könnte. In diesem Falle würde sie natürlich ganz harmlos seyn. Der obere 5 Fuß hohe Theil ragt nur 22 Zoll aus dem Wasser hervor, so daß der untere erst 3 Fuß unter dem Wasser sich daran anfügt. Der eiserne Thurm auf dem Oberdecke ist absolut bombenfest. Er dreht sich mit derselben Leichtigkeit um seine Achse, wie eine Thür an der Angel. In ihm befindet sich die Armirung des Fahrzeuges, die zwar nur aus zwei Kanonen besteht, aber mit der Leichtigkeit, womit der Thurm gedreht werden kann, ohne daß man das Schiff selbst zu wenden braucht, einer viel stärkeren an Wirkung gleich kommt. — So waren die beiden Panzerschiffe beschaffen, als sie einander angriffen. Anfangs beschossen sich beide aus einer Entfernung von einer englischen Meile, dann rückten sie näher und näher an einander, bis sie sich schließlich so nahe kamen, daß man von einem bis auf das andere hätte springen können. Vier Stunden lang hagelten die Kugeln des Merrimac auf den unscheinbaren Monitor, ohne daß sich an diesem auch nur eine Niete verschoben hätte. Endlich fuhr der Monitor bedächtig rings um seinen geharnischten Gegner und richtete seine Kanonen mit derselben Sicherheit, mit der ein Schütze auf dem Schießstande zielt, auf die Panzergefüge, und so gelang es ihm, drei große Löcher hart an der Wasserlinie in den Rumpf des Merrimac zu schießen, der sodann seinen Rückzug nach Norfolk antrat."

Der merkwürdige Kampf machte ungeheure Sensation in Europa. Die Seestaaten beeilten sich, nun gleichfalls Panzerschiffe zu bauen. Inzwischen gingen die beiden so berühmt gewordenen Schiffe zu Grunde, den Merrimac sprengten die Conföderirten selbst in die Luft, weil er zu schwer war, um flußaufwärts gebracht werden zu können, also den Unionisten, welche die See beherrschten, hätte in die Hände fallen müssen. Der Monitor schöpfte bei ruhiger See Wasser und versank unversehens.

Mac-Clellan lagerte in einer sumpfigen Gegend und kam nicht vorwärts, da ihm der Gegner mehr als gewachsen war. Man kämpfte bei Richmond am 31. Mai und 1. Juni. Hier ließen die Unionisten einen Luftballon steigen, um den Feind von oben zu beobachten. Beauregard aber widerstand dem Angriff so kräftig, daß es den Unionisten unmöglich war, bis an die Stadt Richmond vorzubringen. Einen Monat später griff Mac-Clellan noch einmal an, der Kampf dauerte diesmal sechs Tage lang und wüthete am heftigsten am 1. Juli, aber Beauregard hielt Stand und Mac-Clellan mußte seinen Plan aufgeben und sich aus der ungesunden Luft der sumpfigen Gegend nach Washington zurückziehen.

Von hier aus versuchte er nun wieder auf dem geraden Wege nach Richmond vorzubringen, aber hier standen ihm die Conföderirten unter dem General Lee entgegen, der zur Zeit Buchanans Chef des Generalstabs der Union gewesen und eben so ausgezeichnet war wie Beauregard. In einer zweiten blutigen Schlacht bei Bull Run vom 28. bis 30. August und noch in einer folgenden Schlacht bei Sharpsburg am 17. September maßen sich beide Armeen ohne entscheiden-

den Erfolg. Nach der ersten Schlacht mußte Mac-Clellan, nach
der zweiten Lee etwas zurückweichen. Nun ruhte der Kampf wieder
und Mac-Clellan trat vom Schauplatz ab, weil er der demokratischen
Partei zuneigte und die neuen Maßregeln zu Gunsten der Schwarzen,
welche der Congreß um diese Zeit verfügte, mißbilligte.

Schon im Frühling des Jahres 1862 hatte General Butler mit
einer Flotte unter Admiral Ferragut und mit einer kleinen Landungsarmee seinen Weg an der Ostküste der Südstaaten fortgesetzt und war
in den mexikanischen Golf hineingesegelt, um die große Handelsstadt
New-Orleans an der Mündung des Missisippi zu besetzen, während
der Unionsgeneral Grant von Norden her die wichtigsten Stationen
an dem großen Missisippistrome einzunehmen beauftragt war. In
New-Orleans commandirte der südstaatliche General Bragg 15,000
Mann. Der Zugang zur Stadt vom Meere her war durch zwei
starke Forts gedeckt, welche an beiden Ufern des Flusses sich gegenüber-
lagen, und durch eine starke Kette gesperrt, die man zwischen den
beiden Forts ausgespannt hatte. Ferragut aber fuhr am 26. April
mit voller Dampfkraft seiner Schiffe so rasch und gewaltig gegen die
Kette, daß sie zerriß, schlug und zerstreute die dahinter aufgestellten
Schiffe der Rebellen und zwang die beiden Forts, zu capituliren.
Unterdeß hatte Butler mit seinen Landungstruppen auf einem Land-
wege die Stadt umgangen und nun zog es auch Bragg vor, zu
capituliren und ohne Schwertstreich mit seinen Truppen abzuziehen.
Auf diese Weise fiel die wichtige Stadt New-Orleans den Unionisten
in die Hände. Weil aber Butler, wie früher Fremont auf eigne Hand
die Sclaven befreite, sogar schwarze Regimenter aus ihnen bildete
und die weißen Einwohner der Stadt als Anhänger der Südstaaten
aufs Härteste behandelte, strafte Lincoln seine Eigenmächtigkeit durch
augenblickliche Zurückberufung und ersetzte ihn durch General Banks.
Unterdeß operirte General Grant am obern Missisippi und in Tennessee,

um sich von hier aus allmälig mit den Unionstruppen in New=
Orleans in Verbindung setzen zu können. Obgleich aber Beauregard
selbst ihn bekämpfte, wurde er doch seiner nicht Meister, hielt diesen
entfernten Kampfplatz, nachdem New=Orleans gefallen war, auch nicht
mehr für haltbar, sparte seine Kräfte für den Hauptkampf bei Rich=
mond und zog sich nach wiederholten vergeblichen Kämpfen um die
Stadt Corinth freiwillig zurück. Man warf übrigens den Unions=
truppen Rohheiten der ärgsten Art vor. Aus dem Staat Alabama
erfuhr man, Unionstruppen unter dem Oberst Turbschin hätten in
dem Städtchen Athen und namentlich in einem dort befindlichen be=
rühmten Mädcheninstitut die gröbsten Schändlichkeiten verübt.

In Washington ernannte Lincoln nach Mac=Clellans Abgang
den General Burnside zum Obergeneral der Potomacarmee und scheint
sehr gewünscht zu haben, die Union möchte in diesem Jahre noch
einen großen Erfolg davon tragen. Mac=Clellan wurde verleumdet,
als habe er seine Pflicht nicht gethan, absichtlich den Krieg in die
Länge gezogen und den Sieg der Union selber nicht gewollt. Burn=
side sollte nun leisten, was sein Vorgänger versäumt hatte, übernahm
aber das Commando sehr ungern und verwahrte sich von vorn herein
gegen Tadel, wenn auch er nichts ausrichten sollte, denn er täuschte
sich nicht über den schlechten Zustand der Truppen. Weil man aber
eine Schlacht von ihm verlangte, so führte er die Armee dem Feind
entgegen und lieferte ihm am 13. Dezember eine große Schlacht bei
Fredericsburg, die unglücklich für ihn ablief, wie er vorausgesehen
hatte. Aber auch Lee fühlte sich nicht stark genug, den errungenen
Vortheil zu verfolgen, und so blieb es beim Alten. Auch in diesem
Jahre war auf dem vornehmsten Schauplatz des Krieges zwischen
Washington und Richmond keine Entscheidung erfolgt. Ob in der
Aufzählung der Todten und Verwundeten, deren Zahl in einer ein=

zigen Schlacht nicht selten 20,000 übersteigt, nicht übertrieben worden ist, wollen wir dahin gestellt seyn lassen.

Im Winter auf 1863 drang die extreme Partei im Congreß zu Washington ungestümer als je auf die Emancipation der Schwarzen. Die Abolitionisten benutzten die Mißerfolge im Kriege, um größere Energie und unnachsichtliches Vorgehen gegen die südstaatliche Aristokratie als unumgängliche Nothwendigkeit zu empfehlen und als Nothwehr zu rechtfertigen. Die Weißen sollten sich nicht allein für die Schwarzen hinopfern, man solle die Schwarzen selber bewaffnen und gegen ihre ehemaligen Herrn führen. Diesem Geschrei hatte schon Mac-Clellan weichen müssen. Jetzt sah sich auch Lincoln gezwungen, der Mehrheit des Congresses nachzugeben, und erließ eine Proclamation, wonach vom 1. Januar 1863 an sämmtliche Sclaven eines Staatentheils, dessen Einwohner sich zu dieser Zeit im Aufstand gegen die Unionsregierung befänden, von da an für alle Zeiten frei seyn sollten. Aber es zeigte sich jetzt, daß der Eifer für die Emancipation der Neger von Seiten der Weißen unklug, übereilt und affectirt gewesen war, denn die Sclaven selbst beeilten sich keineswegs, dem Rufe des Nordens zu folgen. Davis drohte in einer Gegenproclamation gegen die Emancipationserklärung Lincolns, alle weißen Offiziere, die bewaffnete Sclaven gegen die Südstaaten führen würden, sollten erschossen werden.

Geld aber wurde in Strömen verschleudert. Man rechnete am Ende des Jahres 1862 nicht mehr 500 Millionen, sondern schon 2000 Mill. Dollars, die von der Union für den erst zweijährigen Krieg verausgabt waren. Um dieses Geld zu beschaffen, wurde theils Papiergeld gemacht, theils durch die Taxbill eine bisher unerhörte Cumulation von Steuern ausgeschrieben, theils durch die Wollbill der Einfuhrzoll erhöht, so daß man bereits in England klagte, der Absatz nach der Union habe im J. 1862 9 Mill. Pfund weniger betragen als früher, sey jedoch durch 12 Mill. Pfund gedeckt worden, welche in Folge des Handelsvertrags mit Frankreich mehr als früher dorthin ausgeführt wurden.

Dennoch verlor England ungeheuer dadurch, daß die Baumwolle aus den Südstaaten ausblieb. Im Anfang des Jahres 1863 rechnete man schon 400,000 brodlos gewordener Baumwollenarbeiter in den englischen Fabrikbezirken, die durch öffentliches Almosen unterstützt werden mußten. Die südstaatliche Baumwolle ist die beste und könnte durch chinesische und indische nicht ersetzt werden, auch wenn in Hinterasien jetzt schon Baumwollpflanzungen in so großer Menge beständen oder so schnell errichtet werden könnten, um in der Masse den amerikanischen Ausfall zu decken. Dazu kommt, daß England bisher die südstaatliche Baumwolle durch Vermittlung der nordstaatlichen Kaufleute aus den nördlichen Häfen, hauptsächlich aus New-York, bezog und die Baumwolle von dort nicht mit baarem Gelde, sondern mit Erzeugnissen der englischen Industrie bezahlte. Dieser unermeßliche Vortheil, von dem ein großer Theil des fabelhaften englischen Reichthums abhing, ging nun verloren.

Frankreich, welches überallhin sein Netz auswarf, suchte auch in Amerika eine Schiedsrichterrolle zu übernehmen und bot seine Vermittlung an, aber England und die übrigen europäischen Mächte traten nicht bei und Lincoln ließ durch seinen Minister Seward im Anfang des Jahres 1863 sich jede europäische Einmischung verbitten.

In Nordamerika selbst zeigte sich trotz des wachsenden durch den Krieg veranlaßten Elends noch lediglich keine Neigung zum Frieden. Der Süden hatte die ungeheuersten Anstrengungen gemacht und da aller Handel stockte, besonders die Colonialwaaren nicht mehr verwerthet werden konnten, die zahlreichen Neger zum großen Theil nur noch als müßige Fresser dem Lande zur Last fielen, alle Arbeitskräfte der Weißen aber dem Lande durch den Militärdienst entzogen waren, entstand Mangel an Lebensmitteln und eine unglaubliche Theurung.

Dazu mußte die secessionistische Regierung ein Schreckenssystem einführen, um die große Armee, mit welcher sie fortwährend Siege erfocht, rekrutiren, ausrüsten und ernähren zu können. Niemand durfte klagen, wenn er auch den Druck noch so schwer empfand. Nur heimlich gelangten die bittersten Klagen darüber ins Ausland. Die Nordstaaten hatten große Schulden gemacht, aber ihre Hülfsquellen schienen unerschöpflich zu seyn. Die erbärmlichen Leistungen ihrer Armee standen in gar keinem Vergleich zu den fabelhaften Kosten. Wenn das Volk wenig Eifer zeigte und sich der Rekrutirung widersetzte, so geschah es nicht aus Sympathie für den Süden, sondern aus einem gewissen Uebermuth und Sicherheitsgefühl, weil der an sich viel stärkere Norden doch zuletzt die Oberhand behalten müsse. Wie es scheint, herrschte im Norden auch eine große Abneigung gegen die Generale, von denen man fürchten mußte, daß sie etwaige glänzende Siege auf Kosten der Freiheit und Gleichheit des eigentlichen Yankeethums mißbrauchen würden, oder die für eble Schwärmer galten und das gemeine Interesse unter ein höheres Princip beugen zu wollen schienen. So namentlich der republikanische General Fremont und der deutsche Sigel, die daher immer zurückgesetzt wurden. Die entschiedensten Feinde des Südens waren die Abolitionisten oder Negerfreunde, die man deßhalb auch spöttisch Wollköpfe nannte. Sie schwärmten für die Menschenrechte der Neger, bildeten aber eben deshalb keine Mehrheit. Eine andere gerade entgegengesetzte Minderheit bildeten die s. g. Butternüsse, die mehr oder weniger mit den Südstaaten sympathisirten und daher den Frieden wünschten. Weil die Hautfarbe im Süden gebräunter ist, nannte man diese Partei nach einer eigenthümlich braun gefärbten Wallnußart. Präsident Lincoln hatte zwar endlich in der Noth nach vielen Niederlagen den Abolitionisten nachgegeben und Negerregimenter errichten lassen; auch hörte man, daß diese letztern sich ordentlich gehalten hätten. Allein die ganze Maaßregel entbehrte der Großartigkeit und es zeigte sich durchaus kein bedeutender Zudrang der Neger zur Freiheit. Nirgends im Süden erhoben sie sich gegen ihre Herren. Nur da, wo die nordstaatlichen Truppen hinkamen, wie in New-Orleans, Westvirginien wurden sie aufgeboten oder geworben.

Der Feldzug des Jahres 1863 war den Nordstaaten nicht günstiger als die beiden frühern. Die große Hauptarmee der Union, diesmal unter General Hooker, ging am 27. April über den Fluß Rappahannock, um abermals gegen Richmond vorzubringen. Die Hauptarmee der Südstaaten aber, unter Lee, griff jene schon am 2. Mai unversehens an, bei Chancellorsville, unfern von Fredericksburg, wo man früher gekämpft hatte, und nöthigte nach einem lebhaften Kampfe Hooker schon wieder zum Rückzuge. Die Sieger verloren bei dieser Gelegenheit ihren hochgefeierten General Stonewall Jackson. Lee verfolgte den Feind, ging seinerseits über den Rappahannock und detachirte ein Corps nach Pennsylvanien, welches nicht wenig Schrecken in Philadelphia verursachte, jedoch zunächst nur die Bestimmung hatte, die Armee der Sieger zu verproviantiren, da die Südstaaten selbst bereits äußerst erschöpft waren.

Hooker wurde abgesetzt und Meade trat an seine Stelle. Das war schon zur Gewohnheit geworden, daß ein General nach dem andern ernannt, in der ersten Hauptschlacht geschlagen und dann durch einen andern ersetzt wurde. Meade beeilte sich, dem bereits ins Cumberlandthal vorgerückten Lee in den Rücken zu kommen, um ihn am weiteren Vorrücken zu hindern und zu einer Schlacht zu zwingen. Am 1. Juli trafen sie sich bei Gettysburg und auch noch an den beiden folgenden Tagen wurde hier lebhaft, ja wüthend gekämpft, bis Lee, nachdem er noch einmal das Centrum Meades vergebens zu sprengen gesucht hatte, sich zurückziehen mußte.

Diese Schlacht bei Gettysburg ist in Bezug auf die Kriegführung der Nordamerikaner charakteristisch. Die Armee hatte sich an beiden Seiten hinter Erdaufwürfen gedeckt, Fußvolk und Reiterei, so daß eigentlich nur die Artillerie im Kampf war. Meade hatte im Centrum seiner Aufstellung einen Kirchhof mit zahlreichen Kanonen besetzt und Lee ließ seinerseits 150 schwere Geschütze einzig auf diesen Kirchhof richten und drei Stunden lang auf denselben feuern. Die Nordstaatlichen erwiderten das Feuer mit derselben Energie, obgleich ihnen viele Geschütze zerstört, Pferde und Mannschaften erschossen wurden. Der ganze Kirchhof war von den schweren Kugeln des Feindes zerwühlt und wie zermalmt, alle Grabsteine in Stücken umhergeworfen. Endlich ließ Lee die Sturmcolonnen vorrücken, um den Kirchhof zu nehmen, aber sie wurden mit einem solchen Kartätschenhagel empfangen, daß sie trotz der verwegensten Tapferkeit zurückgeschlagen wurden. Lee verlor 3500 Todte und 25,000 Verwundete und Gefangne, der Verlust der Unionstruppen war um ein Drittel geringer.

Lee mußte sich zurückziehen. In ihrer ersten Siegesfreude träumte die unionistische Presse schon, Lee werde den reißend angeschwollenen Potomac nicht überschreiten können und mit seinem ganzen Heere gefangen werden; er verstand es jedoch, ehe er verfolgt wurde, glücklich über den Fluß zu entkommen, und war nur in die Defensive zurückversetzt, immer noch bereit, Richmond tapfer zu vertheidigen.

Admiral Dupont mit einer Flotille der Nordstaaten sollte im Frühjahr 1863 Charleston einnehmen. Er drang mit neuen Panzerschiffen in den Hafen ein, welche Parotkanonen führten und Kugeln von 3—4 Centnern schoßen. Auch gelang es ihnen, das berühmte Fort Sumter gänzlich in Trümmer zu schießen, doch konnten sie es nicht besetzen, weil es unter den Batterien der Stadt lag. Auch konnten sie nicht weiter im Hafen vordringen, weil ihnen der Weg durch unterseeische Barrikaden und durch s. g. Torpedos*) versperrt war. Beauregard leitete die Vertheidigung.

Im Sommer gelang es dem General Grant, am Missisippi die wichtigste der südstaatlichen Festungen, Vilksburg, nach langer Belagerung zu erobern. Der daselbst commandirende General Pemberton capitulirte mit 12,000 Mann am 4. Juli. Bald darauf fiel auch Port Hudson mit 7000 Mann und das ganze Missisippithal war nun in der Gewalt der Union. — Uebrigens benutzten die Wilden in den weiten Steppen des Ostens den Bürgerkrieg der Weißen, um am Kansasflusse große Raubzüge zu unternehmen. Ein kleineres unionistisches Heer unter General Rosenkranz drang wieder in Tennessee ein und siegte bei Murfreesboro, wurde bei Chicamanga zum Rückzug gezwungen, aber von Grant unterstützt, der am 22. bis 25. November bei Chattanooga siegte und 6000 Gefangene machte. — Von New-Orleans aus drang Banks in Texas vor und unterwarf auch diesen Staat wieder der Union.

Unterdeß brach am 13. Juli in New-York eine blutige Empörung

---

*) Unter einem Torpedo ist dasselbe verstanden, was man ehemals eine Höllenmaschine nannte, nämlich ein mit Pulver gefüllter Kasten, eine bewegliche Mine, die man an den Ort eingräbt oder unter Wasser anbringt und die sich in dem Augenblick entzünden muß, in welchem die darüber marschirenden oder fahrenden Feinde daran stoßen. Die Conföderirten legten im amerikanischen Kriege solche Torpedos in großer Zahl und mit vieler Kunst an, hauptsächlich im Wasser, gewöhnlich einen Fuß unter der Oberfläche. Wenn ein Schiff daran stieß, so wurde dadurch ein an dem Kasten befestigter Pflock weggestoßen und die Einrichtung im Innern des Kastens war so, daß, wenn der Pflock weggebogen war, ein Hammer auf ein Zündhölzchen schlug und den ganzen Inhalt, zuweilen von 4000 Pfd. Pulver explodiren machte. Trotz aller Vorsicht der unionistischen Schiffer wurden ihnen in diesem Kriege doch häufig durch die unbemerkten Torpedos Schiffe in die Luft gesprengt.

aus. Präsident Lincoln wollte hier sein neues Rekrutirungsgesetz durchführen, aber weder die demokratische und Friedenspartei wollte zu einem ihr verhaßten Kriege neue Streitkräfte herleihen, noch hatte überhaupt der echte Yankee, der nur nach Geldgewinn trachtet, Lust zu Strapazen und Gefahren. Diese Stimmung benutzte nun der eigentliche Pöbel, um unter dem Vorwande einer politischen Opposition die reiche Stadt New-York zu plündern. Derselbe stürmte das Bureau der Conscription und steckte das Gebäude in Brand, wobei noch mehr Häuser mitverbrannten und viele Personen getödtet wurden. Man verfolgte namentlich die armen Neger, weil ihretwegen doch eigentlich der ganze Krieg angefangen hatte. An 300 derselben wurden am 13. und 14. Juli in New-York erschlagen. Einen Oberst O'Brian hingen die Empörer an einem Laternenpfahle auf. Die Hauptsache aber war dem Gesindel, welches ein gewisser Andrews anführte, die Plünderung der reichen Läden und Wohnungen. Am 15. kündigte der Gouverneur Seymour an, die Conscription sey vertagt und der Stadtrath votirte 2½ Millionen Dollars für die Armen, die sich damit von der Rekrutirung loskaufen sollten. Wirksamer war die rasche Bildung einer Nationalgarde, aus Angehörigen der besitzenden Classe, die jedem weitern Unfug steuerte. Hätte Lee bei Gettysburg gesiegt, so wäre die demokratische Partei in New-York mit Hülfe des Pöbels Meister der Stadt geworden, wie denn auch demokratische Agenten den Pöbel gehetzt hatten.

Im Winter ruhte der Kampf, aber noch war vom Frieden keine Rede. Seitdem Lincoln die Sclaverei gesetzlich aufgehoben hatte, waren die Südstaaten noch unversöhnlicher geworden. Lincoln bildete Negerregimenter, die aber von den Truppen der Südstaaten nur als Räuberbanden angesehen wurden und keinen Pardon erhielten. Die große Maßregel Lincolns wurde von den Negersclaven in den Südstaaten selbst, wie schon oben erörtert ist, gegen alle Erwartung der

Abolitionisten, nicht benutzt, ja kaum gern gesehen. Wenn Lincoln einige Negerregimenter errichten konnte, nahm er dazu doch nur freie Neger der Nordstaaten oder schwarze Sclaven, die von den in die Südstaaten vordringenden Unionstruppen ihren bisherigen Herren weggenommen wurden. In der Unionsarmee selbst wurden die Negerregimenter schlecht behandelt. Der Neger bekam viel geringeren Sold als der Weiße und wurde bei jeder Gelegenheit betrogen, verkürzt und zurückgesetzt.

In den Nordstaaten wurde für den Krieg immer mehr Geld aufgenommen und verschleudert. Wenn auch den ehrlichen Lincoln selbst keine Schuld trifft, so ist doch gewiß, daß es in seinem Anhang und in seiner nächsten Umgebung Finanzkünstler gab, die in der Verlängerung des Kriegs ihren Privatvortheil sahen, weil ein großer Theil der Geldsummen, die für den Krieg ausgegeben werden sollten, auf dem Verwaltungswege in ihre Taschen fiel. Man beschuldigte in dieser Beziehung insbesondere den Kriegsminister Cameron. „Je gigantischer der Krieg, desto gigantischer die Corruption, desto furchtbarer die Macht der Verwaltung, die den Krieg für sich ausbeutet und ihn verlängert, um ihre eigene Herrschaft zu verlängern." Ein ganzes Heer von Harpyen folgte den Unionstruppen als Armeecommissäre, Lieferanten ꝛc., ließ sich enorm von der Regierung bezahlen und versorgte die Truppen desto schlechter, mit noch weit größerer Frechheit als es bisher in der österreichischen und russischen Armeeverwaltung vorgekommen war. Mit dem besten Willen konnte Lincoln dieses Gesindels, mit dem die Generale meist unter einer Decke steckten, nicht Meister werden. Auch durfte er nicht streng verfahren, weil die zahlreiche und mächtige Diebsbande ihn sonst bei der nächsten Präsidentenwahl im Stich gelassen hätte. Die immer wiederholten Niederlagen der großen Unionsarmeen kamen nicht immer blos von der Unfähigkeit der Generale her. Aber auch die Unfähigkeit erklärt sich nicht immer durch Mangel an Talent, sondern dadurch, daß auch den besten General die Organe versagten, oder daß man gegen ihn intriguirte. Die Offiziere wurden nicht nach Verdienst und Talent, sondern nach Gunst gewählt. Während man tapfere und kriegs=erfahrene Deutsche, unter andern einmal mehrere preußische Offiziere, die ausdrücklich gekommen waren, um den Krieg mitzumachen, zurück=wies, wurden Angloamerikaner in Menge befördert, die nie Pulver gerochen hatten und es auch gar nicht riechen wollten, sondern nur, als Angehörige der großen Diebsbande, sich bereicherten und jeder Gefahr auswichen. Auch unter den gemeinen Soldaten gab es nur zu viele, die nur Sold nahmen und wieder davon liefen. So wurde Betrug und Humbug aller Art getrieben und trotz ihrer großen Ueber=macht konnten die Nordstaaten den Süden nicht überwältigen.

Dabei bemerkte man in den großen Städten Nordamerikas, welche der Kriegsgefahr ferne lagen, namentlich in New=York, eine Sorg=losigkeit und Genußsucht, einen Uebermuth und Luxus, als ob man im tiefsten Frieden lebe. Eine New=Yorker Zeitung schrieb am 24. Mai 1864: „Während des Winters hatten wir viele glänzende Masken=bälle. Die Damen trugen Anzüge zu so fabelhaft hohen Preisen, daß es unglaublich scheinen würde, wenn man nicht wüßte, wie unsere durch den Krieg reich gewordenen Spekulanten das Geld wieder ver=schleudern. Eine Dame trug ein prächtiges mit echten Perlen ge=sticktes Kleid aus Rose de Chine Satin; von ihrem Haupte wallte ein Schleier aus echten Spitzen, mit Perlen gestickt, über ihre ganze Person. Die Göttin Diana wurde von einer jungen Dame reprä=sentirt, welche ein ponceaurothes Kleid, auf dem goldene Bogen ein=gestickt waren, und Stiefelchen aus rothem Satin mit goldenen Ab=sätzen und Besätzen trug. Eine Andere trug ein Kleid aus grünem Atlas mit Silbergarnirungen und grüne Schuhe, mit Silberspitzen besetzt und silbernen Absätzen; ihr Haar war mit Silberstaub ge=

pubert. Auch die Herren gaben diesem ausschweifenden Luxus der Damen wenig nach."

In den Südstaaten herrschte eine weit größere Noth. Sie besaßen lange nicht so viel Mittel, wie die Nordstaaten, mußten verhältnißmäßig weit größere Anstrengungen machen und konnten ihre Armeen nur vollzählig erhalten durch den unbarmherzigsten Terrorismus in der Rekrutirung, Besteuerung und Contribuirung. Die fünf oder sechs Staaten, auf welche sie reducirt waren, konnten sich kaum noch der von Norden, Westen und Süden vordringenden Unionstruppen erwehren und waren an Geld und Lebensmitteln schon fast erschöpft. In Virginien, Tennessee, Missisippi, Alabama und Florida waren schon Unionstruppen eingedrungen. Nur Nord= und Südcarolina blieben noch unberührt, mit Ausnahme der Seeküste, die von der Unionsflotte blokirt war. Nur weil es die ganze Zukunft galt und weil überhaupt in den Südstaaten ein ritterlicheres Geschlecht weißer Männer zu Hause war, als in den Nordstaaten, wehrten sie sich so ausdauernd und mit so vielem Glück, oder wenigstens mit so großem Ruhme, denn obgleich immer zurückgedrängt, siegten sie doch beinahe in jeder Schlacht. Aber hinter der freudigen Kriegslust ihrer Lager verbarg sich bitteres Elend der erschöpften Städte und Dörfer. Man las fürchterliche Schilderungen dieses Elends. Am meisten, hieß es, litten die gefangenen Unionstruppen, von denen viele verhungern mußten, weil den Siegern selbst die Lebensmittel ausgingen. Nach vielen Berichten sollen nordstaatliche Gefangene in Richmond verhungert seyn.

Die Kriegführung wurde von beiden Parteien grausam genannt. Obgleich die Parteigerüchte zu übertreiben pflegen, durfte man doch Bevölkerungen, unter denen schon so lange her die Rowdies verrufen waren, nichts Feines zutrauen. In den Südstaaten wurde die Härte, mit der man die Gefangenen behandelte, zum großen Theil nur durch

Noth veranlaßt. Nun waren aber in Richmond ungeheure Truppen=
massen über ein Jahr lang zusammengebrängt und fehlten die Lebens=
mittel. Die meisten Gefangenen waren südwärts nach Georgia ge=
bracht worden. Im Sommer 1864 meldete eine Correspondenz der
Augsb. Allg. Zeitung: „Bei Andersonville liegen seit Monaten über
30,000 Gefangene auf einem engen sumpfigen Raum unter freiem
Himmel. Die Lumpen, die man ihnen gelassen hat, bilden ihren ein=
zigen Schuh gegen Sonne und Regen. Jeder bekommt täglich ein
halb Pfund Maisbrod und zwei Unzen verdorbenes Pöckelfleisch." Wir
werden auf diesen Gegenstand, der später zu einem merkwürdigen
Proceß führte, ausführlich zurückkommen.

Im Jahr 1864 wurde Grant, der Eroberer von Vitsburg und
Sieger von Chattanooga, zum Obergeneral der Unionsarmee ernannt,
konnte sich aber erst am 3. Mai in Bewegung setzen, um über den
Fluß Rapidan zu gehen und den Angriff auf die Hauptstellung des
Feindes in Richmond zu erneuern. Die Südstaaten hatten hier ihre
Hauptmacht unter General Lee concentrirt und ein Labyrinth von
Verschanzungen angelegt, um der Unionsarmee jedes Vordringen un=
möglich zu machen. Grant mußte diese Vertheidigungslinien also zu
umgehen oder den Feind zu täuschen trachten, um an einem schwachen
Punkte einzubringen. Lee aber war vorsichtig und hatte den Vortheil
der kürzeren Linien, in denen er sich nach jedem bedrängten Punkte
bewegen konnte. Daher bestand der Kampf zwischen Grant und Lee
in langwierigen Manövern und Frontveränderungen, nur zuweilen
unterbrochen durch Angriffsversuche, womit Grant aber nicht durch=
brang.

Man bemerkte übrigens damals zuerst eine bessere Haltung
unter den Unionstruppen, als bisher. Grant hatte sich bei dem ab=
gesonderten Corps, das er geführt, großes Vertrauen erworben.
Durch die lange dauernde Kriegführung war der bessere Theil des

Heeres geübter und abgehärteter geworden, hatte Lust am Kriege gewonnen, die Nothwendigkeit und die großen Vortheile der Disciplin begriffen und gelernt, einen Stolz in das echt soldatische Wesen zu setzen, während die schlechten, unzuverläßigen, feigen Elemente allmälig ausgeschieden waren. Man hatte ganz dieselbe Erfahrung in der französischen Revolution gemacht, wo ebenfalls das erste Massenaufgebot nichts getaugt hatte und fast überall davongelaufen war, bis der echte Soldatengeist sich ausbildete, der unter Napoleon so große Wunder vollbrachte.

Die Einschließung der südstaatlichen Hauptstadt Richmond, welche General Lee vertheidigte, durch die nordstaatliche Armee, welche Grant befehligte, gehört zu den wichtigsten Vorkommnissen der Kriegsgeschichte überhaupt und war das großartigste Kriegsereigniß, was noch je in der neuen Welt erlebt worden war. Einzig in seiner Art hauptsächlich weil es die außerordentliche Befähigung der germanischen Race zur Kriegskunst aufs neue glänzend bestätigte, sofern hier binnen wenigen Jahren aus ganz rohen und ungeübten, an langen Frieden gewöhnten Volkselementen vortreffliche Truppen und geniale Feldherrn hervorgingen. Merkwürdig sodann auch durch die große Menge von Opfern, welche dieser Krieg forderte, durch die Menge von blutigen Schlachten, die rasch aufeinander folgten, ja wochenlang sich fast täglich wiederholten. Merkwürdig endlich durch das zerrissene, dem Angriff höchst ungünstige Terrain. Denn eine Menge breite und schmale Gewässer, Sümpfe und Wälder zerschneiden das Land zwischen Richmond und Washington. Ein Terrain, wie es sonst nur für Kriege der Wilden, für Guerillas oder Räuber geeignet ist, wurde hier der Schauplatz großer Hauptarmeen. Das Interesse an dem Kampfe um Richmond gewinnt sehr, wenn man ihn mit der Landkarte in der Hand verfolgt.

Die Energie der Nordamerikaner hat zwar dieses durchschnittene

Terrain durch Eisenbahnen einem raschen und ausgebreiteten Verkehr geöffnet, denn solche Bahnen gehen von Richmond nach allen Hauptrichtungen aus und gabeln sich in nicht weit von der Stadt entfernten Stationen, so daß Lees in Richmond concentrirte zahlreiche Armee auf den verschiedenen Wegen von Süden her immer Zufuhr genug erhielt. General Grant mußte deshalb bei seinem Angriff auf die Eisenbahnen und namentlich auf deren Knotenpunkte sein Augenmerk richten, um die Wege abzuschneiden und weitere Zufuhren nach Richmond zu verhindern. Das nöthigte Grant, nach und nach beinahe einen förmlichen Kreis um Richmond zu ziehen, um sich allmälig in den Besitz der Eisenbahnen zu setzen, oder dieselben zu zerstören. Auch das Klima muß bei diesem Kampfe in Betrachtung gezogen werden. Bei großer Hitze ist den Truppen Ruhe nöthig, bei Regenwetter werden wegen des hier durchgängig vorherrschenden Lehmbodens die Straßen fast unpassirbar.

Während nun Grant, als der angreifende Theil, rastlos darauf bedacht war, theils eine Lücke des Gegners zu erspähen und durch eine rasche Ueberrumpelung des Feindes zu erreichen, wozu ihn die Einschließung Richmonds nur auf einem viel langsameren Wege führen konnte, theils, wenn ihm solche raschen Schläge nicht gelangen, dem Feinde nacheinander alle Zufuhren abzuschneiden, trachtete dagegen Lee in concentrirter Aufstellung, beim Vortheil der inneren Linien, der auf seiner Seite war, und geschützt durch starke Schanzen, Verhaue und Gräben, wobei ihm die Beschaffenheit des Landes trefflich zu Statten kam, schnell überall dahin, wo der Feind angriff, hinreichende Streitkräfte zu werfen, um ihn abzuschlagen, sodann, wenn er von Richmond etwas entfernt stand, nicht von dieser Stadt abgeschnitten zu werden, drittens die Eisenbahnknoten aufs zäheste zu vertheidigen, und viertens, wenn es irgend möglich war, Demonstrationen im Rücken des Feindes machen zu lassen, um dessen

Aufmerksamkeit von Richmond abzulenken, um der Stadt Washington einen Schrecken einzujagen und auch um Zufuhren abzufangen und Proviant nach Richmond zu bringen.

Das Hauptinteresse des Kampfes drängte sich um Richmond und dessen nächste Umgebung, insbesondere um Frebericsburg und Falmouth am Rappahannok, Orange=Court=House an der Virginia=Centralbahn, um Spottsylvania zwischen jenen beiden, City=Point an der Mündung des Appomator in den James und endlich die Stadt Petersburg, das Hauptbollwerk Richmonds im Süden. Seitwärts von diesem Kriegsschauplatz, aber in nächster Nähe, war das Shenandoahthal, welches sich gegen Norden öffnet in der Richtung von Washington, und das rechte Ufer des James=Flusses im Osten von besonderer Wichtigkeit, weil das eine die Verbindung mit den Nordstaaten beherrschte, von dem andern aus Petersburg am leichtesten angegriffen werden konnte. Im ersteren ließ Grant ein Armeecorps unter General Sigel zurück, am James=Fluß aber ließ er den General Butler gegen Petersburg operiren.

Grant selbst ging mit der Hauptarmee in den ersten Tagen des Mai 1864 über den Fluß Rapidan in die s. g. Wilderneß hinein, eine große Waldung, nur um den wachsamen Feind zu täuschen. Denn in so eine Wildniß pflegt man mit einer großen Armee nicht hineinzumarschiren. Grant rechnete also darauf, Lee werde ihn von einer ganz andern Seite her erwarten und es werde ihm gelingen, denselben, der ihm entgegengerückt war, von Richmond abzuschneiden. Allein er täuschte sich. Lee hatte zwar nichts gemerkt und seinen Uebergang über den Fluß nicht verhindert, war aber schon am Tage nach Grants Uebergange, am 5. Mai, im Anmarsch und griff seine vorgeschobenen Colonnen mit solcher Heftigkeit an, daß sie zurückgeworfen wurden. Aber auch Grant verlor keinen Augenblick die Geistesgegenwart, ordnete in dem schwierigen Waldrevier seine Truppen aufs zweckmäßigste und wies den kühnen Angriff in einem blutigen Kampf zurück, dem erst die Nacht ein Ende machte. Am andern Morgen begann der Kampf von neuem, Grant griff zuerst an, erzürnt darüber, daß ihm sein erster Plan, den Feind zu hintergehen, nicht gelungen war. Lee aber hatte Verstärkungen erhalten und am Nachmittag neigte sich der Sieg auf seine Seite, als Grant noch zur rechten Zeit eine frische Division an sich zog und ihn energisch zurückwarf. In den folgenden Tagen machte Lee eine Schwenkung und nahm eine starke Stellung am Flusse Po, wodurch er Grant am Vorrücken gegen Richmond hinderte. Am 9. Mai war Grant schon wieder an ihm, doch wegen Ermüdung der Truppen blieb der Kampf ohne Entscheidung. Am folgenden Tage wurde mit Erbitterung gekämpft, am 11. nur geplänkelt. Am 12. ließ sich eine südstaatliche Brigade vom nordstaatlichen General Hancock beim Frühstück überraschen. General Burnside unterstützte Hancock. Nun kam aber Lee und schlug sie wieder zurück. Man kämpfte so hitzig, daß ein heftiger Platzregen und Sturm gar nicht beachtet wurde. Der Wald ging hier in offenes Land über, so daß die Kanonen freien Spielraum hatten und ihr Donner alles übertäubte. Die Schlacht wüthete 14 Stunden lang fort bis in die Nacht und kein Theil hatte gesiegt. Doch war der Vortheil insofern auf Grants Seite, als hauptsächlich durch Hancocks glücklichen Ueberfall 8000 Gefangene und 18 feindliche Geschütze in seine Hände gefallen waren.

Die Truppen waren sehr erschöpft. In einer einzigen Woche hatten sie fast täglich gekämpft, Grant hatte nicht weniger als 25,000 Mann und 16 Generale, Lee 18,000 Mann und 13 Generale verloren. Das waren die denkwürdigen Schlachten in der Wilderneß, die noch nichts entschieden.

Lee war noch so zuversichtlich, daß er am 19. Mai eine Diversion in Grants Rücken machen ließ, um dessen Train wegzufangen. Aber dieser Versuch mißlang, weil sich der Train nicht mehr da befand, wo man ihn suchte. Dagegen umging jetzt Grant Lees eigene Stellung auf seiner rechten Flanke und drohte ihn aufs neue von Richmond abzuschneiden. Lee aber paßte auf und schob sich Grant mittelst eines Gewaltmarsches abermals vor. Da es Grant bisher nicht gelungen war, den Feind durch einen Angriff Stirn gegen Stirn zu überwältigen, mußte er es wieder mit einer Umgehung versuchen, und that es in südlicher Richtung. So umschlichen sich beide Feldherrn wie zwei Ringer, die nicht wieder angreifen wollen, ehe sie einer am andern die schwache Seite gefunden haben.

Unterdeß ließ der umsichtige Lee den General Sigel durch den General Early aus dem Shenandoahthal hinauswerfen. Der arme Sigel, unser deutscher Landsmann, derselbe badische Lieutenant, der 1849 die rebellische Armee in Baden befehligt, aber auch hier keine Lorbeern gesammelt hatte, war zwar, weil Grant und Lincoln es mit den zahlreichen Deutschen in der Union nicht verderben wollten, zum Chef eines Armeecorps von 20,000 Mann ernannt worden; aber man scheint wenig Werth darauf gelegt zu haben, daß er etwas Großes leisten solle. Ohne Zweifel war bei der englischen Vollblutrace, die noch keinen ernsten Krieg durchgemacht hatte, einige Eifersucht gegen deutsche Offiziere im Spiel, die schon mehr Pulver gerochen hatten. Doch der Grund, warum Sigel gegen die ihn anfallende Uebermacht im Shenandoahthal nicht unterstützt wurde, war wohl ein anderer. Grant war im Süden vorgerückt, um Richmond von hinten zu fassen, denn das war sein Hauptaugenmerk. Er wollte sich nicht von Lee wieder rückwärts nach dem Norden manövriren lassen und achtete auch einen kleinen Verlust im Norden nicht, weil er wohl wußte, Lee müsse, um sich seiner zu erwehren und Richmond zu decken, in der Nähe bleiben und habe nicht Truppen genug übrig, um den allerdings offenen Weg nach Washington einzuschlagen und diese Stadt ernstlich zu bedrohen. Also wurde Sigel bei New-Market dermaßen geschlagen, daß seine Truppen in Unordnung davonflohen. Die ungeheuren Vorwürfe aber, mit denen man grade ihn überhäufte, während anglo-amerikanische Generale, die auch Niederlagen erlitten hatten, viel glimpflicher weggekommen waren, scheinen zu beweisen, daß sich wirklich nationale Eifersüchtelei an ihm hat reiben wollen.

Auf der Ostseite des Kriegsschauplatzes war General Butler am James-Fluß vorgegangen und hatte keinen Widerstand gefunden, außer daß seine Schiffe auf dem Fluß durch Torpedos incommodirt waren. Erst vor City-Point warfen sich ihm die von Beauregard geführten südstaatlichen Truppen ut (gen und schlugen ihn am 16. Mai zurück. Butler verlor hier 2000 Mann.*) Doch behauptete er sich in einer festen Position gegen alle weiteren Angriffe bei Bermuda-Hundred.

Das alles geschah noch im Mai. Aber am 2. Juni maßen sich die Hauptarmeen von Grant und Lee schon wieder in einer Hauptschlacht bei Cold-Harbor, indem sie nach den bisherigen wechselseitigen Umgehungen wieder einmal Stirn gegen Stirn rannten. Diese Schlacht fiel nicht glücklich für Grant aus. Seine Angriffe wurden abgeschlagen und er verlor 7000 Mann, während Lees Verlust nur 2—3000 betrug. Dennoch ließ Grant sich nicht schrecken, sondern setzte über den James-Fluß, um Richmond um jeden Preis von Süden her anzugreifen und sich zu diesem Zweck mit Butler zu vereinigen. In Washington war man sehr unzufrieden damit, denn man fürchtete, Lee werde auf dem offen gelassenen Wege einen Stoß

---

*) Es klingt etwas fabelhaft, wenn berichtet wird, seine Truppen hätten sich in der Dämmerung vor der Verfolgung des Feindes dadurch geschützt, daß sie die Bäume des Waldes in der Kniehöhe mit Drähten verbunden hätten, über welche die Verfolger gefallen seyen, was sie stürzen gemacht und aufgehalten habe.

gegen die Hauptstadt der Union unternehmen lassen, was jedoch, wie Grant richtig vorausgesehen hatte, nicht geschah und nicht geschehen konnte, denn Grants Truppen waren von Süden her der Stadt Petersburg schon so nahe gekommen, daß Lee sie zu entsetzen eilen mußte. Der nordstaatliche General Kautz drang am 9. Juni wirklich schon mit seiner Reiterei in die Straßen des schwach besetzten Petersburg ein, mußte es aber wieder verlassen, weil er vom Fußvolk keine Unterstützung erhielt. Die Vorwürfe, die ihn trafen, wurden glücklich von ihm widerlegt und er für schuldlos erklärt. Inzwischen konnte Butler, da die ihm gegenüberstehenden südstaatlichen Truppen abziehen mußten, um Petersburg schützen zu helfen, am 16. Juni wieder vorbringen.

Nachdem Grant sich überzeugt hatte, daß er Richmonds nicht eher Meister werden würde, ehe er dasselbe von seinen Zufuhren abgeschnitten hätte, ließ er am 21. Juni die Welbon=Bahn angreifen, eine seiner allzu unvorsichtig vorgehenden Brigaden sah sich aber plötzlich umringt und gefangen und auch die nachkommenden Corps wurden in den folgenden Tagen zurückgedrückt. Ebenso unglücklich kämpften die nordstaatlichen Truppen im Shenandoahthal. Hier wurde ihr General Hunter ebenso geschlagen wie früher Sigel, am 28. Juni. Diesmal gingen die südstaatlichen Truppen unter General Early wirklich im Shenandoahthal vor und machten einen Einfall in Maryland, wo sie viel raubten, ohne jedoch nach Washington vorzubringen. Diese Demonstration änderte durchaus nichts an Grants festem und klugem Plane, Richmond von allen seinen Verbindungen abzuschneiden. Während er selbst in der Nähe von Richmond blieb und Lee hier fesselte, so daß derselbe nicht daran denken konnte, Truppen genug zu entsenden, um Washington ernstlich zu bedrohen, entsandte Grant den energischen General Sherman, um das ganze Terrain, aus welchem Richmond bisher seine Verstärkungen und Zufuhren erhalten hatte,

Der Bürgerkrieg in Nordamerika.

durch einen kühnen Zug mitten durch die Südstaaten bis an das atlantische Meer zu jeder weiteren Unterstützung Richmonds unfähig zu machen. Erst am 26. Juli fing Grant seine Operationen vor Richmond von neuem an und hoffte, Lee werde, um diese Hauptstadt zu decken, Petersburg entblößen, auf welches er jetzt einen Gewaltsangriff machen ließ, der jedoch am 30. Juli kläglich mißlang. Durch das Sprengen einer Mine zertrümmerte er das Hauptfort von Petersburg, ließ 120 schwere Geschütze gegen die Stadt spielen und den ersten Schrecken benutzen, um die Division Burnsides schnell in die Stadt zu werfen. Sie drang auch ein, stieß aber unerwartet auf neu aufgeworfene Erdwerke und in ein solches mörderisches Feuer, daß sie in der trichterförmigen Bresche stecken blieb und sich nach schrecklichen Verlusten gefangen geben mußte. Damit war das ganze Unternehmen mißlungen; Lee behauptete Petersburg und Grant mußte sich mit einem Verlust von 6000 Mann zurückziehen. Die Schuld wurde auf einige Negerregimenter geworfen, die im entscheidenden Augenblick nicht tapfer genug ausgehalten hätten. Lee benutzte seinen Sieg sogleich, um, was ihm die südliche Stellung Grants gestattete, wieder durch seine schnelle Reiterei einen Einfall in Maryland machen und aus dieser reichen Gegend Beute und Vorräthe nach seinem Lager schleppen zu lassen. Die Stadt Washington sah sich dadurch wieder nahe bedroht und war in großer Aufregung. Doch zogen sich die Feinde wieder zurück.

Erst am 14. August bei großer Hitze machte Grant wieder einen Angriff auf das Fort Darling am James-Fluß, konnte es aber nach einem mehrtägigen Kampfe nicht einnehmen. Am 25. griff er abermals die Weldon-Bahn an, aber eben so vergebens. Nun hielt er sich wieder ruhig, um den Erfolg von Shermans Expedition abzuwarten, denn wenn diese gelang, brauchte er sich nicht mehr in vergeblichen Angriffen gegen allzu feste Positionen zu erschöpfen. Auf

Richmond beschränkt und ohne fernere Unterstützung vom Süden her mußte Lee trotz seines Feldherrntalents und trotz der Tapferkeit seiner Armee aus Mangel an Lebensmitteln unterliegen. Schon jetzt im September waren die Lebensmittel in Richmond und Petersburg verringert und besonders das Fleisch sehr selten geworden, weshalb der südstaatliche General Hampton mit ungeheurem Jubel empfangen wurde, als es ihm durch einen kecken Handstreich gelungen war, den Unionstruppen unversehens 25,000 Ochsen aus ihrem Depot wegzufangen und glücklich nach Petersburg zu bringen, am 15. September. Dagegen wurde Early wenige Tage später durch den von Grant abgeschickten General Sheridan im Shenandoahthal zurückgeschlagen, am Flusse Opequoin. Early wagte am 19. October noch einmal einen Angriff, wurde aber nochmals geschlagen, indem Sheridan, welcher anfangs noch fern war, in größter Schnelligkeit herbeieilte und grade zur rechten Zeit kam, um die Niederlage seiner Truppen in einen glänzenden Sieg zu verwandeln.

Da der Süden sich so mannhaft vertheidigte, machte die demokratische Partei im Norden und Westen eine neue Anstrengung. Die Zeit, in der ein neuer Präsident der Union gewählt werden sollte, rückte nahe und die demokratischen Stimmen erklärten sich für Mac-Clellan, ohne Zweifel eine unglückliche Wahl, da dieser General seinen üblen Ruf als Feldherr nur noch mehr verdunkelte, wenn er als Werkzeug einer Partei erschien, der seine Niederlagen erwünscht gewesen waren. Eine kleine, sittlich edlere Partei suchte Fremont an die Spitze der Union zu bringen, war aber so wenig zahlreich, daß Fremont selbst zurücktrat, um die Stimmen nicht zu zersplittern. Am 10. August wurde zu New-York ein Riesenmeeting abgehalten für Mac-Clellan unter Hohn und Verwünschungen für Lincoln. Zu derselben Zeit versammelte sich ein großer Demokratencongreß im Westen zu Chicago in demselben Sinne und für Mac-Clellan. Ihr Programm war, man solle zwar die Südstaaten nöthigen, wieder in die Union einzutreten, aber die Sclaverei nicht aufheben. Dagegen hielt Seward eine gewaltige Rede, worin er entschieden für Lincoln Partei nahm und die Rettung der Union allein vom Festhalten an Lincolns Politik und Präsidentschaft erwartete.

Alle diese Parteidemonstrationen würden noch kaum etwas entschieden haben, wenn sich nicht das Waffenglück dem Norden zugewendet hätte. Zwar wurde noch am 19. October ein kleiner Einfall von Anhängern des Südens von Canada aus in die Vereinigten Staaten gemacht, bei St. Albans, um Lincolns Partei im Rücken anzugreifen, allein ohne andern Erfolg, als daß dadurch die Canadier und die englische Regierung ein wenig compromittirt wurden. Vor Richmond hielt die große Potomacarmee unter Grant nicht nur ihre Positionen fest, sondern errang auch neue Vortheile. Mit welchem Geschick sich auch Lee vertheidigte und überall hin, wo er einen Angriff erwartete, neue Verschanzungen aufwarf, Grant war ihm doch an Truppenzahl überlegen und erhielt immer neue Verstärkungen. Im Verlauf des Jahres wurde auch in entfernten Gegenden, wenn auch nur mit kleinern Mitteln gekämpft. Banks, der von New-Orleans aus die südlichsten Staaten säubern wollte, erlitt im April eine kleine Niederlage. In Tennessee griffen die Conföderirten unter General Forest in demselben Monat das Fort Pillow am Mississippi an. Dasselbe capitulirte, die Belagerer brachen aber die Capitulation und mordeten 400 Negersoldaten, die zur Besatzung gehört hatten, auf die grausamste Weise. Die unionistische Flotte unter Ferragut belagerte das Fort Mobile vergebens, ebenso Porter das feste Willmington. Dagegen gelang es einem Kriegsschiff der Union, dem Kerseage, an der Nordküste Frankreichs nahe vor dem Hafen von Cherbourg das berüchtigtste Caperschiff der Südstaaten, den Alabama, den es lange vergeblich gesucht hatte, endlich zu ertappen und auf der Stelle in den Grund zu bohren. Semmes, der Capitän des Caperschiffs, konnte sich mit seinen Leuten retten und wurde in England wie ein großer Held gefeiert, obgleich er als gemeiner Seeräuber seine Brutalitäten immer nur an wehrlosen Kauffahrteifahrern ausgeübt hatte und jedem ernsten Kampf feige ausgewichen war.

Die wichtigste Unternehmung, welche die Streitkräfte der Union auf einem andern Kriegsschauplatz als am Potomac ausführten, war die große Diversion, welche General Sherman nach Grants großartigem Plane den Conföderirten im Rücken machte. Es kam nämlich Grant nicht blos darauf an, Richmond in nächster Nähe zu cerniren, sondern auch zu verhüten, daß ihm neue bedeutende Streitkräfte aus den südlich gelegenen Staaten zu Hülfe kommen konnten. Also wurde Sherman ausersehen, in Georgien einzufallen, dort alles zu alarmiren, alles, was dort von conföderirten Truppen vorhanden war, einzeln zu schlagen, oder wenigstens von Richmond abzuziehen, alle Vorräthe, die nicht mitgenommen werden konnten, zu zerstören und womöglich quer durch die Südstaaten bis zum atlantischen Meere vorzubringen und sich hier mit der unionistischen Flotte in Verbindung zu setzen.

Sherman war als junger Mensch ein bei den Damen sehr beliebter Lieutenant in Charleston gewesen. Dann wurde er Ingenieurhauptmann, zog aber plötzlich die Uniform aus und fing ein Banquiergeschäft im goldreichen Californien an, hatte jedoch kein Glück und trieb sich mehrere Jahre an verschiedenen Orten als Advokat herum, bis ihm seine alten Freunde in der Armee die Stelle eines Präsidenten der Militärakademie in Louisiana verschafften. Als der Bürgerkrieg ausbrach, erklärte er, keine menschliche Rücksicht werde ihn jemals bewegen, gegen den Süden zu kämpfen. Und doch war es ihm beschieden, nicht nur in die Nordarmee einzutreten, sondern auch der südstaatlichen Union den Todesstoß zu versetzen. Man erklärt das einfach aus seinem Ehrgeiz. Dieser Sherman hatte sich früher schon bei der Potomacarmee ausgezeichnet, weshalb er mit der wichtigen Operation im Süden beauftragt wurde. Er durfte 40,000 ausgesuchte Veteranen und viele Pferde mitnehmen, um sich rasch bewegen zu können, und hatte den Auftrag, während Grant mit der Potomac=armee die Hauptarmee der Südstaaten bei Richmond im Schach hielt, die wichtigsten Hülfsquellen der letztern im Süden zu zerstören. Er sollte zunächst durch Georgien bis an die Meeresküste vordringen, sich dort des Seeplatzes Savannah bemeistern und mit der Unions=flotte in Verbindung setzen, dann in Carolina eindringen, das schon so lange von der Seeseite vergeblich belagerte Charleston von der Landseite her einnehmen und dann gegen Richmond ziehen, auf diesem weiten Halbkreise aber alle Eisenbahnen zerstören, alle Vorräthe weg=nehmen oder vertilgen, die südstaatliche Rekrutirung hemmen, die Neger befreien, aber auch zugleich durch strenge Disciplin und wohl=wollendes Benehmen gegen die friedliche Bevölkerung dieselbe für die Union zu stimmen und zum Abfall von Davis zu bewegen suchen. Der Zweck von Shermans Expedition wurde so geheim gehalten, daß seine eigenen Truppen nichts davon erfuhren, und daß er durch geschickte Manöver den Feind täuschen konnte. Zum erstenmal in diesem Kriege standen im Hauptquartier der Union tüchtige Männer an der Spitze, wurde ein genialer Feldzugsplan gefaßt und eben so genial ausgeführt.

Auch die Armee war tüchtiger geworden. Binnen vier Jahren, berichtet Sonder, bildete sich ein Kern von s. g. Veteranen, die frei=willig ihre Dienstzeit verlängerten, beisammen blieben und tüchtige Soldaten wurden. „Die gesammte Infanterie trug am Leibkoppel Haubajonnet und Patrontasche; das Lederzeug war schwarz; jeder Mann führte sein auf dem Tornister aufgeschnalltes Kochgeschirr bei sich. Die Uniform bestand aus einem blautuchenen, ziemlich langen

Rock und blauen Pantalons, welche von Offizieren und Leuten in die langgeschäfteten Stiefeln gesteckt wurden. Der Mantel war von starkem Tuch und hatte einen ziemlich langen Kragen, der den Tornister bedeckte und vor dem Naßwerden schützte. Das Casquet, eine blautuchene Mütze mit großem horizontal stehendem Schirm war nicht sehr kleidsam, aber bequem und praktisch; an dem Casquet waren die von den commandirenden Generalen, nach völlig freier Wahl angenommenen und eingeführten, aus farbigem Tuch oder Metall geschlagenen Corps- und Divisionsabzeichen, in Gestalt eines Adlers, eines Sternes, einer Eichel ɾc. befestigt. — Die von den Staaten New-York und Pennsylvanien gestellten Regimenter wichen mitunter von der allgemeinen Uniformirung ab und waren nicht selten sehr phantastisch in Roth, Blau, Grün oder Grau gekleidet. Solche Regimenter führten auch besondere Bezeichnungen wie z. B. Feuer-, Zuaven-, Lafayette-Garde, Steuben-Regiment ɾc. Die Infanterie der Unirten besaß Ende 1862 sehr verschiedene Güte; die meisten Regimenter, namentlich die der Freiwilligen, ließen in Betreff ihrer taktischen Ausbildung, ihres Respectes vor den Vorgesetzten, ihrer Disciplin und der innern Ordnung Manches zu wünschen übrig; dagegen besaßen alle eine außerordentlich große Marschfähigkeit, viel Geduld und Ausdauer in Widerwärtigkeiten, starke Willenskraft und große Praxis im Lager- und Bivouakleben, Wege- und Brückenbau; der amerikanische Soldat ist im Allgemeinen schweigsam und ernst, beschäftigt sich aber lebhaft mit Politik und ist den geistigen Getränken so sehr ergeben, daß der Verkauf derselben in den Lagern und auf den Märschen gänzlich untersagt werden mußte."

Die Reiterei der Union war anfangs am übelsten bestellt, während die der Südstaaten vortrefflich war. Die reichen Plantagenbesitzer und ihre Angehörigen waren geborene Reiter und brachten die berittenen Hirten der Weideländer aus Texas mit. Das Krämervolk im Norden wußte dagegen nicht mit Pferden umzugehen. Hier kosteten die Pferde ein ungeheures Geld und ein guter Theil davon ging an schlechter Pflege zu Grunde. Es dauerte lange bis man hier eine Besserung erreichte. Die Nordstaaten erfanden sogar nach und nach eine neue, ihnen sehr nützliche Truppe, nämlich eine auf Maulthieren beritten gemachte Infanterie mit viel rascherer Bewegung als das gewöhnliche Fußvolk.

In Bezug auf Artillerie und Marine erlangten die Nordstaaten eine große Ueberlegenheit über die Südstaaten. Hierbei offenbarte sich der überschwängliche Sinn der Yankees. Nicht nur in den Panzerschiffen, sondern auch in den riesenhaften Parrotgeschützen lag etwas Phantastisches. Von den letztern bemerkte man übrigens, daß sie häufig zerplatzten.

Die Südstaaten hatten an Beauregard und Lee schon längst ausgezeichnete Generale, doch war ihnen bisher die Unfähigkeit oder der Verrath im Lager der Nordarmee zu statten gekommen, auf welche sie jetzt nicht mehr rechnen konnten. Auch hatten sich die Südstaaten durch übermäßige Anstrengung schon bedeutend erschöpft. Von Anfang an schwächer als die Nordstaaten reichte die Zahl ihrer waffenfähigen Mannschaften nicht mehr aus, um den unaufhörlich wachsenden Streitmassen des Nordens überall, wo es nöthig war, hinlänglichen Widerstand zu leisten. Um Richmond zu halten, mußten dort fast alle ihre Truppen concentrirt werden. Auf Nebenpunkte legten sie weniger Gewicht. Sie ließen daher nur Johnston, den nachher Hood ersetzte, in einer nicht ausreichenden Stärke gegen Sherman operiren.

Gleichwohl war Shermans Aufgabe immerhin schwierig, denn er kannte die innern Zustände der Südstaaten nicht, auch nicht die Stärke der gegen ihn zu verwendenden Truppen. Er mußte in zum Theil unwegsamen Gegenden vorsichtig eindringen auf einer langen Operationslinie, fern von aller Verbindung mit dem Norden und seinen natürlichen Hülfsquellen. Er mußte Menschen und Pferde verproviantiren in zum Theil nur sparsam bewohnten Landschaften. Nachdem er seine Truppen am Ende des April in Chattanooga concentrirt hatte, nämlich die kleinen Heertheile, die bisher einzeln in Tennessee, Kentucky und am Ohio gestanden und die, weil sie dort nicht mehr nöthig waren, durch Milizen ersetzt werden konnten, brachte Sherman im Ganzen 98,000 Mann mit 254 Geschützen zusammen, und zwar gute, schon in längerm Krieg erprobte Soldaten. Johnston, der ihn aufhalten sollte, konnte nur 71,000 Mann zusammenbringen. Sherman hatte jedoch mit viel Terrainhindernissen zu kämpfen und Johnston verfehlte nicht, alle wichtigen Pässe, wo er durchkommen mußte, zu besetzen und die Wege ungangbar zu machen. Sherman aber befolgte Grants System, durch Umgehung der gefährlichen Punkte dem Gegner zuvorzukommen, oder ihn wenigstens zu zwingen, daß er die eingenommene feste Stellung wieder verlassen mußte. So umging er Johnstons feste Stellung bei Dalton und griff ihn dann am 14. Mai bei Resaca mit solcher Gewalt an, daß Johnston nach zweitägigem heftigem Widerstand weichen mußte. Durch diesen Sieg öffnete sich Sherman den offenen und am meisten cultivirten Theil Georgiens, wo er mehr Lebensmittel und bequemere Wege fand. Am 28. Mai griff ihn Johnston am Allatoona-Passe heftig an, jedoch ohne Erfolg. Aber auch Sherman wurde am 27. Juni, als er Johnston am Kenesawgebirge angriff, von demselben zurückgeworfen.

Trotz dieser Aufhaltungen konnte doch Sherman, weil er die überlegenere Truppenzahl hatte, allmälig immer weiter vorrücken und bedrohte schon die wichtige, stark befestigte und reich mit Vorräthen versehene Stadt Atlanta. Weil nun Johnston nicht so glücklich gewesen war, die gefährliche Diversion Shermans zu vereiteln, wurde er abberufen und an seiner Stelle erhielt der feurige General Hood das Commando. Dieser energische Mann machte nun mit seinen geringen Mitteln in der That dem Feinde viel zu schaffen. Der Muth der Conföderirten ist grade in diesen letzten Stadien des Bürgerkriegs noch mehr zu bewundern, als er es im Anfang und in den Tagen des Sieges war. Hood hatte nur noch 49,000 Mann, mit denen er Atlanta vertheidigen sollte, aber er ersetzte die Zahl durch Kühnheit. Am 20. Juli überfiel er einen Theil der feindlichen Armee plötzlich im Walde und nur die Geistesgegenwart ihrer Artillerie schützte die Unionstruppen vor einer schmählichen Niederlage. Sherman war seitdem sehr vorsichtig, um seinem Gegner keine neue Blöße zu geben, und da er sich überzeugte, Atlanta sey zu fest, als daß er es leicht einnehmen könnte, hoffte er einen glücklichen Coup ausführen zu können, indem er plötzlich seine Reiterei südwärts nach Macon eilen ließ, um die dort befindlichen zahlreichen Gefangenen von der Unionsarmee zu befreien und zugleich die Eisenbahn daselbst zu zerstören, und jede Zufuhr vom Süden aus nach Atlanta abzuschneiden. Aber seine Reiter kamen zu spät, die Gefangenen waren schon entfernt worden, ja ein Theil der unionistischen Reiterei gerieth auf dem Rückwege in einen Hinterhalt und verlor 3000 Mann. Weil aber Sherman fortfuhr, Atlanta von seinen Verbindungen abzuschneiden, glaubte Hood, sich daselbst nicht mehr länger halten zu können, und räumte die Stadt unversehens in der Nacht auf den zweiten September, nachdem er das sämmtliche Pulver, sämmtliche Lokomotiven und Waggons der Eisenbahn, 1000 Ballen Baumwolle und alle Vorräthe hatte in die Luft sprengen oder verbrennen lassen.

Sherman sollte durch kleine Truppenbewegungen in seinem Rücken verlockt werden, sich zurückzuziehen, was die Conföderirten umsomehr hofften, als der Winter im Anzug war und die Unionstruppen nicht genug Lebensmittel auftreiben konnten. Aber Sherman ging von seinem Plane nicht ab und ließ sich nur Zeit, um durch Fouragierungen und Razzias den Proviant aufzubringen, den er brauchte. Den größten Vorrath davon hatte er in Allatoona zusammenbringen lassen, weshalb Hood diesen Ort unversehens überfiel. Aber der unionistische Commandant, General Corse, der etwa 2000 Mann bei sich hatte, vertheidigte sich am 5. October aufs ritterlichste, bis Sherman ihm zu Hülfe kam. Nun wich dem letztern Hood wieder aus und um sich von ihm nicht in der Irre herumführen zu lassen, überließ Sherman dem General Thomas den kleinern Theil seines Heeres, um ihn zu verfolgen, und brach selbst mit dem größern Theile, der noch 50,000 Streiter zählte, gegen Osten auf, um die wichtige Stadt Savannah am atlantischen Meere zu erreichen.

General Thomas vollzog seinen Auftrag mit vielem Geschick. Hood hatte, indem er sich an die Grenze von Tennessee zurückzog, sich bis auf 36,000 Mann verstärkt und griff den von Thomas voran geschickten General Shofield am 30. November bei Franklin mit großer Uebermacht an, allein Shofield hielt mit der äußersten Tapferkeit aus, schlug alle Stürme zurück und wurde nach wenigen Tagen von Thomas unterstützt, der nun seinerseits Hood in Nashville angriff, am 15. und 16. Dezember. Hier wurde Hood trotz der hartnäckigsten Gegenwehr total geschlagen und konnte nichts Ernstes mehr unternehmen.

Nachdem Hood nicht mehr im Stande gewesen war, Sherman von seinem Marsch zum Meere nach dem Westen zurückzumanövriren, machte Lee doch noch einen Versuch, durch Alarmirung des Westens Grants Aufmerksamkeit von Richmond auf einen andern Punkt hinzulenken und seine Streitkräfte zu theilen. Die Umstände waren für Lee nicht ganz ungünstig. Im Staate Missouri, wie auch in Kansas, hatten die Conföderirten zahlreiche Anhänger; wenn man ihnen einen militärischen Kern gab, konnten sie zur Lawine anwachsen. Lee schickte also den General Price, der etwa 20,000 Mann zusammengebracht hatte, im September nach Missouri, wo ihm der unionistische General Rosenkranz anfangs nur geringe Streitkräfte entgegenstellen konnte. Nun bildeten sich auch gleich conföderistische Freischaaren und plünderten unionistisch gesinnte Städte, namentlich Glasgow und Sedalia, wobei sich ein gewisser Andersen als Anführer durch die größte Frechheit hervorthat. Allein Price besaß keine rechte Energie, wurde von Rosenkranz, als derselbe mehr Truppen um sich gesammelt hatte, am 22. October bei Independence aufs Haupt geschlagen und mußte auf der Flucht seine reiche Beute zurücklassen.

Unter so günstigen Umständen setzte nun Sherman seinen kühnen Marsch zum atlantischen Meere fort, ohne ferner auf irgend einen erheblichen Widerstand zu stoßen. Nachdem er am 22. November Milledgeville besetzt hatte, von wo der Gouverneur und der gesetzgebende Körper Georgiens geflüchtet waren, ließ er wieder alles von Lebensmitteln zusammenraffen, was nur gefunden werden konnte, und auf Packthieren fortbringen, um den Winter über mit seiner Armee nicht Hunger zu leiden, und zerstörte fortwährend Eisenbahnen und Brücken, um jeden ferneren Zuzug nach Richmond zu verhindern. Schon am 10. Dezember stand er vor der Stadt Savannah. Hier befanden sich 7000 Mann und noch mehrere Tausend schnell zusammengeraffte Milizen unter dem conföderirten General Hardee, der eine gänzliche Einschließung der Stadt nicht abwartete, weil er sie gegen Shermans Uebermacht auf die Dauer doch nicht hätte vertheidigen können. Er verfuhr also hier, wie Hood in Atlanta und räumte die Stadt auf dem einzig noch offenen Wege, welcher durch Moräste führte, in der Nacht auf den 22. Dezember, hatte aber keine Zeit mehr, um die reichen Vorräthe daselbst zu zerstören, oder er that es aus Schonung für die Einwohner nicht. Somit blieben hier nicht nur 150 Geschütze, sondern auch zahllose Eisenbahnwägen und Locomotiven und nicht weniger als 30,000 Ballen Baumwolle zurück, die in Shermans Hände fielen. Dieser glückliche General zog nun auch hier Verstärkungen an sich, während ihm fast gar kein Feind mehr gegenüberstand. Er hatte jetzt wieder 70,000 Mann beisammen.

In Richmond erregten die Fortschritte Shermans keinen geringen Schrecken, denn wenn es ihm gelang, gegen Richmond vorzurücken und sich mit Grants Hauptarmee zu vereinigen, so waren die Südstaaten verloren. Lee wollte wenigstens die Katastrophe noch so lange als möglich aufhalten und da er aus seiner centralen Stellung bei Richmond unmöglich mehr Truppen abgeben konnte, um sie Sherman entgegenzuwerfen, entsandte er den trefflichen Beauregard, um alle Garnisonen, die man irgend entbehren konnte, zusammenzuraffen und einen neuen Streithaufen zu bilden, der das Vorbringen Shermans wenigstens noch eine Zeit lang aufhalten sollte. So wurden also die Städte Charleston, Georgetown, Kingston ꝛc. von ihren Besatzungen freiwillig geräumt. Beauregard, welcher Charleston, wo vor vier Jahren die Rebellion ihren Anfang genommen, bisher aufs zäheste vertheidigt hatte, war nicht mehr stark genug, den wichtigen Posten am Meere gegen den Angriff von der See und vom Lande her zugleich zu vertheidigen, kam daher dem Angriff Shermans zuvor, verbrannte die Stadt mit ihren Vorräthen und zog ab, am 17. Februar 1865. Dasselbe Glück hatte Sherman im Innern von Südcarolina, dessen Hauptstadt Columbia er einnahm, nachdem der südstaatliche General Wade Hampton sie in Brand gesteckt hatte und geflohen war. Derselbe hatte ungeheure Massen von Baumwolle auf die Straßen schütten und anzünden lassen und vom Winde getrieben hatte die Baumwolle die ganze Umgebung der Stadt wie mit Schnee bedeckt. An 3000 Häuser verbrannten. Unterdeß wurde auch der wichtige Hafen von Willmington an der Südostspitze Carolinas von den Unionisten unter General Butler zu Lande und unter Admiral Porter zur See angegriffen und zwar lange tapfer vertheidigt, mußte aber endlich unterliegen, als Sherman Raum gewann, den General Shofield auch noch gegen Willmington zu entsenden. Die Besatzung von Willmington entwich in der Nacht auf den 22. Februar, nachdem sie noch die Eisenbahnbrücke, 1000 Ballen Baumwolle und andere Vorräthe verbrannt hatte. Das Heer, womit Beauregard gegen Sherman operiren sollte, war nach so großen Verlusten zu schwach, um seiner Aufgabe zu genügen. Beauregard, der bisher nie den Muth verloren hatte, gab nun doch das Commando an Johnston ab, der noch weniger ausrichten konnte.

Sherman rückte am 17. März nach Goldsboro vor und warf Johnston nach schwacher Gegenwehr zurück. Da er zunächst keinen ernsten Angriff mehr zu besorgen hatte, verließ er seine Armee auf kurze Zeit und eilte von Beaufort aus zu Schiffe nach City-Point, um hier am 27. März unter Lincolns eignem Vorsitz einem großen Kriegsrath anzuwohnen.

Die Südstaaten hätte Sherman nicht überwältigen können, wenn es ihnen möglich gewesen wäre, ihre Hauptstellung in Richmond und Petersburg von Truppen zu entblößen. Richmond war in immer größerer Noth, Lebensmittel waren nur noch zu enormen Preisen zu bekommen. Zufuhren und Verstärkungen wurden immer seltener. Als letzten Versuch, die, wenn auch überaus tapfere, jedoch gelichtete Armee zu ergänzen, schlug man Bewaffnung der Neger vor. Aber das natürliche Gefühl sträubte sich gegen einen so groben Abfall vom Prinzip der Südstaaten und man hatte auch nicht mehr Zeit und besaß nicht mehr Terrain genug, um die Maßregel in großartiger Weise durchzuführen. Manche Stadt und Provinz, die bisher die Union der Südstaaten unterstützt hatte, wurde jetzt renitent, um nicht ihre Kinder in einem nutzlosen Kampf zu opfern, und klagte den Terrorismus der Regierung in Richmond an, welche die Rekrutirung unter der weißen Bevölkerung in der Noth bereits vom Knaben- bis zum Greisenalter ausdehnte. Die Bänke des Congresses in Richmond begannen sich zu leeren, viele Deputirte entfernten sich in aller Stille. Zu Weihnachten wagte es der Senator Forte zum erstenmal, gegen Davis und seine Partei die Stimme zu erheben und den bisherigen „Militärdespotismus" als unerträglich und was noch mehr sagen wollte, als unnütz anzuklagen, da die Südstaaten ohne fremde Hülfe sich doch nicht retten könnten.

Unterdeß wurde der neue Präsident der Union gewählt und hauptsächlich den Siegen der Generale verdankt Lincoln seine Wiederwahl. Er hatte zwar auch andere Mittel gebraucht, um zum Ziele zu kommen, unter andern so schnell als möglich den neuen Staat im Westen, Nevada, anerkannt, um sich diese Stimme bei der Wahl zu sichern (dieser neue Staat zeichnet sich durch seinen Reichthum an Silber aus). Auch übte die herrschende republikanische Partei durch ihre Civil- und Militärbeamten und durch ihre Geldmittel, indem sie immer neue Millionen Papier verausgabte, einen Terrorismus, der dem der herrschenden Partei in den Südstaaten wenig nachgab. Zu Lincolns Wiederwahl trug aber das Uebergewicht Grants und Shermans über Lee und Beauregard das meiste bei, denn man konnte jetzt kaum mehr am Sieg der Union zweifeln, und Furcht und Friedenssehnsucht wurden Lincolns Alliirte.

Genug, Abraham Lincoln, der Starrkopf, wurde am 4. November 1864 mit großer Mehrheit zum Präsidenten der Union gewählt, und am 31. Januar 1865 hob der Senat in Washington durch förmlichen Beschluß (119 gegen 56 Stimmen) die Sclaverei auf. Die Einsetzung ins neue Amt erfolgte erst am 4. März 1865 und Lincoln sagte in seiner Antrittsrede in biblischem Prophetenton die denkwürdigen und seiner Stellung zur Weltgeschichte würdigen Worte: „Ein Achtel der ganzen Bevölkerung in den Vereinigten Staaten waren farbige Sclaven, nicht allgemein über die Union vertheilt, sondern im südlichen Theile wohnhaft. Diese Sclaven waren der Grund eines eigenthümlichen und mächtigen Interesses, welches zu stärken, fortzupflanzen und auszubreiten die Rebellen sich zum Zweck setzten und um bessentwillen sie die Union zuletzt durch Krieg zerreißen wollten, während die Regierung kein weiteres Recht in Anspruch nahm, als die territoriale Ausbreitung jenes Interesses zu beschränken. Keine der Parteien versah sich der Größe und Dauer, welche der Krieg schon erreicht hat. Keine erwartete, daß die Ursache des Conflictes schon aufhören könnte, ehe der Krieg selbst zu Ende gehen würde. Jede glaubte an einen leichteren Triumph und an ein weniger erstaunliches und fundamentales Resultat. Beide lesen dieselbe Bibel und beten zu demselben Gott. Jede ruft des Allmächtigen Hülfe gegen den andern an. Es mag seltsam scheinen, daß ein Mensch sich vermesse, eines gerechten Gottes Hülfe zu erbitten, um Brod zu pressen aus dem Schweiße anderer; aber richten wir nicht, damit wir nicht gerichtet werden. Beider Gebete können nicht erhört werden, keins von beiden ist vollständig erhört worden, denn der Allmächtige hat seine eigenen Ziele. ‚Wehe über die Welt, um der Aergernisse willen, denn es kann nicht anders seyn, als das Aergerniß komme, aber wehe über den, durch den das Aergerniß kommt.' Wenn wir die amerikanische Sclaverei als eines der Aergernisse ansehen, die nach Gottes Vorsehung kommen müssen, das er aber, nachdem es seine Zeit gedauert hat, nun beseitigen will, und wenn wir annehmen, daß er beiden, dem Norden und dem Süden, diesen furchtbaren Krieg geschickt hat, wie es jenen gebührte, durch die das Aergerniß gekommen ist, sollen wir dann glauben können, daß irgend eine Abweichung von jenen göttlichen Attributen eingetreten sey, welche die Gläubigen dem lebendigen Gotte von jeher zugeschrieben haben? Sehnsüchtig hoffen wir und flehentlich beten wir, daß diese schreckliche Kriegsgeißel bald von uns genommen werde; wenn es aber dennoch Gottes Wille wäre, daß sie fortdaure, bis der Reichthum, welcher durch die Arbeit der Sclaven in 250 Jahren unvergoltener Mühsal und Knechtschaft angehäuft wurde, wieder verschwunden ist, und bis jeder Tropfen Blutes, den die Peitsche eingesogen hat, durch einen anderen, den das Schwert herausgeschlagen, aufgewogen seyn wird, so muß doch ohne Uebelwollen gegen irgend jemand, mit christlicher Liebe gegen alle und mit festem Beharren auf dem Rechte gesagt werden, daß die Rathschlüsse des Herrn durchaus gerecht sind." Lincoln fügte noch hinzu: „Lasset uns ringen, das Werk zu vollenden!" Aber das Werk wird, so glauben wir hinzufügen zu müssen, durch den letzten Sieg des Nordens über den Süden, durch die gänzliche Freigebung der Sclaven, durch die Sorge für die Wittwen und Waisen der Gefangenen, wovon Lincoln allein noch redet, noch nicht vollendet seyn, sondern es würde erst vollendet werden können, wenn, wovon Lincoln kein Wort redet, nach der Befreiung der Sclaven auch für deren gedeihliches Fortkommen, für ihre sittliche und intellektuelle Erziehung gesorgt würde. Sie ganz sich selbst überlassen, heißt sie der schrecklichen Noth und Corruption überliefern.

Lincoln hätte also seiner Rede eine ernste Mahnung an die Weißen hinzufügen sollen, den schwarzen Brüdern künftig liebreiche Vormünder zu seyn, denn mit der Freiheit hätten sie von Seiten der Weißen keine Liebe, sondern nur einen verstärkten Haß gewonnen, und die Weißen würden sich der Pflicht, für sie zu sorgen, jetzt erst recht überheben. Eine elende Vergangenheit hat für die Schwarzen aufgehört, sagt Lincoln, aber er wagte nicht zu sagen: eine bessere Zukunft erwartet sie!

An demselben Tage (4. März), an welchem Lincoln sein Amt wieder antrat, trat es auch der Vicepräsident Johnson wieder an, hielt aber seine feierliche Rede vor dem Senat, den fremden Gesandten und einem zahlreichen Publikum, worunter über tausend Damen, in trunkenem Zustande und erniedrigte so die neuen Senatoren zum allgemeinen Scandal. Er hatte sich in der Freude übernommen. Später hat er viel Besonnenheit und Verstand gezeigt. — Während der Wahl brachen in New-York in einer Nacht 17 Brände aus, von der unterliegenden Partei angestiftet, aber bald gelöscht.

Das Ergebniß der Wahl schlug vollends die Hoffnung in Richmond nieder. Noch eine letzte Hoffnung setzten die Südstaaten in eine Versöhnung mit dem Norden auf Grund der Monroe-Doctrin. Davis ließ Lincoln Frieden anbieten, Süden und Norden sollten zwar getrennt bleiben, sich aber alliiren, um hier Mexiko, dort Canada zu erobern und keiner europäischen Macht mehr in der neuen Welt irgend ein Besitzthum zu lassen. Er sandte zu diesem Behufe den Vicepräsidenten der Südstaaten Stephens und die Herren Campbell und Hunter nach der Rhede von Hampton Roads, wohin ihnen Lincoln selbst mit Seward entgegenkam. Sie verhandelten am 2. Februar 1865 auf einem Schiffe. Aber die Besprechung führte zu keiner Einigung, weil Lincoln unerbittlich die Rückkehr der Südstaaten in die Union verlangte, welche Stephens ebenso hartnäckig verweigerte. Zum Verderben des Südens, denn Sherman rückte immer näher, die Seeplätze gingen verloren, Richmond wurde immer unhaltbarer. Ein Pfd. Fleisch kostete hier im März schon 20, ein Faß Mehl 200 Dollars. Die Banken brachten ihre Kassen auf die Seite; Vorräthe auf dem Lande, die der Hungersnoth in der Stadt abhelfen sollten, wurden verheimlicht und fielen nachher den feindlichen Truppen in die Hände. Nur der Terrorismus der Generale und des Präsidenten Davis hielt noch einen Kern des Widerstandes beisammen, der sich aber von Tag zu Tag verkleinerte.

Alle Versuche, die Diversion Shermans im Rücken von Richmond aufzuhalten, wurden verhindert durch den Truppenmangel der

Südstaaten. Lee konnte seine feste Stellung bei Petersburg und Richmond Grants Uebermacht gegenüber nicht von Truppen entblößen und Johnston, der noch zuletzt Sherman aufhalten sollte, war nicht stark genug und wurde von seinem Gegner bei Taylorsville und noch einmal bei Bentonville (am 28. März) zurückgeschlagen. Unterdeß behauptete Lee immer noch die Hauptstadt, konnte aber nicht hindern, daß der Unionsgeneral Sheridan ringsumher vollends die Eisenbahnen zerstörte und die Zufuhren nach Richmond hemmte, indem er auch alle Lebensmittel wegnahm. Die Angst in Richmond nahm zu, alle Reichen schlichen sich vollends aus der Stadt. Nur mit Mühe konnten die Congreßmitglieder noch zurückgehalten werden. Die Soldaten folgten aber immer noch gleich ausdauernd und tapfer ihrem Führer. Lee begriff, daß er, wenn erst Sherman vom Süden heranrücke, Richmond und Petersburg doch nicht länger werde behaupten können, wollte sich aber weder ergeben noch fliehen. Müßte er Richmond verlassen, so sollte es doch auf eine ehrenvolle Art geschehen. Es war deshalb seine Absicht, die Unionsarmee, welche Richmond umschloß, an dem Punkt zu durchbrechen, an welchem der rechte Flügel sich dem Centrum anschloß, und die Erschütterung und Verwirrung des Feindes zu benutzen, um schnell mit allen seinen Truppen nach Lynchburg abzuziehen und sich mit Johnstons Truppen zu vereinigen. Er machte den Angriff wirklich am 25. März, drang aber nicht damit durch. Seine Soldaten strengten sich mit altgewohnter Tapferkeit an, als sie aber ihre Bemühungen von keinem Erfolge gekrönt sahen, verloren sie die letzte Hoffnung, wichen zurück und ließen sich sogar ohne fernern Widerstand gefangen nehmen.

Drei Tage später befahl Grant einen allgemeinen Angriff, der am 29. März aber noch auf allen Punkten von Lee abgeschlagen wurde. Am 30. trat Regenwetter ein, am 31. wurde eine unionistische Division von den Conföderirten beim Frühstück überrascht und übel mitgenommen. Die verschiedenen Corps der Unionsarmee operirten diesmal ohne den gehörigen Zusammenhang, worüber Sheridan, der mit seiner Reiterei das beste geleistet hatte, sehr unwillig war. Am folgenden Tage überritt Sheridans treffliche Cavallerie ein Regiment conföderirter Infanterie gleichsam zur Genugthuung. Am 2. April folgte noch ein letzter blutiger Kampf um Petersburg, nun aber gab Lee, um nicht gänzlich eingeschlossen zu werden, die bisher so energisch von ihm behauptete feste Stellung bei Petersburg und Richmond freiwillig auf und suchte einen Vorsprung zu gewinnen, um nach Lynchburg zu entkommen. In der Nacht auf den 3. April bemerkte zuerst der deutsche General Weitzel an der Spitze der nordstaatlichen Negerregimenter, daß Richmond verlassen sey, und zog am Morgen ohne allen Wider= stand in die Stadt ein. Die verhungerte Bevölkerung empfing ihn mit Jubel und sonderlich Neger und Negerinnen waren ganz aus= gelassen in ihrer Freude. Der General benahm sich menschlich und mild, verbot jeden Exceß und ließ den armen Einwohnern Lebens= mittel austheilen. Weil er aber, ohne dazu beauftragt zu seyn, eine Versammlung der virginischen Legislatur zugab, nahm die Unions= regierung das zum Vorwand, ihn augenblicklich zu entlassen, denn die Angloamerikaner gönnten in diesem Kriege keinem Deutschen eine Ehre und lohnten jedem deutschen Verdienste mit Undank.

Auch Petersburg wurde am gleichen Tage leer gefunden und besetzt. Grant aber ließ sich keinen Augenblick Ruhe, sondern folgte der zerrütteten Hauptarmee der Südstaaten auf dem Fuße. Flucht und Verfolgung waren so rasch, daß Lees immer noch bedeutende Armee sich bis auf einen Kern von etwa 20,000 Mann unterwegs auflöste. Tausende warfen ihre Waffen weg und suchten einzeln in ihre Heimath zu entkommen. Am 5. April wurde Lee bei Jetters= ville von Sheridans Reitern eingeholt und wieder am 6. bei Warn= ville. Am gleichen Tage wurde eine andere Masse der Fliehenden von Meade erreicht. Auch in diesen Schlachten kämpften die Südlichen noch mit wüthender Tapferkeit. Erst am 9. April, als Lee keinen Ausweg mehr sah, bot er bei Burkersville (am Appomatox) Grant eine Capitulation an. Grant antwortete in ritterlicher und großherziger Weise und die Capitulation wurde in der Weise abgeschlossen, daß Lees Armee nur ihre Waffen, Pferde und Artillerie und alles öffentliche Eigenthum abliefern mußte, die Gemeinen und Unteroffiziere unter Bürgschaft der Offiziere, daß sie nicht mehr gegen die Union dienen wollten, frei in ihre Heimath entlassen wurden, die Offiziere aber unter der gleichen Bedingung ihre Degen, Pferde und Gepäck behielten.

Lees Abschied von seinen Truppen am 10. April lautete: „Nach vier Jahren mühsamen Kriegsdienstes, die sich durch Tapferkeit und Muth ohne Gleichen kennzeichneten, sieht sich das Heer von Nordvirginien gezwungen, der Zahl und den überwältigenden Hülfsmitteln zu weichen. Ich brauche denen, die so viel schreckliche Schlachten überlebt und bis zum Ende fest geblieben, nicht zu sagen, daß ich in diese Uebergabe keineswegs aus Mißtrauen gegen sie gewilligt, sondern aus der Ueberzeugung, daß Tapferkeit und Opferwilligkeit durchaus nichts hätten erreichen können, was den Verlusten bei Fortführung des Kriegs gleich kommen könnte. Mit grenzenloser Bewunderung eurer Beharrlichkeit und eurer Hingebung fürs Vaterland und mit dankbarer Erinnerung an eure wohlwollende und großherzige Rücksicht für mich nehme ich von euch hiermit einen freundschaftlichen Abschied."

Der Jubel in Washington und allen Städten des Nordens war ungeheuer. In Washington beeilten sich alle fremden Gesandten Lincoln Glück zu wünschen. Man bemerkte, der österreichische Gesandte sey der erste gewesen. Der Staatssekretär Seward hielt eine sarkastische Rede, worin er sagte: „Ich will eben meine Depeschen für das Aus=

land schreiben. Was soll ich dem Kaiser von China sagen? Ich werde ihm danken, daß er niemals einer Piratenflagge erlaubte, in die Häfen seines Reiches einzulaufen. Was soll ich dem Kaiser der Franzosen sagen? (Eine Stimme: Er soll sich aus Mexiko fortpacken!) Ich werde ihm sagen, daß er morgen nach Richmond gehen und seinen Tabak holen kann, der dort so lange blokirt war, vorausgesetzt, daß die Rebellen ihn nicht aufgeraucht haben. Lord John Russel werde ich sagen, die britischen Kaufleute werden finden, daß die unter Verträgen mit den Vereinigten Staaten aus unsern Häfen exportirte Baumwolle viel billiger sey, als die sie durch Blokadebruch erlangen. Was den Grafen Russel selbst betrifft, so brauche ich ihm nicht zu sagen, daß dies ein Krieg für Freiheit, nationale Unabhängigkeit und Menschenrechte und nicht ein Eroberungskrieg ist und daß, wenn Großbritannien nur gerecht gegen die Vereinigten Staaten seyn will, Canada von uns unbehelligt gelassen werden soll, so lange dieses die Autorität der edlen Königin freiwilliger Einverleibung in die Vereinigten Staaten vorzieht. Was soll ich dem König von Preußen sagen? Ich will ihm sagen, daß die Deutschen der Fahne der Union treu waren, wie sein ausgezeichneter Gesandter Baron Gerolt während seines langen Aufenthalts in diesem Lande und seiner Freundschaft für die Vereinigten Staaten geständig war. Dem Kaiser von Oesterreich werde ich sagen, daß er sich als ein sehr weiser Mann gezeigt, indem er uns von Anfang an versichert, daß er nirgends Sympathien für Rebellion habe." Die Rede wurde vom versammelten Volk mit unermeßlichem Beifall und Gelächter angehört.

Am 12. April fiel Mobile in die Hände der Unionisten, nachdem es die Rebellen freiwillig verlassen hatten. Wenige Tage später fiel auch die Stadt Raleigh in die Gewalt Shermans, indem Johnston sich dort nicht mehr halten konnte und entwich, um bald darauf, am 26., sich unter denselben Bedingungen zu ergeben, wie Lee. Sher=

man hatte ihm an 18. bessere Bedingungen gestellt, die einer förmlichen Anerkennung der Südstaaten gleichkamen, daher zurückgenommen werden mußten. Auch Dick-Taylor ergab sich mit einem kleinen Corps. Zuletzt Kirby Smith, der für seine Truppen capitulirte, für seine Person aber nach Texas ging, 26. Mai.

Aus einer officiellen Liste aller Verluste der Union im Bürgerkriege seit 1863 belief sich die Zahl der Todten auf 5221 in der Schlacht gefallene oder an ihren Wunden gestorbene und 2321 durch Krankheiten oder sonstige Unglücksfälle umgekommene Offiziere. Von den Mannschaften geringern Grades kamen 30,885 in Schlachten und durch Wunden und mehr als noch einmal so viel durch Strapazen und Krankheiten um. Die durch die Kriegskosten nothwendig gewordene Staatsschuld der Union belief sich zuletzt auf 2800 Millionen Dollars, die des Südens wurde nicht ermittelt, war aber wohl nicht viel geringer!

Neuntes Buch.

Die Union nach dem Siege.

Aber mitten in die Freude fiel wie ein furchtbarer Donnerschlag die Nachricht, Lincoln sey ermordet. Am Charfreitage, der sonderbarer Weise in den Vereinigten Staaten nicht geheiligt ist, war Festtheater in Washington, wozu sich Lincoln und Gemahlin in Fords Theater einfanden, am 14. April Abends. Im dritten Akt trat ein Unbekannter in ihre Loge, feuerte von hinten eine Pistole auf den Präsidenten ab, verwundete den Major Rathbronn, der ihn aufhalten wollte, sprang zwölf Fuß tief schräg herab auf die Bühne mit dem lauten Rufe: Sic semper tyrannis! (so soll es den Tyrannen immer ergehen) entwischte durch eine Seitenthür, schwang sich auf ein bereit gehaltenes Pferd und verschwand spurlos. Der Präsident von hinten mitten durch den Kopf geschossen, war besinnungslos hingestürzt und athmete nur noch schwach bis zum Morgen, als der Tod eintrat. In derselben Abendstunde hatte sich ein anderer Mörder bei Seward, welcher unwohl geworden war und im Bette lag, eingedrängt, mit einem großen Dolch den abwehrenden Sohn Sewards, Friedrich, niedergestoßen, mehrere andere Personen verwundet und Seward selbst in Brust, Hals und Gesicht Stiche versetzt, worauf auch er unaufgehalten entfloh. Das Gerücht ging, auch General Grant und der Vicepräsident Johnson hätten ermordet werden sollen. Grant war durch Geschäfte verhindert, ins Theater zu kommen, Johnsons Wohnung wurde sogleich durch Militär besetzt. Lincolns Mörder war als der Schauspieler Wilkins Booth aus Baltimore erkannt worden, der oft im Theater gespielt hatte und alle Treppen und Thüren darin wohl kannte.

Nach dem gesetzlichen Herkommen trat Andrew Johnson, Vicepräsident der Union an die Stelle des ermordeten Präsidenten und wurde als solcher beeidigt. Der üble Eindruck, den seine Betrunkenheit bei seiner früheren Einsetzung ins Amt des Vicepräsidenten gemacht hatte, war noch in frischem Andenken, wie auch die wilde und fanatische Rede, worin er allen Rebellen mit Hängen gedroht hatte. Inzwischen beeilten sich die Zeitungen, ihn in einem bessern Lichte zu zeigen. Wenn Johnson nur ein gemeiner Trunkenbold und radikaler Prahlhans gewesen wäre, hieß es, würde er doch wohl nicht zu so hohen Ehrenstellen gelangt seyn. Er war in Raleigh in Nordcarolina 1808 geboren, ein armer Waisenknabe, der das Schneiderhandwerk erlernte. Er ging nie in eine Schule, wodurch seine Geisteskräfte stramm und frisch erhalten wurden, da sie gewöhnlich in den Schulen erschlaffen. Aus Wißbegierde lernte er nach und nach von seinen Gesellen das Buchstabiren und Lesen und seine erste Lectüre waren politische Reden. Im Jahr 1826, also erst 18 Jahre alt, ließ er sich in Tennessee nieder und heirathete eine junge Frau, von der er Schreiben und Rechnen lernte. Dabei wußte er sich so in Achtung zu setzen, daß ihn die Stadt Greenville schon 1828 zum Alberman wählte; 1835 kam er in die Gesetzgebung, 1841 in den

Senat von Tennessee und 1843 in den Congreß von Washington, in dem er blieb; 1853 wurde er Gouverneur von Tennessee und 1857 Mitglied des Senats in Washington. Unter allen Senatoren aus dem Süden blieb er allein der Union treu. Auch war er stets ein Gegner der Sclaverei, der Aristokratie und der nativen Ausschließ= lichkeit. Er hatte daher die deutschen Einwanderer gegen die Know= nothings geschützt und die Freigebung des Bodens an die Einwan= derer, sowie ihre Gleichberechtigung mit der ältern einheimischen Be= völkerung verfochten. Daß er in der letzten Zeit sich dem Trunk ergeben habe, gestand er selbst reumüthig ein, soll aber gelobt haben, nie mehr einen Tropfen geistiges Getränk über seine Lippen kommen zu lassen.

Der Mörder Booth entkam nach Maryland. Da man seine Spur hatte, verfolgten ihn 1600 Reiter und 500 Mann von der ge= heimen Polizei und durchstöberten alles, bis Oberst Baker mit 28 Mann ihn am 26. April jenseits des Rappahannock bei Port Royal in einer Scheune überraschte. Booth verschloß die Scheune und erklärte, sich bis auf das Aeußerste vertheidigen zu wollen. Als man die Scheune in Brand steckte, sprang sein einziger Gefährte Harrold heraus und ließ sich gefangen nehmen. Booth aber blieb mitten im Feuer stehen, bis einer von Bakers Leuten ihn niederschoß. Vierzehn Personen, die ihm bei seiner Flucht geholfen oder ihn wenigstens nicht verrathen hatten, wurden ergriffen und vor Gericht gestellt.

Präsident Johnson erklärte wiederholt in öffentlichen Reden, die Häupter der Rebellion müßten streng bestraft werden. Das fordere die Gerechtigkeit und das sey die Union sich selbst schuldig, denn ihre Autorität dürfe nicht ungestraft verachtet werden. Das ließ sich nicht bestreiten. Dagegen erregte es Staunen und Unwillen, als er öffent= lich zu behaupten wagte, Booth habe sein Verbrechen nicht aus per= sönlichem Fanatismus und eigener Bewegung begangen, sondern im

Complott, nach Verabredung mit Davis, dem Präsidenten der Süd=
staaten, und mehreren andern Häuptern der Rebellen. In seiner
Proclamation vom 5. Mai berief er sich auf „Beweisstücke, welche
dem Kriegsministerium vorliegen," und woraus hervorgehe, der Mord=
plan sey von Flüchtlingen in Canada entworfen und in Richmond
gebilligt worden. Darauf fußend versprach Johnson 100,000 Dollars
für die Beibringung Davis, ebensoviel für Clearys Beisahung und
je 25,000 Dollars für Tompson, Clay, Tucker und Saunders. Man
zweifelte, daß wirklich ein Complott stattgefunden habe, und glaubte,
Johnson habe nur um jenen Preis schnell seinen Racheplan durch=
führen wollen. Die Angeklagten, vor allem Clay, Tucker und
Saunders erklärten die Behauptung Johnsons für eine schändliche
Verleumdung und erboten sich, jedem unparteiischen Gerichte Rede
zu stehen.

Die Aufforderung des Präsidenten that ihre Wirkung. Der un=
glückliche Präsident der Südstaaten, Jefferson Davis, war von Rich=
mond mit seiner Familie und 13 Millionen Dollars (wie es hieß)
unter militärischer Begleitung geflüchtet und hoffte, über den Missi=
sippi zu entkommen. Da er einen weiten Vorsprung hatte, würde er
seine Person haben retten können, wenn er sich nicht mit so vielem
Gepäck und Gefolge beschleppt hätte. Gereizt durch die Ehre und
das Verdienst, ihn zu fangen, und durch die 100,000 Dollars, die
auf seinen Kopf gesetzt waren, jagten ihm die Reiter der Union mit
Blitzesschnelle nach und holten ihn wirklich unter den Oberstlieutenants
Garden und Pritchard am 13. Mai noch vor Sonnenaufgang bei
Irswinsville, 75 englische Meilen von Macon, in einem Walde ein.
Er hatte die Kleider seiner Frau angezogen und hoffte bei Nacht und
im Walde unentdeckt zu bleiben, aber man hatte seine Spur und
von Fackeln umringt und auf allen Seiten mit Revolvern bedroht,
gab er sich unter Verwünschungen gefangen. So berichteten die

Zeitungen der Sieger. Die Verkleidung wurde nachher von den dem Süden freundlichen Zeitungen geleugnet. Auch seine Familie, drei Obersten und mehrere Beamte der Südstaaten wurden verhaftet. Wo das viele Geld hingekommen sey, wurde nicht gemeldet. Man brachte Davis nach Washington, wo er angeklagt wurde, mit den Mördern Lincolns im Complott gehandelt zu haben, obgleich kein Beweis aufgetrieben werden konnte. Es kam der herrschenden Partei nur darauf an, ihn als das bisherige Haupt des Südens zu entehren und moralisch zu vernichten. Man legte ihm deßhalb auch schwere Fesseln an, weil er angeblich einen Gefängnißdiener mißhandelt habe.

Der Proceß der Mörder Lincolns wurde in verhältnißmäßig kurzer Zeit entschieden und die vier Hauptangeklagten, die dem eigentlichen Mörder Booth bei der Flucht geholfen hatten, Payne, Harrold, Atzerot und Frau Surrat, starben am Galgen, am 8. Juli.

Was Davis betrifft, so wurde er von einem virginischen Bezirksgericht angeklagt „als Jefferson Davis, der, ein Bewohner der Vereinigten Staaten und als solcher diesen Treue schuldend... die Furcht Gottes aus den Augen verloren und die Pflichten seines Bürgereides nicht gehörig abgewogen habe, sich vielmehr habe verleiten und verführen lassen durch den Teufel, und sündhafter Weise beabsichtigt und geplant habe, zu stören die Ruhe und den Frieden der besagten Vereinigten Staaten, und umzustürzen deren Regierung, und anzustiften und anzuregen und anzufachen Aufruhr und Aufstand und Krieg gegen benannte Vereinigte Staaten, am 15. Juni im Jahre unseres Herrn 1864 in der Stadt Richmond... woselbst er 500 Personen und darüber bewaffnet und angeordnet habe in kriegerischer Weise, d. h. mit Kanonen, Musketen, Pistolen, Schwertern, Dolchen und anderen Angriffs- und Vertheidigungswaffen... um Krieg zu führen dergestalt gegen die Vereinigten Staaten, im Widerspruch mit der schuldigen Bürgertreue des besagten Jefferson Davis gegen die Verfassung, die Regierung, den Frieden und die Würde besagter Vereinigten Staaten von Amerika…"

Man beeilte sich durchaus nicht, ihn zu verurtheilen, sondern ließ ihn im Kerker schmachten. Bei seiner leidenschaftlichen Natur konnte er die strenge Bewachung, die Mißachtung, die harten Fesseln, die man ihm wenigstens eine Zeit lang anlegte, nicht ohne furchtbare Aufregung ertragen, und es schien erwünscht, daß er sich in Wuth und Angst selber aufreibe, damit man sich eine öffentliche Hinrichtung ersparen könne, die dem Präsidenten gewiß eine große Partei im Lande zu Feinden gemacht haben würde und die auch das Ausland mißbilligen mußte, weil es die südliche Conföderation als im Kriege gleichberechtigte Macht anerkannt hatte, so lange der Krieg dauerte.

Um nun aber der Rachbegier der Yankees doch ein Opfer hinzuwerfen, wurde dazu der Hauptmann Wirz ausersehen, der während des Krieges die Aufsicht über die in Andersonville aufbewahrten nordstaatlichen Gefangenen geführt hatte. Schon lange hatte man von dem grenzenlosen Elend dieser Gefangenen hin und wieder etwas gehört. Sie waren in einen Pferch zusammengebrängt, welcher nur 800 Fuß im Quadrat hatte. Mittendurch floß ein kleiner Bach. Von außen wurde der hohe Verschlag scharf bewacht. Anfangs wurden die Gefangenen noch leiblich beköstigt. Als ihre Zahl aber nach den von den Unionsgeneralen verlorenen Schlachten immer mehr anwuchs, fehlte der Raum. Um sich gegen Regen und Schnee zu schützen, rißen die Gefangenen das Holz der anfangs reinlich aufgerichteten Abtritte weg und bei der ungeheuern Anhäufung von Menschen wurde der ganze Raum ein Kloak und das Wasser des Bachs untrinkbar. Ein großer Theil der Gefangenen brachte schon aus den bisherigen Kriegslagern Erschöpfung und Krankheiten mit. An Lebensmitteln litt die südstaatliche Armee bereits selber Noth, es konnten also für die Gefangenen nur spärliche Portionen übrig bleiben. Nun bildeten sich innerhalb des Pferchs kleine Räuberbanden. Die noch gesündern und stärkern Gefangenen nahmen den Schwachen und Kranken das letzte Labsal, die letzte Kleidung weg. Die Wachen und Wirtz selbst schritten gegen diese Gewaltthaten ein, konnten aber das Elend nicht lindern. Wirtz hatte zwar die unmittelbare Aufsicht, stand aber unter der Oberaufsicht des Oberst Gibbs und des General Winter. An den letzteren wandte sich Wirtz um Abhülfe. Winter sagte auch zu, er wolle den Pferch erweitern lassen, that es aber nicht. Da dieser General noch während des Krieges starb, bleibt es ungewiß, ob er die Hauptschuld trug, oder ob er nicht heimlich von noch höher Stehenden angewiesen war, mit guter Manier und unvermerkt einen großen Theil der nordstaatlichen Gefangenen wegsterben zu lassen, da man so viele Leute weder hinreichend beköstigen konnte, noch auch freilassen wollte. Actenmäßig ist ermittelt, daß zu Andersonville im Pferch in dem einzigen Monat August 1864 aus der Gesammtzahl der Gefangenen von nahezu 35,000 Mann 2993 Mann gestorben sind. Im ganzen Jahre sollen 13,500 Mann daselbst umgekommen seyn.

Die Klagen der Gefangenen, die jene schreckliche Zeit überlebten, und der Familien, die ihre Angehörigen in jenem Pferche verloren hatten, erweckten allgemeinen Abscheu in der neuen und alten Welt. In den Schilderungen des ausgestandenen Elends kamen aber bald arge Uebertreibungen vor und wurde von gewissen Seiten ohne Zweifel absichtlich dahin gearbeitet, alle Schuld von der südstaatlichen Regierung und Generalität auf den untergeordneten Beamten umsomehr abzulenken, als derselbe kein Yankee, sondern nur ein Deutscher war. Der, mochten die Yankees denken, sey gut genug, um zum Opfer zu fallen. Wirtz war ein deutscher Schweizer und Arzt, hatte im Kriege den Südstaaten gedient, war schwer verwundet worden und hatte nach seiner Genesung mit lahmem Arme als Arzt mit Hauptmannscharakter die Aufsicht über das Gefängniß erhalten. Unter höherem Befehl stehend, hatte er durchaus keine unumschränkte Vollmacht. Gleichwohl begann die Presse nach Beendigung des Krieges alle Klagen auf ihn zu häufen, ihn als den alleinigen Urheber der Greuel von Andersonville zu bezeichnen und von entsetzlichen Verbrechen zu faseln, die er persönlich sollte begangen haben. Da hieß es, er habe 300 Gefangene erschießen und 50 von großen Bluthunden zerreißen lassen, 200 durch zwangsweise Vaccinirung vergiftet, mehrere Gefangene mit eigener Hand getödtet, andere grausam mißhandelt, einem Sterbenden das Bild seiner Gattin vom Munde weggerissen und zertreten, Kisten voll Nahrungsmittel den Augen der Gefangenen bloßgestellt, ohne ihnen etwas daraus mitzutheilen, nur um sich an ihrer Tantalusqual zu waiden.

Das alles aber erwies sich als unwahr vor Gericht. Obgleich Wirz in der Capitulation des General Sherman mitbegriffen war, wurde er dennoch verhaftet, und obgleich er nach Beendigung des Krieges gesetzlich nur vor ein Civilgericht hätte gestellt werden können, zog man ihn doch vor ein Kriegsgericht. Sein Proceß begann zu Washington am 24. August. Dieses Militärgericht benahm sich offenbar parteiisch und doch ergab sich aus den Verhandlungen und Zeugenaussagen, daß nicht eine einzige der vielen Personen, welche Wirz mißhandelt oder getödtet haben sollte, mit Namen genannt werden konnte, daß in Andersonville gar keine großen Bluthunde, sondern nur sechs oder sieben gewöhnliche Hunde gehalten worden waren, daß viele Gefangene selbst dem Hauptmann Wirz ein günstiges Zeugniß ausstellten.

Mag dieser Mann nun auch von etwas roher Art gewesen seyn, — einen allzu feinen würde man gar nicht angestellt haben, — so lag doch die Hauptschuld gewiß an der Oberbehörde, welche für die vielen Gefangenen keine größere Räumlichkeit, keine bessere Beköstigung und Behandlung vorgesorgt hatte und während der langen Dauer des Krieges das Uebel, welches ihr doch nicht unbekannt bleiben konnte, fortdauern ließ. Hätte die Schuld allein an Wirz gelegen, so hatte die Armeeverwaltung, hatte der Obergeneral und Davis selbst Zeit genug, ihn zu entfernen und einen humaneren Mann an seine Stelle zu setzen. Aber er war einmal zum Sündenbock ausersehen, wurde verurtheilt und am 10. November gehenkt. Das New=York= Journal schrieb darüber: „Es ist kein Justizmord, denn von Justiz ist überhaupt hier nie die Rede gewesen. Eine Anzahl Offiziere, die bestellt waren, ihn zu ermorden, haben sich zwar den Titel Gerichts= hof beigelegt, aber sie haben sich nicht die Mühe gegeben, auch nur den Schein eines gerichtlichen Verfahrens zu bewahren."

Der Sieg der Union erschreckte England. England hatte viel zu sehr mit den Südstaaten kokettirt, als daß es die Nordstaaten nicht geärgert hätte; Lord Palmerston hatte auf den Sieg der Süd= staaten spekulirt und sah sich jetzt betrogen. Stärker und stolzer als je aus dem Kriege hervorgehend, konnte die Union sich nun rächen, das englische Canada wegnehmen und durch einen Krieg mit England diesem Reiche, welches immer vor Frankreich bangte, Indien zu hüten hatte und in der orientalischen Frage mit Rußland collidirte, schwere Sorgen bereiten und ungeheuern Schaden zufügen. Deshalb wurde der edle Lord ganz kleinlaut und äußerte sich im Parlament am 14. März 1865: „Ich bin überzeugt, daß wenn auch in den Ver= einigten Staaten einige Gereiztheit gegen England herrscht, doch in der großen Masse der angloamerikanischen Bevölkerung tiefer gehende Gefühle vorwalten, Gefühle der Anhänglichkeit und des Wohlwollens für ihr europäisches Mutterland. Auch hat England den Vereinigten Staaten keinen Grund zu gerechten Klagen gegeben und wird ihn nicht geben, und auch wir haben keine Klage gegen die Regierung der Vereinigten Staaten zu führen." Jedermann sah hinter diesen süßen Reden nur die bleiche Furcht hervorblicken. Schon im Juni zog England in Gemeinschaft mit Frankreich die Anerkennung zurück, die es bisher den Südstaaten als kriegführender Macht hatte angedeihen lassen, und ließ den Schiffen der Südstaaten nur 24 Stunden Zeit, wenn sie in englischen Häfen landeten, um sich mit Lebensmitteln und Wasser zu versehen. Nur aus Menschlichkeit, damit sie nicht auf der hohen See umkämen und nur für einmal.

Gleich nach der Katastrophe in Richmond und nach Lincolns Ermordung wurde die Erinnerung an die Monroe=Doctrin ins Volk geworfen und errichtete man in den großen Städten der Union Werbe= bureaus, um auf Actien und durch eine bloße Privatgesellschaft einen kolossalen Freischaarenzug nach Mexiko zu unternehmen und den Kaiser Max sammt den Franzosen von dort zu vertreiben. Das Gerücht verbreitete sich, jeder Angeworbene solle tausend Dollars und hundert Acres Land erhalten und vorerst sollten 25,000 Mann unter General Rosenkranz abmarschiren. Auch Fremont sollte an der Spitze stehen. Dagegen hieß es wieder, der Gedanke sey von der besiegten, süd= staatlichen Partei ausgegangen und eine neue Eroberung im Süden bezwecke nur, dem gedemüthigten Süden ein neues Ansehen und Gewicht zu geben. Die demokratische Partei im Westen und Norden sympathisirte ohnehin mit den Besiegten. Johnson mußte den haufen= weise nach Washington strömenden südstaatlichen Offizieren, die capi= tulirt hatten, das Tragen ihrer Uniform untersagen. Von Seiten der Regierung erfuhr man nur, daß Seward am 25. Februar aus den Händen des von Juarez gesandten Romero den Protest des erstern gegen irgend welche Abtretung eines mexikanischen Gebiets an Frank= reich mit großer Befriedigung entgegen genommen und daß Präsident Johnson in den ersten Tagen des Mai allen fremden Kriegsschiffen, deren Regierungen den Kriegsschiffen der Südstaaten noch Gastrecht gewähren, die Häfen der Union verschlossen habe.

Die Union nach dem Siege.

Auf der andern Seite hörte man von Plänen, wonach England und Frankreich gemeinschaftlich die Uebergriffe der Union abwehren und eine große Vereinigung der spanischen Republiken Südamerikas zum Schutz der romanischen Race in der neuen Welt gegen die Yankees anstreben sollten. Man träumte schon, der junge Gemahl der brasilianischen Kronerbin, Graf D'Eu, werde dabei eine große Rolle spielen.

Harlan, der unionistische Minister des Innern, bedauerte in einer Rede, daß Frankreich Mexiko bedrängt, und äußerte sich wörtlich: es ist vielleicht von der Vorsehung bestimmt, daß unsere große Republik die kleine Schwester beschütze. Das war jedoch nicht die Meinung des Chefs der Regierung. Als der französische Gesandte Graf Montholon im Mai 1865 beim Präsidenten Johnson seine Aufwartung machte, empfing ihn dieser aufs freundlichste und hob hervor, daß zwischen den vereinigten Staaten und Frankreich traditionelle Sympathien bestehen. Man hatte eine ganz andere Sprache erwartet und sich eingebildet, die vielen nach Beendigung des Bürgerkrieges unbeschäftigt bleibenden Soldaten der Union würden mit denen der Südstaaten, welche capitulirt hatten, gemeinschaftlich nach Mexiko ziehen, um die Franzosen von dort zu vertreiben. Allein Johnson war zu klug, um nicht zu begreifen, daß er dadurch dem kaum besiegten Süden nur eine neue Wichtigkeit und Macht verleihen würde, daß ein siegreicher General in einem mexikanischen Kriege, indem er sich auf den Süden stützen würde, der Union noch weit gefährlicher werden könnte, als Davis, und endlich daß es gerathen sey, Frankreich von England zu trennen und eine Vereinigung dieser beiden Seemächte nicht muthwillig zu provociren.

Zwar hielt General Grant in Illinois eine feurige Rede im Sinn der Monroe-Doctrin, allein anstatt daß Johnson die bereits an der mexikanischen Grenze am nördlichen Ufer des Rio Grande ben auf dem südlichen Ufer aufgestellten französischen und kaiserlich-mexikanischen Truppen gegenüber lagernden Unionstruppen verstärkt hätte, reducirte er dieselben im August und gab somit den thatsächlichen Beweis seiner Friedensliebe. Doch insinuirte er dem Cabinet der Tuilerien, daß er eine große Aufregung in der Union kaum würde hemmen können, wenn Frankreich neue Verstärkungen nach Mexiko schicke.

Minder freundlich war das Verhältniß zu England, denn die Engländer hatten den Südstaatlichen erlaubt, in englischen Häfen Lagerschiffe auszurüsten, die dem Handel der Union großen Schaden zufügten. Sie hatten den Südstaaten auch große Geldsummen geliehen und sie heimlich so viel als möglich unterstützt, immer in der Hoffnung, sie würden siegen und den Norden bemüthigen. Obgleich nun England sich beeilte, den gerechten Unwillen des siegreichen Norden zu beschwichtigen, bald nach dem Falle von Richmond die Südstaaten nicht mehr als kriegführende Macht anerkannte, und auch die Union England immer noch als einen befreundeten Staat mit rücksichtsvoller Höflichkeit behandelte, so versetzte doch Johnson England ein paar empfindliche Schläge. Erstens erkannte er die gesammte Staatsschuld der südlichen Union nicht an, so daß die reichen Engländer die vielen Millionen, die sie darin stecken hatten, mit einem Federstrich verloren. Es war eine wohlverdiente und sehr gemäßigte Demüthigung, die dem heimtückischen England widerfuhr, als der Staatssekretär Seward die Namen der vornehmen Engländer, die den Südstaaten so vieles Geld vorgeschossen hatten, öffentlich bekannt machte.

Zweitens verlangte Seward von England Entschädigung für die Verluste, die dem Handel der Union durch die in England für die Südstaaten gebauten Caper zugefügt worden waren, und behielt sich das Recht vor, englische Schiffe auf dem Meere durchsuchen zu lassen,

ob es nicht noch immer Rebellenschiffe seyen, die nur unter englischer
Flagge führen.

Dieses Vorgehen der Union veranlaßte England, Frankreich zu
schmeicheln und es zu einer Demonstration zu veranlassen, die den
Nordamerikanern beweisen sollte, Frankreich und England dürften sich
doch gegen die Union zu gemeinschaftlichem Handeln vereinigen.
Zunächst war nur England bedroht, aber die Kriegslust der Nord=
amerikaner gegen die Franzosen in Mexiko war nur vertagt und
Napoleon III. durfte auf der Hut seyn, es nicht mit England zu
verderben, da beide europäische Westmächte ein dringendes Interesse
hatten, gegen mögliche Angriffe von Nordamerika her zusammenzu=
halten. Diese Erwägungen führten zu der s. g. Flottendemonstration.
Am 14. August 1865 machte die englische Kriegsflotte der französischen
einen feierlichen Besuch in Cherbourg und Brest, den diese dann in
Portsmouth erwiderte.

Inzwischen beharrte das Cabinet von Washington auf seinen
Forderungen, Lord Russel erwiderte aber, England verweigere jede
Entschädigung und wolle sich auch keinem Schiedsgericht unterwerfen.
Diese heiklichen Handlungen wurden übrigens von beiden Seiten in
der höflichsten Form gepflogen.

Die beiden südstaatlichen Caper, welche die meisten unionistischen
Handelsschiffe beraubt und zerstört hatten, waren beide in England
gebaut und bemannt worden. Der Alabama stand so sehr unter
englischer Protection, daß die Lords Palmerston und Russel das Aus=
laufen desselben aus Liverpool am 29. Juni 1862 nicht verhinderten,
obgleich sie durch den amerikanischen Gesandten in London von der
Bestimmung des Schiffs officiell unterrichtet waren. Die edlen Lords
stellten sich, als wüßten sie von nichts, aber das ganze Publikum
wußte es und unter schallendem Gelächter des zahlreich am Ufer ver=
sammelten Volks stach der Caper in die See. Als derselbe später

durch ein unionistisches Kriegsschiff aufgebracht wurde, waren es wieder die Engländer, die den Kapitän desselben jubelnd bei sich aufnahmen. Das zweite Schiff, der Shenandoah, war erst 1864 in London ausgerüstet worden und hatte schon in kurzer Zeit 37 unionistische Schiffe, namentlich Wallfischfänger im Norden des atlantischen Meeres zerstört. Erst am 6. November 1865 kam es nach England zurück, lief in den Mersey ein und ergab sich an einen englischen Kriegsdampfer. Die englische Regierung erklärte nun zwar das Schiff für ein nordamerikanisches und stellte es der Union zur Verfügung, ließ aber sowohl den Kapitän desselben, Wadbell, als die gesammte Mannschaft, 133 Leute, frei. Nur oberflächlich wurde jeder gefragt, ob er etwa ein Engländer sey? und jeder verneinte es. Beweise wurden nicht verlangt, und da sie ihre Beute bereits zu Gelde gemacht hatten, zogen sie jeder mit einer schweren Last Geldes lustig davon. Man hatte unter ihnen besonders Schotten bemerkt.

Als die Unionsarmee nach Beendigung des Krieges entlassen wurde, kehrten die Generale zu ihren bürgerlichen Geschäften zurück. Burnside als Eisenbahnagent, Butler als Fabrikant, Franklin als Inspektor eines Waffendepots, der Reitergeneral Smith als Krämer, Patrick als Pächter, Percy Wyndham als Fechtmeister, Ferrero als Tanzmeister, die deutschen Generale (Sigel und Schurz) natürlicherweise nur als Zeitungsschreiber.

Die Abolitionisten triumphirten. Man höre eine ihrer Stimmen aus New-York: „Lincoln war der Heiland, Johnson ist Petrus mit dem Schwert, der die Kirche der Freiheit aufbauen wird, nachdem Lincoln mit seinem Blut ihren Grund geweiht hat." Indessen wurde man bald gewahr, daß die Neger von ihrer neuen Freiheit, wenigstens für den Anfang, ungleich mehr Schaden als Nutzen hatten. Eine Correspondenz aus New-York bemerkte: „Die armen Teufel, die ihre früheren Herrn verlassen oder von ihnen fortgetrieben werden, haben kein Brod, keine Kleider, kein Obdach, kein Geld, keine Arbeit, um welches zu erwerben, und zum Ersatz für alles das bieten ihnen die Abolitionisten — einen Wahlzettel! So wird die sich überstürzende Freiheit zum Blödsinn und die verschrobene Humanität zur Grausamkeit." Noch hat man von keiner großartigen Maßregel der Abolitionisten gehört, die darauf berechnet wäre, den armen Negern vor allen Dingen Brod zu gewähren. Immer wiederholte Nachrichten melden von dem entsetzlichen Elend der schwarzen Bevölkerung im Süden. Die kräftigen Männer und Jünglinge sind unter die Soldaten gesteckt und großentheils wieder entlassen worden; andere sind davon gelaufen, um nicht mehr zu arbeiten, vagabondiren und rauben. Die zurückgebliebenen Greise, Weiber und Kinder werden von ihren ehemaligen Herren, denen sie nichts mehr nützen und die, durch den Krieg ausgesogen, selber nichts mehr haben, nicht mehr ernährt und fortgeschickt, weshalb unter ihnen der Hunger und Krankheiten wüthen, welche Tausende hinraffen. Im Staat Georgien wurden die Neger von den Weißen massenhaft verjagt, denn man hatte sie nur als Sclaven brauchen können; sobald sie frei waren, wurden sie den Weißen eine Last. Im Staat Kentucky vereinigten sich die Weißen, den Schwarzen keine Arbeit zu geben, auch wenn sie arbeiten wollten. Auch in den nördlichen Staaten wurde die neue Freiheit der Schwarzen den Weißen bald unbequem. Die Freiheit gewährte den Schwarzen auch die Gleichheit mit den Weißen, so daß jene sich fortan mit diesen sollten zu Tische setzen und in demselben Wagen fahren dürfen. Aber die stolze germanische Race litt eine so niedrige Berührung nicht. Man warf die Schwarzen zur Thür oder zum Wagen hinaus. Die gemeinen Neger mußten sich das gefallen lassen, aber die Negersoldaten, die noch in Waffen standen, wehrten sich und in Washington und New-York wiederholten sich blutige Schlägereien zwischen den unvereinbaren Racen. „Die Erbitterung gegen die Schwarzen stieg so hoch, daß bei der großen Siegesparade zu Washington am 23. Mai Präsident Johnson es für räthlich hielt, die Negerregimenter, obgleich sie sich im Kriege gut gehalten und zum Siege beigetragen hatten, dennoch von der ganzen Feierlichkeit auszuschließen. Auch wagte er nicht, die schwarze Race durch Ertheilung von Wahlrechten der weißen gleichzustellen. Ob die Neger Wahlrechte erhalten sollten oder nicht, wurde jedem einzelnen Staat anheimgestellt.

Man beschuldigte die Abolitionisten, ihr Fanatismus für die Neger sey nur eine Heuchelei und ihr einziger Zweck sey, sich mittelst der Wahlstimmen der Neger die höchste Gewalt in der Union zu erringen. Man hörte auch wohl, diese ächtesten aller Yankees, die alten Puritaner, gingen darauf aus, ihre Secte zur alleinherrschenden zu machen, spotteten der einfältigen Deutschen, die im Abolitionismus nur die uneigennützigste Humanität erkannt und ihm daher alle ihre liberalen Sympathien zugewendet hätten, und bereiteten eine Verfolgung der Katholiken vor.

Aber im Laufe des Sommers von 1865 trat eine merkliche Wendung in dem Benehmen des Präsidenten Johnson gegen die Partei ein, der er, wie es schien, bis jetzt mit dem größten Eifer gedient hatte. Der Mann, der sich früher in den Ruf eines gemeinen Säufers und leidenschaftlichen Fanatikers gegen die Südstaaten gebracht hatte, zeigte eine auffallende Mäßigung und löste sich mit großer Klugheit erst ganz allmälig von der Partei der nordstaatlichen Yankees ab, deren Werkzeug zu seyn er früher nicht in Abrede gestellt hat. Aber seine neue Politik der Mäßigung ging von einem richtigen Urtheil aus. Lincoln war ihm schon in diesem Maßhalten vorangegangen.

Der Abfall der Südstaaten war begreiflicherweise Wasser auf die Mühle der Abolitionisten gewesen. Brachte der Krieg Gefahr für die Nordstaaten, so blieb ein großer Aufstand der Neger in den Südstaaten immerhin das beste Mittel, den letztern eine Diversion im Rücken zu machen. Auch bedurfte die Regierung der Union des Eifers und der Begeisterung, die unter den Abolitionisten angefacht waren. Gleichwohl war für alle Zukunft die Emancipation der Neger etwas äußerst Bedenkliches. Die Vereinigten Staaten dienten damit eigentlich nur dem englischen Interesse. Wie höhnisch mußte der alte Palmerston lachen und sich vergnügt die Hände reiben, wenn er sah, wie gut berechnet, wenn auch kostspielig, die Emancipation der Neger auf Jamaika gewesen war, da sie wesentlich mitgewirkt hatte, den Abolitionismus in Amerika zu nähren und es endlich dahin zu bringen, daß die Vereinigten Staaten den unermeßlichen Vortheil der Sclavenarbeit verlieren mußten. Die schlaue Handelspolitik Englands, die sich für Humanität ausgab, erfreute sich eines glänzenden Erfolges, denn sie hatte mit einem kleinen Opfer den Rivalen das größte Opfer zu bringen genöthigt.

Lincoln hatte daher den Abolitionisten nur gezwungen nachgegeben, nur langsam und ungern, und wie er, so dachten Millionen seiner Mitbürger im Norden. Es handelte sich nicht blos darum, die Früchte der Sclavenarbeit einzubüßen, welche der Norden mitgenoß, weil er die Produkte des Südens durch seine Schifffahrt den europäischen Consumenten zubrachte. Man ging auch der Gefahr entgegen, in der großen Masse befreiter Neger nicht mehr willige Werkzeuge, sondern natürliche und incorrigible Feinde vor sich zu haben. Indessen mußte man sich der empörten Südstaaten erwehren. Man that es anfangs noch mit großer Schonung der Sclavenbesitzer. Noch im Jahr 1862 sollten die Neger, deren Herren man als Feinde behandelte, doch noch nicht frei werden dürfen, sondern als Sclaven der Union passend colonisirt werden, wie Lincoln in seiner Botschaft am 6. März empfahl. Im Mai wurde noch General Hunter, als er die Sclaven in Südcarolina, Florida und Georgien für frei erklärte, vom Präsidenten desavouirt. Im Juli bat der Präsident dringend die Grenzsclavenstaaten, die Emancipation selbst in die Hand zu nehmen, in ihrem eigenen Interesse und um den extremen Forderungen der Abolitionisten zuvorzukommen. Da sie so thöricht waren, nicht darauf einzugehen, sah sich Lincoln unter dem Druck der Kriegsereignisse genöthigt, am 22. September allen kriegführenden Sclavenstaaten zu drohen, daß vom 1. Januar 1863 an alle Sclaven in den Staaten, die sich bis dahin von der Rebellion nicht losgesagt haben würden, sollten von da an für frei erklärt werden. Noch am 2. Dezember sagte er den Staaten, welche sich freiwillig fügen würden, günstige Bedingungen zu. Da sie sich aber nicht fügten, wurde am 1. Januar 1863 die Emancipation der Sclaven wirklich proklomirt.

Man erkennt hieraus, wie äußerst vorsichtig Lincoln zu Werke ging und wie es ihm Gewissenssache war, die völlige Freilassung der Schwarzen nicht zu überstürzen, da aus derselben für die Schwarzen selbst, wie für die Weißen, unberechenbare Gefahren erwachsen mußten. Nicht er allein nahm diese Rücksichten. Man muß sich erinnern, wie stark die demokratische Partei auch in den nördlichen und westlichen Staaten gewesen war, ehe der Uebermuth der Parteigenossen in den Südstaaten den Krieg vom Zaune brach. Lincoln wurde im Herbst 1864 wieder zum Präsidenten gewählt, aber nur mit 2,185,502 republikanischen gegen 1,778,200 demokratischen Stimmen, ausschließlich aus den nördlichen und westlichen Staaten. Addirt man zu den letztern die fehlenden Stimmen aus den Südstaaten, so ist die Mehrheit nicht mehr eine republikanische, sondern eine demokratische, und es liegt klar vor Augen, daß unter der weißen Bevölkerung der Vereinigten Staaten die unbedingte Freilassung der Sclaven nur unter besonderen Umständen von einer fanatischen Minderheit hatte durchgesetzt werden können. Die Zahlen sprechen dafür, daß Lincolns Bedenken im natürlichen Gefühl der weißen Race vollkommen begründet

war. Noch immer war die große Frage nicht völlig entschieden, noch
sträubte sich das Repräsentantenhaus in Washington gegen die völlige
Befreiung der Schwarzen. Aber wie durch ein heftiges Gewitter
die natürliche Luftströmung unterbrochen und in eine conträre verwandelt wird, so riß die Kriegsfurie den Congreß von Washington
aus der ruhigen Besonnenheit hinaus und führte zum Gesetz vom
31. Januar 1865, welches die Befreiung der Schwarzen für immer
sanctionirte.

Daran schloß sich das Dekret, welches den Rebellen mit der
Confiscation aller ihrer übrigen Güter drohte, und endlich das merkwürdige Dekret, welches gestattete oder befahl, daß in jedem südlichen
Staate eine Regierung, die nur von einem Zehntel der Bevölkerung
gewählt wäre, sich aber der Union unterwerfe, auch von der Union
als einzig rechtmäßige Regierung anerkannt werden solle. Man
rechnete dabei auf das weiße Proletariat im Süden, auf die ärmeren
Klassen, die bisher den Reichen hatten dienen müssen, oder zurückgesetzt worden waren. Diese Minderheit sollte unter dem Schutz
unionistischer Bajonette die künftige Mehrheit in den Südstaaten
bilden, und unmittelbar nach der Katastrophe bei Richmond und Lincolns Ermordung genirte sich der neue Präsident Johnson auch gar
nicht mehr, den letzten Gedanken auszusprechen, indem er einer Deputation aus dem Süden, die ihn beglückwünschte, zur Antwort gab:
„Die Führer der Rebellion müssen gestraft und von ihrer socialen
Stellung herabgedrückt werden. Die loyal gebliebenen Einwohner
in den Südstaaten verdienen auf Kosten derjenigen, welche so unsägliche Leiden über das Land gebracht haben, entschädigt zu werden."
Das deutete darauf hin, daß der den Reichen im Süden geraubte
Grund und Boden an die ärmere Klasse vertheilt werden sollte.
Dieser Plan hatte sich schon während der ganzen Kriegführung ver-
rathen, indem weder aus Noth, noch aus Muthwillen, sondern nur,

um die vorher reichen Südländer arm zu machen, von den Truppen der Union unzähliges Privateigenthum im Süden zerstört und ungeheure Massen Baumwolle confiscirt worden waren.

Wir haben aber schon bemerkt, daß die humane Schwärmerei für die Befreiung der Neger nur wenigen besonders frommen und gutmüthigen Leuten Ernst war. Für die weit überwiegende Mehrheit der egoistischen und herzlosen Yankees war der Abolitionismus nur ein Aushängeschild und Vorwand, um über den Süden herfallen zu können. Man wollte damit auch keineswegs in den Ruf der Frömmigkeit kommen, sondern nur bei den Liberalen in der ganzen Welt Sympathien gewinnen und durch den Aufruf zur Freiheit eine blutige Empörung der schwarzen Sclaven gegen ihre weißen Herren in den Südstaaten hervorrufen. Wäre dies gelungen, so hätten sie sich die ungeheuren Kriegskosten, die sie im Kampf mit dem Süden aufwenden mußten, erspart. Dann würden sie die Beute mit den Schwarzen getheilt und die großen Plantagen der südlichen Aristokratie zerstückelt und an kleine weiße und schwarze Eigenthümer gebracht haben. Dann wäre die reine Demokratie auf breitester Grundlage etablirt gewesen und mit der Aristokratie und ihrem bevorzugten Besitze wäre auch die Souveränetät der einzelnen Staaten verschwunden.

Die Neger empörten sich aber nicht gegen ihre Herren und der Norden mußte ungeheure Anstrengungen machen, um mit seiner Uebermacht endlich die südliche Aristokratie zu überwältigen. Als sie aber überwältigt war, wollte die siegreiche Partei der Yankees den ursprünglichen Plan doch noch durchführen, die großen Plantagen confisciren, den Schwarzen Parcellen davon als Eigenthum, Wahlrechte und vollkommene Gleichheit mit den Weißen gewähren, auch die Selbständigkeit der Einzelstaaten für immer aufheben und ganz in derselben Weise eine einige und untheilbare Republik gründen, wie es die Sansculotten in Frankreich im J. 1793 gethan hatten. Dem Princip der allgemeinen Gleichheit gemäß sollte die schwarze mit der weißen Race sich vollkommen verbrüdern.

Dieser Plan paßte nicht für die fast rein germanische Bevölkerung der Union. In Frankreich, wo das gallische Blut sich leichter berauscht und man sich, wenn auch immer nur auf kurze Zeit, leicht einer Illusion hingibt, konnte man für eine Verbrüderung mit den Schwarzen schwärmen, um so eher, als man sie nicht in der Nähe hatte. Aber bei einer echtgermanischen Race, die schon lange mit der Negerrace verkehrt, ist eine solche Verbrüderung rein unmöglich. Der Racenstolz leidet sie nicht. Auch war es der Mehrheit der Yankees mit der Gleichstellung der Neger gar nicht Ernst, auch wenn sie dieselbe noch forderten, nur um die alte Aristokratie nicht wieder aufkommen zu lassen.

Präsident Johnson kannte diese Stimmung sehr genau, ließ sich also weder durch die wirklich fanatischen Abolitionisten, noch durch die Centralisten, die das Negerwohl nur zum Vorwand nahmen, zu der Thorheit verleiten, den Schwarzen ausgedehnte politische Rechte zu bewilligen, oder gar sie in Besitz der Ländereien zu setzen, welche bisher der Aristokratie gehört hatten. Hätte er mehr für die Neger gethan auf Kosten der Weißen, so würde er das bleibende Interesse der weißen Race verletzt und gegen die natürliche Antipathie angestoßen haben, welche nun einmal die weiße Bevölkerung gegen die Schwarzen hegt. Er würde sich unnütz gemacht und seine Rolle bald ausgespielt haben. Nach ihm würden Andere gekommen seyn, die das Interesse der weißen Race besser würden gewahrt haben. Die Schwarzen wären unter allen Umständen zu kurz gekommen. Deswegen befolgte Johnson einen Plan, der den der Yankees des Nordens oder der s. g. Republikaner durchkreuzte. Erstens verwarf er die Maßregel, den Schwarzen Wahlrechte und politische Gleichstellung mit den

Weißen zu bewilligen, und überließ die Entscheidung darüber den einzelnen Staaten. Einer Negerdeputation sagte er freimüthig, ihre neue Freiheit beschränke sich auf das Recht, zu arbeiten, wo und was sie wollten; aber erst durch ihre Arbeit könnten sie sich einen Besitz und die davon abhängigen Genüsse verschaffen. Um die Entscheidung in der Negerfrage den einzelnen Staaten überlassen zu können, mußte deren Selbständigkeit neu garantirt werden. Die Union mußte wie vor dem Kriege ein Staatenbund bleiben, durfte nicht ein Einheitstaat mit unumschränkter Centralgewalt werden.

Nachdem Johnson sich einmal von der Einseitigkeit seiner bisherigen Parteigenossen emancipirt hatte, konnte er natürlicherweise nur noch auf die Sympathie der frühern, der republikanischen entgegengesetzten demokratischen Partei in den Nordstaaten rechnen und wenn er das Ruder in der Hand behalten, eine Mehrheit im Congreß gewinnen und bei der nächsten Präsidentenwahl wieder gewählt werden wollte, mußte er sich beeilen, nicht nur den besiegten Südstaaten ihre nach dem Kriege suspendirte Selbständigkeit zurückzugeben, sondern auch die besiegte, doch immer noch vorhandene Aristokratie daselbst durch Schonung zu gewinnen. Daher er den Abolitionisten gegenüber unzweideutig aussprach, der Boden der Union gehöre den Weißen und wie der Besitz, so sey auch die Regierung allein bei den Weißen. Die Aufhebung der Sclaverei komme den Schwarzen nur zu gute, wenn sie sich bescheiden und fügsam in ihre neue Lage schicken, dürfe aber den Besitz und die Macht der Weißen nicht gefährden. Voraussichtig bemerkte er, wenn das Zusammenleben der freien Schwarzen mit den Weißen beiden Theilen nicht convenire, so bleibe nichts übrig, als daß die Erstern sich in ein noch unbewohntes Territorium, dergleichen die Union noch genug übrig hat, zurückziehen und isoliren.

Schon gleich nach Beendigung des Krieges beschämte Präsident Johnson alle die, welche schreckliche Maaßregeln der Rache von ihm erwartet hatten, durch große Mäßigung. Nur an den Mördern Lincolns wurde die Todesstrafe vollzogen. Alle Häupter der Rebellion, die man gefangen bekam, wurden geschont und fast alle wieder frei gelassen. Selbst der südstaatliche Präsident Davis wurde nur der Pein einer langen Untersuchung unterworfen. Die Generale der Südstaaten, die sich ergeben hatten, blieben frei. Der ganzen südstaatlichen Aristokratie wurde eine Amnestie bewilligt und sie behielten ihre Wahlstimmen, wenn man sie auch durch das Zwanzigtausend-Dollargesetz ein wenig ängstigte. Sogar der Vicepräsident Stephens, das zweite Haupt der südlichen Union neben Davis, der Finanzminister jener Union, Tornholm, ihr Generalpostmeister Reagan, der Richter Campbell, der Gouverneur Clark wurden im Herbst 1865 amnestirt und nur, um den Zorn der Yankees einigermaßen zu beschwichtigen, wurde ein oben schon genannter Fremder, ein untergeordnetes Werkzeug der südstaatlichen Armeeverwaltung, der Schweizer Wirz, gehenkt.

Gegen dieses Verhalten des Präsidenten Johnson erhob sich der angesehenste der Abolitionisten, Wendell Phillips, in einer Rede zu Boston und machte ihm die schwersten Vorwürfe, daß er die Aristokratie im Süden, die zu vernichten man im Kriege so ungeheure Opfer gebracht, doch nicht vernichtet habe, daß er dieselben Häupter der Rebellion, gegen die man so lange und siegreich gekämpft habe, jetzt wieder aufkommen, fast dieselbe Stellung wieder einnehmen lasse, wie vor dem Kriege, daß er die Neger, obgleich sie zu Tausenden für die Sache der Union geblutet hätten, dennoch nicht würdigen wolle, als Landsleute und Mitbürger der Weißen gelten zu dürfen. Schließlich verkündete Philipps, wenn man den Schwarzen im Süden das ihnen verheißene Recht verweigere, würden sie thun, was sie in Hayti gethan haben.

Als im Spätherbst 1865 die Wahlen zum Congreß erfolgten,

wurde eine Mehrheit von Republikanern gewählt, so daß vorauszusehen war, dieser Congreß würde die Abgeordneten der Südstaaten nicht zulassen, ihre Wiederherstellung als gleichberechtigte Staaten der Union verschieben und dieselben einstweilen nur als Territorien behandeln, er würde ferner den Negern das Stimmrecht ertheilen wollen und endlich die Monroe=Doctrin geltend machen, um die Franzosen und den österreichischen Erzherzog aus Mexiko zu vertreiben. Schon wurden viele drohende Stimmen laut, die des Präsidenten bisherige Friedenspolitik verwarfen. Wendell Phillipps ging so weit, ihn in Anklagestand versetzen zu wollen. Johnson sah nun wohl ein, daß er in mehreren Punkten werde nachgeben müssen, und man hörte, er habe bereits einige seiner Anschauungen modificirt, er wolle wenigstens einem Theil befähigter Neger das Wahlrecht gewähren und der Monroe=Doctrin Achtung verschaffen. Um aber den Krieg mit Mexiko womöglich zu vermeiden, der die Wiederherstellung der Ruhe und Ordnung in der Union sehr verzögern mußte, schickte Johnson den General Shofield, der als Privatmann reiste, mit dem geheimen Auftrage nach Paris, dem Kaiser die Lage der Dinge und die Stimmung in der Union klar zu machen, damit er noch rechtzeitig seine Truppen aus Mexiko zurückziehen könne. Etwas Zuverlässiges ist über diese Mission nicht bekannt geworden, doch wurde sie allgemein geglaubt und entsprach den Verhältnissen.

Am 5. Dezember 1865 wurde der Congreß in Washington eröffnet und zwar nur von den Gewählten der Nordstaaten, diejenigen der 11 südlichen oder Rebellenstaaten wurden nicht zugelassen. In seiner Botschaft sprach der Präsident Johnson vor allem aus, daß die Sclaverei in der Union nunmehr unwiderruflich abgeschafft sey, daß den Südstaaten die Bedingungen, unter denen sie wieder gleichberechtigt in die Union eintreten könnten, scharf formulirt werden würden, daß er das ungeheure Kriegsbudget von 516 auf 33 Mill.

Dollars reducirt habe, daß die Regelung der Finanzen überhaupt keine unüberwindliche Schwierigkeit darbieten werde und daß die Union nach außen mit allen Mächten im Frieden sey. Nur in Bezug auf England und Frankreich machte er ein Paar inhaltsschwere Bemerkungen. Von England hieß es, es habe den Südstaaten Kriegsmaterial geliefert und Caperschiffe, die mit englischen Unterthanen bemannt gewesen seyen, und habe diesen Caperschiffen auch später noch in britischen Häfen Zuflucht gewährt. Genugthuung dafür und eine friedliche Vermittlung sey noch nicht erfolgt. Ueber Frankreich führte die Botschaft keine Beschwerde, hob aber mit auffallender Ruhmredigkeit die Vortrefflichkeit der republikanischen Verfassung hervor, wodurch indirekt über das neue Kaiserthum in Mexiko der Stab gebrochen wurde.

Weit bestimmter drückten sich die von den Republikanern in beiden Häusern eingebrachten Resolutionen aus: „Nachdem der Kaiser der Franzosen in seinem Brief an General Forey vom 3. Juni 1862 erklärt hat, er wolle in Mexiko eine Monarchie errichten, welche der lateinischen Race auf dem amerikanischen Continent wieder zu Kraft verhelfen und die Union verhindern solle, vom Meerbusen von Mexiko Besitz zu nehmen; nachdem der Versuch zur Errichtung einer Monarchie in Mexiko wirklich gemacht worden ist, soll der Präsident ersucht werden, dies als eine Beleidigung des Volks der Union anzusehen und die erforderlichen Schritte zu thun, um Ehre und Würde seiner Regierung zu schützen."

Der Präsident beantragte in Bezug auf die Neger, man solle, wenn auch die Sclaverei unwiderruflich abgeschafft sey, doch der ursprünglichen Verfassung in der Art treu bleiben, daß es den Einzelstaaten überlassen bliebe, innerhalb ihres Gebiets die Wahlbefähigung der zum Genuß voller Bürgerfreiheit noch unreifen Neger einzuschränken, und daß man den Einzelstaaten nur vorschreiben dürfe, den

Negern Sicherheit der Person und des Eigenthums, das Recht der Arbeit und für ihre Arbeit Lohn zu gewähren.

Auch in Bezug auf diese Frage hielt der Congreß bei weitem das besonnene Maaß nicht ein, wie der Präsident. Die republikanische Mehrheit im Congreß würde sich zu einem, nur England zu Gute kommenden Kriege mit Frankreich und zu einer noch weit übereilteren plötzlichen und gänzlichen Gleichstellung der Schwarzen mit den Weißen haben hinreißen lassen, wenn der Präsident es nicht verhindert hätte. Der Führer der republikanischen Partei im Senate war Sumner, im Abgeordnetenhause Thaddäus Stevens. Mittelst der Mehrheit in beiden Häusern brachten sie die Freedmen's Bureau Bill zu Stande, welche bezweckte, auf noch lange hin die Südstaaten vom Congreß auszuschließen und als eroberte Provinzen zu behandeln, und zweitens die bisherigen schwarzen Sclaven den freien Weißen in jeder Beziehung gleichzustellen.

Durch Congreßakte war nämlich schon am 3. März 1865 ein s. g. Freedmen=Bureau, d. h. ein Bureau für Flüchtlinge, Freigewordene und verlassene Ländereien errichtet worden, hauptsächlich zum Schutz und zugleich zur Ueberwachung der im Kriege frei gewordenen Neger und mit der Befugniß, verlassene oder confiscirte Ländereien an solche Neger zu vertheilen. Dieses Bureau hatte bereits 113 Millionen Dollars ausgegeben und jetzt verlangte die Mehrheit des Congresses, seine Befugnisse sollten noch weiter ausgedehnt werden. Namentlich sollte der ganze Süden in Distrikte eingetheilt werden, in welchen nordstaatliche Offiziere als Commissäre unumschränkte Gewalt haben sollten, für die Neger auf Kosten ihrer bisherigen Herren zu sorgen. Vorerst sollten drei Millionen Acker Landes im Süden expropriirt und in Loosen von höchstens 40 Acker unentgeltlich an die Neger vertheilt werden. Welcher Weiße dem Farbigen irgend ein bürgerliches Recht verweigere, solle mit 1000 Dollars Geldbuße und

Gefängniß bis zu Einem Jahre bestraft werden. Jeder männliche Neger solle von seinem 20. Jahre an Stimmrecht haben. Ueber alle die bezeichneten Fälle sollten nur die Offiziere jedes Distrikts zu entscheiden haben ohne alle Rücksicht auf die gewöhnlichen Gerichte. Mit einem Wort, die Südstaaten sollten als erobertes Land fortwährend unter dem Kriegsgesetz stehen, die schwarze Race sollte dort das Uebergewicht über die weiße erhalten. Das war aber noch nicht alles, denn das Bureau stellte sich auch außerhalb der Staatsgewalt und über dieselbe. Die vollziehende Gewalt mußte, wenigstens in Bezug auf die Negerfrage und auf die Behandlung der Südstaaten aus den Händen des Präsidenten in die des Bureaus übergehen, wenn der Präsident es dazu kommen ließ.

Die Bill ging in beiden Häusern mit ⅔ Stimmenmehr durch und die republikanische Partei that sich weder in Reden, noch in der Presse einen Zwang an, sondern schmähte die Politik des Präsidenten und selbst dessen Person in der wildesten und rohesten Weise. Es fielen Aeußerungen, wie sie früher von den Demokraten gegen Lincoln gefallen waren. Präsident Johnson ließ sich jedoch nicht schrecken, sondern legte am 19. Januar 1866 sein verfassungsmäßiges Veto gegen die Bill ein. Die Aufregung war groß, aber die größere Menge des Volks in Washington und in der Nähe war für den Präsidenten und auch von fern her, von allen Seiten erhielt er zustimmende Adressen. Als nun am 22. Februar der Geburtstag des großen Washington gefeiert wurde, versammelte sich vor dem Hause des Präsidenten eine unermeßliche Volksmenge und verlangte von ihm, er solle reden. Da sprach er anderthalb Stunden lang mit feuriger Begeisterung zum Volk. Vor allem hielt er fest, daß die von dem großen Washington siegreich befestigte Union nie mehr dürfe aus den Fugen gehen. Zwei Parteien aber thäten ihr Möglichstes, sie aus den Fugen zu reißen, und deshalb müsse er die eine wie die andere bekämpfen. Die demokratische Partei in den Südstaaten habe sich vor vier Jahren empört und würde die Union für immer gespalten haben, wenn es ihr gelungen wäre, ihre verrätherischen Plane durchzusetzen. Kaum aber sey diese Partei besiegt und der Union wieder unterworfen worden, so erhebe sich die republikanische Partei ganz ebenso verrätherisch, um die Union abermals zu spalten, weil sie den Südstaaten den Wiedereintritt in die Union verwehren wolle. Vier Jahre lang habe man Krieg geführt, um die Union herzustellen, um die eigenmächtig und rebellisch ausgeschiedenen Südstaaten zum Wiedereintritt in die Union zu zwingen. Und nun wolle eine andere Partei, sie sollten und dürften nicht wieder eintreten. An der Spitze des Verraths im Süden standen Davis und Slidell. An der Spitze des Verraths im Norden stehen nun schon wieder Andere da. — Aufgefordert von der Menge, sie zu nennen, rief Johnson: „Wohlan, ich nenne Stevens, Sumner und Wendell Philipps. Mögen sie mich angreifen, ich werde mich nicht fürchten. Man hat gesagt, ich verdiene geköpft zu werden. Man hat gesagt, dieses präsidentschaftliche Hinderniß muß aus dem Wege geräumt werden, und ich zweifle nicht, es war auf meine Ermordung abgesehen. Aber ich habe nie etwas anderes gewollt, als die Erhaltung der Union, und ich hoffe, sie wird fest stehen und wachsen, wenn auch mein Blut ihr Kitt und Siegel werden sollte!"

Das Volk hörte diese Rede mit derselben Begeisterung an, mit der sie gesprochen war, und immer neue Volksversammlungen stimmten der Politik des Präsidenten zu. Auch der Staatssekretär Seward und die Generale Grant und Sherman hielten Reden zu seinen Gunsten. Man tadelte zwar hin und wieder, daß er seinen Gegnern die Absicht des Meuchelmords vorgeworfen habe. Allein er befand sich nicht in einem europäischen Parlamente, sondern vor einer großen Yankeeversammlung, auf die man drastisch wirken muß, und der schwerbedrohte Präsident hatte wohl Recht, an Lincolns Mord zu erinnern.

Am Rio grande herrschte unter den unionistischen Grenztruppen eine übermüthige Lust, eigenmächtig ins merikanische Gebiet einzufallen, und im Anfang des Jahres 1866 führte wirklich ein Oberst Reed einige hundert Soldaten, meist Neger, über den Fluß hinüber und bemächtigte sich räuberisch der Stadt Bagbab. Aber Präsident Johnson steuerte diesem Unfug augenblicklich und ließ nicht nur den Oberst Reed verhaften, sondern entzog auch dem General Weitzel das Commando an der Grenze und ersetzte ihn durch General Stoneman. Somit hatte der Vorgang keine ernsten Folgen. Die republikanische Mehrheit des Congresses berathschlagte eine neue s. g. Bürgerrechts-bill und unterbreitete sie dem Präsidenten zur Bestätigung. Dadurch sollte zum Gesetz erhoben werden, erstens die fortdauernde Ausschließung der elf Südstaaten aus dem Congreß und zweitens die Aufnahme aller Neger ins Bürgerrecht. Präsident Johnson legte jedoch am 27. März 1866 auch gegen diese Bill sein Veto ein und erließ eine s. g. Friedensproclamation, worin er die Rebellion für geschlossen und die elf Südstaaten als mit den übrigen Staaten gleichberechtigt zur Beschickung des Congresses erklärte. Der bisherige Congreß sey, so lange die Vertreter jener elf Südstaaten ihren Sitz darin nicht wieder einnähmen, nur ein Rumpfparlament und mithin nicht competent. Der Krieg sey geführt worden, um die Union ihrem äußern Umfang nach, wie ihrer innern Verfassung nach zu erhalten. Man habe die Südstaaten mit Gewalt gezwungen, im Verbande der Union zu bleiben und sich der alten Verfassung wieder zu unterwerfen, also müßten sie auch wieder die Rechte ausüben dürfen, die ihnen jene Verfassung gewähre. In Bezug auf das den Negern sogleich und ohne Bedingung zu gewährende Bürgerrecht machte er darauf aufmerksam, daß es doch unvernünftig sey, einer inferioren, eben erst von der Sclaverei befreiten, unwissenden, halbwilden und unzuverlässigen Race auf der Stelle alle die Rechte zu gewähren, welche der gebildete Engländer und Deutsche, wenn er nach Amerika auswandere, dort erst noch fünf Jahren erlangen könne.

Es spricht für Johnson, daß die ehrenwerthesten Männer der Union seine Politik billigten. So namentlich der Staatssekretär Seward und General Grant. Seward hielt zu Gunsten Johnsons vor seinen Wählern eine Rede, im October 1865. Darin sagte er: „Einige von Ihnen fürchten, der Präsident könne zu milde gegen die Führer seyn, die das Land in den unheilvollen Bürgerkrieg gestürzt haben. Nun, niemand hat eine schmählichere, rohere Behandlung von ihnen erlitten, als er. Kann Johnson vergessen, warum nicht auch wir? Und sind seine Amnestiebedingungen nicht strenger als die Abraham Lincolns? Wer hat die Majestät des Gesetzes fester gewahrt als er? Man ist jetzt auf jener Seite voll der wärmsten Betheuerungen gegen den Präsidenten. Das scheint einige von Ihnen irre zu machen und Sie fragen, ob am Ende der Präsident nicht doch noch treulos gegen die Unionspartei werden könnte. Ich für meinen Theil habe die Parteischaft beiseite gelegt von dem Augenblicke an, wo die Rettung des Landes dieses Opfer forderte. Und dasselbe, dessen bin ich sicher, hat auch Andrew Johnson gethan. Diese Pflicht verbietet, wie früher mit Gegnern der Union, so jetzt mit Gegnern der Reconciliation zusammenzugehen; sie erheischt unbedingte Unterstützung der Versöhnungspolitik, welches auch immer die Partei sey. Andrew Johnson hat seine Treue mit dem Opfer seines Vermögens, der Gefährdung seiner Freiheit, ja seines Lebens bezeugt, und dieselbe Treue ist jetzt mit seiner hochherzigen Politik identificirt. Warum sollte er diese jetzt aufgeben, wo der Erfolg seine früheren Gegner gezwungen hat, sie zu acceptiren? Patriotismus und Loyalität aber erfordern, daß die Treue gegenseitig sey. Seyen Sie treu; der Präsident wird es bleiben. Wäre die Bürgschaft nicht ganz überflüssig, ich würde sie Ihnen bieten."

General Grant, welchen der Präsident im Spätjahr 1865 nach dem Süden geschickt hatte, um sich von den Zuständen daselbst genau zu unterrichten, berichtete nun, daß Johnsons Versöhnungspolitik sich schon jetzt als die zweckmäßigste bewähre und daß der Präsident ganz Recht habe, wenn er die schwarze Bevölkerung nicht sogleich in alle politischen Rechte einsetze. Er bemerkte: „Die Weißen sowohl als die Neger verlangen den Schutz der Centralregierung. In den von mir besuchten Staaten hat sich die Bevölkerung so rückhaltslos der Bundesregierung angeschlossen, daß die bloße Gegenwart einer auch noch so kleinen Militärmacht von Bundestruppen zur Aufrechterhaltung der Ordnung genügen wird. Im wohlverstandnen Interesse des Landes müssen Truppen in den Distrikten des Innern stehen, wo die Zahl der Freedmen eine große ist. Ueberall sonst, mit Ausnahme der Seeplätze im Süden, ist die Anwesenheit der Truppen überflüssig. Es wäre gut, daß die Truppen lediglich aus Weißen beständen. Dafür sprechen viele Gründe. Ohne sie alle hier anführen zu wollen, will ich nur erwähnen, daß Garnisonen aus freigelassenen Negern die Arbeit demoralisiren und daß diese Truppen in ihren Lagern zu leicht den Freedmen der benachbarten Gegenden Aufnahme gewähren. Die weißen Truppen erregen andererseits kein Mißvergnügen und zur Aufrechthaltung der Ordnung sind weniger nöthig. Negertruppen müßten ziemlich zahlreich seyn, um sich im Falle eines Angriffs vertheidigen zu können. Es werden nicht die Wohlmeinenden seyn, die sich an der Bundesmacht, welcher Farbe sie seyn möchte, vergreifen werden, aber der Pöbel könnte es thun. Der Freedman seinerseits könnte glauben, daß das Eigenthum seines Herrn ihm gehören müsse, oder daß der Pflanzer zum wenigsten keinen Anspruch auf Schutz durch farbige Soldaten hat. Bei den Maßregeln, welche ich vorschlage, ist keine Gefahr eines Conflikts vorhanden. Meine Beobachtungen haben mich zu dem Schlusse geführt, daß die Bürger in den Südstaaten dringend die baldige Wiederherstellung der Regierung, so wie sie im Schooße der amerikanischen Union existirte, wünschen. Ich glaube auch, daß die Weißen in Folge der Reorganisation des Schutzes von Seiten der Regierung bedürfen, den sie von derselben zu fordern ein Recht zu haben glauben. Es ist bedauerlich, daß in diesem Augenblick zwischen den beiden Theilen des Landes keine innigeren Beziehungen stattfinden können, und besonders zwischen denen, welchen die gesetzgeberische Gewalt anvertraut ist."

Beide Parteien, hier der Präsident, dort der Congreß, hielten ihren Standpunkt fest und der Streit dauerte noch in den nächsten Jahren fort, ohne zu einer ernsten Entscheidung zu führen, da man die neue Präsidentenwahl, welche verfassungsmäßig am 4. November 1868 erfolgen mußte, abwarten wollte. Wir brechen daher hier die Geschichte der Verhandlungen ab und sprechen nur noch über die innern Zustände der Union.

Aus einer Zeitung der Südstaaten entnahmen die europäischen Blätter im Spätherbst 1865 eine ergreifende Schilderung der Zustände, wie sie nach Beendigung des Krieges im Süden eintraten. Schon während des Krieges hatten Handel und Verkehr stockt, weil die Häfen blokirt waren, fehlte es an Lebensmitteln, weil die Armee dieselben in Anspruch nahm, die Soldaten des Südens selbst wegnahmen, was sie fanden, noch ehe die Feinde ins Land einfielen. Die weißen Männer waren alle bei der Armee, die Plantagen also schutzlos, wenn Marodeurs und Vagabunden zu rauben kamen. Ein Wunder, daß sich die vielen Neger nicht empörten. Wenn sie aber ihrer Faulheit fröhnten, fehlte es an Mitteln, Strenge gegen sie zu üben. Viele traten in die Unionsarmee ein und bildeten bald zahlreiche Regimenter. Der Rest blieb auch nicht zu Hause, denn sobald ihnen die Freiheit verkündet war, ließen sie die Ernte auf dem Felde stehen und liefen mit Weibern und Kindern in die Städte, nicht um sich zur Arbeit zu verdingen oder ein ordentliches Geschäft anzufangen, sondern um müßig zu gehen, dem Trunk und der Wollust zu pflegen und wenn sie nichts mehr hatten, zu stehlen. „Während der Mais auf den Feldern verfaulte, schwelgten die trunkenen Neger in einer Reihe von Walpurgisnächten voll von Hunger, Diebstahl, Unzucht und Barbarei. Während des Sommers lebten Myriaden derselben von der Plünderung der Obstgärten und Vorrathshäuser, wie auch der Hühner= und Schweineställe. Die Bundessoldaten hielten sich von ihnen fern; auch diejenigen freien Schwarzen, die ein geordnetes Leben führten, stießen sie von sich, und als die weißen Einwohner zusammenhielten und mit Gewalt der Waffen die lästigen schwarzen Eindringlinge aus den Städten wieder hinausjagten, ging erst das Elend unter diesen unglücklichen Kindern Afrikas an. Die Abolitionisten des Nordens, die Reiseprediger, die ihnen goldene Berge versprochen hatten, ließen sich nicht mehr blicken. Man hatte ihnen eine zügellose Freiheit gewährt, ihnen aber weder Brod gegeben, noch eine Anleitung, es zu verdienen. Nun lagen sie zu Tausenden in allen Winkeln herum, suchten sich in verfallenen Schuppen Schutz gegen Regen und Kälte, starben aber haufenweise aus Hunger, in Folge der Ausschweifungen und an Fiebern."

Wie konnte man aber auch von den Yankees Humanität erwarten, wenn sie auch noch so sehr für Freiheit und Gleichheit zu schwärmen schienen?

Es gereichte der Union sehr zum Nachtheil, daß sie ihre höchsten Beamten aus immer tieferen Schichten der bürgerlichen Stellung, Gesittung und Bildung wählen mußte, weil eine ungeheure Mehrheit von Wählern in den Staatsmännern der Union nur Ihresgleichen, nur plebejische Mittelmäßigkeiten sehen wollte und eine instinktartige

Scheu vor jeder geistigen Vornehmigkeit hegte. Ein Unheil, in welches zuletzt alle Republiken fallen, in welches sogar das hochgebildete Athen gefallen ist. Die frechgewordene Gemeinheit besauft sich so leicht im Machtbewußtseyn ihrer Mehrheit wie im Branntwein und wird dann ekelig. Der Ekel, den sie einflößt, ist aber nicht blos naive Prostitution, sondern auch Berechnung, um eblere Naturen von jeder Concurrenz bei den Wahlen abzuschrecken. Die Rohheit, welche z. B. die Volksvertreter im Repräsentantenhause zur Schau tragen, ist nicht immer angeboren oder anerzogen, sondern hat auch zum Zweck, honette Männer vom Hause fern zu halten. Wer möchte auch in einem Hause sitzen, in welchem die Volksvertreter einander schimpfen und prügeln, sich Hufeisen an den Kopf werfen und Revolver auf einander abfeuern. Wer möchte sich zu der Ehre drängen, im Marmorpalast zu residiren, wenn man dem rohesten und frechsten Pöbel Audienz ertheilen und dulben muß, daß derselbe den gekauten Tabak hoch an die Spiegelfenster hinaufspritzt und Teppiche und Möbeln verunreinigt. Honette Leute wegzubrängen, um die einträglichsten Aemter sich selbst vorzubehalten, ist dem engverbundenen Gesindel in Washington unumgänglich nöthig, um ungestraft, ja ununtersucht in allen Aemtern den Staat bestehlen zu können. Honetten Leuten soll es niemals einfallen dürfen, jene Diebstähle am Staat enthüllen zu wollen. Also müssen sie entweder von den Wahlen fern bleiben und aller Theilnahme an der Politik entsagen oder sie müssen, wenn sie in den höchsten Aemtern das Staatsruder lenken, zu den Betrügereien der Collegen und Unterbeamten die Augen zubrücken. Eine Aristokratie würde der Union wohlthun, aber eine solche wird nicht gebuldet. An ihre Stelle ist eine Bande von Spekulanten auf einträgliche Aemter getreten, die in Washington die Regierung und den Congreß gleichsam in ihrer Gewalt hat, sich niemals ausrotten, noch genug befriedigen läßt.

In den constitutionellen Staaten Europas ist die Volksvertretung verhältnißmäßig weniger corrumpirt, weil Königthum und Herrenhaus den Anstand sichern und eine zu große Pöbelhaftigkeit des Abgeordnetenhauses doch nicht aufkommen lassen. Auch wird es den Volksvertretern hier nicht so leicht, in die Verwaltung einzutreten, um ihre etwaige Habgierde zu befriedigen, und doch wird auch hier schon das Gewähltwerden und Sitzen im Parlament von Spekulanten, die unter sich zusammenhalten, als Lebensberuf getrieben.

Das größte Beförderungsmittel der Corruption ist die Presse. Sie verbirbt die öffentliche Meinung gründlich, denn im Dienst der Parteien ist sie schamlos und voller Lüge. Die Bürger aber lesen eifrig und schon unreife Knaben verschlingen die Tagesblätter und debattiren mit über die öffentlichen Angelegenheiten.

Dabei behauptet sich aber das Ansehen der Kirche, oder vielmehr der Kirchen, denn die Vereinigten Staaten sind in unzählige Secten zerspalten, so zwar, daß auch unter den großen Confessionen der anglikanischen, der methodistischen, der baptistischen Richtung eine Menge Unterabtheilungen entstanden sind, die sich von den andern aussondern. Uneins im Innern, entwickeln diese Secten doch eine große Thätigkeit nach außen. Es ist etwas Außerordentliches um die nordamerikanische Mission. „Man kann nicht ohne Bewunderung und Staunen das biblehouse in New-York ansehen, dieses ungeheure Gebäude von nahezu 500 Kreuzstöcken, das sich palastartig erhebt zum Ruhme des Buches Gottes. Nach dem Princip der amerikanischen Bibelverbreitungsgesellschaften bringt man dort das Papier in Blättern herbei, übergibt es sodann einer ungeheuern Dampfmaschine, welche die verschiedensten Aufgaben löst, und, nachdem sie die Bibeln gedruckt, geheftet und gebunden hat, sie auch noch verpacken hilft zur Versendung in die ganze Welt." Aber man kann sich nicht enthalten, diese Dampffabrication für etwas Unheiliges anzusehen. Die Apostel haben das Wort Gottes auch ohne Dampf verbreitet.

Schon vor den Mormonen, die als christliche Secte die muhamebanische Vielweiberei eingeführt und schon vor den Shakers, die umgekehrt wie die indischen Yogis im Cölibat leben, und lange vor der Gründung eines großen Buddhatempels in San Francisco hatte das nordamerikanische Christenthum etwas von der asiatischen Ueberschwenglichkeit angenommen. Der Gottesdienst vieler Methodisten gestaltete sich wie eine Art Krampf der Seele und des Leibes. Ein Reisender wohnte einem Meeting derselben in der Nähe von Cincinnati bei, auf einem freien Waldplatze. Es war Nacht, die schönen Bäume umher mit Laternen erleuchtet. Die vielen schönen Damen und diese Beleuchtung gewährten einen feenhaften Anblick. Als aber bei einer dieser vielen Damen die Gnade zum Durchbruch kam, fing sie an zu ächzen, zu winseln, zu seufzen, zu schreien und mit dem Kopfe, mit Händen und Füßen um sich zu schlagen. Nun malt euch aus, „wie die Umstehenden zu gleicher Zeit schreien und singen und beten, dann auf die Kniee sich werfen auf einem Flächenraume, wo für dieselbe Personenzahl kaum Platz zum Stehen gewesen, und dann im eigentlichen Sinne wie Kraut und Rüben untereinanderfallen, wie einige wieder aufspringen und zahnbrecherisch plärren, andere ‚Trost‘ in's Ohr der ‚Begnadigten‘ flüstern, und wieder Alle auf einmal: ‚Glory, Amen, — Amen, — Glory, Glory‘" ohne Unterlaß aus den Hälsen herausgurgeln, und wie diese Raserei gegen alle Regeln der Physik im höchsten Grade am längsten dauert. Mehrere Prediger standen auf den Bänken und trugen in marktschreierischem Tone ihre geistlichen Ermahnungen und Zusprüche vor, dann wurde wieder gesungen und geschrieen und der ‚Herr‘ um Bekehrung beschworen. Zu den bereits auf dem ‚Angstsitze‘ oder der Armensünderbank Knieenden und mit gesenkten Häuptern zur Reue sich Anschickenden, gesellten sich noch Andere hinzu, und dasselbe Manöver, welches ich gerade in der Bretterhütte gesehen, wurde neuerdings wiederholt. Einige sprangen in die Höhe, und wurden dabei von ihren zwei nächsten Nachbarn auf beiden Seiten unterstützt, um die Luftsprünge noch höher zu treiben, was diesem Aktus das Ansehen einer in Gang gesetzten Stampfmühle verschaffte. Den Damen, welche allenfalls nicht schon früher ihre Köpfe entblößt hatten, wurden ihre Hüte abgebunden, wenn sie von religiöser Begeisterung ergriffen wurden, bei deren Ausbruch sie wüthenden Bacchantinnen grausenhaft ähnelten, und die zarten, vor kurzem liebreizenden Gesichtszüge auf eine Weise verzerrten, wie ich es früher nur bei einer kranken Person bemerkt hatte, die am Bandwurm und Mutterkrebse litt. Während der ruhigern Pausen dieser Begnadigten wisperte ihnen ein ‚Bruder‘=Prediger oder ein einfacher Bruder oder eine Schwester ‚Tröstungen‘ ins Ohr, oder nahm heimliche Beichtlispelungen auf. Neben solchen Individuen aus dem ‚schwächeren‘ Geschlecht stellten auch Männer mit fettem John Bullfleische oder kräftigem Bruder Jonathan=Knochenbaue, blühende Jünglinge und alte zu Kindern gewordene Greise mit Gestöhn und Geächze, Ringen und Klatschen mit den Händen dieselbe Tollhäuslerei offen zur Schau. Auch sie glotzten die Bretterwand vor oder neben ihnen, oder den ‚offenen‘ Himmel über ihnen bewegungslos — wie im Starrkrampfe — an; beteten stille oder laut, langsam und dann stärker und schneller, und gebärdeten sich wie Verzweifelnde. Sie schlugen mit geballter Faust auf die vor ihnen stehende Bank, verschoben die Gesichtsmuskeln, verdrehten beinahe alle Leibesglieder, und brüllten wie Rasende um ‚den süßen Jesus.‘ Oefters schwätzten sie solch verworrenes Zeug, daß sie und ihre gläubigen Gefährten meinten, sie müßten erst mit dem Teufel kämpfen, ehe der Geist Gottes käme. Sie stürzten wie Fallsüchtige zur Erde, stießen, schlugen, strampelten mit allen Vieren, und lagen dann wie ein um=

gehauener Baumklotz mitten unter Männern, Weibern und Jungfrauen in Ohnmacht! Dann erhuben die Anderen ein widriges, frohlockendes Gekreisch, patschten in die Hände, sangen ‚Glory — Alleluja, — Alleluja!' und waren vor Narrheit ganz außer sich."

Solche krampfhafte Uebertreibungen werden in Nordamerika auch im profanen Schauspiel geliebt. Moritz Busch gab in seinen „Wanderungen" von 1854 eine Schilderung des Kirby, des damals berühmtesten Schauspielers in den Vereinigten Staaten, „der sich durch die gräßlichen Zuckungen, mit denen er als Rolla in dem Trauerspiel Pizarro den Geist aufgab, beim Publikum ungemein beliebt gemacht hatte. Nie hatte man lauter applaudirt. Seine vielen Gönner verlangten aber auch für ihr Geld das vollste Maaß von Gestöhn, Gezappel, Zähneknirschen und Augenverdrehen und ließ er ein Ach weg, winselte er um ein paar Töne zu wenig, ließ sich ein allgemeines Geheul der Mißbilligung hören und er mußte die Marterscene noch einmal, bisweilen zweimal wiederholen, bis sie den Erwartungen entsprach."

An den merkwürdigen Phantastereien und Extasen der Nordamerikaner wird man erst inne, welchen Einfluß große geschichtliche Erinnerungen oder deren Mangel auf die Menschen üben. Die Nordamerikaner sind ein neues Volk auf neuem Boden, haben hier erst eine sehr kurze Geschichte erlebt und die, welche die Einwanderer aus Europa mitbringen, werden bald vergessen, oder erleiden eine starke Umbildung. Die Einbildungskraft alter Völker inmitten der großen Denkmäler ihrer Vorzeit wird gleichsam am Spalier aufgezogen und hält Maaß, die des neuen Volkes hat so feste Anhaltspunkte nicht und schweift mehr aus. Da sie nicht viel Altes findet, sucht sie viel Neues; bei der Einförmigkeit des nordamerikanischen Lebens sucht sie Außergewöhnliches und starke Effecte. Sofern das Denken des neuen Volkes endlich keine geschichtliche Grundlage hat,

Die Union nach dem Siege.   365

übt es auch eine weniger strenge Kritik, ja stürzt sich sogar mit Behagen in den Wunderglauben hinein. Daher die extravaganten Secten, die Convulsionen der Methodisten, die manichäische Enthaltsamkeit der Shakers und im Gegensatz dazu Vielweiberei der Mormonen ꝛc., der Spiritualismus, die Klopfgeister ꝛc.

Wenn die Leichtgläubigkeit und Wundersucht der Nordamerikaner in betrügerischer oder wenigstens humoristischer Absicht ausgebeutet und getäuscht wird, nennt man es Humbug. Der Humbug ist zum Gewerbe geworden. Abenteurer aller Art treiben ihn. Hier nur ein paar Beispiele: Ein hübscher junger Mann sorgt, daß er die Krätze bekommt, reist dann von Städtchen zu Städtchen, macht Bekanntschaften, ist sehr unterhaltend, drückt Jedermann die Hände und verschwindet. Kurze Zeit nachher kommt sein ernsthafter Camerad ihm nach, gibt sich für einen Arzt aus, der die Krätze aufs sicherste und schnellste heilen könne, und macht glänzende Geschäfte. Schließlich theilen die beiden Gauner den Gewinn. Ein Paar andere sammelten Wirbelknochen von verschiedenen urweltlichen Riesenthieren und flickten daraus einen künstlichen ungeheuer langen Rückgrat zusammen, an den sie vorn einen großen Saurierkopf ansetzten und zeigten ihr Machwerk unter dem Namen Hydrarchos (Schlangenkönig) als das angeblich größte Thier, welches je existirt habe, für Geld vor. In allen Städten Nordamerikas fanden sie Glauben und nahmen viel Geld ein. Erst als sie auch in Europa ihr Glück versuchen wollten und in Marseille landeten, entdeckte ein Schüler Cuviers sogleich, daß das Unthier aus verschiedenartigen Knochen zusammengestoppelt war. Der größte Humbugtreiber in Amerika war Barnum in New-York, dessen Museum voller Seltenheiten zu den sieben Wunderwerken der alten Welt das achte der neuen hinzufügte. Der naturhistorische Theil des Museums wimmelte von ächten und unächten Mißgeburten und Raritäten. Ein vielbewundertes schwarz=

wolliges Pferd erwies sich schließlich als ein gemeines Pferd, das nur in Schaafpelze eingenäht war. Unter den lebenden Exemplaren bemerkte man den dicksten und den magersten Menschen, eine alte Negerin, die angeblich die Amme des großen Washington gewesen seyn und ein Alter von fast 200 Jahren erreicht haben sollte, auch den kleinsten Menschen, den berühmt gewordenen Zwerg Tom Thumb. In Barnums historischem Museum wurde ein Bein Santa Annas in Spiritus vorgezeigt, welches er angeblich in einer Schlacht verloren haben sollte, obgleich es der General schon zwei Jahre vorher ganz anderswo verloren und begraben hatte. Alles Fremde von Auszeich= nung, was sich in Amerika sehen oder hören lassen wollte, fiel in die Hände des allmächtigen Schwindlers. Die berühmte Sängerin Jenny Lind wurde von ihm gepachtet und sein dazu bestellter Schwager steigerte durch Ueberbietungen der sich herbeidrängenden Kunstenthu= siasten die einzelnen Concertbillets zu Preisen von mehreren Hundert ja bis zu 780 Dollars.

Die Wundersucht verstieg sich aus dem Natur= und Kunstgebiet in die Geisterwelt und seit ungefähr 20 Jahren sind es die s. g. Spiritualisten, welche den meisten Humbug in den Vereinigten Staaten treiben. Diese berühmte Geisterseherſecte entstand nämlich im Jahre 1849 zu Rochester im Staate New=York durch drei Schwe= stern Misses Fox, von denen die beiden jüngsten erst fünfzehn und dreizehn Jahre alt waren, die aber ungeheures Aufsehen erregten, weil sich ihnen angeblich das Geisterreich aufthat. Sie reisten im Lande umher, um überall auf Verlangen die Geister zu fragen und den Wißbegierigen die Antwort zu vermitteln. Die Geister kündigten sich durch Klopfen an. Es hieß, man habe die Mädchen entkleidet, sie völlig isolirt und alles von ihnen entfernt, was einen Betrug be= günstigen konnte, und dennoch hätten die Geister geklopft. Später citirte man die Klopfgeister durch das berühmte Tischrücken und zwar bildeten die Gläubigen in den Vereinigten Staaten anfangs eine doppelte Reihe um den Tisch, eine äußere von Weißen, eine innere von Schwarzen, weil sich diese durch ihren Aberglauben am besten eigneten, die Geister zu vernehmen. Als der Wahn als Modesache auch nach Europa kam, erfand eine Engländerin, Mistreß Hayden, ein Alphabet, um das Klopfen der Geister je nach der Zahl und Stärke der Schläge leichter in Worte zu übersetzen.

Neben der Uebertreibung im christlichen Eifer, in den Verzückungen der methodistischen Meetings ꝛc. zeigt sich aber auch eine unchristliche Rohheit und Verwilderung in erschreckenden Symptomen. In der Hauptstadt sowohl als auf dem Lande und an den Grenzen. Ein deutscher Correspondent, Friedrich Breinig, giebt aus New-York folgende kleine Schilderung der dortigen „guten Gesellschaft". „Die meisten der hiesigen ‚uppertens' (so heißt es da) sind nämlich Parvenüs der schlimmsten Sorte: ungebildete, rohe, zu allem Schlechten fähige Menschen, welche sich während des Krieges auf Kosten der Regierung durch die gröbsten Betrügereien bereichert haben und nun mit unbeschreiblicher Insolenz ihren Reichthum zur Schau tragen. Es ist in dieser Beziehung interessant, an einem Samstag Nachmittag, an welchem die vornehme Welt New-Yorks per Wagen oder Schlitten in den Centralpark eilt, durch die fünfte Avenue zu spazieren und die Gesichter der Menschen zu studiren, die mit vornehmthuender Nachlässigkeit in den prachtvollsten, kostbarsten Gespannen vorübereilen. Da fährt z. B. in einer glänzenden Equipage ein alter, ehrwürdig aussehender, feingekleideter Herr mit grauen Haaren und freundlichen Mienen; das ganze Aussehen dieses Herrn ist solid und respektabel, daß ein Fremder schwerlich auf die Vermuthung gerathen würde, daß dies einer der (berüchtigten) Direktoren der Erie-Eisenbahn und einer der größten Schwindler ist; der Mann steht mit seinen Genossen des gröbsten Betruges angeklagt so eben vor Gericht; das hindert den Mann nicht, selbstvergnügt in sich hineinzulächeln, er hat ja bei der Affaire 2 Millionen verdient, kann mit seinem Gelde sämmtliche Richter erkaufen, und schließlich schadet ihm seine Transaktion in der „guten Gesellschaft" gar nicht; im Gegentheil, während er dahinfährt, wird er überall freundlich begrüßt. Spitzbuben sind ja unter sich immer freundlich. In einer anderen offenen Barouche fahren zwei äußerst elegant gekleidete Herren von vierschrötigem muskulösem Körperbau und rohen gemeinen Gesichtern mit pechschwarz gefärbten Schnurrbärten; das sind zwei der hervorragendsten Faustkämpfer Amerikas; sie werden überall mit vertraulichem Kopfnicken, namentlich von den Damen begrüßt, besonders der eine, welcher Mitglied des Repräsentantenhauses in Washington ist und deßhalb auch die Buchstaben Hon. (honorable, achtbar) vor seinen Namen setzen darf. Kaum ist dieser achtbare Gentleman an uns vorübergefahren, so kommt ein bis zur lächerlichen Uebertreibung kostbarer Schlitten mit den schönsten Pferden bespannt, mit den theuersten Pelzen bedeckt und mit zwei mit den schwersten Seiden- und Sammtstoffen behangenen Ladies besetzt, deren unförmliche Gestalt dicke aufgestülpte Stumpnasen und vom Branntweingenuß aufgedunsene blaurothe Gesichter sie sofort als Irländerinnen aus der untersten Klasse kennzeichnen. Der allen gewöhnlichen Irländerinnen eigenthümliche Zug brutaler Rohheit und Verschmitztheit disharmonirt in schreiender Weise mit der kostbaren Außenseite, und die plumpen Versuche, sich ein vornehm-nachlässiges Aeußeres zu geben, sind geradezu widerlich. Diese beiden Ladies haben vielleicht vor drei Jahren noch den Kehrbesen in der Hand gehabt und sind die Gattinnen von Armeelieferanten, die sich durch den unverschämtesten, offensten Betrug, wie er im amerikanischen Krieg blühte, bereichert haben. Zuletzt sehen wir noch eine elegante Equipage mit obligatem Negerkutscher und Bedienten und einem ovalen Schnörkel auf dem Kutschenschlag, der wohl die Stelle eines Wappens vertreten soll. In dem Wagen sitzt in vornehmer Affektation eine einzelne ältliche Dame in großer Toilette und einem verbindlichen fast herablassenden Lächeln auf den Lippen. Die Art und Weise, wie die Dame von den meisten der vorübergehenden Amerikanerinnen begrüßt wird, und die vertrauliche Weise, in welcher der Gruß erwidert wird, läßt vermuthen, daß die ältliche Dame eine hervorragende Rolle in der sogenannten guten Gesellschaft einnimmt. Und so ist es; es ist nämlich niemand anders, als die berühmte Madame Restell, die größte Abortionistin der Vereinigten Staaten. Trotzdem dieses weibliche Scheusal schon Tausende von Kindern im Mutterleibe ermordet hat, trotzdem sie schon Dutzende von Malen unter den empörendsten Anklagen vor Gericht stand, genießt dieses Weib, eine geborene Deutsche, großes Ansehen in der Gesellschaft. Es ist dies kein Wunder, wenn man berücksichtigt, daß die Amerikanerinnen über diesen Punkt kaum anders denken, als etwa über das Zahnausziehen. — Glücklicherweise ist die verborbene Geldaristokratie New-Yorks nicht der Kern des amerikanischen Volkes."

Aus dem Westen wurden arge Rohheiten besonders von deutschen Einwanderern gemeldet. Während des amerikanischen Bürgerkrieges wurde die Stadt Neu-Ulm im Staate Minnesota von den Sioux-Indianern überfallen, die Bevölkerung fast gänzlich umgebracht, alle Wohnungen in Schutt und Asche verwandelt. Die Frommen erkannten darin ein Gottesgericht, denn die Gemeinde Neu-Ulm bestand aus lauter Deutschen, hauptsächlich Badenern und Pfälzern, welche die berüchtigte Schulmeisterbildung aus ihrer Heimath in die neue Welt mitgebracht hatten, nämlich Verachtung der Kirche und tiefsten Haß gegen die christliche Religion. Sie hatten beschlossen, daß in der Stadt niemals eine Kirche gebaut und nie ein Priester daselbst geduldet werden solle. Die Wirthe mußten sich verpflichten, nie einen Geistlichen über Nacht zu behalten, und in den Trinkstuben verschwor man sich, jeden Pfaffen zu hängen, der auf dem Stadtgebiet angetroffen wird. Am Charfreitag setzten sie eine Spottfigur auf einen Esel und verhöhnten in ihr den Heiland. Man weiß nicht, wer verwilderter gewesen ist, die Bürger von Neu-Ulm oder die Sioux-Indianer. Genug, die Stadt ward ausgemordet und niedergebrannt. Es bildete sich eine neue Gemeinde, die sich von dem verderbten Reste jener älteren nicht mehr anstecken ließ und eine Kirche baute. Und doch, als dieselbe am 3. September 1865 eingeweiht wurde, hielten eine Anzahl deutscher Turner dicht daneben ein Saufgelage und störten die fromme Feier durch ihr viehisches Gebrülle. Nach dem Basler Volksboten. Die Deutschen in den Vereinigten Staaten waren im Allgemeinen, namentlich im Verhältniß ihrer großen Zahl und der Schulbildung, die sie doch aus ihrer Heimath mitbrachten, von den Anglo-Amerikanern wenig geachtet. Das hatte seinen Grund in der Uneinigkeit, in der sie in der neuen Welt fortlebten, wie in der alten, und in der Selbstvergessenheit, in jeglichem Mangel an Nationalstolz, den sie aus den particularistischen Mittel- und Kleinstaaten Deutschlands mitbrachten. Die meisten deutschen Einwanderer in den Vereinigten Staaten schämten sich ihrer deutschen Geburt und radebrechten englisch, um so schnell als möglich für echte Yankees gehalten zu werden.

Graf Baudissin sagt in seinem Werk „Peter Tütt" von 1861: „sie reden mit ihren eigenen Kindern englisch, werden aber von ihren Kindern, welche die Sprache leichter lernen, Dutchmen genannt, was in Amerika ein Schimpfwort ist. Ein deutscher Vater begegnete seiner Tochter auf der Straße und redete sie an. Weil sie aber in Gesellschaft einiger junger Amerikanerinnen war, antwortete sie, I do not know you, Sir (Ich kenne sie nicht, Herr). Der wüthendste Knownothing in St. Louis, der ein eigenes Blatt herausgab und darin predigte, man müsse die Deutschen todtschlagen, war selbst der Sohn eines Deutschen."

Allerdings wurde den Deutschen zuweilen von den Anglo-Amerikanern geschmeichelt, wenn es galt, für irgend einen Parteizweck ihre Wahlstimmen zu gewinnen. Hatten die Deutschen aber diesen Dienst geleistet, so wurden sie nach wie vor verachtet. Im Bürgerkriege schaarten sie sich zahlreich zur Armee und zeichneten sich durch ihre Ausdauer und Tapferkeit aus. Aber nur wenige Deutsche, wie Sigel und Rosenkranz, stiegen zu einem höheren Militärgrade auf, und auch diese wurden bald wieder bei Seite gesetzt, um echten Yankees Platz zu machen. Bei der ungeheuern Zahl von Deutschen, die dort schon angesiedelt sind und jährlich noch immer in die Vereinigten Staaten auswandern, ist es freilich für unsere Nation beschämend, daß sie sich so wegwerfen, nicht besser zusammenhalten und nicht mehr ausrichten.

Merkwürdigerweise hat ein Herr Douai, Direktor der Hoboken-Akademie im Staat New-Jersey in einem (1864 in Berlin gedruckten) Buche über Land und Leute in der Union gesagt, die Zukunft der Union gehöre den Deutschen, weil sie die meisten Kinder hätten und in hundert Jahren die Mehrzahl der Bevölkerung bilden würden und weil sie mehr auf dem Lande lebten, die Yankees dagegen sich mehr in die Städte zögen und verweichlichten. Auch glaubt Douai an eine Degeneration der weißen Race durch das Klima. Er sagt vom Klima: „Wir können seine Wirkungen am Verständlichsten bezeichnen, wenn wir sagen, daß es den Menschen vor der Zeit reife und altere. Es greift überhaupt die Körperverfassung an. Wie bei den Indianern dehnt es den Körper in die Länge, hält die Muskel- und Knochenentwicklung des Oberkörpers zurück, drückt den Schädel in eine länglich-ovale Form, die vordersten und hintersten Gehirntheile auf Kosten der mittleren begünstigend und die Stärke des Verstandes- und Willensvermögens auf Kosten der Breite und Allseitigkeit der Geistesausbildung. Die Nase tritt mehr und mehr, scharf geschnitten und fein gebildet, vor die senkrechte Linie, welche Stirn und Kinn verbindet, hervor, und die Stirn bleibt breit blos unmittelbar über den Augen, während das Gesicht schmäler und schmäler wird. Der Hinterkopf thürmt sich empor, so daß er die höchste Stelle des Schädels wird und überhaupt seine breitesten Durchschnitte zeigt. Zugleich zieht sich, bei der energischen Kopfarbeit des Amerikaners, welche ihm zu wenig Zeit zum, und zu wenig Genuß am Essen läßt, die untere Kinnlade sammt allen Eßwerkzeugen in immer kleinere Verhältnisse zurück. Es fehlt bald den Zähnen an Raum — woher die häufigeren Zahnkrankheiten (und die größere Kunstfertigkeit der Zahnärzte) — und mit diesen Hauptbedingungen thierischer Gesundheit muß allmälig die Zeugungskraft der Race erlöschen."

Im Herbst 1865 überraschte der vormalige Deutschkatholik Doviat, der sich auf deutschem Boden 20 Jahre früher so unnütz gemacht hat, die Welt mit einer öffentlichen Erklärung in amerikanischen Blättern. Er habe sich mit tiefer Reue, schrieb er, zur allein seligmachenden katholischen Kirche zurückgewendet und bitte alle eble Herzen, denen er früher Aergerniß gegeben, um Verzeihung. Als Motiv seiner Bekehrung aber gab er an: „Nachdem ich die Schweiz aus politischen Gründen verlassen mußte, lebte ich im Westen Amerikas. Ich hatte dort das Unglück, die bodenlose Verfunkenheit und Gemeinheit des ‚aufgeklärten' westlichen Bauern kennen zu lernen. Die deutsche Sprache ist zu arm, um den Standpunkt dieser Thiermenschen genügend zu kennzeichnen. Ein Geschlecht ohne Gott und ohne Teufel, ohne Himmel und ohne Hölle; ein Geschlecht, das weder Treue noch Glauben, weder Priester noch Lehrer kennt. Es ist mehr als Redensart, wenn ich sage, der aufgeklärte westliche Bauer könne dahin kommen, daß er seine neugebornen Kinder seinen Schweinen vorwirft, des Stoffwechsels und Profits halber." Schließlich prophezeit Doviat, es stehe der katholischen Kirche in Amerika eine schwere Verfolgung bevor, und wenn er unter derselben kämpfen und leiden sollte, würde er damit wenigstens Einiges wieder gut machen von dem, was er als Jüngling gesündigt habe.

Le courier des Etats Unis vom 13. Dezember 1865 meldete aus dem Mormonenreich am Salzsee: Das Haupt der Republik, Brigham Young, hat 185 Weiber und 213 noch lebende, 32 gestorbene Kinder. Mehrere andere angesehene Männer daselbst haben ebenfalls mehr als 100 Frauen, andere mehr als 90 u. s. f. Es wird dabei bemerkt, die Mormonen gehören der germanischen Race an und kommen aus den Vereinigten Staaten, Schottland, Scandinavien und Deutschland. Es gibt nur drei Italiener, zwei Franzosen und einen Spanier unter ihnen.

Am merkwürdigsten ist das Theaterwesen der Mormonen. In Petermanns Mittheilungen von 1867 VI. lesen wir: „Das Theater hat eine höhere Bestimmung und Aufgabe in der Mormonenstadt, als die Kirchen in London, Paris und New-York erlauben würden. Brigham Young ist ein Original in vieler Hinsicht, er ist der Hohepriester einer angeblich neuen Religion, aber er hat sein Theater vollständig eingerichtet, ehe er die Grundlagen seines Tempels über den Boden erhoben hat. Jedermann weiß, daß das Schauspiel religiösen Ursprungs ist und daß das Theater eine Schule der Sitten genannt wurde. Young ist geneigt, überall auf die ersten Anfänge zurückzugehen, im Familienleben auf die von Abraham, im gesellschaftlichen Leben auf die von Thespis; Priester erfanden sowohl die alten als neuen Schauspielhäuser und wenn die Erfahrung sowohl in der Stadt am Salzsee als in New-York gleich stark zeigt, daß die Leute an beiden Orten gern fröhlich und lustig sind, lachen und sich begeistern, warum sollten ihre Lehrer die tausend durch ein Schauspiel ihnen gebotenen Gelegenheiten versäumen, sie zur rechten Zeit zum Lachen zu bringen und sich für passende Gegenstände zu begeistern?

Warum sollte Young nicht moralische Lehren auf dem Theater predigen, warum sollte er nicht seine Schauspieler und Schauspielerinnen erziehen, um Vorbilder von gutem Betragen, richtiger Aussprache und von gutem Geschmack in der Kleidung zu seyn?

„Die Außenseite des Theaters ist die eines plumpen dorischen Gebäudes, in welchem der Baumeister durch sehr einfache Mittel eine gewisse Wirkung hervorzubringen gewußt hat; im Inneren ist es hell und luftig, da es keine Vorhänge und Logen hat, ausgenommen zwei durch leichte Säulen von einander getrennte Proscenium=Logen, und ohne andere Verzierung als reines Weiß und Gold. Das Parterre, welches steil vom Orchester emporsteigt, so daß Jedermann vortheilhaft sehen und hören konn, ist der vorzüglichste Theil des Hauses; alle Bänke werden an Familien vermiethet und hier kann man jeden Abend, an dem gespielt wird, die ausgezeichnetsten Aeltesten und Bischöfe von ihren Frauen und Kindern umringt sehen, wie sie lachen und wie Knaben eine Pantomime beklatschen. Jener Schaukelstuhl in der Mitte des Parterre ist Youngs eigener Sitz, sein Vergnügungs=platz in der Mitte seiner Heiligen. Wenn er es vorzieht, sich seiner Privatloge zu bedienen, so schaukelt sich vielleicht eine seiner Frauen, Elise die Dichterin, die blasse Henriette oder die prächtige Amalie in seinem Stuhl, während sie über das Spiel lachen. Rings um diesen Stuhl, als den Ehrenplatz, sind die Bänke dicht gedrängt voll von denen, welche so nahe als möglich bei ihrem Propheten zu stehen wünschen." Das Gebäude hat weiten Raum, volles Licht; überall herrscht die größte Reinlichkeit, jede Schauspielerin hat ihr besonderes Ankleidezimmer.

Young hat drei seiner eigenen Töchter dem Schauspiel gewidmet, um sie der weiblichen Jugend als Muster aufzustellen und um zu beweisen, daß es sich hier um eine theatralische Priesterschaft handelt, welche die Gemeinde belehren, erbauen und ihr zum Beispiel dienen soll. Doch ist dabei die Lustigkeit und der Spott nicht ausgeschlossen. „Das erste Schauspiel, das wir sahen, war ‚Karl der Zwölfte‘, wo Adam Brock seine Tochter Eudiga vor militärischen Stutzern warnt, während die jungen Damen im ganzen Parterre in kindisches Gelächter ausbrachen, da man es auf das Lager von Douglas bezog, sowie auf die dort befindlichen Offiziere der Vereinigten Staaten, von denen verschiedene in dem Hause waren und sich herzlich an dem Spaß ergötzten. Dieses Schauspiel ist voller Anspielungen auf Soldaten und deren Liebschaften und jede dieser Anspielungen wurde von den Heiligen auf ihre örtliche Politik bezogen und ihr angepaßt. Der Umgang dieser Offiziere und Soldaten mit den Frauen der Mormonen ist ein sehr wunder Fleck bei den Heiligen, da mehrere ihrer Frauen, wie man sagt, verführt und entführt worden sind. Young sprach mit Unwillen gegen mich über dieses Verfahren, obgleich er nicht die, welche sich so vergangen hatten, als zum Lager gehörig bezeichnete. ‚Sie verursachen uns Unruhe,‘ sagte er, ‚sie drängen sich gewaltsam in unsere Angelegenheiten ein, ja sogar in unsere Familien, wir können dergleichen Dinge nicht ertragen und wenn sie schuldig sind, so machen wir, daß sie ins Gras beißen.‘ Ich dachte an alles, was ich jemals von Porter Rockwell und seiner Schaar von Daniten gehört hatte, aber ich lächelte blos und wartete darauf, daß der Präsident fortfahren würde. Er setzte schnell hinzu: ‚Ich hatte nie eine ähnliche Unordnung in meiner eigenen Familie.‘ Als Karl der Zwölfte sich auf die Liebschaften seiner Offiziere bezog, war es ein rechter Spaß, den Propheten zu sehen, wie er sich in seinem Stuhl zurücklehnte und fast vor Lachen erstickte, während die ernstere Amalie die Versammlung durch ihren Operngucker betrachtete." Der Artikel ist von Dixon.

In neuerer Zeit hat man Nachricht erhalten, es sey eine große Zwietracht unter den Mormonen ausgebrochen und Joseph Smith,

Sohn des ersten Patriarchen der Sekte, habe sich gegen Young und zugleich gegen das System der Vielweiberei erhoben.

Ueberhaupt ist in das Christenthum und in die europäischen Gewohnheiten in der neuen Welt hauptsächlich in Bezug auf das Verhältniß der Geschlechter eine Breche gelegt worden. Zwar ist das einzige Romantische, was den Yankees geblieben ist, die unbedingte Achtung der Frauen, die aber hier übertrieben wird, so daß sich das schöne Geschlecht hier alles erlauben darf. Schon vor Jahrzehnten kleideten sich hier emancipirte Frauen und Mädchen in Männerkleider mit weiten Hosen, die s. g. Bloomertracht. Eine gewisse Franziska Wright reiste in der Union umher, hielt Vorlesungen und schrieb Bücher, einzig um die Ehe als ein unvernünftiges und tyrannisches Institut zu bekämpfen.

Seit 1865 besteht zu Poughkeepsie am Hudson im Staat New York ein Female College, d. h. eine Damenuniversität. Sie zählte 1867 400 weibliche Studenten, 8 männliche und 21 weibliche Lehrer, einen weiblichen Arzt. Der Zweck ist, das weibliche Geschlecht zu derselben Geisteshöhe zu erheben und zu denselben Aemtern zu befähigen, wie das männliche. Doch werden noch nicht Theologie, Jurisprudenz und Medicin gelehrt, sondern erst vorbereitend die Fächer der philosophischen Fakultät, alte und neue Sprachen und Literatur, Philosophie, Geschichte, Naturwissenschaften, Moral, Nationalökonomie, Mathematik, Physik, Chemie.

Die Emancipation des weiblichen Geschlechts ist nun so weit vorgeschritten, daß ein nicht geringer Theil desselben sich eben so selbständig Männer sucht, wie es bisher die Gewohnheit der Männer war, unter den Weibern zu wählen. Und zwar hat man bereits angefangen, dabei die Ehe zu umgehen und paart sich nach dem System der „freien Liebe," was man in Ostindien die Gandarvaehe nennt. Vorzugsweise ist es die große Sekte der Spiritualisten, aus benen sich die Gesellschaften der freien Liebe rekrutiren, wenn auch nicht alle Spiritualisten der freien Liebe huldigen. Man hat im J. 1868 die Zahl der Spiritualisten in den Vereinigten Staaten schon zu 4 Mill. berechnet, die jedoch aus verschiedenen Gesellschaften erst allmälig zusammengeflossen sind.

Ein Bestandtheil leitet sich her von den französischen Communisten. Als der bekannte Fourier, ein junger französischer Kaufmann, der Bankerott gemacht hatte, sich an der Gesellschaft, die so ungleich die Güter theilt, durch Aufstellung des communistischen Systems der Gütergemeinschaft rächte, begriff er in der letztern auch die Gemeinschaft der Weiber. Sein System fand vielen Anhang unter den Arbeitern der alten Welt, drang aber auch in die neue hinüber. Von einer andern Seite her wurde die Lehre Swedenborgs in der Union verbreitet und seine Visionen übten einen großen Reiz der Neuheit. Damit verband sich denn auch die Einführung des animalischen Magnetismus und der Humbug der Magnetiseure mit den Somnambülen und Seherinnen. In einem Bericht aus Amerika im Halle'schen Volksblatt 1869 Nr. 4 sind nähere Ausführungen gegeben, von denen wir einige mittheilen. „Die Magnetiseure oder Mesmeristen, auch Elektro-Biologen genannt, fanden Eingang in der materialistischen Mustercolonie des englischen Socialisten Robert Owen, Neu-Harmonie im Staat Indiana. Es ist, als ob eben Materialismus und Spiritualismus, Unglaube und Aberglaube, einander nothwendig suchen. Besonderen Erfolg hatte ein Taschenspieler dieser Sorte Dr. Buchanan dadurch, daß er sich unter die Flügel von jenes Robert Owens geschickterem Sohne Dale Owen begab, welcher bei den Yankees eine sehr einflußreiche Rolle spielte und spielt (u. a. auch als Apostel der Gleichheit von Schwarzen und Weißen). Professor Bush gab 1847 ein Buch heraus, worin er Mesmerismus und Swedenborgianismus in eins brachte, und das die Hauptquelle des ‚Spiritualismus' geblieben ist. In einem Anhange dieses Buches hatte er einen 20jährigen Schuster Andreas Jackson Davis als neuesten höchst begabten Seher dem Publikum vorgestellt. Später erkannte er selbst denselben als einen ziemlichen Schuft und wandte sich von ihm. Aber der Schuster seinerseits schrieb nun ein vierbändiges Buch ‚Die große Harmonie‘, worin er die Sache erst recht Yankee-populär und echt nativ-amerikanisch, d. h. besonders dick genug aufgetragen machte, dabei auch alles Biblische beseitigte. Hauptpropheten wurden neben ihm ein gewisser Home und Chace, und Hand in Hand mit dieser ‚Harmonie‘-Philosophie entwickelte sich auch die Praxis der natürlichen ‚Wahlverwandtschaften‘ zwischen Männern und Frauen — übrigens ein auch Fourier schon, wie oben angedeutet, nicht unbekannter Begriff. Prophet Davis selbst ging mit gutem Beispiele voran, indem er sich von seinen Engeln eine bereits verheirathete Frau als Wahlverwandtin zuführen ließ, und nach deren Tode eine zweite, die ihrem Manne, als er sie nicht gutwillig abtreten wollte, entlief und ins Hauptquartier der ‚freien Scheidung‘ nach Indiana kam.

‚Die Mehrzahl der Spiritualisten (so berichtet ein Herr Carpenter, der längere Zeit die Sache mitgemacht, sogar selbst eine Zeit lang ‚Medium‘ gewesen) bekennt sich zu der Swedenborgischen Lehre von der einzigen Verwandtschaft, welche die Vorsehung für alle Ewigkeit bestimmt hat. Aber sie tadeln auch niemand, der ‚sich paart‘ (d. h. sich eine Lebens-Partnerin nimmt — man darf sich an diesem technischen Ausdruck nicht stoßen), wenn er sich gerade hingezogen fühlt; denn wie soll sich die Verwandtschaft sonst finden?‘ Nur darf man sich nicht mit Pflichtgefühlen oder äußeren Rücksichten aufhalten, wenn man sie dann nicht findet, und das Verhältniß ‚unharmonisch‘ wird. ‚Die Harmonie-Philosophie behauptet in der That, daß Leute, die nicht wahlverwandt sind, Ehebruch begehen, wenn sie als Mann und Frau zusammenleben.‘ ‚In St. Paul in Minnesota, wohin ich in Geschäften mußte (berichtet derselbe Carpenter) machte ich die Bekanntschaft einiger Mediums, von denen die einen ihre Seelenverwandten hatten, die andern aber in Miß-Paarung lebten und ihre Verwandtschaft noch suchten. In ganz St. Paul waren nur zwei oder drei Spiritualisten-Familien von richtiger Paarung. Von allen Mediums, die ich je kannte, waren 9/10 in diesen ungeordneten Verhältnissen, entweder getrennt oder mit einer Verwandtschaft auf Zeit gepaart, oder noch beim Suchen."

Die Anhänger Fouriers fanden einen Propheten in dem Amerikaner Brisbane, der eine Phalanstère (Gemeinde mit Güter- und Weibergemeinschaft) nach Fouriers System gründete. „Es klingt ziemlich unglaublich, zu sagen, daß eine Anzahl New-Yorker Banquiers eine bedeutende Summe Geld dazu zusammenschossen, ja einer von ihnen selbst mit eintrat. In einem Dorfe Red Bank, im nahen New-Jersey-Staate, so nahe, daß täglicher Verkehr mit New-York war, wurden 600 Morgen Land angekauft und ein Wohnhaus für 150 Socialisten erbaut, unter denen sich auch ein Prediger der Unitarier (Socinianer, welche die Dreieinigkeit verwerfen), ja sogar auch einer der bischöflich-anglicanischen Kirche befand. Die Damen trugen die anderweit schon bekannte s. g. Bloomertracht, kurzen Waffenrock und weite türkische Hosen. Uebrigens sollten statt der Fourierschen freien ‚Reihenfolge der Neigungen' Ehe und Familienleben aufrecht erhalten werden. Es genügt hier zu sagen, was sich übrigens von selbst verstand, daß die ganze Colonie ökonomisch und psychologisch verunglückte.

Ein noch berühmterer Versuch von brüderlichem Leben war das poetische Picknick, welches auf Anregung des Revd. Georg Ripley unternommen wurde — ein Picknick von Dichtern und hübschen Frauen. — Außer jenem an der Spitze stehenden Geistlichen, ‚einem

Manne von feinster Bildung und verwegenster Kühnheit' betheiligten sich dabei „nämlich mehr oder weniger" eine Anzahl hervorragender Poeten und Schriftsteller, ein Hawthorne (der die Geschichte dann in seinem Roman ‚Blüthenthal' angebracht hat), Emerson, Parker, eine Margaretha Fuller u. a. Der Schauplatz war Brook Farm bei Boston. Diese jungen socialistischen Schwärmer hatten fast alle in Cambridge (der ältesten und reichsten amerikanischen Universität ganz nahe bei Boston) studirt und gehörten der unitarischen Kirche an. Die Bewegung hatte einen religiösen, pädagogischen, künstlerischen und socialen Inhalt. Die Männer und Frauen, welche sich ihr anschlossen, hofften auf ein besseres und reineres Leben, als sie es in der großen Stadt geführt hatten. Ihr Streben war, die Sitten zu verfeinern, die Handarbeit zu adeln. In die Ehe wollten sie sich nicht mischen, ja sie betrachteten den heiligen Ehestand mit Ehrfurcht, aber der Geist der Verbrüderung verwob sich doch in unendlicher Feinheit in das zarteste Verhältniß zwischen Männern und Frauen. Nähere Nachrichten über den Verlauf und die Auflösung fehlen.

Zu den merkwürdigsten socialen Auswüchsen in Nordamerika gehört der s. g. Orden der Ritter und Nymphen von der Rose. Sie versammeln sich, die Ritter mit Myrthen-, die Nymphen mit Rosenkränzen im Tempel der Liebe. Ein Myrthenkranz, in dem zwei Tauben sich schnäbeln, ist das Wappen des Ordens. Der Neuling wird mit Ketten beladen zu dem Altar der Liebe geführt, wo man ihm die Ketten abnimmt und Rosenguirlanden dafür anlegt. Dann bringt er ein Weihrauchopfer dar am Altar des Geheimnisses, auf welchem Venus und Amor thronen. Dabei fungiren der Priester Sentiment und die Priesterin Discretion. Freie Liebe allein ist der Zweck dieser ‚androgynalen Logen', im Gegensatze gegen die gesetzliche Polygamie der Mormonen."

Im oben genannten Halleschen Bericht lesen wir weiter: "Vor 15 Jahren (so schreibt Towler) wurde ich Spiritualist und kann beispielsweise von mir sagen, daß der Spiritualismus meine Achtung vor der Ehe untergrub und zerstörte. Unter seinem Einfluß lernte ich das Institut der Ehe als Seelenverwandtschaft auffassen, d. h. als ein Verhältniß, welches die Betreffenden schließen, lösen und erneuern können, wie es ihrem Interesse und ihrer Bequemlichkeit zusagt. Das war die theoretische Seite der Sache. Mit der Zeit wurde ich ein Anhänger der s. g. Freien Liebe, oder mit andern Worten der Lehre, wonach jeder Mensch, Mann so gut wie Frau, eine Ehe nach der andern eingehen kann, ohne sich um eine kirchliche, gesetzliche oder gesellschaftliche Autorität zu kümmern. Das und nichts anderes ist es, worauf in meinen Augen die ganze Lehre von der Souveränität des Individuums, welche der Spiritualismus unzweifelhaft aufstellt, schließlich hinauskömmt. — Bis vor fünf oder sechs Jahren war meine Bekanntschaft unter den Spiritualisten sehr ausgedehnt und bei allen meinen Bekannten fand ich die gleiche Ansicht von der Ehe. Daß alle Spiritualisten Anhänger der Freien Liebe seyen, läßt sich nicht behaupten, wohl aber sind alle Anhänger der Freien Liebe mit seltenen Ausnahmen Spiritualisten. Niemand, der hinter die Coulissen gesehen hat, kann bezweifeln, daß unter den Spiritualisten viele praktische Anhänger der Freien Liebe sind, die durchaus nicht dafür bekannt seyn wollen. In den letzten Jahren freilich haben die Spiritualisten ihr System von dem Makel zu reinigen gesucht, als lehrten sie die Freie Liebe, aber es ist notorisch, wenigstens unter ihnen selbst, daß viele von denen, die sich am lautesten gegen die Lehre der Freien Liebe erklären, genau das betreiben, was sie öffentlich verleugnen. Wie ich oben den Begriff der Freien Liebe erklärt habe, so ist zu sagen: unter den Spiritualisten finden sich Anhänger der Freien Liebe in Ueberfluß. Unter den Predigern und Führern der spiritualistischen Bewegung, die ich kennen gelernt habe, waren, glaube ich, die meisten entweder gesetzlich geschieden oder sie fanden, sie seyen nicht verwandtschaftlich gepaart, und in diesem Fall hielten sie sich für frei, außer der Ehe die Liebe zu suchen, die sie in der Ehe nicht finden konnten."

So weit Towler. Unser liberaler Engländer fügt hinzu: „So hat denn der Yankee=Prophet die Schaar seiner Spiritualisten und Harmonisten (4 Millionen, wie wir zu Eingang hörten) durch Lehre und Beispiel gelehrt, was er unter Freiheit des Geistes, Seelenfreiheit versteht. Das praktische Ergebniß dieser seiner Lehre drückt man in der derben Sprache von New=York so aus: ,Jedermann hat das Recht zu thun was ihm (God dam!)' gefällt."

„Statt allgemein verdammt zu werden, hat die Freie Liebe in Amerika ihre Dichter, Redner und Prediger, ihre Zeitungen, Vorlesungen, gemeinsame Ausflüge, Picknick's und Gemeinden." Vor allem Dichterinnen zu einem „ganzen Hundert," worunter Lizzie Doten die bedeutendste scheint. Zur Probe nur der Schlußvers eines Gedichtes „Freie Ehe" (das übrigens, mit Ausnahme dieses abstracten Schlußverses, wirklich in seiner Art hochpoetisch ist):

Ich will dich lieben, wie die Götter lieben,
 Die, innerlich verwebt,
Gott Vater und Gott Mutter, Daseyn geben,
 Jedwedem was da lebt;
Eins, doch in Zweiheit erst vollendet,
 Die allgemeine Kraft,
Bräutliche Liebe, die ohn' Ende
 In Erd' und Himmel schafft;
Es soll dies unlösbare Einsseyn
All unserm Wesen stets gemein seyn,
Bis wir zu höherm Seyn uns aufgerafft.

„Die Anhänger der Freien Liebe, deren Hauptquartier New-York ist, haben durchs ganze Land verschiedene Ansiedelungen, in denen ihre Grundsätze unbedingt anerkannt sind. Wohl die bedeutendsten dieser Niederlassungen sind die Dörfer, welche Berlin Heights (Berliner Höhen — eine sehr ehrenvolle Anspielung) und Modern Times (die neue Zeit) heißen. Berlin Heights ist ein Dorf im Staate Ohio, wo ganze Schaaren von Anhängern der Freien Liebe zu gegenseitigem Trost und Schutz sich niedergelassen haben; auch finden dort unglückliche Paare einen reichen Vorrath, aus dem sie sich neu assortiren können. Die Bevölkerung kommt und geht und ist in stetem Wechsel. Niemand bleibt gern lange dort; der Ort hat einen üblen Geruch, selbst für die Nase einer emancipirten Amerikanerin. Bedeutsamer ist die Vereinigung von Anhängern der Freien Liebe, die sich auf Long Island, nahe bei New-York, unter dem seltsamen (?) Namen ‚Neue Zeit‘ niedergelassen haben. Dies Dorf wurde von einem Reformer Namens Pearl gegründet und gilt für das Hauptquartier der amerikanischen Comtisten, einer Secte Reformer, welche Owens und Fouriers Werk fortsetzen. Die Einwohner von Neuzeit machen ein förmliches Gewerbe aus neuen Wahrheiten. Die Vergangenheit ist für sie ganz abgethan. Die zehn Gebote, das apostolische Glaubensbekenntniß, alle Regeln und Beschlüsse der Kirche, alle Glaubensartikel, kurz alles und jedes haben sie abgeschafft als Lumpen und Fetzen des Aberglaubens. Niemand hat in seines Nächsten Hause was zu suchen, denn bei diesen fortgeschrittenen Geistern hat das Thun dasselbe Recht auf Freiheit, wie das Denken. Was gehe ich und mein Thun dich an? Hinter meiner Thür bin ich Herr und König. Warum soll ich nicht ein Dutzend Weiber halten? Wie diese Damen ihr Leben auffassen und einrichten, das ist ihre Sache, nicht deine. Was brauchst du dich daran zu stoßen, daß sie nicht nach deinem Gesetz leben? In der Neuen Zeit ist auf solche Fragen die Antwort: Schweigen."

Es ist nicht zu verkennen, daß alle diese Erscheinungen die nothwendige Folge des modernen Freiheitsschwindels sind. Von Pflichten ist nicht mehr die Rede, nur von Rechten, und jeder soll sich alles erlauben dürfen.

Zehntes Buch.

Die Franzosen in Mexiko.

Kaiser Napoleon III. wurde zu der Expedition nach Mexiko durch ein Zusammentreffen sehr verschiedener Umstände veranlaßt. Vor allem muß ins Auge gefaßt werden, daß ihm der Bürgerkrieg in Nordamerika eine Einmischung in Mexiko möglich machte, die er sicher nicht gewagt haben würde, wenn die Vereinigten Staaten von Nordamerika nicht in innere Streitigkeiten verwickelt gewesen wären, weil sonst ihre Eifersucht nimmermehr eine Intervention geduldet hätte. Zweitens gab ihm die Republik Mexiko durch ihre Beraubung französischer Bürger einen legalen Grund, sich mit bewaffneter Hand dort Genugthuung zu verschaffen. Drittens war es sein System, die romanische Race unter seinem Protektorat möglichst zu einigen und gegenüber der germanischen Race zu stärken. Viertens war die romanische oder spanische Race in Amerika einer solchen Aushülfe von Europa aus in hohem Grade bedürftig, schien sie wünschen zu müssen, oder war wenigstens durch lange revolutionäre Zerrüttung und sittliche Erschlaffung unfähig, einem imposanten Stoß von Europa her zu widerstehen. Fünftens wirkten ganz zufällige und persönliche Impulse auf die Entschließungen des Kaisers ein. Die Flüchtlinge aus Mexiko, die sich in Paris befanden, Erzbischof Labastida, General Almonte ꝛc., welche in ihrem eigenen Interesse eine ausreichende Hülfe aus Europa gegen die republikanische Verwilderung zu erlangen suchten, der klerikalen und aristokratischen Partei angehörten und ihre Stellung und ihre Güter in Mexiko nur wieder zu erringen hoffen durften, wenn das Land eine Monarchie würde, diese Männer scheinen es zuerst gewesen zu seyn, welche den französischen Kaiser auf den österreichischen Erzherzog Maximilian aufmerksam machten und ihm vorschlugen, demselben in Mexiko ein Kaiserthum zu gründen. Maximilian war als ein edler romantischer Schwärmer bekannt, ein Nachkomme Kaiser Karls V., des ersten christlichen Herrschers in Mexiko, und indem Frankreich ihm ein so schönes Reich erwarb, bewies es damit seine eigene Uneigennützigkeit, hatte von der Eifersucht der übrigen Großmächte nichts mehr zu fürchten und hielt immerhin den künftigen Kaiser von Mexiko durch die Pflicht der Dankbarkeit gebunden und in Abhängigkeit.

Endlich spielte eine sehr schmutzige Intrigue in die Berathungen ein, die im kaiserlichen Kabinet der Tuilerien über die mexikanische Frage gepflogen wurden. Jecker, ein gemeiner Schwindler aus der Schweiz, hatte dem mexikanischen General Miramon, während derselbe Präsident der Republik war, 3 Mill. Franken baar und noch 4 Mill. in schlechten Werthen geliehen und sich dafür nicht weniger als 75 Mill. zu gute schreiben lassen, welche der Republik Mexiko nunmehr als Staatsschuld aufgebürdet wurden. Der Wucherer durfte niemals hoffen, daß ihm die Republik jene Schuld bezahlen würde, wußte aber Rath und machte ein gutes Geschäft, indem er die Verschreibung in andere Hände spielte, welche stark genug schienen, um die Republik Mexiko zur Anerkennung und Auszahlung so großer Summen zu zwingen. Es gelang ihm, seine Forderungen schließlich an den Herzog von Morny zu verkaufen, der als Minister und Halbbruder des Kaisers die französische Intervention in Mexiko aufs eifrigste bevorwortete, um durch eine große Anleihe für Mexiko die Summen zu decken, die er als Jeckers Nachfolger zu fordern hatte. Daher die ungeheure Uebertreibung, mit der man den Erfolg der Expedition und die reichen Hülfsmittel Mexikos dem Publikum im Voraus verkündete und wirklich eine Menge Leute in Frankreich verlockte, sich bei der Anleihe zu betheiligen, während in der Republik Mexiko selbst auch nicht eine Obligation untergebracht werden konnte. Der mexikanische Präsident Juarez erklärte sich dahin, seine Regierung sey bereit, dem Schweizer oder seinem Rechtsnachfolger genau so viel zurückzuzahlen, als Miramon wirklich von ihm empfangen habe, aber nicht mehr. Damit war die Gaunerbande nicht zufrieden.

Sehr interessant ist das Verhalten Spaniens. O'Donnel, der damals Spanien regierte, war immer kriegslustig und auf Spaniens Ruhm bedacht gewesen. Zugleich waren eine Menge wohlhabender Altspanier Grundbesitzer in Mexiko und in ihrem Vermögen bedroht, wenn ihnen nicht geholfen wurde. Endlich wollte sich die spanische Regierung bei ihrem mächtigen Nachbar Napoleon III. beliebt machen. Der schlaue General Prim wußte sich an die Spitze der 7000 Spanier zu bringen, welche die französische Expedition nach Mexiko begleiten sollte. Napoleon III. nannte ihn „mein lieber Freund!" Aber Prim hatte ganz andere Pläne im Kopf, die er für sich behielt. O'Donnel konnte nicht selbst mit nach Mexiko gehen, vertraute also die Truppen am liebsten einem General an, von dem er wußte, er habe bloß militärischen Ehrgeiz, aber kein politisches Princip.

Wir gehen nun zu den mexikanischen Zuständen über. Die unglückliche Republik befand sich schon seit geraumer Zeit in großer Zer=

rüttung, die äußern Provinzen hatten sich ganz oder wenigstens halb selbstständig gemacht. In der Hauptstadt wechselten die Präsidenten, je nachdem sich die klerikale oder liberale Partei am meisten verhaßt machte und das Feld wieder auf einige Zeit der andern räumen mußte. Im J. 1858 behauptete noch Zuluaga die Präsidentschaft der Republik, während die Indianer plünderten und der Papst gegen die von der Staatsgewalt verfügte Beraubung der geistlichen Güter energisch, obgleich vergeblich protestirte. Gegen Zuluaga erhob sich Juarez und gründete zu Veracruz eine eigene Regierung. Darauf wurde Zuluaga in der Hauptstadt Mexiko selbst durch einen Soldatenaufstand gestürzt und der junge Miramon zum Präsidenten erhoben, aber im J. 1860 durch den von Juarez gegen ihn ausgeschickten General Ortega besiegt und beseitigt. Juarez wurde nun Alleinherr der Republik. Miramon ließ in der letzten Noth noch in der Hauptstadt das Hotel des englischen Gesandten erbrechen und 100,000 Dollars daraus wegnehmen. Ein General Doblado raubte einen dem Ausland gehörigen Silbertransport von 1,200,000 Dollar Werth und Juarez selbst hob durch Dekret vom 1. Juli 1862 alle Verbindlichkeiten gegen Ausländer auf zwei Jahre auf.

Juarez war ein Indianer, einigermaßen intelligent, aber verschlossen und düster, wie alle Indianer. Man erhielt folgende Schilderung von ihm: „Ehe er Präsident des obersten Gerichtshofes wurde, hatte er seine Laufbahn als Advokat begonnen, und zwar zuerst in Diensten eines Advokaten in Oaxaca, seinem Heimathsorte. Dieser Advokat, welcher in ihm ein jugendliches Talent erkannte, verbunden mit einer gewissen Reife des Urtheils und untadelhaften Sitten, ließ ihn unterrichten und unterrichtete ihn selbst. So war seine Erziehung, deren unverwischbaren Stempel er bewahrt hat, ohne jemals aus dem Kreise, welchen sie ihm vorschrieb, herauszutreten; denn weit davon, die Feder mit dem Degen zu vertauschen, wie der Advokat

Ortega, der ihn an dem obersten Gerichtshof ersetzte, oder wie Doblabo und viele Andere, ist Juarez Jurist geblieben, ein Mann des Gesetzes, wie er sich nennt, und weiter nichts. Als man sich in Mexiko für und gegen ihn schlug, sagte ihm einer seiner Anhänger: ‚Aber, Präsident, steigen Sie doch zu Pferde!' ‚Ich kann nicht reiten,' antwortete Juarez und rauchte seine Cigarette ruhig weiter. ‚Ei,' murrte der Andere, ‚so steigen sie auf einen Esel!' Juarez ist etwas mehr als sechzig Jahre alt; sein Aussehen ist düster und melancholisch; er spricht wenig und lakonisch, wie es einem Manne ansteht, der unaufhörlich ernsthaft beschäftigt ist. Er spricht Spanisch, welches er zuweilen mit Lateinisch mischt, wo er es für nöthig hält. Viele Leute halten seine Schweigsamkeit für ein Zeichen von Tiefe, während andere darin nur eine Armuth an Gedanken sehen wollen."

Frankreich, England und Spanien vereinigten sich am 31. Oct. 1861 zu einer Expedition nach Mexiko, um Ersatz für die ihren Bürgern daselbst geraubten Werthe und Bürgschaften und einen künftig bessern Schutz derselben zu erzwingen. Den Oberbefehl über die Expedition erhielt der französische Admiral Jurien de la Gravière, den der französische Minister Thouvenel ausdrücklich dahin instruirte: „Die verbündeten Mächte unterlassen es, sich in die innern Angelegenheiten des Landes zu mischen, namentlich einen Druck auf den Willen der Bevölkerung in Bezug auf die Wahl ihrer Regierung auszuüben." Die Landungsarmee stand unter dem Oberbefehl des spanischen General Prim und bestand aus 7000 Spaniern und anfangs nur 3000 Franzosen. England schickte nur Seetruppen ans Land. Am 8. Dezember kamen die ersten Schiffe der Expedition nach Veracruz, dem ersten Hafen der mexikanischen Republik, von wo die Hauptstraße über das terrassenförmig erhöhte Land zur Hauptstadt führt. Juarez zeigte sich einem friedlichen Abkommen geneigt und schon am 19. Februar 1862 wurde zu Soledad von den Befehlshabern aller drei alliirten Mächte, auch vom französischen Admiral ein Vertrag abgeschlossen und unterzeichnet. Der erste Artikel dieses Vertrags anerkannte die Autorität des Präsidenten Juarez. Dagegen verpflichtet sich der letztere, die geforderten Entschädigungen zu leisten.

In der Wiener „Neuen Freien Presse" wird des nähern erzählt, daß General Doblado von der juaristischen Armee in vollem Vertrauen auf den Vertrag den Franzosen die Stellung von Chiquehuita überlassen habe, von wo sie sich dem Vertrag zufolge nach Veracruz zurückziehen sollten, wenn der Vertrag in Europa nicht ratificirt würde. Doblado hätte die geringe Macht der Franzosen von dieser festen Stellung aus abwehren und in die heiße und ungesunde Ebene von Veracruz zurückwerfen können, nur aus Großmuth räumte er ihnen einen Aufenthaltsort mit gesünderer Luft auf den Höhen ein. Als nun eine Verstärkung von 3500 Franzosen unter General Lorencez anlangte und dieser aus Paris den Bescheid mitbrachte, Napoleon III. genehmige den Vertrag von Soledad nicht, verlangte der Admiral, daß nach dem von ihm abgeschlossenen Vertrage, da derselbe nicht ratificirt worden sey, die französischen Truppen sich nach Veracruz zurückziehen sollten. Dagegen protestirte aber Lorencez und während die Engländer und Franzosen sich aus Mexiko entfernten, verlegte Lorencez, ohne auf den Admiral zu achten, in Folge der von ihm mitgebrachten neuen Vollmachten, das französische Hauptquartier nach Orizaba. Um auf den Admiral einen Druck zu üben, brauchte man eine Kriegslist. Einige Soldaten mußten mit bestürzten Mienen melden, die Mexikaner seyen im Begriff, die zu Orizaba zurückgebliebenen französischen Verwundeten zu massakriren. Nun eilte man dahin, angeblich um die Verwundeten zu retten oder zu rächen. Schon unterwegs fielen sie über eine mexikanische Abtheilung her und drangen dann voll Wuth in Orizaba ein, das keines Angriffs gewärtig war.

Die Engländer zogen, nachdem die Bedingungen des Vertrags erfüllt waren, ruhig ab und warteten der Dinge, die da kommen sollten, nicht ohne Schadenfreude. Auch die Spanier kehrten heim. General Prim konnte neben den Franzosen in Mexiko keine Lorbeern zu erringen hoffen, wußte aber wohl, daß ihn sein Verrath an den Franzosen in Spanien populär machen würde. Er kehrte also trotzig zurück. In Spanien beschwerte sich Serrano über sein Benehmen, aber er ging gerechtfertigt aus den Debatten der Cortes hervor. Napoleon III. verbiß seinen Zorn. Prim prophezeite ihm in einem offenen Briefe, sein Unternehmen werde mißlingen, denn der romanische Süden Amerikas sey so republikanisch, wie der germanische Norden, und werde keinen Monarchen zulassen.

Das Geld, womit Juarez England und Spanien entschädigte, wurde ihm vom Cabinet von Washington geliefert, kraft eines Vertrages, den er am 28. April mit dem Präsidenten Lincoln abschloß. Juarez verpflichtete sich darin, wenn er das Geld binnen zwei Jahren nicht zurückzahlen könne, die Union durch Abtretung eines mexikanischen Gebiets zu entschädigen.

Unterdeß ließ sich General Lorencez in Orizaba verleiten, kühn gegen die Stadt Puebla vorzurücken. Er wollte sich auszeichnen und verachtete die juaristischen Banden, oder gab, wie es hieß, falschen Einflüsterungen Gehör, als werde man ihn in Puebla, wo Juarez verhaßt sey, als Befreier empfangen. Als er aber vor der Stadt ankam, wurde er mit einem mörderischen Kartätschenfeuer begrüßt, empfing selbst eine Wunde und mußte sich, da er zu wenig Truppen hatte, gleich wieder nach Orizaba zurückziehen, am 5. Mai 1862. Der mexikanische General Saragossa war es, der ihm diesen tapfern Widerstand geleistet hatte und auf den das Volk noch große Hoffnungen setzte, die aber nicht erfüllt wurden, weil er starb. Nach Saribos „heutigem Spanien" wären 600 oder 1000 Altspanier als

Ueberläufer aus Prims kleiner Armee bei der Artillerie in Puebla besonders thätig gewesen.

Nachdem Napoleon III. aber einmal den Plan gefaßt hatte, Mexiko zu erobern und durch die Niederlage von Puebla eine Wiederherstellung der französischen Waffenehre unumgänglich nothwendig geworden war, schickte er den General Forey mit 30,000 Mann dem General Lorencez zu Hülfe und enthüllte jetzt erst, am 3. Juli, seinen großen Plan in der Instruktion, die er Forey mitgab und die er veröffentlichen ließ. Darin hieß es: „Bei dem jetzigen Stand der Civilisation in der Welt ist die Prosperität Amerikas für Europa nicht gleichgültig, denn Amerika nährt unsere Fabriken und unterhält unsern Handel. Wir haben ein Interesse daran, daß die Republik der Vereinigten Staaten mächtig und blühend sey, aber wir haben gar kein Interesse, daß sie sich des ganzen Golfs von Mexiko bemächtigt, von dort aus die Antillen und Südamerika beherrscht und über die Producte der neuen Welt die alleinige Verfügung in die Hände bekommt. Eine traurige Erfahrung belehrt uns heute, wie prekär das Loos unserer Industrie ist, so lange sie gezwungen ist, ihren Rohstoff von einem einzigen Markt, dessen Wechselfällen sie unterworfen bleibt, zu beziehen. Wenn aber Mexiko seine Unabhängigkeit beibehält und die Integrität seines Gebietes bewahrt, wenn dort mit Hülfe Frankreichs eine stabile Regierung errichtet wird, so werden wir der lateinischen Race jenseits des Oceans ihre Stärke und ihr Prestige wiedergeben, so werden wir unsern und den spanischen Colonien in den Antillen ihre Sicherheit wiedergeben, so werden wir unsern wohlthätigen Einfluß in Centralamerika festgesetzt haben, und dieser Einfluß wird uns, indem er unserm Handel unermeßliche Absatzquellen eröffnet, die für unsere Industrie unerläßlichen Stoffe verschaffen. Das so regenerirte Mexiko wird uns stets günstig bleiben, nicht nur aus Dankbarkeit, sondern auch weil seine

Interessen mit den unsrigen übereinstimmen werden, und weil es in den guten Beziehungen mit den europäischen Regierungen einen Stützpunkt finden wird."

Nachdem die Verstärkungen der französischen Expeditionsarmee in Veracruz angelangt waren, übernahm General Forey daselbst den Oberbefehl, übereilte sich aber mit der Offensive nicht. Nachdem er vor Puebla gerückt war, das er vielleicht im ersten kühnen Angriff mit seiner Uebermacht erobert haben würde, begann er eine langsame und systematische Belagerung dieses Platzes. Man hat ihm seine Langsamkeit zum Vorwurf gemacht, allein er handelte wohl nur seiner Instruktion gemäß. Mit 30,000 Mann war es immerhin ein Wagstück, das weit ausgedehnte Reich von Mexiko mit einer Bevölkerung von 8 Millionen (1 Mill. Weiße, 2 Mill. Mischlinge und 5 Mill. Indianer) erobern zu wollen. Napoleon III. hat seinem General wahrscheinlich Vorsicht anbefohlen. Erst sollte sich in Mexiko selbst unter Almonte eine große Partei gegen Juarez bilden, um den Franzosen zu helfen. Außerdem hoffte Napoleon III. noch, die Südstaaten von Nordamerika würden die Unionspartei unterdrücken, da sie immer noch im Siegen begriffen waren.

Dies erklärt einigermaßen das langsame Verfahren des General Forey. Derselbe eröffnete die Belagerung von Puebla erst am 18. März 1863. Die Stadt war sehr fest, weil die auf verschiedenen Hügeln liegenden stark gemauerten Klöster und Paläste natürliche Citadellen bildeten, deren Kreuzfeuer den Belagerern überaus gefährlich war. Die Mexikaner hatten überdies Zeit gehabt, die Befestigungen zu verstärken. Die Besatzung wurde zu 18,000 Mann geschätzt und von dem tapfern General Ortega commandirt. Ein mexikanisches Entsatzheer unter dem General Comonfort sollte das Belagerungsheer der Franzosen angreifen, zauderte aber zu lange und ließ sich endlich durch die überlegene französische Taktik zurückschlagen, was den endlichen Fall Pueblas unvermeiblich machte. Ortega widerstand zwar mit dem größten Heldenmuthe und Truppen und Bürger vertheidigten Haus für Haus, wie einst in Saragossa. Die heftigsten Stürme der Franzosen wurden wiederholt abgeschlagen. Erst als Munition und Lebensmittel ausgingen und Comonforts Entsatzversuch scheiterte, konnte sich Ortega nicht länger halten und mußte am 17. April capituliren. Forey nöthigte ihn und die sehr geschmolzene Besatzung, sich auf Gnade und Ungnade zu ergeben. Die Nachricht davon wurde am 11. Juni in Paris mit umsomehr Jubel verkündigt, als diesmal der Erfolg hatte so lange auf sich warten lassen und man bereits angefangen hatte, Mißtrauen in das Glück und in die Berechnungen Napoleons III. zu setzen.

Unter den Franzosen selbst war die Meinung vorherrschend, sie würden sich in Mexiko nicht behaupten, für Napoleon III. selbst sey die mexikanische Diversion nicht Zweck, sondern nur ein Mittel. Die Soldaten gaben sich nicht gern dazu her, der mexikanische Krieg war bei ihnen selbst, wie überall in Frankreich, unpopulär. Daher die auffallende Erscheinung, daß es unter Foreys Truppen so viele Deserteure gab. Man zählte deren schon im Frühjahr 6—800, hauptsächlich Zuaven und Jäger von Vincennes, also von den besten Waffen, die sich von schönen Mexikanerinnen hatten verführen lassen und keck genug waren, sogar in Gemeinschaft aufzutreten und Juarez in einer Adresse zu begrüßen.

Lincoln und sein Secretär des Auswärtigen, Seward, begnügten sich, gegen das Vorgehen Frankreichs nur zu protestiren und es gleichsam mitleidig zu warnen, denn es werde schließlich seine Absicht nicht erreichen. Es wäre aber dem Kabinet von Washington doch sehr unangenehm gewesen, wenn 30,000 Franzosen schnell über den Rio Grande gezogen wären und den General Lee verstärkt hätten.

Erst nach der Eroberung von Puebla rückte Forey gegen Mexiko vor und die schwachen und wenig disciplinirten Banden des Juarez konnten ihm im offenen Felde nicht widerstehen. Juarez gab sogar die Hauptstadt Preis, weil in ihr die meisten Weißen wohnten, von denen ein großer Theil dem Erzbischof anhing, ihn also mit Verrath bedrohte. Deswegen wartete er die Ankunft der Franzosen nicht ab, sondern suchte eine gesicherte Stellung im Gebirge bei San Luis de Potosi zu gewinnen. In dem Augenblicke, in welchem die Franzosen wieder siegreich vordrangen, kam natürlicherweise auch die klerikale Partei und Almonte wieder zur Geltung. Am 10. Juni hielt Forey, der unterdeß zum Marschall ernannt worden war, seinen Einzug in Mexiko und schildert denselben als überaus glänzend. Seine Soldaten seyen buchstäblich von Kränzen und Blumensträußen erdrückt worden. Die Bevölkerung habe nach Ordnung geschmachtet und ihn als Befreier aufgenommen. Man darf nicht zweifeln, daß dies von dem bisher unterdrückten Theil der Bevölkerung wirklich geschehen ist. Nach andern Berichten soll die Masse des Volks in Mexiko beim Einzuge der Franzosen keineswegs freudig gestimmt gewesen seyn.

Auffallend erscheint, daß bei ihrem Einmarsch in der Hauptstadt die französischen Truppen selbst nicht blos den Kaiser, sondern auch die Kaiserin leben ließen. Das wird so erklärt. Die Kaiserin ist eine Montijo. „Die Grafen von Montijo stammen von weiblicher Seite aus dem uralten Hause Guzmann und ein Guzmann hat einmal eine Abkömmlingin des Montezuma geheirathet. Also stammt Kaiserin Eugenie von jenem unglücklichen mexikanischen Kaiser ab und hat vielleicht gar Erbrechte auf das alte Anahuac (der aztekische Name für das Reich Mexiko) geltend zu machen." So räsonnirte ein belgisches Blatt.

Forey setzte in Mexiko eine Regierung ein, an deren Spitze ein Triumvirat stand, nämlich General Almonte, der Erzbischof Labastiba von Mexiko und General Sales, also die Häupter der bisher unterdrückten creolischen und klerikalen Partei. Zugleich befahl Forey, die Güter aller erklärten Franzosenfeinde zu confisciren. Man mißbilligte in Europa diese Maßregel, allein sie scheint als Reciprocität durch die Beraubungen hervorgerufen worden zu seyn, deren sich Juarez schuldig gemacht hatte.

Wir haben die französische Expedition bis zu diesem Punkte begleitet und langen nun bei dem Zeitpunkt an, an welchem die bisher geheim gehaltenen Verhandlungen zwischen der klerikalen Partei in Mexiko, dem Papst, Napoleon III. und Erzherzog Maximilian waren gepflogen worden. Mexiko war eingenommen und der Erzherzog mußte sich nun als das auserkorene Werkzeug der französisch-römischen Politik dort blicken lassen. Das Geheimniß war bisher so streng gewahrt worden, daß Thouvenel, der französische Gesandte in London wiederholt hatte versichern müssen, Frankreich wolle Mexiko nur zwingen, Frankreich für seine Verluste zu entschädigen, aber ihm keine neue Regierung aufbringen. Auch dann noch, als Maximilians Wahl bekannt wurde, versicherte Thouvenel, Frankreich habe nichts davon gewußt, nur die Mexikaner allein hätten dem Erzherzog Anträge gemacht, Frankreich verhalte sich dabei passiv.

Doch war es Forey, welcher auf Napoleons Befehl eine geschmeidige Notabelnversammlung von 135 Mitgliedern in der Hauptstadt Mexiko einberief, sämmtlich Anhänger der klerikalen Partei, welche am 10. Juli den Erzherzog Maximilian zum Kaiser ausrief. Man betonte dabei seine Abstammung von Karl V., welcher der erste christliche Kaiser in Mexiko gewesen war. Das stimmte nun freilich wieder nicht mit den Ansprüchen der Erbin Montezumas.

Maximilian selbst erzählt in der Schrift „Aus meinem Leben" II. 164, er habe einmal im Dom von Granada die Gräber Ferdinands und Isabellas besucht, unter deren glorreicher Regierung Amerika zuerst entdeckt wurde. „Stolz, lüstern und doch wehmüthig griff ich nach dem goldenen Reif und nach dem einst so mächtigen Schwert. Ein schöner, glänzender Traum wäre es für den Neffen der spanischen Habsburger, letzteres zu schwingen, um ersteren zu erringen." Maximilian machte früher einmal eine Reise nach Brasilien und es wäre nicht unmöglich, daß er am Hofe zu Rio de Janeiro etwas von den Plänen der brasilianischen Regierung und des Prinzen von Joinville in Bezug auf die Argentinischen Republiken erkundet hätte. Die klerikalen Mexikaner haben wenigstens gewiß nicht verfehlt, den Erzherzog glauben zu machen, die spanischen Bevölkerungen Süd- und Mittelamerikas würden, der ewigen Revolutionen müde, sich gern einem weisen und wohlwollenden Monarchen unterwerfen. Zudem mußte ihn die paradiesische Natur dieser schönen Länder reizen. Hier auch die Menschen glücklich zu machen, war ein schöner Gedanke. Dafür war auch insbesondere seine junge Gemahlin Charlotte begeistert, die Tochter des Königs Leopold von Belgien, mit der er sich 1857 vermählt und die ihn auf der Reise nach Brasilien begleitet hatte.

Mit ihr bewohnte er das schöne Schloß Miramar bei Triest, von wo aus er als Chef der österreichischen Marine mehrfach zur See ging, auch einmal nach der Levante. Außerdem beschäftigte er sich angelegentlich mit Wissenschaften und Künsten und schrieb unter andern seine eigene Lebensgeschichte.

Im Feuilleton der Elberfelder Zeitung erschien in der ersten Hälfte des Jahres 1867 eine sehr ausführliche Schilderung des Erzherzogs. Ferdinand Max war 1832 geboren, der jüngere Bruder des Kaisers Franz Joseph, ein wenig größer als dieser. Der Kaiser ist brünett und von gesundem Teint. Max dagegen war als Knabe weißblond und ehe er einen blonden Bart bekam, konnte man ihn für eine verkleidete Lady halten. Seine Augen waren blau, sein Teint wachsartig.

Die Verständigung Maximilians mit den klerikalen Flüchtlingen aus Mexiko, die in Paris lebten, erfolgte wohl nicht unmittelbar, sondern erst unter dem Einfluß Napoleons III., der in dem Erzherzog ein brauchbares Werkzeug erkannte, seine Pläne in Mexiko durchzusetzen, ohne sich zu compromittiren, denn wenn er Mexiko nicht für sich behielt, erschien er ganz uneigennützig. Nachdem alles eingeleitet war, erschien die von der Notabelnversammlung in Mexiko gewählte Deputation in Miramar, um ihm die schöne Krone von Mexiko anzutragen, am 3. Oktober 1863. Er willigte ein unter der Bedingung, daß erst seine Wahl durch eine allgemeine Volksabstimmung in Mexiko bestätigt werden müßte. Daß eine solche wenigstens scheinbar zu Stande komme, war nun die klerikale Partei eifrig beflissen und man ließ die unter dem Schutz französischer Bayonnette erfolgten Abstimmungen getrost als ein allgemeines Plebiscit gelten. Maximilian empfing in Miramar das Ergebniß, begnügte sich damit und nahm am 10. April 1864 aus den Händen des Gutierrez d'Estrada, welcher der mexikanischen Deputation vorstand, die gefährliche Krone an.

Maximilian mußte einen Vertrag unterzeichnen, der ihn verpflichtete, im Namen Mexikos ein Anlehen von zunächst 300 Millionen zu kontrahiren, wovon 105 sogleich an Frankreich ausbezahlt werden sollten. Weiter mußte er sich verpflichten, den Sold für die französischen Hülfstruppen in Mexiko zu bezahlen, denen er noch ein eigenes Truppencorps von 6—7000 Oesterreichern und Belgiern zugesellen sollte. Sein Bruder, der Kaiser von Oesterreich, entließ ihn nicht eher, bis er auf seine Erbrechte im Kaiserthum Oesterreich verzichtet hatte. Jetzt erst verließ er mit seiner Gemahlin Charlotte sein schönes Lustschloß Miramar bei Triest. Sie reisten über Rom, wo sie am 19. April 1864 den Segen des h. Vaters empfingen. Von hier fuhren sie direkt durch die Meerenge von Gibraltar auf dem berühmten Schiff Novara nach der neuen Welt, begleitet von französischen

Schiffen. Als der Novara zufällig die Kohlen ausgingen, mußte sie sich von einer französischen Fregatte ins Schlepptau nehmen lassen, was den reisenden Majestäten nicht sonderlich gefiel. Inzwischen beschäftigten sich beide in der Cajüte eifrig mit Vorbereitungen für den Regierungsantritt, Gesetzesentwürfen, Anordnungen aller Art.

Am 28. Mai landeten sie in Veracruz, dem großen Hafen des mexikanischen Reichs. Welcher niederschlagende Empfang ihnen hier und auf der Weiterreise bereitet war, erzählt die Gräfin Kolonitz, die sich im Gefolge der Kaiserin befand. „Kaum ist es möglich in der neuen Welt an einem Orte zu landen, dessen Anblick so wenig geeignet ist, die ungeduldige Erwartung zu befriedigen, mit welcher man dem fremden Welttheil naht, als dies in Veracruz der Fall ist. Die Küste ist flach, sandig, ohne jegliche Vegetation. Die dächerlosen weißen Häuser der Stadt, die in geraden Linien gebaut sind und regelmäßige, breite Straßen bilden, geben dem Ganzen den Anstrich eines großen Kirchhofes und leider nicht mit Unrecht. Um den Stempel der Melancholie noch tiefer einzudrücken, lag an einem Korallenriff das Wrack eines französischen Schiffes, das hier gestrandet war." Veracruz war der neuen Gestaltung in Mexiko nicht günstig und der Kaiser wurde von niemand empfangen, denn General Almonte, der ihm von Mexiko aus entgegengereist war, hatte sich vor der Fieberluft an der Küste gefürchtet und in der gesünderen Luft von Orizaba erst die Nachricht von seiner Ankunft erwartet. Die städtischen Beamten in Veracruz waren aber gänzlich rathlos nach Orizaba gefahren, um dem General des Kaisers Ankunft zu melden. So war niemand in der Stadt, der den Kaiser begrüßt hätte. Da er es überdies für angemessen erachtet hatte, allein ans Land zu gehen und sich nicht inmitten der französischen Schiffe wie eine Puppe Frankreichs aufführen zu lassen, hatte er den französischen Contreadmiral Bosse geärgert, der endlich kam, aber nur, um seine üble Laune auszulassen.

Besonders legte er es darauf an, dem kaiserlichen Paare vor den Guerillabanden bange zu machen, die in der Nähe herumschweifen sollten, um ihre hohen österreichischen Gäste abzufangen. Erst Almontes Ankunft befreite sie von diesen Impertinenzen. Man eilte aus der Fieberluft der Küste in die höheren Gegenden des Landes zu kommen, aber es fehlte an Fuhrwerk. Das Reisepersonal belief sich auf 85 Köpfe, gewiß nicht viel für einen Kaiser und eine Kaiserin. Aber man mußte die Gesellschaft trennen und in Gruppen fortschaffen. In den elenden kleinen Nestern unterwegs fehlte es an Räumlichkeiten, an Betten ɩc. Die Gräfin Kolonitz reiste voraus.

Das Kaiserpaar schlug den Landweg über Orizaba und Puebla ein. Unterwegs empfingen sie viele Huldigungen, hauptsächlich von der indianischen Bevölkerung, die noch an den Priestern hing und in denen die alten kaiserlichen Erinnerungen wieder auflebten. Am 12. Juni erfolgte der feierliche Einzug des kaiserlichen Paares in Mexiko mit einem Gefolge von 150 Wagen durch 700 Ehrenpforten. Der ganze Weg war mit Blumen bestreut und der Jubel und Zulauf des Volks ungeheuer.

Die Hauptstadt Mexiko ist nicht mehr die alte aztekische Stadt des Montezuma, denn diese wurde gänzlich niedergebrannt, sondern eine neue, erst seit Cortes von den Spaniern erbaute Stadt. Sie liegt sehr reizend in einem weiten Thale zwischen malerischen Gebirgen und ist groß und weitläufig gebaut. Die Straßen sind außerordentlich breit und regelmäßig, die Häuser gewöhnlich nur ein Stockwerk hoch mit plattem Dache, in Gestalt eines sehr einförmigen Quadrats. Das gibt nun der ganzen Stadt ein niedriges und gedrücktes Ansehen, aber die Breite der Straßen hat überall die Anpflanzung von Bäumen erlaubt, so daß man überall in Alleen zu gehen glaubt, und wo sich zwei Straßen kreuzen, sprudelt in der Mitte ein Springbrunnen. Wenn man sich von außen der Stadt nähert, fällt am meisten das imposante Militärinstitut Chapoltepec in die Augen, das an die Stelle des alten Kaiserpalastes gebaut worden ist. Ueber die Stadt ragen vierzehn Kirchen hervor, alle in geschmacklosem Renaissancestyl, der sich unter südlicher Vegetation noch häßlicher als überall sonst ausnimmt. Am größten ist die Kathedrale mit obligater Kuppel und inwendig freistehendem Altar, der römischen Peterskirche nachgeahmt, aber nach altaztekischer Gewohnheit zum Erdrücken überfüllt mit häßlichen Holzstatuen von heiligen Personen. Dann folgt das große Franziskanerkloster, welches allein sieben große kirchenartige Kapellen enthält; der ehemalige Palast des Direy (Vicekönig), wo der Präsident der Republik wohnt und der Congreß seine Sitzungen hat; das ehemalige Inquisitionsgebäude, welches jetzt als Kaserne dient, und Iturbides ehemaliger, mit Schnörkeleien lächerlich überladener Palast.

Die Bevölkerung ist sehr gemischt; die zahlreichen Farbigen aller Gattungen machen einen lauten Marktlärmen. Doch herrscht während der Mittagshitze tiefe Stille in der Stadt und die Damenwelt läßt sich erst gegen Abend öffentlich sehen. Alle Stände hängen trotz der Republik und trotz der Anfeindung und Beraubung des Klerus durch die Staatsgewalt, mit großer Vorliebe an den Festen und Ceremonien der katholischen Kirche. Auf eine sehr charakteristische Weise ist der heiligste Tag im Jahre hier nicht der Christtag, sondern der Tag Allerheiligen, als ob die Gesammtheit der Heiligen schwerer wiege als Christus allein. Die große Vorliebe für diesen Tag schreibt sich aber davon her, daß die Spanier alle ihre Vornamen aus dem Heiligenkalender entlehnen, am Tag Allerheiligen also auch alle zugleich ihren Namenstag feiern. Auch werden an diesem Tage in Mexiko alle Kinder beschenkt, wie bei uns am Christtage. — Ostern wird eine ganze Woche hindurch gefeiert, wozu schon am Palmsonntage das Landvolk schaarenweise mit Palmen durch alle Thore in die Stadt einzieht, und die Straßen füllt, durch welche die

„heilige Prozession" wandelt, d. h. ausschließlich die gesammte weltliche und Klostergeistlichkeit. Im Angesicht dieser Prozession werden die Palmzweige selbst geheiligt und vom Landvolk sorgfältig als Schutz- und Heilmittel aufbewahrt. Am Grünbonnerstag wird von allen Ständen der größte Reichthum der Toilette und des Schmucks entfaltet, um mit dem nachfolgenden Charfreitag zu contrastiren, denn an diesem Tage geht alles einfach schwarz gekleidet, darf kein Wagen fahren, kein Wort auf der Straße gesprochen werden, und in der tiefsten Stille schreiten erst um Mitternacht sämmtliche Frauen, jede eine brennende Kerze in der Hand, schweigend durch die Stadt, um der Mutter Gottes ihr Mitleid zu bezeugen. Am Sonnabend vor Ostern wird ein großer Scheiterhaufen errichtet und auf ihm eine Puppe des Judas Ischarioth verbrannt, die inwendig mit Pulver gefüllt ist und mit einem lauten Knall zerspringt. Der h. Ostertag selbst beginnt mit einer großen Messe und Prozession, von Mittag aber bis in die Nacht herrscht wilde Lust in Spiel und Tanz.

Das war die weltberühmte Stadt Meriko, die jetzt ihren alten Kaiser wieder haben sollte, wie man sich einbildete oder zu glauben sich wenigstens anstellte. Der Taumel der Lust bei der ersten Begrüßung hielt nicht lange nach. In der neuen Regierung war kein fester Gedanke und keine eiserne Consequenz. Sie beging Fehler über Fehler. Der unglückliche Kaiser überwarf sich aus unbesonnenem Ehrgeiz und falscher Berechnung mit seinen einzigen Freunden, den Klerikalen und den Franzosen zugleich. Sein Ehrgeiz litt nicht, daß er unselbständig als ein bloßes Werkzeug französischer Politik erscheine, und doch war er zu ohnmächtig, um sich von den Franzosen ganz unabhängig machen zu können. Was aber die klerikale Partei betrifft, so hatte schon Forey die Maaßregel des Juarez seinerseits gebilligt und die Confiscation der geistlichen Güter aufrecht erhalten, um die Meritaner zu gewinnen, welche schon solche Güter gekauft hatten. Ein auffallender, ein verhängnißvoller Schritt, der dem romanischen Programm Napoleons III. geradezu widersprach, wenn man nicht etwa annehmen will, der Beherrscher Frankreichs habe dem Klerus, wie in Europa, so auch in Amerika, nur eine bedingte Freiheit lassen wollen, um ihn zu seinen Zwecken zu gebrauchen, nicht sich von ihm gebrauchen zu lassen.

Nun folgte aber Maximilian dem französischen Beispiel, annullirte den Raub der Kirchengüter nicht, sondern bestätigte denselben, machte sich dadurch die Klerikalen, denen er doch die Krone verdankte, zu Feinden, entließ das klerikale Ministerium und wählte ein liberales. Die Liberalen, seine bisherigen Feinde, staunten zwar über diese wetterwendische Politik des Kaisers, boten ihm aber den Beistand an, nicht um ihm treu zu dienen, sondern nur um unter seiner Autorität die Klerikalen zu unterdrücken. Auch gab es unter ihnen kluge Köpfe, die wohl voraus berechneten, daß die neue kaiserliche Regierung durch ihre eignen Fehler fallen müsse und daß die republikanische Partei sich des Kaisers gegen die Franzosen bedienen müsse, um diese und dann ihn selber los zu werden. Wie es scheint, ließ sich Maximilian überreden, die liberale Partei sey viel stärker als die klerikale. Also handle er klug, wenn er sich an sie anschließe, und er hoffte in ihrem mexikanischen Patriotismus eine Stütze gegen die Franzosen zu finden, deren Bevormundung und anmaßender Ton ihm unerträglich war.

Aber nach allem was vorgegangen war, nachdem er sich gegen Frankreich, Rom und die klerikale Partei in Mexiko verpflichtet hatte, konnte er unmöglich glauben, daß die liberale Partei sich ihm aufrichtig hingeben würde. Sowohl seine Ehre als sein Interesse verlangte, daß Erzherzog Maximilian, als er nach Mexiko kam, sich unabänderlich an die klerikale und conservative Partei hätte halten und daß er auch von den Franzosen, deren Hülfe er nun einmal nicht entbehren konnte, unentwegt und ohne sich gekränkt zu fühlen, sich alles hätte gefallen lassen müssen, bis der Zweck erreicht war, bis er fest und sicher auf dem mexikanischen Throne saß. Das war die Linie, die er nothwendig einhalten mußte, wenn es ihn auch einige Opfer des Stolzes und Eigenwillens kosten mochte. Nun sehen wir aber, wie er einzig von der klerikalen Partei nach Mexiko gerufen, völlig eingehend in den romanischen Plan des französischen Kaisers, den auch der alte verständige König der Belgier, Maximilians Schwiegervater, billigte, und in Rom vom Papst persönlich eingesegnet, allen diesen Verbindungen und dem ursprünglichen Plan untreu wurde, sobald er den Boden von Mexiko betreten hatte. Darin wurzelte sein ganzes Unglück.

Es mag seyn, daß die Wiedereinsetzung der Kirche in ihr früheres Besitzthum große Schwierigkeiten darbot. Sie hätten sich aber vielleicht vermindern lassen, wenn man nur einen Theil der Kirchengüter zurückgefordert hätte. Jedenfalls mußte Maximilian, wenn er das Programm, wie es in Rom und Paris verabredet war, nicht ausführen konnte, von vorn herein seine Mission aufgeben und nach Europa zurückkehren. Nie und unter keinen Umständen durfte er sich auf die liberale Partei stützen wollen. Er dachte ohne Zweifel, die Conservativen sind mir sicher, wenn ich nun die Liberalen gewinne, so muß mein Werk gelingen.*) Aber wie mochte er den letztern trauen? Von den Liberalen, von den Republikanern, von denen, welche die schlechtesten Impulse von den Yankees empfingen und denen es weder um Freiheit, noch um Bildung, sondern lediglich um Gewinn, einflußreiche Stellen und Plünderung der Gegner zu

---

*) Les conservateurs sont nécessairement à moi, puisqu'ils sont compromis pour moi, négligeons-les et rallions les révolutionnaires en leur donnant le gouvernement. Le Correspondant, Juillet 1868, p. 339.

thun war, ging schon seit fünfzig Jahren alles Unheil im spanischen Amerika, alle Verwilderung und Entsittlichung der romanischen Race aus. Mit ihnen durfte der Gesegnete des Papstes und der Schützling Napoleons niemals Frieden schließen, niemals den unnatürlichen Bund eingehen.

Eben so wenig durfte er sich mit den französischen Hülfstruppen überwerfen. Mochte Forey und sein Nachfolger Bazaine anmaßend und übermüthig verfahren, wie er wollte, Maximilian durfte sich nie von ihm beleidigt fühlen, ihm nie trotzen, denn er war der Schwächere. Genug, wenn ihm die Franzosen nur halfen, die Juaristen zu unterwerfen, die Republik aufzulösen und das Kaiserreich zu befestigen. Wenn nur dieser große Zweck erreicht wurde, konnte der neue Kaiser die Eigenmächtigkeiten und Unarten Bazaines leicht verschmerzen. Indem er sich aber mit seinen einzigen Freunden, der klerikalen und conservativen Partei in Mexiko, dem Papste und den Franzosen überwarf, sie am liebsten alle mit einander los zu seyn wünschte und sich seinen bisherigen schlimmsten Gegnern, den mexikanischen Liberalen, in die Arme warf, that er es in der thörichten Hoffnung, sie, als die stärkere Partei in Mexiko, würden ihn allein tragen und schützen können, würden sich von Juarez alle zu ihm wenden und ihn so mächtig machen, daß er die Franzosen und den Klerus entbehren könne, und sah sich natürlicherweise betrogen. Seine bisherigen Stützen von sich werfend, suchte er nach einer andern, die ihm in den Händen zerbrach.

Noch ist nicht ermittelt, wie Napoleon III. diese Frontveränderung Maximilians aufgenommen hat, obgleich die Nichtzurückgabe der Kirchengüter schon von seinem eigenen General Forey beschlossen worden war. Sollte das Zaudern der Franzosen, welches Graf Keratry in seinem Werk über Mexiko beklagt, in einem Mißtrauen der Tuilerien gegen die Maßnahmen Maximilians begründet gewesen seyn? Keratry glaubt, man habe keinen größern Fehler begehen können, als den man wirklich beging, indem man zauderte, den Südstaaten gegen die Union in Nordamerika beizustehen. Die juaristischen Banden wären für ein wohldisciplinirtes französisches Heer durchaus kein Hinderniß gewesen. Forey hätte noch in der ersten Sommerzeit den Rio Grande passiren und den Südstaaten ihren damaligen Sieg über die Nordstaaten vollenden helfen können. Nach diesem Siege im Norden würde Juarez im Süden völlig ohnmächtig geblieben seyn, dann hätte Maximilian nicht mehr allein an den französischen Hülfstruppen, sondern auch an den Südstaaten eine Stütze gehabt. Später noch hatte Bazaine, Foreys Nachfolger, die Verbindung mit den Südstaaten ernstlich im Sinn. Wenn Forey schon damit beauftragt gewesen wäre, als die Waagschale des Bürgerkriegs sich noch auf die Seite der Südstaaten neigte, hätte alles gewonnen werden können. Die Südstaaten drangen in die französische Regierung, einen Schritt zu ihren Gunsten vorwärts zu thun. Diese Regierung hatte den Süden gegen den Norden aufreizen helfen, glaubte aber, der Süden sey stark genug, allein zu siegen, und wollte ihm kein Opfer bringen. Somit wurde die kostbarste Zeit versäumt.

Im October 1863 wurde Forey abberufen und durch General Bazaine ersetzt, der den Auftrag erhielt, die Provinzen zu besetzen und dort alles für das neue Kaiserreich zu stimmen. Der Erzbischof von Mexiko verlangte von ihm die Zurückgabe alles Kirchenguts; Bazaine aber erkannte, daß die zahlreichen Käufer dieser Güter, wenn man ihnen dieselben wieder nehme, überall in den Provinzen gegen die neue Regierung würden erbittert werden, ließ sich also auf des Erzbischofs Forderung nicht ein und verdrängte ihn aus der Junta oder provisorischen Regierung. Damit verlor er die klerikalen Sympathien, ohne die liberalen zu gewinnen. Wenn nun auch seine tapfern und behenden Truppen überall, wo sie hinkamen, die Juaristen in den Provinzen versprengten und Juarez selbst vor ihnen bis an den Rio Grande flüchten mußte, war damit doch nichts gewonnen. Denn welche Stadt in den Provinzen von den französischen Streifkolonnen wieder verlassen wurde, nahm gleich die Anhänger des Juarez wieder bei sich auf. Nur wenige besonders wichtige Städte konnten eine französische Garnison erhalten. Das französische Heer überall hin zu zersplittern, wäre unsinnig gewesen. Der Erzbischof La Bastida ging in seinem wüthenden Hasse gegen Bazaine so weit, daß er ihn und die ganze französische Armee excommunicirte. Bazaine, der gerade in den Provinzen abwesend war, mußte eilig nach der Hauptstadt zurückkehren, um den kleinen Papst zu bemüthigen. Er hielt eine Parade ab und zwang den Erzbischof, seine Truppen öffentlich zu segnen. Das geschah im Februar 1864.

Keratry wirft dem Kaiser Maximilian eine nicht minder große Versäumniß vor, als es die französische war. Er hätte nämlich die Indianer vielmehr benutzen sollen, als er gethan hat. Sie eilten ihm bei seiner Ankunft entgegen. „Auf den Ruf der Geistlichkeit, die sich schmeichelte, die Reise Maximilians nach Rom habe ihre ungerechten Ansprüche gesichert, hatten sich die Indianer, die bereits ergeben waren, in Masse erhoben, um von den kaiserlichen Lippen eine Verheißung ihrer Freiheit und der Rehabilitation zu erwarten; sie mußten enttäuscht und verzweifelnd in ihre ärmlichen Ranchos zurückkehren. Gleich nach der Ankunft Maximilians bildete sich von freien Stücken eine aufrichtig begeisterte kaiserliche Partei, bestochen durch den persönlichen Reiz der Majestäten. Es gab eine Zeit, in der das Kaiserreich wirklich Aussicht auf Erfolg hatte, wenn sich die Aufgabe auch ernst und schwierig darstellte. Es war eine unverhoffte Zeit für Mexiko; aber weder der Prinz noch die Unterthanen verstanden sie zu nützen." Graf Keratry kommt noch einigemal auf die Indianer zurück und ist überzeugt, es sey Maximilians größte Unterlassungs=

sünde gewesen, daß er die ihm so günstige Stimmung der Indianer nicht besser benutzt habe. Diese Ureinwohner Mexikos waren als s. g. Peonen in eine klägliche Leibeigenschaft hinabgedrückt worden. Ausgeschlossen von jedem Bodenbesitz, mußten sie für die spanischen Besitzer des Bodens arbeiten, erhielten von diesen in Nothfällen kleine Vorschüsse und wurden so deren Schuldner und Leibeigene, wie so viele Fabrikarbeiter in Europa. „Sie verdienten ein besseres Loos als das ist, welches sie an die Scholle fesselt und sie zum Lastthier herabwürdigt. Sie bildeten das glänzende Gefolge des Kaisers Maximilian und der Kaiserin Charlotte auf dem Wege von Orizaba nach Mexiko; sie hatten alle ihren alten Schmuck, die Reste eines hingeschwundenen Glanzes hervorgesucht, um den Nachkommen Karls V., Maximilian, zu ehren, welchem sich Gelegenheit bot, die Schuld seines königlichen Ahnen zu sühnen, der aber den Fehler beging, die Besiegten des 16. Jahrhunderts nicht als Freie heimzusenden, als er dieselben in seiner Hauptstadt verabschiedete. Das wäre ein königlicher Beginn seiner Regierung gewesen. Erst Ende September 1865 besann er sich, aber schon zu spät, eines andern, und erließ das Dekret, welches die Emancipation der Peon-Indianer und die Ungültigkeit ihrer frühern Schulden aussprach, jener oft infamen und wucherischen Schulden, welche schon das Kind im Mutterleibe zur Leibeigenschaft verurtheilten. Diese liberale und humane Maaßregel wird Maximilian stets zur Ehre gereichen, und sie allein schon hätte seine Richter in Queretaro entwaffnen sollen. Leider blieb sie unvollständig, eine nur halbe Maßregel; eine Folge der Lage, die sich der Souverän geschaffen hatte, indem er die beiden extremen Parteien schonen wollte. Die Leibeigenen (Peons) wurden durch jenes Emancipationsdekret nicht auch Eigenthümer des Bodens. Und doch, in welch bessere Hände als in die der freigelassenen Peons konnte der Staat jene unbenutzten Ländereien geben, von welchen das kaiserliche

Manifest an den Minister Velasquez gesprochen hatte? Die mexikanische Commission, die vergebens seit einem Jahre bestand, hatte also nicht eingesehen, daß man ein ganzes Arbeitervolk nicht freigeben konnte, ohne ihm zugleich auch die Grunelemente der Arbeit zu gewähren. Die Hacienbabesitzer aber, die durch jenes Dekret ihre Arbeitskräfte verloren, wurden unzufrieden und wiesen die Dienste der Indianer zurück, die von ihrer gesetzlichen Freilassung Gebrauch machen wollten. So stellte sich die alte Sclaverei der Peons wieder her, welche ihre Ketten von Neuem aufnahmen, um ihre Familien nicht verhungern zu sehen. Auf der andern Seite war die Geistlichkeit der Krone feindlich geworden und konnte also die Unzufriedenheit der Hacienberos nur begünstigen, weil sie ihren verderblichen Einfluß auf die Peons wieder zu erlangen wünschte, deren Emancipation den Fanatismus und die Opfergaben mindern mußte."

Somit hatte der junge Kaiser die indianische Bevölkerung, die ihm hunderttausend kräftige Arme hätte leihen können, nicht für sich gewonnen und die Sympathien der klerikalen Partei schon wieder verloren. Vor seiner Abreise aus Europa hatte er Rom besucht und den päpstlichen Segen empfangen. La Bastiba hoffte nun, ihn ganz auf seine Seite und von dem ihm tief verhaßten Bazaine abzuziehen. Maximilian erkannte aber bald, es sey diesem Erzbischof nicht um die monarchische Verfassung, sondern nur um das reiche Kirchengut zu thun, und aus denselben Gründen, wie bisher Bazaine, wagte auch der junge Kaiser nicht, die Zurückgabe des Kirchenguts zu dekretiren. Indem sich nun die klerikale Partei von ihm wandte, näherten sich ihm Liberale und um deren Partei zu gewinnen, wählte er aus ihr seine Räthe. Es war die Partei, die den Klerikalen und den Franzosen am feindseligsten gegenüberstand, die im Lande die zahlreichste zu seyn schien und die er durch liberale Institutionen wohl gewinnen zu können hoffte, da ihr bisheriger Chef Juarez auf flüchtigem Fuße war und in seiner eigenen Partei Nebenbuhler hatte. Um sich ganz in Mexiko zu naturalisiren, wollte er sich auf die grade bisher nationalste Partei stützen und den Schein vermeiden, als sey er nur das Werkzeug der Franzosen. Natürlicherweise wurde diese unkluge und sogar undankbare Scheu des kaiserlichen Hofes in Mexiko vor den Franzosen von den liberalen, in ihren Herzen treulosen Rathgebern des Kaisers schlau benutzt, um die Kluft zwischen dem Hof und dem französischen Hauptquartier durch Verleumdungen und Geklatsch zu erweitern. Graf Keratry beschuldigt auch den Herrn Eloin, „einen dem Dienst der Kaiserin Charlotte beigegebenen Belgier," am Hofe gegen die Franzosen gehetzt zu haben.

Unterdeß war Bazaine eifrig beschäftigt, die Provinzen zu unterwerfen. Das Vorrücken der Franzosen gab dem mexikanischen Reiche allerdings einen gewaltigen Stoß, der aber in den entfernteren Provinzen kaum empfunden wurde. Das Reich war so weit ausgedehnt, und durch die vielen vorangegangenen Revolutionen so aufgelockert; es fehlte überall so sehr an Straßen und Verkehrsmitteln, daß große Provinzen fast völlig isolirt blieben. Der große Staat Yukatan erklärte sich für Maximilian bloß aus Eifersucht gegen Juarez, leistete aber dem neuen Kaiser keine Hülfe. Auch der Besuch, den die Kaiserin Charlotte auf kurze Zeit daselbst machte (im November 1865) fruchtete nichts. Im Staate Guerero hatte sich der fast neunzig Jahre alte Indianer Alvarez, der Panther des Südens genannt, nachdem er den Diktator Santa Anna zurückgeschlagen, in seinen unwegsamen Gebirgen fast ganz unabhängig gemacht. Seine Indianer, genannt Pintos, d. h. die Scheckigen, weil ihnen von einer Hautkrankheit Flecken zurückbleiben, behaupteten sich auch gegen die Franzosen, als diese den Versuch machten, von der See her im Westen Mexikos festen Fuß zu fassen, und mit ihren Schiffen unter dem Admiral Bouet den berühmten Hafen von Acapulco einnahmen, am 3. Juni 1864. Die

Die Franzosen in Mexiko.　411

ungesunde Küste, die rauhen Gebirge, die Wildheit der Indianer hielten jeden weiteren Fortschritt der Franzosen auf und es war ihnen unmöglich, von hier aus die weite Strecke bis zur Hauptstadt Mexiko zurückzulegen und eine Verbindung mit derselben zu eröffnen. Auch die Blokade und Belagerung von drei andern westlichen Hafenplätzen half ihnen nichts. Sie konnten nur noch San Blas besetzen, etwas später auch Mazatlan.

In einigen andern Staaten der großen Republik Mexiko ließen sich die dort commandirenden juaristischen Generale zur kaiserlichen Partei herüberlocken, theils aus Eifersucht gegen Juarez, theils aus Furcht vor der französischen Uebermacht und um Profit zu machen, denn die Charakterlosigkeit dieser Herrn war groß. Je nach ihrem persönlichen Vortheil ergriffen sie bald diese, bald jene Partei und das war schon lange so gewesen. Wenn zwei Usurpatoren oder Präsidenten rivalisirten und einer wurde der Stärkere, so war dem Schwächeren gewiß, daß frühere Anhänger oder Untergebene von ihm abfielen. So fiel im Juli 1864 General Uraga von Juarez ab, als ihn die Franzosen unter General Douay von Quadalaxara aus angriffen. So auch General Vidaurri zu Monterey im Staate Nuevo Leon, dem aber seine Truppen davon liefen.

Im Allgemeinen waren die französischen Truppen nicht zahlreich genug, um das weite Reich umspannen und beherrschen zu können. Auch an der Süd- und Ostküste besetzten sie nur wenige Häfen, ohne Werth, da ihnen die dort herrschenden Fieber weder einen längeren Aufenthalt, noch die allgemeine Weglosigkeit eine Verbindung zwischen der Küste und der Hauptstadt ermöglichten. Nur von Veracruz aus bestand eine solche Verbindung. Bazaine verfolgte die juaristischen Banden überall und besetzte so viel Terrain als möglich. Sie wichen ihm immer aus und wütheten nur gegen Wehrlose. Chavez, einer ihrer Führer, hatte zwei Orte, die sich für den Kaiser erklärt hatten, gänzlich ausgemordet, wurde aber gefangen und kriegsrechtlich erschossen. Bazaine befahl, jede ähnliche Barbarei künftig ebenso zu bestrafen. Da sich indeß die Banden sehr zerstreuten, mußten sich auch die Franzosen bei deren Verfolgung zerstreuen und konnten nur hier und da einen kleinen Sieg erfechten, obgleich sie immerwährend vordrangen und Juarez sich immer weiter nach dem Norden zurückziehen mußte. Das Land war nun soweit gesäubert, daß Maximilian im August 1864 von der Hauptstadt aus eine kleine Rundreise durch dasselbe wagen konnte. Um diese Zeit fiel auch noch General Quiroga von Juarez ab und Bazaine beschloß nunmehr, den Juarez bis zur Grenze der Vereinigten Staaten zu verfolgen, um seine Autorität im Mexikanischen Gebiet gänzlich zu vernichten.

In vier parallelen Colonnen zogen die Franzosen von Süden nach Norden, von Durango aus nordöstlich General L'Hèrillier, von Aguas Calientes aus nordwestlich General de Castagny. Im Centrum marschirte der kaiserliche General Mejia von San Luis Potosi aus gegen Matamoros, dem wichtigen Hafenplatz des Rio Grande del Norte, des Grenzflusses zwischen Mexiko und den Vereinigten Staaten von Nordamerika. Eben dahin bewegte sich auch die vierte Colonne unter Oberst Dupin. Nachdem Mejia die Stadt Vittoria eingenommen, von wo die Juaristen geflohen waren, rückte er vor Matamoros. Hier hauste der juaristische General Cortina abscheulich, brandschatzte die fremden Kaufleute und versuchte, die nordstaatlichen Truppen in der Union zu einem Angriff auf die Franzosen und Kaiserlichen zu verlocken. Die südstaatlichen Truppen aber unter General Slaughter schlugen ihn zuvor zurück, und so blieb ihm nichts übrig, als sich an Mejia zu ergeben, am 20. September 1864. Zum Dank dafür durfte Cortina jetzt kaiserlicher Commandant in Matamoros bleiben. Ein großer Mißgriff des Kaisers oder seiner Rathgeber, denn Cortina, ein ehemaliger Blechtreiber, konnte weder lesen noch schreiben und war ein ganz gemeiner Räuber.

Im Herbst 1864 verfolgten die Franzosen ihre kleinen Siege und trachteten Juarez aus Monterey zu vertreiben, wohin er sich damals zurückgezogen hatte. Als Castagny dieser Stadt nahe kam, entfloh Juarez und die Franzosen zogen am 26. August daselbst ein. Ebenso glücklich war die Expedition des französischen Oberstlieutenant Martin, der die Juaristen am 21. September im Staate Durango schlug, dabei aber den Tod fand. Durch alle diese kleinen Siege jedoch wurde nichts entschieden, denn wo die Franzosen nicht hinkamen, oder von wo sie wieder weggingen, gehorchte ihnen niemand und fanden die kleinen juaristischen Banden bald wieder Eingang. Juarez zog sich für seine Person im Winter nach Chihuahua zurück und wartete die wenigstens diplomatische Unterstützung ab, die ihm das siegreiche Cabinet von Washington gemäß der Monroedoctrin wohl bald gewähren würde. Unterdeß behielten die Juaristen noch im Westen und Süden die Oberhand. In der Provinz Querero wurde der kaiserliche General Vicario vom jungen Alvarez, Sohn des Panthers, am 10. November geschlagen. Die Franzosen unter Douay siegten dagegen im October bei Uquilpan über die Juaristen unter Arteaga und nochmals im November bei Tiquilpan. Für Arteaga traten aber die Guerillaführer Rojas und Romero ein, die wie Räuber auf das grausamste hausten, bis der erstere im Kampf umkam, der andere gefangen und erschossen wurde. Ebenso grausam hauste der juaristische General Corona in der westlichen Provinz Sinaloa, wo er Städte und Dörfer niederbrannte. In der Hauptstadt der Provinz, Culiacan, erklärte sich de la Vega, genannt El Chico, für den Kaiser, wurde aber von den Juaristen gefangen und am Schweif eines Pferdes zu Tode geschleift. Dagegen wurde Mazatlan am 13. November von den Franzosen eingenommen, und im December brach General Castagny auf, um den scheußlichen Corona zu vertreiben. Zu Repressalien genöthigt, ließ er die Chefs der gefangenen Juaristen erschießen und Städte und Dörfer, die sich ihm feindselig erwiesen, niederbrennen. Im Süden wurde Oaxaca noch von den Juaristen unter Porfirio Diaz vertheidigt und erst im Februar 1865, nachdem die Franzosen im Norden aufgeräumt hatten, von Bazaine belagert und eingenommen.

Unterdeß waren 7000 in Oesterreich geworbene Freiwillige unter dem Grafen von Thun-Hohenstein aus Europa angekommen und lieferten schon im Januar 1865 den Juaristen die ersten Gefechte. Auch in Belgien wurde ein Regiment für die Kaiserin Charlotte geworben, wogegen aber in der Kammer sich eine so heftige Opposition erhob, daß es zwischen dem Deputirten de Laet und dem Kriegsminister Chazal zu einem Duell kam. Das Regiment ging ab, aber die Oesterreicher und Belgier wurden ebenso übel angesehen, wie die Franzosen, und überall schrie man auch ihnen entgegen: Muerte à los estranjeros! Bis dicht vor Veracruz streiften die Guerillas und bekämpften die österreichischen und belgischen Truppen, nachdem sie kaum ans Land gestiegen waren. Die Guerillas wagten sich sogar bis ganz in die Nähe von Mexiko. Ein kleines Corps französischer Truppen wurde im Anfang des Jahres 1865 bei Culiacan durch Verrath der mitziehenden mexikanischen Truppen von den Guerillas überfallen und verlor 13 Offiziere und 50 Mann. Am 11. April wurde ein belgisches Freicorps bei Tacamburo von einer überlegenen Macht der Juaristen und der Regules nach blutigem Kampf zusammengehauen. Hier starb auch Hauptmann Chazal, Sohn des belgischen Kriegsministers. Doch rächte Oberst Potier diese kleine Niederlage durch einen Sieg über die Juaristen bei Danijuco am 24. April.

Kaiser Maximilian war unterdeß im unbestrittenen Besitze der Hauptstadt Mexiko und durfte sich, so lange der Bürgerkrieg in Nord-

amerika dauerte, noch der Hoffnung hingeben, die französischen Hülfs-
truppen würden ihm sein Reich vollends erobern. Er suchte aber
auch aus Oesterreichern, Belgiern und loyalen Mexikanern sich so
bald als möglich eine eigene Heeresmacht heranzubilden, um der
Franzosen ferner nicht mehr zu bedürfen. Jedoch diese seine eigene
Heeresmacht blieb schwach und wurde im Lande mit Haß, von den
Franzosen mit Geringschätzung angesehen. In Puebla geriethen
Oesterreicher und Franzosen in blutigen Streit.

Am gefährlichsten für Maximilian war sein Zerwürfniß mit der
klerikalen Partei. Der Papst rief seinen Nuntius zurück. Man verbreitete durch ganz Mexiko die Fabel, der neue Kaiser wolle Gott
und die h. Jungfrau abschaffen. Die Frauen bestürmten ihn mit
frommen Bittschriften. Die indianische Bevölkerung, als die bigotteste
im Lande, die ihm anfangs zutraulich entgegengekommen war, wurde
jetzt gegen ihn aufgehetzt. Auf der andern Seite gewann der Kaiser
unter den Liberalen keinen ausreichenden Anhang, und seine josephi-
nischen Decrete, sein Versuch, durch ein organisches Reichsstatut seiner
Monarchie die constitutionelle Weihe zu geben und die gemäßigten
Republikaner dafür zu gewinnen, fruchteten nichts, da er es mit einer
halbwilden Bevölkerung zu thun hatte. Die Juaristen schöpften neuen
Muth, da sich der Kaiser so viele Feinde auf den Hals lud und die
Union in Nordamerika endlich den Sieg errang. Doch schwächte sich
ihre Partei durch Theilungen, indem General Ortega dem Juarez
die rechtmäßige Fortdauer seiner Präsidentschaft bestritt und sich für
unabhängig erklärte und auch der alte Santa Anna, der auf den
Antillen in der Verbannung gelebt hatte, wieder zum Vorschein kam
und die Präsidentschaft für sich in Anspruch nahm. Beide blieben
aber in der Minderheit.

Die ersten glücklichen Erfolge des Kaisers und seiner französischen
Hülfstruppen und, wie es scheint, der feste Glaube an das Gelingen

seiner Mission, womit er und seine Gemahlin aus Europa gekommen waren, gaben ihm noch im Jahr 1865 ein solches Sicherheitsgefühl, daß er an seinem Geburtstage, dem 6. Juli, in der Hauptstadt eine Akademie der Wissenschaften gründete, freilich nur einen Rahmen, dessen leere Mitte erst eine glücklichere Zukunft hätte ausfüllen können. Als ob das Kaiserthum in Mexiko schon consolidirt sey, suchte er alle Anhänger der ältern Monarchie an sein Interesse zu binden, indem er den Nachkommen des erschossenen Kaisers Iturbide das Prädikat „kaiserliche Hoheit" zurückgab und durchschimmern ließ, sie sollten seine Nachfolger werden, wenn er selbst keine Kinder bekäme. Das waren nur Nebensachen. Der Kaiser hoffte auch wichtigere Dinge durchzusetzen, indem er überall Schulen zu errichten befahl, in denen die Kinder schon vom fünften Lebensjahr an durch vom Staat angestellte Lehrer Realunterricht, besonders in Naturwissenschaften, genießen sollten, eine Maßregel, die den Klerus nur noch mehr gegen ihn erbitterte und die er nicht einmal durchführen konnte, weil es keine passenden Lehrer gab und weil er auch nur im kleinsten Theil des Landes Herr war. Auch für Straßenbau und Eisenbahnen wollte er sorgen, aber es fehlte an Geld und die Arbeiter wurden bald von Räubern vertrieben. Man konnte übrigens Soldaten und Räuber kaum unterscheiden, denn die Soldaten raubten und die Räuber gaben sich für Vertheidiger des Vaterlandes aus. General Comonfort wurde schon 1863 von einer Guerilla gänzlich ausgeplündert und ermordet. Es kam öfter vor, daß Offiziere, wenn sie recht viel Geld zusammengestohlen hatten, wieder von ihren eigenen Soldaten beraubt und getödtet wurden.

Auch in der Hauptstadt war Treulosigkeit und wechselseitiger Verrath an der Tagesordnung. Die Gräfin Kolonitz, welche die Kaiserin begleitete, sagt darüber in ihrem Reisewerk: „Als Kaiser Maximilian die erste Hand legte an das Riesenwerk der Reorgani=

sation des Staates und sich im Lande nach tüchtigen Kräften umsah, die seiner rastlosen Thätigkeit zu Hülfe kommen sollten, hatte keiner von jenen, die dem Ruf des Kaisers folgten, einen Begriff von wahrer und opferwilliger Anstrengung. An Betheuerungen fehlte es nicht; der Mexikaner verspricht immer, aber das Wort einzulösen scheint ihm keine Nothwendigkeit. — Unverläßlichkeit in kleinen und großen Dingen ist leider ein Grundzug seines Charakters, dabei ist er weichlich und die Begriffe strenger Ehrenhaftigkeit sind längst verloren gegangen. Wenn ich die Mexikaner über ihre Nation das Urtheil fällen hörte, stieg mir die Schamröthe ins Gesicht; diese Selbstbeschimpfung war mir äußerst peinlich."

Die Juaristen begingen im Kriege große Grausamkeiten. Am 18. Juni 1865 griff Arteaga Uruapan an. Er nahm die Stadt nach 30stündigem Kampf, doch weit entfernt, die Tapferkeit der Vertheidiger zu ehren, erschießt er unerbittlich den Commandanten Lemus, den Unterpräfekten Isideo Paz und einen der Notabeln des Ortes, welcher die Waffen für die Sache der Ordnung ergriffen hatte. Am 17. Juli ermordet Antonio Perez eigenhändig den Rittmeister Graf Kurzrok, als er nach dem Kampfe von Ahuacatan von seinen Ulanen, schwer verwundet, getragen wird. Am 1. September läßt Ulgalbe die Offiziere der Munizipalgarde von Mexiko erschießen, welche er bei San Felipe el Obraje überfallen hatte. Endlich greifen die in der Terra Caliente von Veracruz vereinigten Banden am 7. October den Eisenbahnzug bei Arroga de Piedra an. Sie nehmen den Colonial-Genie-Lieutenant Triquet, den Garde d'Artillerie Loubet und noch 7 weitere Soldaten gefangen. Man hat die 9 Leichname am nächsten Tage auf das Schauderhafteste verstümmelt wiedergefunden.

Am 3. October 1865 wurde daher ein Decret Maximilians bekannt gemacht, welches die Juaristen als Räuber zu behandeln und ihre Offiziere, wenn sie gefangen würden, zu erschießen befahl. Ein solches Decret entsprach dem edlen und sanften Charakter des Kaisers nicht. Später beschuldigte ein mit Bazaine aus Mexiko zurückgekehrter französischer General den Marschall, das berüchtigte Decret dem Kaiser Maximilian durch Drohungen abgezwungen zu haben, und wies ein Schreiben von Bazaine vor, worin derselbe das Blutdecret allen Corpscommandanten mittheilt mit dem ausdrücklichen Bemerken: „Endlich ist es mir gelungen, dem Kaiser Maximilian trotz seines Widerstrebens den Erlaß zu entreißen, den ich hier beifüge." Das böse Gerücht fügte noch hinzu, Bazaine habe sich, nachdem er eine reiche Dame geheirathet, selber in Mexiko zum Herrn aufwerfen wollen, habe es deshalb auf das Verderben des armen Maximilian abgesehen und auch den Kaiser Napoleon III. getäuscht. Allein Maximilian hat das ganze Decret selbst geschrieben und konnte sich wohl der Einbildung hingeben, die Strenge werde der Rebellion ein schnelles Ende bereiten. Bazaine hat schwerlich mehr gethan, als ihm von Paris aus befohlen war, und sich gewiß nicht eingebildet, seine Franzosen zum Abfall vom Kaiser und zur ewigen Entfernung vom französischen Mutterlande bewegen zu können. Auch hat ihm Napoleon III. sein Vertrauen nie entzogen. Das Decret vom 3. October wurde vollstreckt, die republikanischen Generale Arteaga, Salazar, Villagomez, welche gefangen wurden, auf Befehl des kaiserlichen General Mendez erschossen, den Escobedo dafür nachher selbst wieder erschießen ließ. Man motivirte die Rechtmäßigkeit des unglücklichen Decrets damit, daß Juarez, dessen Wahlperiode schon 1864 abgelaufen war, kein Recht mehr habe, in Mexiko zu befehlen und Truppen zu unterhalten. Auch ist wohl zu beachten, daß die Juaristen selbst mit der grausamen Behandlung der Gefangenen angefangen hatten.

Als die Expedition erst begann, durfte Napoleon III. noch hoffen, die nordamerikanischen Südstaaten würden über die Nordstaaten siegen, mit der neuen Monarchie in Mexiko ins beste Vernehmen treten und sich künftig auf dieselbe stützen, um die republikanische Verwilderung des Yankeethums nicht mehr aufkommen zu lassen. Um sich die Südstaaten noch enger zu verbinden, sorgte Napoleon III. dafür, daß sich Frankreich bei den Anlehen der Südstaaten betheiligte und sie mit Geld unterstützte. Auch für die neue Monarchie in Mexiko sorgte Napoleon III. durch Anleihen. Die 300 Mill. Franken, die er dem Kaiser Maximilian vorschoß, glaubte man reichlich gedeckt durch die mexikanische Provinz Sonora, deren Ueberfluß an edlen Metallen noch nicht ausgebeutet war und von der es anfangs hieß, sie solle förmlich an Frankreich abgetreten, oder ihm wenigstens verpfändet werden. Später ließ Napoleon III. dieses Project wieder fallen, weil durch eine unmittelbare Besitzergreifung Sonoras durch die Franzosen die nordamerikanische Union, indem sie allmälig der rebellischen Südstaaten Meister wurde, zu sehr beleidigt und herausgefordert werden mußte, einen casus belli daraus zu machen. Indem nun das reiche Pfand für Frankreich verloren ging, kamen auch die Finanzen des neuen mexikanischen Kaiserreichs in eine mißliche Lage. Nach Abzug aller Lasten bekam die Regierung des Kaiser Maximilian von der ganzen Anleihe kaum 133 Millionen und die Anleihe sank auf 45 herunter. Aber schon 1865 hieß es, die Expedition habe Frankreich bereits 700 Millionen gekostet. Im gesetzgebenden Körper zu Paris wurden Jahr aus Jahr ein die lebhaftesten Besorgnisse angeregt und der Regierung die bittersten Vorwürfe gemacht, aber der Sprechminister Rouher hielt im Namen des Kaisers die große Idee und die Ehre der Expedition aufrecht, schilderte die Dinge in Mexiko im günstigsten Lichte, schlug jeden Zweifel am Gelingen der Expedition nieder und bewog dadurch wirklich einen großen Theil des Publikums, der Expedition noch ferner Kredit zu geben.

Unter der Hand gingen französische Verstärkungen nach Mexiko ab. Die Welt erfuhr es erst durch einen für den Kaiser der Franzosen sehr unangenehmen Scandal. Am 27. October 1865 nämlich landete ein aus Frankreich kommendes Schiff mit etwas über 1000 Zuaven, die sich auf dem Wege nach Mexiko befanden, auf der französischen Insel Martinique. Die Zuaven wollten sich in der Stadt gütlich thun, fanden aber den Wein schlecht und theuer, wurden wild, gehorchten keinem Befehl mehr, öffneten sich selbst die Keller und vertheidigten sich gegen die Garnisonstruppen, welche Ruhe stiften wollten, so daß 30 Zuaven todt blieben und viele verwundet wurden. Da sie endlich total betrunken einschliefen, wurde die Garnison ihrer Meister und man brachte sie wieder aufs Schiff, mit dem sie abfuhren. Diese bei französischen Truppen so ganz ungewöhnliche Meuterei wurde hauptsächlich der Unzufriedenheit zugeschrieben, mit welcher die Zuaven nach Mexiko gingen.

So lange noch die nordamerikanischen Südstaaten ihre Truppen am Rio Grande stehen hatten, nahmen dieselben Partei für die Franzosen und für die kaiserlich mexikanischen Truppen gegen die Juaristen, ohne sich jedoch unmittelbar am Kriege zu betheiligen. General Mejia, der in der mexikanischen Grenzstadt Matamoros für den Kaiser commandirte, stand mit den südstaatlichen Truppen im besten Einvernehmen und es fanden gegenseitige Begrüßungen und Besuche statt, bis die südstaatlichen Truppen durch die nordstaatlichen unter General Sheridan vertrieben wurden. Sheridan ließ den General Weitzel in Brownsville gegenüber von Matamoros zurück und seitdem fehlte es nicht an Reibungen von beiden Seiten. Weitzel zeigte sich den Franzosen sehr gehässig und duldete Werbungen für die Juaristen. Im Dezember 1865 nahm Mejia eine Anzahl solcher Angeworbenen gefangen und ließ sie erschießen, worauf Weitzel dem Werber, General Crawford, erlaubte, auf das mexikanische Gebiet überzugehen und die Stadt Bagdad zu überrumpeln. Weitzel besorgte, er sey zu weit gegangen, und ließ Crawford verhaften, hielt jedoch einstweilen noch Bagdad besetzt, bis sein Obergeneral Sheridan ihn selbst von seinem Posten entfernte und die Unionstruppen über den Rio Grande zurückrief. Denn da der Rückzug der Franzosen aus Mexiko in Folge geheimer Unterhandlungen mit dem Kabinet von Washington bereits eingeleitet war, lag ein casus belli nicht mehr vor.

Elftes Buch.

Maximilians tragisches Ende.

Sofern der Kaiser Maximilian nun doch die Franzosen nicht entbehren konnte, hätte er ihren Stolz nicht verletzen sollen. Er mußte sich zwar gefallen lassen, daß Bazaine, indem er die Provinzen durch fliegende Colonnen im Zaum hielt, das ganze Reich in neun Militärdistricte eintheilte, verfügte aber mancherlei, was die Franzosen kränken mußte. Den von den Franzosen gefangenen, ihm höchst gefährlichen juaristischen General Porfirio Diaz, entließ er frei. Napoleon III. hatte Finanzbeamte aus Frankreich geschickt, um die Zoll- und Steuererhebung in Fluß zu bringen, aber sie wurden in den Provinzen nicht anerkannt und Maximilian that nichts, ihnen Autorität zu verschaffen.

Das Allergefährlichste für Maximilian war, daß er hinter dem Rücken Bazaines geheime Unterhandlungen mit dem Cabinet von Washington pflog. Er schickte einen gewissen Herrn Arroyo dahin ab, um von der Union Neutralität zu erwirken, natürlich vergebens.

Noch mehr! der juaristische General Cortina war in der wichtigen Grenzstadt Matamoros durch die Anstrengungen der Franzosen gefangen worden und Maximilian ließ ihn nicht nur frei, sondern vertraute ihm auch die Stadt wieder an, in der Meinung, durch solche Gnadenakte werde er die Juaristen auf seine Seite bringen. Er warb sich damit jedoch nur Verräther und verletzte die Franzosen. Das Unglaublichste von allem aber war, daß er es ablehnte, 25,000 tapfere Soldaten der Südstaaten, die sich unter ihrem General Slaughter vor den siegreich vordringenden Truppen der Nordstaaten zurückzogen, in Mexiko aufzunehmen, als sie übertreten wollten. Vergebens drang Bazaine in ihn, eine so bedeutende Verstärkung seiner Armee mit offenen Armen aufzunehmen. Maximilian „schlug eine halbe Maaßregel vor: man wollte die 25,000 Conföderirten anfangs als Gefangene behandeln. Das erregte eine tiefe Unzufriedenheit und die Unterhandlungen wurden durch die Gefangennehmung von Jefferson Davis plötzlich unterbrochen." Nun gaben die Generale der Südstaaten jede Hoffnung auf einen neuen Erfolg auf, unterhandelten mit den Siegern des Nordens, welche sich auch beeilten, ihnen eine annehmliche Capitulation zu gewähren, ja sie waren bereit, im Namen der Regierung von Washington jetzt über Mexiko herzufallen und die Franzosen zu vertreiben, aus Rache, weil die Südstaaten vom Hofe der Tuilerien aus zum Kriege gegen die Nordstaaten aufgereizt und dann nicht unterstützt worden waren. Die Regierung von Washington hielt sie jedoch zurück, weil sie eine neue Stärkung der Südstaaten durch die Eroberung von Mexiko nicht für zuträglich hielt und überzeugt war, daß eine ernste diplomatische Drohung allein schon hinreichen würde, um die Franzosen zu einem freiwilligen Rückzuge aus Mexiko zu bewegen.

Die Haltung der Nordamerikaner und die Unpopularität des fremden Kaisers in Mexiko machte es dem Kaiser der Franzosen unmöglich, den genialen Plan durchzuführen, welcher der romanischen Race in Amerika hatte aufhelfen und den Einfluß Europas auf Amerika, der alten Welt auf die neue, hatte erneuern und befestigen sollen. Verlassen von allen übrigen europäischen Mächten, sogar verspottet, weil die kleinen Geister Europas seinen großen Gedanken nicht fassen konnten, erwog er, daß Frankreich zu große Opfer auferlegt würden, wenn die französische Besatzung länger in Mexiko bliebe, oder wenn er gar in einen Krieg mit den Vereinigten Staaten verwickelt würde. Das letztere hatte er zunächst nicht zu befürchten, weil die Vereinigten Staaten dem schadenfrohen England nicht gern das Vergnügen verschaffen wollten, einem Kriege zwischen Frankreich und Amerika zuzusehen.

Präsident Johnsohn deutete dem Kaiser der Franzosen nur an, er würde am besten thun, wenn er seine Truppen freiwillig aus Mexiko zurückzöge, ehe die Mehrheit des Congresses sich für eine gewaltsame Durchführung der Monroedoctrin erkläre. Der Präsident zeigte in dieser Frage große Mäßigung, um einen unnützen Krieg mit Frankreich zu vermeiden, an dem nur England Freude gehabt hätte. Man glaubte, General Shoffield, der im Winter nach Europa kam, habe dem französischen Kaiser eine goldne Brücke bauen sollen. Napoleon III. kam in große Verlegenheit, obgleich er es sich nicht merken ließ. Er mußte seine Truppen zurückziehen, weil ein ernster Kampf ihm zu viele Opfer gekostet haben würde, welche Frankreich nicht bringen wollte. Denn in Frankreich war die Expedition nach Mexiko in hohem Grade unpopulär, selbst in der Armee. Aber Napoleon III. zögerte. Zwar gab er das Programm auf, mit dem er den General Forey nach Mexiko geschickt hatte, und machte nur noch das Prinzip der Nichtintervention geltend, indem er seine Truppen zurückziehen wollte, wenn die Union den Kaiser Maximilian anerkennen würde. Dessen weigerte sich aber die Regierung in Washington in einer Depesche Sewards vom 16. Dezember 1865. Napoleon III. ließ durch Drouyn de Lhuys am 25. Januar 1866 antworten, die Union sey von Mexiko aus nicht beleidigt worden, Mexiko sey thatsächlich und mit Zustimmung der Nation ein Kaiserthum, die frühere republikanische Regierung existire nicht mehr, folglich sey kein Grund vorhanden, warum Maximilian nicht sollte von der Union anerkannt werden. Das waren indeß nur schöne Redensarten. Man verständigte sich. Im Anfang des Februar 1866 wurde bekannt, Napoleon III. habe in Washington den Rückzug der französischen Truppen angezeigt, und bald darauf erfuhr man, Marschall Bazaine werde das erste Drittel derselben im November 1866, das zweite im März 1867, das dritte im November 1867 aus Mexiko heimführen.

Kaiser Maximilian konnte die in Oesterreich und Belgien geworbenen Truppen nicht mehr bezahlen. Sie waren schon sehr gelichtet. Die Belgier, denen man Ländereien in dem paradiesischen Lande versprochen hatte und die nur Elend fanden, waren schwierig, auch neue Werbungen in Oesterreich halfen nichts. Als einige Tausend Mann im Mai 1866 nach Mexiko eingeschifft werden sollten, wurden sie von Oesterreich zurückgehalten, weil die Vereinigten Staaten gegen ihre Ankunft auf mexikanischem Boden protestirt hatten, und weil Oesterreich grade damals den Krieg mit Preußen anfing.

Von nun an befolgte Bazaine seine Instructionen aus Paris, den jetzt überflüssig gewordenen Kaiser von Mexiko mit guter Manier wegzudrücken. Zunächst sollte Maximilian, der eben erst von den Franzosen Geld geborgt hatte, plötzlich an Frankreich auszahlen, wozu er sich bei Uebernahme des Kaiserthums verpflichtet hatte. Da erkannte Maximilian, Frankreich lasse ihn im Stich. „Er sah ein, daß ihm nur Eines übrig blieb — die Abdankung. Am 7. Juli ergriff er in der That die Feder, um den Fall der Monarchie zu unterzeichnen, aber die Kaiserin von Mexiko hielt seine Hand zurück und in einem edlen, aber unbedachten Gefühle unterzog sie sich den großen Anstrengungen einer langen Reise über das Meer und setzte sich den Fiebern der heißen Länder aus. Sie hoffte ihre Sache in Paris und Rom noch zu gewinnen, d. h. die drei Fragen günstig zu lösen, von denen das Schicksal der Monarchie abhängen mußte: die Aufrechterhaltung und Vermehrung des Occupationsheeres, eine Geldbeihülfe und die Erlangung eines Concordates mit dem Klerus. Würde ihr Unternehmen nicht gelingen, so sollte der Kaiser die Gewalt in die Hände der Nation zurückgeben, und seiner muthigen und würdigen Gemahlin nach Europa folgen."

Charlotte konnte begreiflicherweise an der französischen Politik, für welche das Aufgeben Mexikos eine Nothwendigkeit geworden war, nichts mehr ändern. Noch weniger konnte das schwache Belgien (sie war eine belgische Prinzessin) und das aus tausend Wunden blutende Oesterreich ihr helfen. England ohnehin nicht, theils aus Eifersucht gegen Frankreich, theils um nicht in einen Krieg mit den Vereinigten Staaten verwickelt zu werden. Nicht einmal Geld konnte die unglückliche Kaiserin auftreiben. Dazu mußte sie den Schmerz erleben, daß ihre Verwandten von mütterlicher Seite, die Orleaniden, ihr aus ihrer Hingebung an Napoleon III. eine Art Verbrechen machten.

Die Kaiserin Charlotte nahm nur wenige Begleiter mit, Castillo, den Grafen von Bomballes und einige Offiziere. In ihrem Gesicht malten sich quälende Sorgen, ihre Augen glühten von einem fieberhaften Feuer. Sie brachte auf dem Schiffe schlaflose Nächte zu und war außerordentlich angegriffen, als sie wieder in Europa landete, doch ließ es sie nicht ruhen und schon am anderen Tage war sie in Paris. Napoleon III. war abwesend in St. Cloud, ließ ihr durch seinen Minister Drouyn de Lhuys sagen, er sey unwohl und könne sie nicht empfangen. Sie eilte aber dennoch zu ihm und forderte im Namen ihres Gatten Hülfe von ihm, Truppen und Geld. Napoleon III., der seinen Entschluß längst gefaßt hatte, war gewiß in peinlicher Verlegenheit und je ungestümer sie in ihn drang, um so weniger vermochte er zuletzt seinen Unwillen zu bemeistern, da sie nicht ging und ihn nicht los ließ. Er machte ihrem Gatten Vorwürfe, sofern derselbe seine Erwartungen getäuscht und eine verkehrte, ihrer gegenseitigen Bundesgenossenschaft nicht entsprechende Politik eingeschlagen habe. Sie blieb ihm aber keinen Vorwurf schuldig und das Gespräch soll immer heftiger geworden seyn. Nach einer anderen Angabe soll Napoleon III. ruhig geblieben und die unglückliche Dame nur durch eine gewisse Ironie zur Verzweiflung gebracht haben. Man erzählte, er habe sie beim Abschied im Vorzimmer auf eine schöne Statue aufmerksam gemacht, sie aber habe geantwortet: „Sire, Sie zeigen mir eine solche Nichtigkeit, während ich um eine Lebensfrage mit Ihnen verhandle." Noch hatte sie die Tuilerien nicht verlassen, als sie erschöpft in einen Fauteuil sank und nach Wasser rief. Man reichte es ihr, aber plötzlich fuhr sie davor zurück und rief: „Man will mich vergiften!" Nach einer späteren Enthüllung durch den Grafen Keratry, erinnerte Charlotte den Kaiser an seine Versprechungen und bestürmte ihn mit großer Heftigkeit, was [auch ihn aus seiner kalten Ruhe herausriß, und die Aufregung dieser Scene erschütterte ihren Geist. Doch ist nicht wahrscheinlich, daß der eigentliche Irrsinn damals schon ausbrach, sonst würde sie wohl nicht nach Rom haben reisen können. Hier aber wurde ihre Hoffnung eben so getäuscht wie in Paris. Hülfe von dem ohnmächtigen Papste konnte sie ohnehin nicht erwarten, als er ihr aber auch die Vorwürfe, die er ihrem Gemahl wegen seines kirchenfeindlichen Verfahrens in Mexiko mit Recht zu machen hatte, anzuhören nicht ersparte, brach ihr sonst so heroischer Muth gänzlich zusammen. Sie konnte es in ihrer Wohnung nicht mehr aushalten, immer zog es ihre fromme Seele zu dem Papste hin, wenn er ihr auch gezürnt hatte. Am 1. October warf sie sich

dem Papst zu Füßen und flehte ihn an, sie vor den Mördern zu
schützen, von denen sie überall verfolgt werde, und ihr ein Asyl im
Vatikan zu gewähren. Der Papst und der Kardinal Antonelli bemühten sich aufs sorglichste, sie zu beruhigen, und sie kehrte wirklich
um 7 Uhr Abends in ihr Hotel zurück. Aber um 11 Uhr in der
Nacht riß sie die Verzweiflung wieder empor, begab sich mit ihrem
geängstigten Gefolge noch einmal in den Vatican und wollte nicht
von dort weichen, wo allein sie ihres Lebens sicher zu seyn behauptete.
Sogar vor ihren Hofdamen scheute sie zurück und der Papst mußte
ihr andere Damen kommen lassen. Erst am andern Mittag konnte
man sie wieder zurückbringen und ihr Zustand besserte sich allmälig.
Napoleon III. war lebhaft von dem Vorfall ergriffen und bezeigte
der Kaiserin Charlotte die wärmste Theilnahme. Ihr Bruder, der
Graf von Flandern, reiste zu ihr und brachte sie nach einigen Tagen
von Rom nach Miramare.

Inzwischen gingen schlimme Dinge in Mexiko vor. Indem die
französischen Truppen sich zurückzuziehen anfingen und zuerst den
Norden des mexikanischen Reiches preisgaben, blieben die einheimischen
Truppen Maximilians und die Fremdenlegion zu schwach, um dem
Andrang der Juaristen widerstehen zu können, welche jetzt mit frischem
Muthe auf sie eindrangen und sich durch eine Menge raubgierigen
Gesindels verstärkten. Da ging Matamoros, der wichtigste Punkt
im Norden, verloren. Die einheimischen Truppen des Kaisers selber
übten Verrath, als sie mit den französischen Hülfstruppen den Glücks-
stern des Kaisers entweichen sahen. Herr v. Montlong, Maximilians
Adjutant, erzählt Thatsachen, die uns in den Abgrund von Immoralität
in Mexiko hineinsehen lassen. „Der mexikanische General Olvera
erhielt vom Obergeneral Don Thomas Mejia den Befehl, einen
Waarentransport im Werthe von 1½ Millionen Piaster (1 Piaster
à 5 Francs 80 Cent.) von Matamoros zu Land nach Monterey zu

eskortiren. Die Colonne, bestehend aus 2000 Mann aller drei Waffengattungen, worunter 300 Oesterreicher mit einer halben Gebirgsbatterie, marschirte am 14. Juni 1866 von Matamoros ab. Ohne Unfall langte sie bis auf kurze Distanz von Camargo, am 16. selb. Mon. in Santa Gertrubis an, als plötzlich der Feind, der in doppelter Stärke, von amerikanischen Negerregimentern unterstützt, hier im Hinterhalt lag, von allen Seiten angriff. Der erste Stoß erfolgte im Rücken der Colonne auf ein Bataillon der Contraguerilla; es war jedoch nur ein Scheinangriff der Banden des Canales. Die Oesterreicher schlugen den Angriff der ganzen feindlichen Cavallerie ab, und schon war es ihnen gelungen, die feindlichen Reihen in Unordnung zu bringen, als diese mit Verstärkung neuerdings anrückten und noch heftiger angriffen. Die in dem ebenen Terrain in ganzer Front unter Trevinno's Anführung angreifende Cavallerie wurde von den zwei gezogenen Geschützen der Oesterreicher mit Büchsenkartätschen und aufgesetzten Shrapnels wiederum zum Weichen gebracht (aus beiden Geschützen gaben sie auf Entfernungen von 30, 40, 50 Schritten über 40 Schüsse). Beim dritten Angriff endlich ertönte auch von den kaiserlichen Mexikanern plötzlich der Ruf ‚viva la libertad' und Freund wie Feind richteten nun in vollster Wuth ihre Waffen nur gegen die Oesterreicher. 6—700 Todte blieben auf dem Kampfplatze; von den Oesterreichern, welche wie die Löwen kämpften, wurden 148 Mann zu Gefangenen gemacht und nach Camargo transportirt, ja! eine große Anzahl dieser Gefangenen wurde sogar noch nach dem Kampfe, während des Transports, niedergemetzelt. Auf Escobedos Befehl wurden später noch mehrere erschossen. Die nächste Folge war, daß der brave General Mejia, der in Matamoros commandirte und durch 20 Monate diese wichtige Stadt dem Kaiserreich zu erhalten gewußt, sie nun nicht mehr behaupten konnte." Dazu kam noch, daß die Franzosen unter Oberst Toussis, welche den Convoi hätten retten können, absichtlich einen andern Weg einschlugen, um die tapfern Oesterreicher, wie in so manchen andern Gefechten, elend im Stich zu lassen.

Nach dem Fall von Matamoros riß sich der liberale General Canales von Juarez los, regierte für sich und brangsalirte die Stadt aufs äußerste. Ein anderer General Ortega, wollte nicht leiden, daß Juarez Präsident der Republik bleibe, weil seine Wahlperiode abgelaufen sey. Auch der alte Santa Anna, der anfangs sich an Maximilian angeschlossen hatte, erhob sich jetzt gegen Maximilian und Juarez zugleich. Nun thaten die übrigen Bandenführer, was sie wollten.

Maximilian kam im Herbst 1866 in die äußerste Noth. Noch einmal glaubte er sich ganz den Franzosen in die Arme werfen zu müssen, damit sie ihm entweder noch hülfen, oder wenigstens die Verantwortung theilen müßten, wenn es ein schlimmes Ende nähme. Er ernannte also am 26. Juli zwei französische Generale zu seinen Ministern. Das paßte aber nicht zu den geheimen Verabredungen Frankreichs mit dem Kabinet von Washington und Napoleon III. verbot jenen Generalen, in Maximilians Diensten zu bleiben. Zugleich drang Marschall Bazaine auf die Auszahlung der Summen, die Maximilian Frankreich schuldig geworden war, und hielt das letzte Geld der Anleihe, sowie die einheimischen Zolleinnahmen und Vorräthe zurück.

Den Verpflichtungen gemäß, welche Napoleon III. gegenüber den Vereinigten Staaten eingegangen war, hätte das erste Drittel der französischen Armee schon im November Mexiko verlassen sollen. Da es nicht geschah, weil Napoleon III. so lange seine Franzosen in Mexiko seyn würden, ihre Zahl nicht verkleinern, also sämmtliche Truppen, aber erst im April 1867, abziehen lassen wollte, kamen drohende Noten aus Washington und der nordamerikanische Gesandte

Campbell kam zu Juarez, um ihm 20,000 Mann Hülfstruppen unter General Sherman anzubieten. Indeß hielten die Nordamerikaner in ihrer drohenden Bewegung inne, da sie über die Absichten Frankreichs ausreichend beruhigt wurden. — Napoleon III. sandte den General Castelnau nach Mexiko mit neuen Instructionen ab, denen zufolge er Maximilian zu freiwilliger Abdankung bewegen sollte.

Nachdem Maximilian den gegen den Papst eingegangenen Verbindlichkeiten untreu geworden war und auch die Franzosen bei jeder Gelegenheit hatte fühlen lassen, er wolle allein Herr in Mexiko seyn, konnte er sich auch nur auf eine Partei in Mexiko selber stützen. Aber die liberale Partei, welcher er sich bisher anvertraut hatte, verließ ihn in dem Maaße, in welchem seine Kriegsmacht durch den Abzug der Franzosen geschwächt wurde. Sie berechnete, daß, wenn erst alle französischen Truppen fort wären, Juarez allein mit Hülfe der Nordamerikaner das Feld behaupten werde. Wozu also noch sich um den Fremdling bemühen, der ihnen nicht einmal mehr einen persönlichen Vortheil gewähren konnte? Er konnte sich also nur auf die klerikale Partei stützen. Er hätte das gleich anfangs thun und nie davon abweichen sollen.

Die Frage, ob es noch Zeit war, sich dieser Partei wieder anzuschließen, nachdem er sie so hart vor den Kopf gestoßen hatte, nachdem er die französische Hülfe verscherzt hatte, ist in der Presse fast einstimmig verneint worden und man hat desfalls dem s. g. Pater Fischer, der den Kaiser Maximilian der klerikalen Partei wieder zuführte, schwere Vorwürfe gemacht. Augustin Fischer, aus Württemberg gebürtig und Protestant, kam 1845 mit deutschen Auswanderern nach Texas, später nach Californien und Mexiko, wurde katholisch, Priester und Sekretär des Bischofs von Durando, aber wie Keratry wissen will, wegen anstößigen Lebenswandels verstoßen. Als ein großer, schöner, gewandter und beredter Mann fand er aber immer neue Gönner und wurde mit einer Mission nach Rom betraut. Nach seiner Rückkehr gefiel er dem neuen Kaiser Maximilian, der ihn zu seinem Sekretär machte und in sein engstes Vertrauen zog. Daß Fischer ihm rieth, er solle seinem ursprünglichen Programm treu bleiben und sich wieder auf die streng katholische Partei stützen, war sehr vernünftig und es wäre für den Kaiser besser gewesen, er hätte einen solchen Rath schon früher gehört und befolgt. Genug, auch jetzt noch hoffte er und schien wieder die rechte Fassung gewonnen zu haben, denn ohne Zweifel war er im Herzen eifrig katholisch und die liberale Rolle war ihm fremd und er für dieselbe ungeschickt gewesen. Und dennoch konnte er, nachdem er sich einmal mit den Liberalen eingelassen und ihre Macht im Lande anerkannt hatte, nur wieder eine halbe Maßregel ergreifen, wenn er diese Partei nicht tödtlich erbittern wollte. Er bereitete ein neues Concordat mit Rom vor, versicherte aber, dasselbe werde die Freiheit und das Recht der merikanischen Nation nicht verletzen. Das ärgerte wieder die klerikale Partei. Diese war nicht so ohnmächtig, als wofür man sie ausgab, aber sie traute dem Kaiser nicht und hielt deshalb zurück. Was hätte sich nicht thun lassen, wenn man gleich anfangs den naiven Enthusiasmus der Indianer benutzt hätte, der nur zurückgehalten wurde, als der Kaiser so unbesonnen war, sich auf die liberale Seite zu stellen. Wenn Maximilian einsah, daß diese seine Hingebung an die Liberalen ein politischer Fehler gewesen war, so durfte er ihn nicht zum zweitenmal begehen, indem er der klerikalen Partei Concessionen wieder nur mit liberalen Vorbehalten machte.

Maximilian schwankte noch, als die Trauerbotschaft von der Erkrankung seiner Gemahlin aus Europa anlangte. In seiner tiefen Niedergeschlagenheit dachte er an die Niederlegung seiner Krone und an seine Rückkehr nach Europa. Welchen Entschluß er auch noch fassen mochte, so schien es ihm doch räthlich, die Hauptstadt zu verlaſſen und ſich Veracruz zu nähern, von wo aus er, wenn er wirklich abdanken wollte, ſich am ſchnellſten den mexikaniſchen Wirren entziehen und frei nach Europa zurückkehren konnte. Das war nun wieder eine Halbheit. Er ließ das Miniſterium in der Hauptſtadt zurück und wollte ſchon unterwegs auf einer kleinen Station ſeine Abdankung erklären, eine Handlungsweiſe, von der ihm nicht blos Fiſcher, ſondern auch der Leibarzt bringend abrieth. Maximilian ließ ſich nun bis Orizaba bringen, blieb aber immer noch unentſchloſſen. Man mag ſich denken, was in ſeiner Seele vorging, indem der warme und begeiſterte Empfang, den er überall auf ſeinem Wege fand, ihn mahnte, im Lande zu bleiben, eine bange Sehnſucht ihn aber über Meer nach Miramare zog.

Den General Caſtelnau zu ſehen, vermied der Kaiſer unterwegs, unterſagte ihm ſogar einmal bei einer Begegnung die Audienz. Dadurch wurde aber die Spannung zwiſchen ihm und den Franzoſen immer größer. Im September veröffentlichte die Cölner Zeitung eine Correſpondenz aus Veracruz, wonach Bazaine hinter Maximilians Rücken mit den Juariſten unterhandelt, ihnen Pferde, Waffen, Kriegsbedarf hinterlaſſen und die öſterreichiſche Legion in Oajaca abſichtlich nicht unterſtützt habe, ſo daß ſie von den Juariſten überwältigt wurde.

Die Nachricht, Maximilian ſey von den Franzoſen gewaltſam in Orizaba zurückgehalten worden, wurde voreilig ausgeſtreut. Die Franzoſen legten den größten Werth darauf, daß er freiwillig abdanke, und thaten ihm in ſofern keinen Zwang an.

Unter den Gründen, welche den Kaiſer Maximilian ſollen bewogen haben, in Mexiko zu bleiben, wird hauptſächlich ein Brief geltend gemacht, welcher Eloin, der belgiſche Secretär ſeiner Gemahlin Charlotte, geſchrieben haben ſoll. Eloin rieth ihm, ſich der franzöſiſchen Forderung, abzudanken, ehe er abreiſe, nicht zu fügen und in Mexiko zu bleiben. „Es iſt indeß meine innerſte Ueberzeugung, daß es für einen Act der Schwäche angesehen werden würde, die Parthie vor Rückkehr der französischen Armee aufzugeben, und da der Kaiser seine Vollmacht von einer Volksabstimmung erhalten hat, so hat er an das mexikanische vom Druck fremder Intervention erlöste Volk von Neuem Berufung einzulegen und von ihm die zum Bestehen und Gedeihen unerläßlichen materiellen und finanziellen Mittel zu fordern. Bleibt dieser Aufruf ungehört, so wird Ew. Majestät, nachdem Sie Ihre erhabene Sendung bis zum Ende erfüllt, nach Europa mit demselben Glanze zurückkehren, der Sie bei der Abreise umgab, und, inmitten der wichtigen Ereignisse, welche sicher nicht ausbleiben werden, wird Ew. Majestät die Stelle einnehmen können, welche Ihnen in jeder Hinsicht zukommt. Bei der Durchreise durch Oesterreich hatte ich Grund, das allgemein dort herrschende Mißvergnügen zu bemerken. Der Kaiser ist entmuthigt; das Volk wird ungeduldig und fordert öffentlich seine Abdankung. Die Zuneigung zu Ew. Majestät breitet sich sichtbar über das ganze Ländergebiet Oesterreichs aus. In Venedig ist eine ganze Parthie bereit, ihren früheren Landeschef mit Zuruf zu empfangen; wenn aber eine Regierung über die Wahlen unter der Herrschaft des allgemeinen Wahlrechts verfügt, so ist das Ergebniß leicht vorauszusehen." Graf Kératry fügt hinzu: „Ist es glaublich, daß ein Rath der Krone eine solche Sprache habe führen können, ohne dazu durch die geheimen Wünsche und vertraulichen Eröffnungen seines Fürsten autorisirt zu seyn? So träumte denn Maximilian von neuen Abenteuern und sein ehrgeiziger Blick war schon von der Krone Mexikos abgelenkt auf diejenige Oesterreichs und des wieder zur italienischen Provinz gewordenen Venetien; wenn er nicht gar, nach dem Vorbilde seines Ahnen, Karls V., den er den kaiserlichen Dichter zu nennen pflegte und dem er nachzuahmen strebte, die Vereinigung beider Scepter in der Zukunft in seiner Hand zu erblicken geglaubt hatte. Bei jedem Schritt, den man durch das

Labyrinth dieser beklagenswerthen, aus einer zweideutigen Politik hervorgegangenen Geschichte macht, stößt der Fuß auf Intriguen und Verschwörungen. Angesichts dieser dunkeln Ränke, die mit Sadowa wieder aufgelebt waren, darf man nicht mehr erstaunen, wenn der österreichische Hof sogar gegen den vom Bruder Franz Josephs getragenen Titel Mißtrauen hegte und an seinen Gesandten in Mexiko, den Baron Lago, eine Depesche richtete, welche dem Erzherzog verbot den österreichischen Boden zu betreten, wenn er mit dem Titel eines Kaisers nach Europa zurückkehren wolle."

Basch, der Leibarzt Maximilians, erklärte es mit großer Entrüstung für eine Lüge, daß Maximilian jenen Ehrgeiz, dessen er angeschuldigt wird, gehegt habe.

Mit mehr Grund wird der sogenannte „Pater Fischer" als derjenige genannt, der in Orizaba am meisten Einfluß auf Maximilian geübt und denselben zum Verbleiben in Mexiko veranlaßt habe. Fischer, ein württembergischer Protestant von bedeutendem Talent, war convertirt und nach mancherlei Lebensabenteuern Priester in Mexiko geworden. (Nicht Ordensgeistlicher, weßhalb er besser Abbé als Pater titulirt wird.) Er wurde Maximilians Vertrauter und folgte ihm nach Orizaba, nachdem er eben von einer Sendung nach Rom zurückgekehrt war. Maximilians Leibarzt Dr. Basch, der auch in Orizaba war, sagt, in der Zeit, in welcher Maximilian noch lebhaft an dem Gedanken hing, nach Europa zu fliehen, soll ihm Fischer einmal gerathen haben, er möge zu Gunsten Napoleons III. abdanken. Für diesen Rath verdient Fischer keinen Vorwurf. Vielmehr war es, wenn Maximilian wirklich abdanken wollte, der klügste Rath, dem die Geschicke Mexikos wieder in die Hände zu legen, der ihn zu einer kurzen Uebernahme derselben verleitet hatte, und ihm die Verantwortung zu überlassen.

Maximilian würde auch wohl abgedankt haben, wenn nicht die

klerikale und conservative Partei die größten Anstrengungen gemacht hätten. Die Generale Marquez und Miramon eilten nach Orizaba und zeigten ein solches Vertrauen auf ihre Streitkräfte und auf den Zulauf, den sie noch finden würden, daß Maximilian vorzüglich durch sie bewogen wurde, in Mexiko zu bleiben. Jetzt erst gewann auch Fischer freies Spiel. „Fischers Endziel war das Concordat, den Conservativen war das vorderhand Nebensache; für sie handelte es sich nur um die Restitution des Besitzes. Beide konnten die Realisirung ihrer Pläne nur im Kaiserreich finden und es war somit natürlich, daß die Conservativen den Pater Fischer, welcher jetzt dem Kaiser nahe stand, solange als Werkzeug zu benutzen suchten, bis sie auf eigenen Füßen stehen würden. Ich muß Fischer die Gerechtigkeit wiederfahren lassen, daß er es immer ehrlich mit den Conservativen meinte und ihre Interessen fortdauernd auf das Wärmste vertrat; diese vergalten ihm jedoch mit wenig Dank. Ich werde später Gelegenheit haben zu erzählen, wie die Minister, welche Fischer in Orizaba hüteten und hätschelten wie ein Kind, ihn vernachlässigten und bei Seite schoben, als der Kaiser nicht mehr in Mexiko war. Für seinen eigentlichen Plan, — das Concordat — konnte Fischer natürlicherweise in Orizaba nichts thun. ‚Der Kaiser geht wieder nach Mexiko,' sagte er eines Abends freudestrahlend, als die Rückkehr des Kaisers nach der Hauptstadt an Wahrscheinlichkeit gewann. ‚Nun werde ich an meine eigentliche Arbeit gehen, an das Concordat.'" Auf der folgenden Seite sagt der Leibarzt, Maximilian habe später im Gefängniß geäußert: „Fischer hat mich mit dem Concordat betrogen und belogen." Damit kann doch aber nichts anderes gemeint seyn, als daß Fischer beim besten Willen und indem er dabei selbst seine Person großer Gefahr aussetzte, nicht im Stande gewesen ist, durch das erst angebotene, aber noch nicht abgeschlossene Concordat dem Kaiser Maximilian in seiner Noth und beim Drängen der Zeit eine Hülfe zu gewähren. Von einem abfichtlichen Betruge kann nicht die Rede seyn, denn Fischer hätte davon weder für sich, noch für den h. Stuhl den geringsten Vortheil erlangen können. Er blieb einfach dem urfprünglichen Plane der klerikalen Partei in Mexiko und des heil. Stuhles treu. Entweder diese Partei drang durch und führte auch ohne die Franzofen mit ihrem neuen Kaifer allein das romanische Programm Napoleons III. durch, oder fie ging einem Martyrium entgegen. Weder das eine noch das andere kann dem zum Vorwurf gereichen, der diese feste und gefährliche Bahn betrat und feinem Principe treu blieb.

Es waren indeß nicht blos die Ueberredungen Fifchers und der oben genannten Generale allein, die Maximilian zum Dableiben bestimmten. Er wurde nämlich grade damals von Frankreich auf eine Weise maltraitirt, daß er fich um keinen Preis ferner als die verachtete Puppe diefer Macht ansehen lassen wollte. Er hatte nämlich seine Abdankung gegen sichere Garantien angeboten. „Als Antwort kam eine Erklärung vom 16. November, unterzeichnet vom Marschall Bazaine, dem französischen Gefandten Dano und dem General Castelnau, worin im Wesentlichen der Forderung des Kaifers zugestimmt, gleichzeitig aber von den Bevollmächtigten Napoleons, in der freudigen Aufregung, daß der Kaifer freiwillig das Feld räumen werde, die Unvorsichtigkeit begangen wird, am Schluffe des Actenstückes aus der Schule zu schwatzen und von Verhandlungen mit einem ‚nouveau gouvernement du Mexique' zu sprechen. Diese offene Erklärung der bisher geheim betriebenen französischen Transaction mit den Nordstaaten, machte auf den Kaifer einen mächtigen Eindruck. Mehr denn je fühlte er jetzt die tiefe Verletzung, und fein Stolz mußte fich gegen eine folche Beerbung bei lebendigem Leibe, gegen ein Hinwegsetzen über die ersten Regeln des diplomatischen Anstandes erheben. Es war klar, Napoleon wollte die Scharte feines Vertragsbruches auswetzen. Er hatte der Welt, da er sein gegebenes Wort nicht einlösen konnte, seine Ohnmacht zeigen müssen, es galt ihr nun Sand in die Augen zu streuen und einen Schritt weiter zu gehen. Die Abdankung des Kaisers sollte nichts seyn, als die Abberufung eines Statthalters, mit dessen Verwaltung er nicht zufrieden war. Großmüthig sollte nun der Schmerzensschrei Mexikos erhört werden, und Europa Gelegenheit haben die Vielseitigkeit Napoleons zu bewundern, indem er zur Abwechslung die Gesellschaft auch einmal mit einer Republik beglückte."

Maximilian warf sich nun ganz den Klerikalen in die Arme und wollte Kaiser bleiben, aber nur unter der Bedingung, daß er durch einen mexikanischen Nationalcongreß bestätigt werde und daß man ihn mit Geld und Mannschaften ausreichend unterstütze. „Hätten die Conservativen und ihre dermaligen Verbündeten, die Gemäßigten, nur einen Funken von Ehrlichkeit besessen, so mußten sie und mit ihnen Pater Fischer sich dahin aussprechen, daß auf die Bedingungen des Kaisers einzugehen unmöglich sey, weil keine Aussicht vorhanden war, dieselben zu erfüllen." Dieser Vorwurf erscheint nicht unbegründet, allein die Conservativen sind dadurch entschuldigt, daß sie sich selbst in einer Täuschung befanden. Sie logen dem Kaiser nicht vor, daß sie viel stärker seyen, als sie es waren, sondern sie glaubten damals noch selbst, sie seyen stark genug, um der juaristischen Banden Meister zu werden. Wenn sie den Kaiser betrogen hätten, hätten sie sich ja selbst betrogen, denn sie setzten sich der schrecklichsten Rache der Juaristen aus. Ein gerechtes Urtheil nach gesunder Logik kann ihnen daher nur Selbsttäuschung vorwerfen, aber nicht Betrug.

Die Schuld, daß alles mißlang, lag wesentlich an einigen Generalen und zweideutigen Charakteren im Ministerium, die nicht einig handelten und nicht Farbe hielten. General Marquez z. B. war eigenmächtig, diente nur seinem Ehrgeiz. Andere hatten Angst vor Nordamerika, ließen sich von den Franzosen beschwatzen, trachteten, wenn alles schlimm ginge, Verrath zu üben oder wenigstens noch günstig zu capituliren, und hielten vor allem das wenige noch vorhandene Geld zurück, anstatt es dem Kaiser zu geben. Am besten gelang es den Franzosen, die Oesterreicher und Belgier, die dem Kaiser bisher so treu gewesen, einzuschüchtern. Bazaine hatte sie in isolirter Stellung den Angriffen der Juaristen preisgegeben und sie hatten großen Verlust erlitten. Man hatte ihnen Niederlassungen in dem paradiesischen Lande versprochen. Jetzt sahen sie nur Noth und Elend vor sich und die Franzosen verfehlten nicht, indem sie selber abzogen, sie vor dem Dableiben dringend zu warnen. Maximilian glaubte diese deutschen Hülfstruppen als solche auflösen zu müssen, erlaubte jedem die Heimkehr, lud aber alle, die ihm treu bleiben wollten ein, in die mexikanische Nationalarmee einzutreten. Er hoffte, daß es die meisten thun würden, aber nur eine Minderheit war großherzig genug, ihn nicht zu verlassen. „Der Grund, weshalb die Mehrzahl der Oesterreicher dem ausgesprochenen Wunsche des Kaisers nicht nachkam, war ein doppelter. Vor allem machte sich auch hier französischer Einfluß geltend, von dem sogar hochgestellte Offiziere sich leiten ließen und infolge dessen ihre Autorität benutzten, die Mannschaft zur Heimkehr zu überreden. Den größern Theil der Schuld trug jedoch das Verhalten des österreichischen und belgischen Geschäftsträgers. Ich erzähle durchaus nichts Neues, und nur ein Allen, die gleichzeitig mit mir in Mexiko waren, bekanntes Factum, wenn ich berichte, daß sowohl Baron Lago als Hoorinks all ihren Einfluß aufboten, die Oesterreicher und Belgier aus dem Lande zu bringen. Mit dem entmuthigenden Nachweis von der Hoffnungslosigkeit des Unternehmens erreichten sie ihren Zweck nahezu vollständig. Dasselbe geschah begreiflicherweise auch von französischer Seite rücksichtlich derjenigen französischen Offiziere und Soldaten, die schon Dienste in der mexikanischen Nationalarmee angenommen hatten. Es waren nämlich einige Monate vorher unter französischen Auspicien einige Regimenter von Cazadores (Jäger) errichtet worden. Diese Truppen waren Bestandtheile der Nationalarmee, aber Commandanten und Offiziere waren zum großen Theile Franzosen; die Mannschaft selbst bestand aus gemischten, vorwiegend französischen Elementen. Ich muß hier um einige Wochen vorgreifend, des Befehles erwähnen, durch welchen Marschall Bazaine, nachdem der Abzug der Franzosen fixirt war, alle französischen Offiziere und Soldaten, welche in der mexikanischen Armee dienten, kurzweg zurückberief und diejenigen als Deserteure erklärte, welche dieser Aufforderung nicht Folge leisten, mit der rückkehrenden französischen Interventionsarmee das Land verlassen würden. Was die Desertion anbelangt, so möchte ich, um die Handlungsweise Bazaines ins rechte Licht zu setzen, darauf hinweisen, wie der Vorwurf der Protection dieses Vergehens gradezu auf ihn zurückfällt. Die in die Cazadores-Bataillone eingetretenen Franzosen hatten ihre ursprüngliche Stellung in der französischen Armee mit ausdrücklicher Bewilligung des Marschalls aufgegeben. Marschall Bazaine war es somit, der die Franzosen zur Desertion verleitet hat. Doch der Marschall hatte durch diesen Erlaß alle Franzosen, welche ihrem dem Kaiser geschwornen Fahneneid treu blieben, für vogelfrei erklärt, und diese Dissidenten übernahmen später das ruchlose Geschäft 'die Deserteure' zu füsiliren. So ließ Escobedo anfangs Februar, nach der Niederlage Miramons bei San Jacinto, 109 gefangengenommene Franzosen niederschießen. Diese Greuelthat rief allgemeines Entsetzen hervor und zehn französische Offiziere veröffentlichten im ‚Courrier' — der in Mexiko erschien — einen Protest, welchen Herr Kératry seinem Buche nicht einverleibt hat."

Der Protest ist in Montlongs Werk enthalten, die dem Kaiser

treu gebliebenen Oesterreicher machen darin dem französischen Marschall die schwersten und gerechtesten Vorwürfe. Maximilian selbst gab endlich dem General Castelnau, den Napoleon III. an ihn gesandt hatte, eine Audienz, aber eine sehr ungnädige. Obgleich er nicht mehr hoffen konnte, Mexiko je in Ruhe zu beherrschen, so reifte doch der Entschluß in ihm, in keinem Fall ruhmlos, „in einem französischen Gepäckwagen" nach Europa zurückzukehren, sondern in Mexiko als ritterlicher Held noch einmal das Schwert zu ziehen, um als selbstständiger und tapfrer Fürst die Achtung der Welt zu erwerben und, wenn ihm noch eine Rolle in Europa zu spielen vorbehalten seyn sollte, derselben würdig zu seyn oder — mit Ehren unterzugehen.

So kehrte er denn am 5. Januar 1867 nach der Hauptstadt Mexiko zurück, wo er abermals eine Nationalversammlung zusammenzubringen versuchte, die ihn im Besitze des Throns bestätigen sollte, die aber im Gedränge der Zeit und Umstände nicht zustande kam. Die Franzosen zogen wie der Teufel mit Gestank ab. Bazaine war so kleinlich boshaft, die Kriegsvorräthe zu vernichten, die dem Kaiser noch sehr von Nutzen hätten seyn können, und seine Truppen von den Wällen der Hauptstadt abzuberufen, ohne es den Kaiserlichen vorher angezeigt zu haben, so daß die Wälle vier Stunden lang unbesetzt waren.

Die Klerikalen strengten sich möglichst an, dem Kaiser noch eine einheimische Armee zu werben, wobei sie durch den Muth und Ehrgeiz einiger Generale unterstützt wurden. Man traf aber die schlechtesten Dispositionen, indem man diese Truppen nicht concentrirte, sondern auf der Straße zwischen Veracruz und der Hauptstadt vertheilte. Maximilian mochte wohl darauf denken, sich durch diese Maßregel im schlimmsten Falle den Rückzug zum Meere offen zu halten. Mit seiner Hauptmacht, die er in der Hauptstadt vereinigt hatte, hoffte er, einen Sieg über den juaristischen General Escobedo zu erfechten und zog ihm mit 16000 Mann nordwärts nach Queretaro entgegen. Aber General Marquez, den er auf der Straße nach Veracruz in Puebla zurückgelassen hatte, war zu schwach, sich lange gegen den juaristischen General Porfirio Diaz zu vertheidigen. Puebla mußte sich ergeben und Marquez zog sich nach der Hauptstadt zurück, um diese in Abwesenheit des Kaisers zu schützen. Die hier gefangenen 600 Ausländer wurden frei gelassen und Porfirio Diaz veröffentlichte ein Schreiben des Marschall Bazaine, worin dieser ihm die Auslieferung des Kaisers, sowie auch fester Plätze und Waffen angeboten haben soll. Ob der französische Marschall sich dieser Verrätherei wirklich schuldig gemacht hat, ist nicht constatirt. Gewiß aber ist, daß Bazaine eine Nichte des mexikanischen General Lopez geheirathet und demselben das Offizierskreuz der Ehrenlegion verschafft hat, demselben Manne, der nachher den Kaiser Maximilian in Queretaro auf das schändlichste verrieth.

Ein kleiner Sieg Miramons machte unterdeß dem Kaiser Maximilian in der Hauptstadt Muth, zum erstenmal ohne die Hülfe der Franzosen die Offensive zu ergreifen. Er hoffte den juaristischen General Escobedo im Norden schlagen zu können und begab sich an der Spitze seiner Truppen nach Queretaro. Diese verhängnißvolle Reise des Kaisers nach Queretaro ist so aufgefaßt worden, als sey er von falschen Freunden verlockt worden. Der Leibarzt widerlegt diese verleumberischen Gerüchte. „Mit einem energischen Kriege gegen die Dissidenten war Pater Fischer vollkommen einverstanden, aber es ist unwahr, daß er den Kaiser bewogen habe, nach Queretaro zu gehen. Ebenso muß ich den preußischen Gesandten Baron Magnus gegen die Beschuldigung, daß er durch seinen Rath den Kaiser bestimmt habe, sich zur Armee zu begeben, rechtfertigen. Wenngleich in einem diplomatischen Berichte an die österreichische Regierung die

Thätigkeit Beider in diesem Sinne dargestellt wird, so ist dem in Wirklichkeit doch nicht so. Baron Magnus sprach sich weit mehr gegen jeden Krieg aus, der nur den Zweck haben sollte, Unterhandlungen herbeizuführen. Für die Ansicht, die Baron Magnus von der Situation hatte, ist seine Aeußerung gegen Pater Fischer bezeichnend genug: „Ich habe oft gehört, daß man verhandle, um in den Krieg zu ziehen; ich habe aber nie gehört, daß man Krieg führe, um zu verhandeln. Es ist ein gefährliches Spiel, das der Kaiser spielt, wenn er mit den Waffen in der Hand friedliche Unterhandlungen einleiten will.' Doch alle Gegenvorstellungen fruchteten nichts, der Kaiser hatte bereits Marquez zugesagt, nach Queretaro zu gehen." Leider ließ Maximilian auch seine treuen Oesterreicher bei Marquez zurück, da er, das erstemal ins Feld ziehend, des nationalen Princips halber nur von Mexikanern umgeben seyn wollte.

Auch Fischer blieb in der Hauptstadt zurück, um das Ministerium zu überwachen. Das hatte keine guten Folgen, denn Marquez allein spielte den Meister in der Hauptstadt. Auf ihn allein wälzt der Leibarzt die Schuld des Unglücks, das den armen Kaiser traf. „Zunächst ist es sicher, daß Marquez zum größten Theile die Schuld daran trägt, daß der Kaiser Mexiko verlassen und sich nach Queretaro begeben hat. Man sagt, Marquez habe dies mit der ernstesten Absicht gethan, den Kaiser zu verderben, und in der That, wenn er wirklich diesen Plan gehabt, er hätte ihn nicht teuflicher ersinnen und nicht besser durchführen können. Es ist ferner kein Zweifel, daß Marquez den Kaiser bestimmt hat, Mexiko ohne Truppen, ohne Geld und ohne Munition zu verlassen. Hat er dies mit Absicht gethan, so ist der Vorwurf gemeinen Verrathes vollkommen begründet; liegen keine derartigen Absichten seiner Handlungsweise zu Grunde, so muß man ihn doch, indem er den Kaiser durch falsche Vorspiegelungen zu einem solchen Schritt bewog, einer Gewissenlosigkeit zeihen, gegen die er nie im Stande seyn wird, sich zu rechtfertigen. Wenngleich die abziehenden Franzosen viel Kriegsmaterial vernichtet hatten, so war doch noch solches im Ueberflusse vorhanden. Zudem wurden bei dem Ausmarsch nach Queretaro die besten Truppen in Mexiko zurückgelassen und nicht gezogenes Geschütz mitgenommen."

Als Maximilian die Hauptstadt verließ, um nach Queretaro zu gehen, hinterließ er den Befehl, die hier zurückgebliebenen österreichischen Truppen sollten ihm nachfolgen. Aber die Minister ließen sie nicht fort, weil sie sich selbst von ihnen schützen lassen wollten und unterschlugen den kaiserlichen Befehl, so daß die treuen Oesterreicher nichts davon erfuhren. Pater Fischer, der gleichfalls zurückgeblieben war, vermochte nichts über die eigenmächtigen Minister. Maximilian schrieb ihm aus Queretaro am 28. Februar, auch Briefe von ihm müßten von den Ministern unterschlagen worden seyn und beschwerte sich bitter über die „letzten Schandthaten der Franzosen" und über die Minister. Ein anderer Brief des Kaisers an den Professor Bilimek ist noch interessanter. Er ist vom 2. März datirt und drückt sein Vergnügen über den Entschluß aus, den er gefaßt habe. „In den nächsten Tagen, schreibt er, werden wir unser Glück versuchen. Gelingt uns der Schlag, so hoffe ich Sie bald wieder zu sehen. Gelingt er nicht, so haben wir wenigstens als ehrliche Leute gekämpft und bewiesen, daß wir es doch noch einige Wochen länger als die weltberühmten glorreichen Franzosen ausgehalten haben. Mit dem Schwerte in der Hand untergehen ist Schicksal, aber keine Schande."

Man erfuhr, der Kaiser habe am 19. Februar noch einen Sieg über die Republikaner unter Carvajal erfochten, sey aber später in Queretaro von der Uebermacht des Juarez eingeschlossen worden. Im Laufe des Winters war es Juarez gelungen, seinen Nebenbuhler Ortega gefangen zu nehmen und seine Streitkräfte zu vermehren. In Zacatecas ließ der juristische General Escobedo 134 Gefangene von hinten erschießen und verkünden, er werde alle Ausländer, die mit den Waffen in der Hand ergriffen würden, auf diese Art behandeln. Man erfuhr wochenlang nichts Näheres vom Kaiser, bis englische Blätter eine Correspondenz zwischen der österreichischen Gesandtschaft in Washington und Herrn Seward mittheilten. Der Kaiser von Oesterreich ließ durch Herrn von Wydenbruck die Regierung der Vereinigten Staaten ersuchen, etwas zu Gunsten des Kaisers Maximilian zu thun, falls derselbe etwa von den Juaristen gefangen genommen würde, und Herr Seward verfehlte nicht, am 6. April dem mexikanischen Gesandten, Campbell, zu notificiren: „Die Gefangennehmung des Prinzen Maximilian in Queretaro durch die republikanischen Armeen scheint wahrscheinlich. Das strenge Verfahren, welches, wie es heißt, gegen die in Zacatecas gemachten Gefangenen beobachtet worden ist, läßt dieselbe Behandlung bezüglich des Prinzen und seiner Truppen befürchten. Eine solche Strenge würde der nationalen Sache Mexikos und dem republikanischen Regierungssystem in der ganzen Welt zum Schaden gereichen. Sie wollen schleunigst dem Präsidenten Juarez den Wunsch mittheilen, den die diesseitige Regierung hegt, daß der Fürst und seine Anhänger, falls sie gefangen genommen würden, mit derjenigen Humanität behandelt würden, welche civilisirte Nationen Kriegsgefangenen zugestehen."

Das Trauerspiel in Mexiko neigte seinem Ende zu. Maximilian sah sich bald in die Defensive zurückgedrängt und wurde in der Stadt Queretaro von Escobedo eingeschlossen. Hier hielt er sich mit den Generalen Miramon, Mejia ꝛc. sehr tapfer, obgleich die Lebensmittel ausgingen und Krankheiten in der Stadt ausbrachen. Schon war ein Ausfall verabredet, der dem Kaiser Gelegenheit zur Flucht verschaffen sollte, aber die Vorbereitungen verspäteten sich um einen Tag und gerade in diesem kritischen Momente wurde Oberst Lopez am Kaiser zum Verräther und ließ die Feinde durch das große Kloster

La Cruz in die Stadt herein. Es war in der Nacht auf den 15. Mai und alles geschah so heimlich, daß der Kaiser nicht einmal aufwachte. Der juaristische Oberst Rincon Gallardo besetzte das Gebäude und der Kaiser sammt seinem Gefolge war gefangen. Rincon aber ließ ihn frei, indem er zu ihm sagte: Sie sind kein Soldat, Sie sind ein Bürger, wir brauchen Sie daher nicht! Staunend entfloh der Kaiser in die obere Stadt zum General Miramon, welcher hier den Widerstand organisirte. Allein die Juaristen hatten die Uebermacht und ihrem Kanonenfeuer ließ sich nicht lange widerstehen. Miramon fiel im Kampfe, der Kaiser mußte sich gefangen geben.

Ueber sein ferneres Schicksal schwebte man in Europa lange in Ungewißheit. Bald hieß es, er sey zum Tode verurtheilt, bald wieder, er sey frei gelassen und schon auf der Heimkehr begriffen oder es werde um ein Lösegeld noch unterhandelt. Man glaubte, um die bei der Pariser Ausstellung vereinigten Monarchen und die Krönungsfeier in Pesth nicht zu stören, würden schlimme Nachrichten aus Mexiko absichtlich zurückgehalten.

Unterdeß forderte der Kaiser von Oesterreich, Maximilians Bruder, das Cabinet von Washington bringend auf, bei Juarez zu vermitteln, und in der That forderte Seward im Namen der Unionsregierung den Juarez auf, mit dem gefangenen Kaiser umzugehen, wie es unter humanen Völkern sich gezieme, aber ohne Erfolg, sey es daß Juarez zeigen wollte, er sey ein unabhängiger Herr und kein Vasall der Vereinigten Staaten; sey es, daß er sich einbildete, die amerikanischen Politiker, welche die Monroedoctrin erfunden hätten, würden nicht ernstlich darüber böse werden, wenn er sie im strengsten Maße auf den fremden Eindringling anwende. Unter dem Gefolge des Kaisers befand sich ein deutscher Prinz Salm-Salm, dessen Gemahlin mit fünfzig andern Damen zu Juarez hinging und ihn flehentlich um das Leben des Kaisers bat. Aber Juarez gab ihnen die schreckliche

Antwort: Warum seyd ihr nicht zu Maximilian gegangen, ihn um Gnade für die republikanischen Gefangenen zu bitten, die er hat niederschießen lassen? In der That gereichte das Decret vom 3. October 1865, worin Maximilian, damals noch im Siegestaumel, um dem Widerstand der Juaristen schnell ein Ende zu machen, die gefangenen Rebellen als Räuber behandeln und erschießen zu lassen befahl, ihm jetzt zum eigenen Verderben. Die Entscheidung über sein Schicksal schob sich mehrere Wochen hinaus, in Folge welcher geheimen Unterhandlungen, ist noch nicht bekannt. Um Lösegeld soll nicht gehandelt worden seyn. Man erfuhr, alle Mächte hätten sich für Maximilian verwendet, besonders bringend die Königin Victoria von England. Um ihm den vollen Verzicht auf Mexiko und die Rückkehr nach Oesterreich zu erleichtern, hob Franz Joseph den Vertrag von Miramare auf, in welchem Max der Nachfolge in Oesterreich entsagt hatte.

Kaiser Maximilian war im Kloster Los Capunisinas untergebracht worden, einem sehr düsteren Gebäude, wo er einen Monat lang eingesperrt war ohne freie Luft und Bewegung, weshalb er an der Ruhr erkrankte. Die treue Princeſſin Salm-Salm hatte die Erlaubniß ihn täglich zu besuchen. Diese junge Dame war eine Amerikanerin und täuschte sich von Anfang an nicht darüber, daß das Leben des Kaisers verloren sey, wenn ihm nicht noch ein Fluchtversuch gelänge. In den später gedruckten Memoiren dieser Dame beklagt sie sich bitter über die fremden Gesandten, insbesondere über den österreichischen und belgischen, die den Fluchtversuch noch rechtzeitig hätten unterstützen können, aber kein Geld zur Bestechung der Wachen hergeben wollten. Die Meinung dieser Herrn sey gewesen, sein Rang, seine Geburt schütze den Kaiser hinlänglich, niemals werde man ihm an's Leben gehen, da sie doch hätten wissen können, daß die trotzigen Republiken der neuen Welt jenen Rang nicht achteten und die Gelegenheit gewiß nicht auslassen würden, ein Exempel zu statuiren, um es für alle Zukunft jedem europäischen Prinzen zu verleiden, in Amerika eine Krone zu suchen. So wurde die kostbare Zeit mit unnützen Vertröstungen vergeudet. Schon waren Juaristen der Bewachung durch Bestechung gewonnen. Hätte man tiefer in den Beutel gegriffen, so wäre es noch möglich gewesen, den Kaiser durch eine heimliche Flucht zu retten. Aber es war jetzt zu spät. Denn endlich, nach langer peinlicher Ungewißheit erhielt Escobedo den Befehl von Juarez, ein Kriegsgericht in Queretaro niederzusetzen und erst die Generale Mejia und Miramon, dann Maximilian selbst aburtheilen zu lassen. Warum Juarez so lange zögerte, ist nicht bekannt. Wahrscheinlich hat er sich erst in Washington Rath geholt, wo man eben so wahrscheinlich eine strenge Durchführung der Monroedoctrin durch eine fremde Hand, wofür man selber nicht verantwortlich war, nicht ungern sah, wenn man auch äußerlich den Anstand wahrte und die Inhumanität in Queretaro höchlich mißbilligte.

Als Seward sich zum letztenmale im Namen des Cabinets von Washington für Maximilian verwendete, war des Juarez Gesandter Romero zwar sogleich bereit, an Juarez zu telegraphiren, erhielt jedoch als Antwort ein Decret, welches aus dem Kriegsministerium des Juarez am 21. Mai aus San Louis Potosi an Escobedo abgegangen war und worin die politische Nothwendigkeit, den Exkaiser hinzurichten, demonstrirt wurde. „Maximilian habe sich nicht nur zum Werkzeug ausländischer Einmischung hergegeben, sondern auch auf eigene Rechnung einen Freibeuterkrieg in Mexiko geführt mit Oesterreichern und Belgiern, Unterthanen zweier Staaten, die mit der Republik Mexiko nicht im Kriege begriffen seyen. Maximilian habe über das Leben, die Rechte und Interessen von Mexikanern verfügt, ohne dazu berechtigt gewesen zu seyn, nur mit Gewalt und auf eine barbarische Weise." Nun wird hauptsächlich Bezug genommen auf sein berüchtigtes Decret vom 3. October und Escobedo wird von Juarez beauftragt, einfach das Kriegsrecht walten zu lassen, und Ferdinand Maximilian von Habsburg und seine s. g. Generale Miramon und Mejia vor Gericht zu stellen.

Maximilian schrieb aus seinem Kerker dem Papste, dessen der Papst in einer Allocution Erwähnung that. Die Gazette du Midi sagt darüber: „Dieses vom 18. Juni aus dem Gefängniß von Queretaro datirte Schreiben erhielt der Papst erst 3 Tage vor dem Konsistorium. Der unglückliche Monarch bittet darin den Papst demüthig um Verzeihung für alles, was er den Gesetzen der Kirche Entgegengesetztes gethan; er fleht den Statthalter Christi an, ihn zu absolviren, und bietet sein Leben als Sühne für seine Fehler; er drückt seine Reue darüber aus, den Rathschlägen Pius IX. nicht gefolgt zu seyn, der ihn gegen die ihm gelegten Schlingen warnte, und endlich bittet er ihn um den apostolischen Segen in articulo mortis. Die Allocution erwähnt dieses Schreibens ‚neben andern Schriftstücken;‘ was diese Schriftstücke betrifft, so haben wir Grund zu glauben, daß sie ein fruchtbares Heft bilden und daß Pius IX. rechtfertigende Schriftstücke über Mexiko und Maximilian besitzt, welche niemand in seinen Händen vermuthete. Die Reise der unglücklichen Kaiserin Charlotte hatte hauptsächlich zum Zweck, ihm diese kostbare Hinterlegung zu machen." In einer geheimen Urkunde soll Maximilian, der selbst keine Kinder hatte, den Prinzen Iturbide zum Erben seiner Rechte eingesetzt haben.

Am 13. Juni 1867 begann das Kriegsgericht seine Thätigkeit und Freiherr von Lago berichtete darüber nach Wien unter dem 25. Juni, man habe zum Gerichtssaal das städtische Theater ausgewählt, Richter und Angeklagte hätten bei spärlicher Beleuchtung auf der Bühne agirt, während Logen und Sperrsitze von Zuhörern angefüllt gewesen seyen. Der Kaiser habe sich entschieden geweigert, ein solches Lokal zu betreten, und so sey das Verfahren gegen ihn sistirt worden. Mejia und Miramon dagegen wurden verurtheilt. Erst am folgenden Tage wurde auch Kaiser Maximilian vor seine Richter gestellt und gleich jenen zum Tode verurtheilt. Alle sollten erschossen werden, die beiden Generale von hinten, der Kaiser von vorn. Der Anwalt Ortega vertheidigte den Kaiser mit furchtloser, aber auch fruchtloser Beredsamkeit. Das Urtheil wurde begründet durch die Usurpation der höchsten Gewalt überhaupt, deren sich Maximilian in Mexiko schuldig gemacht hatte und durch das Decret vom 3. October 1865 insbesondere.

Unter den fremden Gesandten nahm sich der preußische, von Magnus, des unglücklichen Kaisers am lebhaftesten an.*) Nachdem er früher schon dessen Verurtheilung durch die beredtesten Gründe zu verhindern gesucht hatte, schrieb er noch am Tage vor der Hinrichtung des Kaisers einen dringenden Brief an den Kriegsminister Berdo de Tejada: „Heute in Queretaro eingetroffen, erfahre ich, daß die am 14. verurtheilten Gefangenen am letzten Sonntag einen wahrhaft moralischen Tod erlitten haben. So wird jedermann die Sache betrachten, denn nachdem sie sich an jenem Tage vollständig zum Sterben bereit gehalten hatten, erwarteten sie während einer ganzen Stunde, daß man sie abholen werde, um sie nach dem Orte hinzuführen, wo sie den Tod empfangen sollten, als endlich auf telegraphischem Wege der Befehl eingetroffen ist, die Vollstreckung des Urtheils aufzuschieben. Die Sitten unseres Zeitalters sind zu human, um zuzugeben, daß, nachdem sie diesen schrecklichen Todeskampf erduldet haben, sie am morgenden Tage nochmals zum zweitenmale zum Tode geführt werden sollten. Im Namen der Menschlichkeit und der Ehre

---

*) Ich lernte Herrn von Magnus vor etwa vierzehn Jahren, als er Gesandtschaftssekretär in Stuttgart war, von der achtungswürdigsten Seite kennen, indem er, ein junger Cavalier voll Lebenslust, doch auch Armen und Leidenden reiche Wohlthaten erwies und mir, als er zu einem andern Posten abgerufen wurde, noch eine Sorge für einen derselben anvertraute.

beschwöre ich Sie, Befehle zu geben, um ihres Lebens zu schonen. Ich wiederhole nochmals, daß ich gewiß bin, Se. Majestät der König von Preußen, mein Herr, und alle gekrönten Häupter Europas, die durch die Bande des Bluts mit dem gefangenen Prinzen verbunden sind, sein Bruder, der Kaiser von Oesterreich, seine Cousine, die Königin von England, sein Schwager, der König der Belgier, und seine andern Verwandten, wie die Königin von Spanien, der König von Italien und der König von Schweden, Sr. Excellenz dem Senor de Benito Juarez alle möglichen Garantien geben werden, daß keiner von den Gefangenen je wieder seinen Fuß auf mexikanischen Boden setzen werde." Diese warme Verwendung kam zu spät. Auch Lago war schon früher von Escobedo fortgewiesen worden. Es blieb bei dem Todesurtheil, welches am 19. Juni früh am Morgen vollzogen wurde. Ueber diese tragische Scene erschienen verschiedene falsche Berichte. Den glaubwürdigsten eines Augenzeugen brachte Ende August die Wiener Zeitung. Es war der heiterste Sommermorgen und Maximilian rief aus: „Welch schöner Himmel, so hab ich ihn für den Tag meines Todes gewünscht." Die Verurtheilten waren schwarz gekleidet und jeder bestieg mit einem Geistlichen den Wagen. Am Platze der Hinrichtung angekommen, schritt der Kaiser mit erhobenem Kopfe voran, ließ sich die Soldaten vorstellen, die ihn erschießen sollten, bat sie, auf seine Brust zu zielen, und schenkte jedem eine Unze Gold. Der junge Offizier, der die Soldaten befehligte, bat ihn um Verzeihung, der Kaiser aber ermunterte ihn, seine Pflicht zu thun. Dann umarmte der Kaiser die Generale Miramon und Mejia auf baldiges Wiedersehen, Mejia allein war traurig, weil er wenige Minuten vorher seine geliebte Gattin mit dem Säugling an entblößter Brust wahnsinnig durch die Straßen hatte rennen sehen. Der Kaiser hielt noch eine kurze Rede: Mexikaner! Männer meines Ranges und meiner Geburt und von meinen Gefühlen beseelt, sind durch die Vorsehung bestimmt, entweder Beglücker ihrer Völker, oder Martyrer zu werden. Ich wollte euch Gutes thun und habe es gethan, so viel in meinen Kräften steht. Das und die Treue meiner Generale, die mit mir sterben, ist mein Trost!" Sein Wunsch, sein Blut möge das letzte seyn, was für Mexiko vergossen werde, war natürlicherweise illusorisch. Indem er vortrat, erhob er den Blick zum Himmel, zeigte mit der Hand auf seine Brust, um den Soldaten das Zeichen zu geben, und war in wenig Augenblicken eine Leiche.

Daß die Leiche mishandelt und der Haare beraubt worden sey, daß der Arzt, der sie einbalsamirte, Reliquien von ihr verkauft habe, war nur eine von den vielen Lügen, welche man aussprengte. Augenzeugen haben dem widersprochen.

Der Prinz von Salm beurkundete in einer öffentlichen Erklärung den schändlichen Verrath des undankbaren Lopez. Ueber den Abbé Fischer wurde viel räsonnirt; ihm gab man alle Schuld, was die klerikale Partei gefehlt hatte. Nach allem, was wir oben schon erörtert haben, finden wir sowohl ihn als die klerikale Partei keineswegs so schuldig und die Verdächtigung hat ihren Hauptgrund nur in dem Haß, mit welchem die liberale Presse überhaupt alles Klerikale verfolgt.

Sobald die Hinrichtung des Kaiser Maximilian in der Hauptstadt Mexiko bekannt wurde, hielt es General Marquez für räthlich, die Stadt zu verlassen und sich ins Gebirge zurückzuziehen. Weil er aber kurz vorher noch, wie es hieß, 20 oder 30 der angesehensten Liberalen hatte hinrichten lassen, brach nach seinem Abzug ein großer Tumult in der Stadt aus und nahmen die Liberalen blutige Rache an den Klerikalen, am 20. Juni. Doch wurde die Ruhe bald hergestellt und nachdem Juarez am 15. Juli im Triumph wieder in die Hauptstadt eingezogen war, hielt er am 21. bei einem großen

Bankett eine Versöhnungsrede und ermahnte das mexikanische Volk, großmüthig zu handeln, wie das nordamerikanische, und den besiegten Gegnern eine Amnestie zu gewähren. Nur die klerikale Partei ließ er nicht mehr aufkommen und leerte alle Klöster aus. Am 25. October 1867 wurde er wieder zum Präsidenten gewählt. Um diese Zeit kam der berühmte österreichische Admiral Tegethoff zu ihm und bat im Namen seines Kaisers um die Leiche Maximilians. Juarez nahm Anstand, sie ihm auszuliefern, weil Tegethoff keine schriftliche Vollmacht mitbrachte. Eine solche auszustellen, hatte aber Kaiser Franz Joseph vermieden, weil damit eine Anerkennung des Juarez ausgesprochen worden wäre. Hierauf stellte Herr von Beust am 27. September im Namen der kaiserlichen Familie eine dringende Bitte an das Staatsoberhaupt in Mexiko,*) und nun erst wurde der kaiserliche Leichnam am 26. November, nachdem man ihn unter militärischer Escorte nach Veracruz gebracht hatte, daselbst dem Admiral Tegethoff feierlich übergeben. Die Leiche lag wohlerhalten und schwarz gekleidet auf Sammetkissen in einem Sarg von Rosenholz mit goldnen Beschlägen. Auch der Schlüssel dazu war von Gold. Den Sarg umschloß noch ein

---

*) „Der Kaiser, mein erhabener Herr, hat das Vertrauen, daß die mexikanische Regierung die Stimme der Menschlichkeit hören, sich nicht weigern werde, den gerechten Schmerz Seiner Majestät zu erleichtern und sich der Erfüllung Ihres Wunsches nicht widersetzen werde. Zu diesem Ende ist der Viceadmiral von Tegethoff mit dem Befehl nach Mexiko geschickt worden, dem Präsidenten ein Gesuch zu überreichen, um die Uebertragung der Reste des sehr geliebten Bruders Seiner Kaiserlichen Majestät nach Europa zu erwirken. Als Minister des kaiserlichen Hauses bin ich beauftragt, Ew. Excellenz zu bitten, dem Viceadmiral die erforderliche Ermächtigung verschaffen zu wollen. Ich habe die Ehre, Excellenz, Sie zu bitten, dem Staatsoberhaupt im Voraus die Dankbarkeit der kaiserlichen Familie auszudrücken ꝛc."

zweiter von Zinn und ein dritter von Holz. Der Admiral brachte ihn sogleich auf die Novara, dasselbe Schiff, auf dem der Kaiser nach Mexiko gekommen war.

Als die französischen Truppen aus Mexiko nach Frankreich zurückgekehrt waren, befahl Napoleon III. sogleich, einen großen Theil derselben nach ihrer Heimath zu beurlauben, um sich bequemer ausruhen zu können. Damit wurde jedoch nur bezweckt, die geringe Zahl der Zurückgekehrten nicht übersehen zu lassen. Gegen den Marschall Bazaine erhoben mehrere seiner untergeordneten Generale bittere Klagen, so daß er nicht einmal nach Paris kommen durfte. Die Gerüchte von seinem Ehrgeiz, demzufolge er sich selbst in Mexiko habe zum Herrn aufwerfen wollen, waren wohl übertrieben und gehässig, aber schwer lastete auf ihm der Vorwurf, daß er sich in Mexiko bereichert und daß gerade sein Schwiegervater Lopez den unglücklichen Kaiser Maximilian verrathen hatte. Bazaine hatte diesem Elenden das Offizierskreuz der Ehrenlegion verschafft; jetzt aber wurde Lopez aus der Liste des Ordens gestrichen.

Marschall Bazaine wurde nach seiner Rückkehr nach Frankreich von seinen eigenen Offizieren angeklagt, er habe den Verträgen zuwider, als er aus der Hauptstadt Mexiko abzog, alle Munitionsvorräthe, anstatt sie dem Kaiser Maximilian zurückzulassen, in den Sequiafluß und in den See Texerco versenken, alle in der Citadelle der Hauptstadt befindlichen Geschütze zerstören und das Material als altes Eisen verkaufen lassen. Dabei sey „aus Versehen" auch kaiserliches Material mitverkauft worden. Maximilian habe es erfahren und zum Rechten sehen wollen, sey aber in die Citadelle nicht eingelassen worden. Alle Pulvervorräthe habe Bazaine mit nach Veracruz genommen und den Kaiserlichen nichts gelassen. Allein Graf Keratry hat in einem eigenen Werke den General glänzend vertheidigt und die Beschuldigungen zurückgewiesen. Die letzterwähnte Maaßregel sey von Castelnau ausgegangen, der zuletzt allein bevollmächtigt war. Inzwischen beschuldigt Prinz Salm in seinem 1868 veröffentlichten Tagebuch aus Mexiko Bazaine, er habe sich durch seine Habgier im Lande tödtlich verhaßt gemacht und „die französischen Offiziere ahmten ihn in allem nach und ihre Arroganz und Habgier übertrifft alle Begriffe."

Die Reise, welche die Kaiserin Eugenie im Juli 1867 nach England machte, soll zum Hauptzweck gehabt haben, den Papieren des Kaiser Maximilian von Mexiko, die auf geheimnißvolle Weise nach England in Sicherheit gebracht worden waren, nachzuforschen, um sie auf irgend welche Weise für das französische Interesse unschädlich zu machen. Man glaubte, die Papiere seyen der Königin Victoria selbst übergeben worden und diese hohe Dame werde sich bewegen lassen, sie auszuliefern oder wenigstens deren Veröffentlichung zu verhindern. Es wurde dabei angedeutet, daß, wie auch schon aus den dunklen Andeutungen in den Eloin'schen Berichten zu erkennen gewesen sey, es sich in jenen Papieren nicht mehr von mexikanischen Dingen, sondern von einer bedeutenden Rolle gehandelt habe, die man dem Erzherzog in seiner Heimath zugedacht habe. Die Bemühungen der Kaiserin Eugenie sollen erfolglos geblieben seyn.

In der Mitte des Juli erfuhr man aus Miramare, die unglückliche Kaiserin Charlotte habe den Tod ihres Gemahls noch nicht erfahren, und als die Königin der Belgier, Marie, ihre Schwägerin, zu ihr kam, um sie nach ihrer belgischen Heimath abzuholen, habe sie sich entschieden geweigert, Miramare zu verlassen. „Hier," rief sie, „erwarte ich meinen Max, und wenn ich noch vierzig Jahre warten müßte." Die österreichischen Aerzte sollen abgerathen haben, sie mit Gewalt zu entfernen, während die belgischen es ohne Gefahr thun zu können glaubten. Am 31. Juli 1867 verließ sie Miramare und reiste mit ihrer Schwägerin über Wien nach der Heimath.

Das Schicksal der Kaiserin Charlotte gewinnt einen noch tragischeren Reiz, wenn man von Personen, die ihr nahe gestanden, vernimmt, daß die sehr allgemeine Voraussetzung, sie sey energischer gewesen als ihr Gemahl und habe ihn eigentlich geleitet, eine irrige war. Während sie ihn schwärmerisch liebte und alles für ihn that, soll er ihr nicht die gleiche feurige Neigung zugewandt haben. Im Jahr 1868 erfuhr man, sie habe aus Belgien einen rührenden Brief an den Papst geschrieben und ihres geliebten Gatten Seele seinem Gebet empfohlen.

Maximilians Leiche kam am 15. Januar 1868 in Triest an, wurde hier von den Erzherzögen empfangen und drei Tage später, nachdem sie auf der Eisenbahn fortgeschafft worden war, in Wien in feierlicher und düsterer Trauer in der Kaisergruft bestattet. Seine Gemahlin soll durch das Königspaar in Brüssel endlich von seinem Tode unterrichtet worden seyn und bitterlich geweint haben.

Seine in Mexiko gefangenen Anhänger wurden von Juarez freigelassen, mußten aber sämmtlich, auch die geborenen Mexikaner, das Reich verlassen. In der europäischen Presse fehlte es nicht an Vorwürfen, welche sich die bei der letzten Katastrophe in Mexiko betheiligten Personen gegenseitig machten. Bazaines Adjutant, Graf Keratry, vertheidigte denselben in einer glänzenden Schrift und die Gegenschriften, namentlich die des mexikanischen Major von Montlong, vermochten nur zu beweisen, daß Bazaine den unglücklichen Maximilian grausam im Stich gelassen habe, gingen aber ohne Zweifel zu weit, wenn sie behaupteten, er sey auch gegen seinen Kaiser, Napoleon III., ungehorsam und untreu gewesen. Eine solche Untreue würde Napoleon III. bestraft haben und das ist nicht geschehen. Die Verpflichtungen, welche Frankreich gegenüber dem Kabinet von Washington übernommen hatte, erklären alles.

Unter den aus Mexiko Verbannten befand sich auch Prinz Iturbide, den Maximilian adoptirt und dem der Kaiser von Oesterreich eine Pension von 50,000 Franken ausgesetzt hatte. Dieser zwanzigjährige, als schön und liebenswürdig geschilderte Jüngling trat in die Armee des Papstes ein.

Zwölftes Buch.
Die südamerikanischen Freistaaten und Brasilien.

Nachdem die große Expedition nach Mexiko mißlungen ist, haben alle die, welche sie schon im Beginn mißbilligten, scheinbar Recht erhalten. Sämmtliche germanische Staaten in der alten und neuen Welt mögen auch frohlocken, daß es dem französischen Kaiser nicht gelungen ist, die romanische Race in Mittel- und Südamerika aus ihrer tiefen Versunkenheit emporzuheben. Gleichwohl wird die parteilose Weltgeschichte den romanischen Plan des Napoleoniden billigen, einen großen Gedanken darin erkennen und bedauern, daß er nicht hat durchgeführt werden können. Um in dieser Frage den vielgeschmähten Napoleoniden gerechter zu beurtheilen, als es bis jetzt fast überall geschehen ist, darf man nur orientirt seyn in den Zuständen der spanischen Staaten in den schönen großen Ländern, die sich vom Rio Grande bis zu den Patagonen hin erstrecken. Hier hätte wahrlich Besserung und Hülfe von außen noth gethan, um die spanische Race zum Adel ihres Ursprungs zurückzuführen. Die Verkommenheit dieser

Race in Mexiko haben wir schon kennen gelernt. In allen andern von den Spaniern gegründeten Colonien im Süden Mexikos herrschte dieselbe Verdorbenheit und politische Ohnmacht in Folge der endlosen Parteiungen. Die großen Vicekönigreiche, welche einst die spanische Regierung von Madrid aus hier errichtet hatte und die sich bis zum Abfall vom Mutterlande im Jahr 1808 in innerm Frieden und blühendem Wohlstand erhalten hatten, sind, seitdem die Franzosen und Engländer dem Volk den Taumelkelch der Freiheit gereicht haben, in eine lächerliche Menge von kleinen Republiken zerrissen und in eine Revolution nach der andern gestürzt worden, die zu registriren kaum möglich ist. Kaum hat sich eine größere Republik gebildet, so zerfällt sie schon wieder in kleine. Kaum ist ein Präsident anerkannt worden, so wirft sich der erste beste Offizier oder Advokat in einem Städtchen als Gegenkandidat auf, sammelt eine Räuberbande, verspricht ihr Plünderungen und reiche Beute, verstärkt dadurch seine Truppenzahl und jagt den früheren Präsidenten fort oder läßt ihn erschießen, bis ihn selbst in wenigen Jahren wieder ein anderer absetzt. Zwar herrscht noch viele Frömmigkeit unter dem gemeinen Volke, besonders bei den Indianern, aber mit heidnischem Aberglauben vermischt und der Klerus ist in Gesittung und Bildung, seitdem er sich nicht mehr aus dem Mutterlande in Europa ergänzen kann, tief gesunken, während die höhern und reichern Klassen, besonders in den Seeplätzen, zur Freimaurerei und Freigeisterei neigen.

Die spanische Bevölkerung von Südamerika hätte eben so zu großer Macht gedeihen können, wie die englisch=deutsche in Nordamerika, ja sie hatte schon viel früher und in ausgedehnterem Maße den Boden der neuen Welt besetzt. Die spanischen Colonien waren schon reich bevölkert, als die englischen erst begannen. Aber der romanischen Race, zu welcher die Spanier gehören, wohnt nicht so viel Energie und Besonnenheit inne, wie der germanischen. Auch bedingt das wärmere Klima Südamerikas einen Unterschied. Der Spanier ist in Amerika erschlafft und hat viele seiner Tugenden im europäischen Mutterland zurückgelassen, vor allem den Racenstolz, denn er vermischte sich in der neuen Welt mit den eingebornen Indianern, ja sogar mit den eingeschleppten Negersclaven, und der reine weiße Stamm befindet sich jetzt in einer schwachen Minderheit gegenüber der indischen und schwarzen Race und ihren mannigfaltigen Mischungen. Gleichwohl war die Bevölkerung des spanischen Amerika beinahe drei Jahrhunderte lang unter der Herrschaft des Mutterlandes in Glück und Wohlstand und erfreute sich des Friedens, den nur der Seekrieg mit Engländern und Holländern hin und wieder an den Küsten störte. In einem so warmen Klima hatte sie weniger Bedürfnisse und die Natur bot ihr einen unerschöpflichen Reichthum. Dieser Umstand und der lange Frieden machte sie träge und so vegetirte sie, sinnlich befriedigt und ohne geistige Anstrengung oder auch nur Sehnsucht nach geistiger Thätigkeit durch die letzten Jahrhunderte fort, bis sie vom Revolutionsfieber angesteckt wurde. Bekanntlich riß sich das ganze spanische Amerika mit einziger Ausnahme der großen Insel Cuba vom Mutterlande los, als das letztere von Napoleons Armeen überschwemmt und die bisherige Königsfamilie gefangen fortgeschleppt wurde. Der Trieb zur Losreißung lag nur in einer kleinen Minderheit der südamerikanischen Spanier, nur in denen nämlich, welche von England aus durch große Handelsvortheile bestochen waren, die ihnen bisher durch die reichen Kaufleute des Mutterlandes entzogen worden waren, und die ihnen selbst zufallen mußten, sowie sie sich vom Mutterland unabhängig machen wollten, und in denen, welchen von den vereinigten Staaten aus die Vortheile der Republiken waren vorgespiegelt worden. Als vermittelndes Glied zwischen den Verführern und Verführten diente die Freimaurerei und die Einschwärzung europäischer Bücher.

Die südamerikanischen Freistaaten und Brasilien.

Trotzdem vermochte die Verführung in den eigentlichen Kern der spanischen Bevölkerung nicht einzubringen, d. h. an der Trägheit und dem katholischen Köhlerglauben nichts zu ändern. Es gelang zwar den Kaufleuten, den in fremde Bildung eingeweihten Bürgern der Seeplätze und ehrgeizigen Generalen, das große Colonialreich, welches bisher ein einiges Ganze gebildet hatte, in viele Republiken zu zerstückeln, allein die südamerikanischen Spanier nahmen von den Verführern doch nur das Schlimme und nicht das Gute an, nämlich nicht das Unionsprincip, vermöge dessen sie ein imposantes großes Ganze gebildet haben würden, gleich der nordamerikanischen Union, und auch nicht das Arbeitsprincip, den Fleiß und den rastlosen Fortschritt in gewinnreichen und ruhmvollen Unternehmungen. Dagegen theilten sie mit den Yankees den individuellen Freiheitsdrang und Dünkel des von Gott und Welt unabhängigen republikanischen Bürgers und fielen, weil ihnen das unionistische Gegengewicht fehlte, nicht nur in eine innerliche Zerspaltung in viele vollkommen von einander unabhängige Freistaaten, sondern auch in einen unaufhörlichen Wechsel neuer Vereinigungen und abermaliger Spaltungen, d. h. in eine permanente Anarchie.

Daß nun hier ein verwüstetes Feld offen liegt, um besser bebaut zu werden, läßt sich nicht mißkennen. Es wäre eine der schönsten Aufgaben der Menschenliebe, der christlichen und der civilisatorischen Mission, den Bevölkerungen jener schönen Länder wieder aufzuhelfen. Zugleich steht hier dem Ehrgeiz, dem Ruhme ein großes Feld offen, und wem das Werk gelänge, er würde zu einer unberechenbaren Macht gelangen. Deshalb ist nicht erst Napoleon III. auf den Gedanken gefallen, schon lange vor ihm hat das Kaiserthum in Brasilien darnach getrachtet, wenn auch nicht, der spanischen Race aufzuhelfen, doch die kaiserliche Gewalt über die durch Revolutionen zerrütteten spanischen Republiken auszudehnen. Zumal seitdem der in Brasilien regierende Zweig des alten Hauses Braganza sich mit der Familie Orleans verschwägert hat, scheint ein Plan ausgedacht worden zu seyn, in der argentinischen Conföderation einem Orleaniden ein Kaiserthum gründen zu wollen, wie später versucht wurde, ein solches dem österreichischen Erzherzog in Mexiko zu gründen. Ein Anlaß mehr für Napoleon III., die Expedition nach Mexiko zu unternehmen.

In den vielen Republiken Mittelamerikas oder Centralamerikas hörten die Revolutionen niemals auf.*) In Guatemala wüthete der Dictator Carrera, ein alter Indianer, gegen die Liberalen. In Honduras wurde der Präsident Guardiola 1862 ermordet. Ebenso Warrios, Präsident von San Salvador 1865. In demselben Jahr verfügte ein Doctor Moreno in Ecuador massenhafte Hinrichtungen. In Neu-Granada besiegte der Föderalist Mosquera 1861 die Centralisten, deren Haupt Arvoleba im folgenden Jahre ermordet wurde. Noch einmal schlug Mosquera die Centralisten unter Flores 1863. In Bolivia wurde General Yanez grausam umgebracht 2c.

Noch muß erwähnt werden, daß der berüchtigte Freischaarenführer Walker, der von Nordamerika aus mehrmals Versuche machte, sich mit seinen Freischaaren in der Republik Honduras festzusetzen, und der schließlich gefangen und am 12. September 1860 zu Truxillo hingerichtet worden war, vor seinem Tode (nach New-Yorker Blättern) merkwürdige Enthüllungen machte, denen zufolge damals schon Napoleon III. den Plan gehegt haben soll, die romanische Race in Amerika von Europa aus zu unterstützen, es damals aber noch

---

*) Ein angesehener Südamerikaner verglich überhaupt das vom Mutterland Spanien emancipirte Südamerika mit seinen endlosen Bürgerkriegen und Usurpationen einem einzigen ungeheuren toll gewordenen Hundestall, weil nirgends ein Princip, eine Moral, ein edles Motiv, ein edles Ziel, eine große oder edle Persönlichkeit daraus hervorblickte.

nicht auf Mexiko, sondern auf Centralamerika abgesehen habe, um die Landenge von Panama, die Eisenbahn und den wenigstens projectirten Kanal, welcher den atlantischen mit dem stillen Ocean verbinden soll, in seine Gewalt zu bekommen. Walker bekannte, dieser Politik zum Werkzeuge gedient zu haben.

Dieses Centralamerika oder der Westrand des mexikanischen Golfs, die schmale Landzunge, welche die beiden großen Continente von Nord- und Südamerika verbindet, liegt zwar in der tropischen Zone, hat aber seiner Gebirge wegen ein so gemäßigtes Klima, daß die weiße Race hier gut fortkommt, ohne zu entnerven und ohne unumgänglich der Negerarbeit zu bedürfen. Zugleich ist es das wichtigste Passageland der ganzen Erdoberfläche, indem es das atlantische mit dem stillen Meere jetzt zwar nur erst durch eine Eisenbahn mittelbar verbindet, früher oder später aber durch einen Canal auch unmittelbar verbinden wird. Land und Klima sind paradiesisch. Diese schönen Uferländer würden sich demnach zu einer germanischen Einwanderung in vorzüglichem Grade eignen. Dermalen sind sie in fünf Republiken getheilt: Guatemala, Nicaragua, Costa-Rica, San Salvador und Honduras. Die spanischen Bewohner sind nicht zahlreich und bei wenig Energie doch immer in Parteien gespalten. Die Vernünftigeren unter ihnen erwarten auch Verbesserungen, Straßenbau, Unterrichtsanstalten und eine umsichtige und einige Verwaltung nur von einer Einwanderung.

An Centralamerika schließt sich auf dem großen Continent Südamerikas zunächst die Republik Peru an. Dieses Peru war vor Ankunft der Spanier, gleich dem alten Mexiko, ein Kaiserthum mit einer schon weit vorgeschrittenen Civilisation und außerordentlich reich bevölkert. Die Spanier haben diesem schönen Lande kein Glück gebracht. Die Bevölkerung ist auf 1,400,000 Seelen herabgesunken und corrumpirt, der Staat ohnmächtig. Wenn Peru ehemals das vorherrschende Reich, das eigentliche Centrum Südamerikas war, so ist es jetzt von allen Uebeln heimgesucht, als ob Pizarros Fluch auf dem Lande ruhte, dessen alte Bevölkerung und Cultur er mit der unmenschlichsten Grausamkeit vernichtete. Wenn der Fluch der Eroberung auf der ganzen spanischen Race lastet, so doch am meisten auf den Spaniern in Peru.

Das schöne Land zwischen dem Stillen Ocean und den himmelhohen Cordilleren wird fortwährend durch periodisch wiederkehrende Erdbeben, durch Seuchen und durch Bürgerkrieg verheert. Die Einwohnerzahl kann sich also nicht vermehren und hat auch nicht sittliche Energie genug, um sich zu einigen und dem unseligen Parteiwesen ein für allemal ein Ende zu machen. Den achtbarsten Theil der Einwohner bilden die europäischen Kaufleute, die sich des Handels wegen hier aufhalten, denn hier ist die Heimath des Silbers und des Guano. Am meisten Ansehen und Vertrauen genießen die Deutschen. Die Eingeborenen spanischer Race aber, die weißen Creolen, sind bei viel altem Stolz und Hochmuth doch verweichlicht, corrumpirt und unfähig. Sie sind auffallend bleich bei desto schwärzerem Haare. Die Männer haben häufig schöne Züge, aber durch Sinnlichkeit und Schlaffheit entstellt. Sie sind schwächlich und weichlich, scheuen jede Anstrengung, naschen den ganzen Tag Süßigkeiten oder rauchen Cigarren und sind leidenschaftlich dem Spiel ergeben, einem Laster, von dem auch die Geistlichen angesteckt sind. Im Uebrigen ist ihre Faulheit und Wollust mit Bigotterie gepaart. Man findet hier ganz ähnliche Zustände wie in Mexiko. Alle Reisenden sind in dieser Schilderung der Peruaner einverstanden. Das beste Werk über Peru ist das des Schweizer v. Tschudi. An die weiße Bevölkerung, die so herabgekommen ist, schließen sich nun noch die Farbigen an, die rothen Indianer, die schwarzen Neger und alle möglichen Mischungen

Die südamerikanischen Freistaaten und Brasilien.

der drei Racen, in denen aber nicht die Tugenden, sondern die Mängel und Laster der drei Ursprungsracen zusammenschmelzen.

Die Präsidenten der Republik Peru wechseln mit den Revolutionen. Im Jahr 1860 schlug Präsident Castilla eine Empörung nieder, man klagte aber über seine Willkürherrschaft. Im Jahr 1864 bestritt Peru den Spaniern das Recht, die ungeheuern Guanovorräthe auf den Cinchasinseln auszubeuten. Man schätzte dieselben 600 Millionen Piaster werth, nichts als Vögelkoth. Eine spanische Flotte unter Admiral Pinzon bemächtigte sich der Inseln am 14. April mit Gewalt. Ein blutiger Krieg drohte, denn alle Nachbarrepubliken, Bolivia, Venezuela, Columbia und besonders eifrig Chile, versprachen Peru Hülfe gegen die Spanier und verlangten, es solle sich nichts von diesen gefallen lassen. Aber der neue peruanische Präsident, General Perez, war zum Frieden geneigt, da unterdeß auch in Madrid der gemäßigte Narvaez die Kriegslust dämpfte.

Nachdem am 24. Januar 1865 die Republik Peru sich den spanischen Forderungen gefügt und Spanien die Guanoinseln überlassen hatte, brach in Peru selbst eine Empörung aus, weil man dem Präsidenten, General Perez, seine allzugroße Nachgiebigkeit gegen Spanien vorwarf. Die Rebellen wurden jedoch vor Lima geschlagen. Aber auch die Nachbarstaaten waren mit dem Frieden sehr unzufrieden, weil sie nicht wollten, daß sich die Spanier auf's neue irgendwie in Südamerika festsetzen sollten. Besonders in Chile erklärte sich die Presse leidenschaftlich gegen Spanien und in chilenischen Häfen verweigerte man den spanischen Kriegsschiffen Kohlen und was sie sonst bedurften. Darauf erschien am 13. Mai Tavira als spanischer Gesandter in Chile, um Beschwerde zu führen, und wurde so befriedigt, daß er bei seiner Rückkehr nach Madrid den besten Eindruck von Chile mitbrachte. Unterdeß aber hatte das besonnene Ministerium

Narvaez O'Donnel weichen müssen und dieser ergriff mit Freude die Gelegenheit, wieder renommiren zu können. Der spanische Admiral Pareja erhielt den Befehl, mit Gewalt vorzugehn, erschien am 17. September vor Valparaiso und verlangte unter beleidigenden Drohungen Genugthuung. Obgleich das ganze in der Hauptstadt Chiles versammelte diplomatische Corps gegen ein so brutales Verfahren protestirte, erklärte doch der Admiral schon am 24. die ganze Küste Chiles in Blokadezustand und gestattete neutralen Schiffen nur 10 Tage Zeit, um auszulaufen. Man erwartete jeden Augenblick das Bombardement der Hauptstadt. Als die Nachricht davon nach London kam, gerieth die Kaufmannswelt in große Aufregung, weil dieser neue Krieg an den Ufern des stillen Oceans dem sehr ergiebigen Handel mit Chile großen Nachtheil brachte, und Lord Russel schickte eine drohende Depesche nach Madrid. Zufällig nahmen die Chilenen ein spanisches Schiff weg, und Pareja, durch widersprechenden Befehl ohnehin geärgert, schoß sich eine Kugel vor den Kopf, 1. Dezember 1865.

Mittlerweile hatten sich die Aufständischen in Peru unter Cresco wieder gesammelt, schlugen den General Perez am 6. November 1865, nöthigten ihn, das Land zu verlassen, und eroberten Lima und Callao. Soldaten und Pöbel plünderten in der letzteren Stadt, insbesondere die dort wohnenden Deutschen, weil keine Kriegsschiffe zu ihrem Schutz von Seite irgend einer deutschen Macht vorhanden waren, während Engländer und Franzosen den Schutz ihrer Schiffe genoßen. Cresco selbst mußte sich vor dem brutalen Mestizen Castillo beugen, weil derselbe des Pöbels Liebling war.

Chile wurde 1860 durch den tapfern Indianerstamm der Araucaner beunruhigt, unter denen sich ein französischer Abenteurer, Tomence, zum König aufgeschwungen haben, 1862 aber wahnsinnig geworden seyn soll.

Am 3. Dezember 1863 ereignete sich ein fürchterliches Unglück zu St. Jago in Chile. Man feierte daselbst in der Jesuitenkirche das Fest der unbefleckten Empfängniß Mariä, und zwar in der Nacht. Die Kirche war von 20,000 Gasflammen erhellt und nach der Sitte des Landes überreich ausgeschmückt mit Bildern, Draperien und Verzierungen der mannigfachsten Art und überfüllt mit Menschen, besonders mit Weibern und Kindern. Als der Sacristan am Hochaltar vor dem großen Bilde der Gottesmutter eine Gasflamme unvorsichtig anzündete, stieg die Flamme rasch so hoch, daß sie die Draperie des Altars erreichte, und augenblicklich verbreitete sie sich, durch die brennbaren Stoffe der Ueberkleidungen genährt, an der Decke und im ganzen Umfang der Kirche. Die Decke war unglücklicher Weise von Holz, die dürren Bretter entzündeten sich und ein Feuerregen stürzte auf die Volksmenge nieder. Zwar suchte alles zu entfliehen, aber im Gedränge stopfte sich die Masse der Menschen an den Thüren, viele stürzten nieder, andere über sie hin, bis der zertretenen Menschen so viele todt dalagen, daß sie an allen Ausgängen Barrikaden bildeten, über die niemand mehr hinüber konnte. Ein Indianer warf seinen Lasso (eine Schlinge, womit man wilde Rinder fängt) in die Kirche hinein und zog damit wirklich einige Personen heraus, bis der Strick riß. Es war unmöglich, die noch in der Kirche zurückgebliebene Menge zu retten, da das Feuer allzuschnell um sich griff. Man sah, wie das Feuer, sobald es einmal den üppigen Haarwuchs der Chileninnen ergriffen hatte, weil sie Kopf an Kopf gedrängt standen, sich rasch über alle Köpfe verbreitete. Man hörte das Jammergeschrei der Verbrennenden. Dann war alles verstummt. Denn das ganze Unglück begann und endete mit unglaublicher Schnelligkeit. Die meisten Menschen waren erstickt und erst die Leichen nachher durch das herabstürzende glühende Gebälk verbrannt. Man zählte über 1800 Todte.

Die radicale Presse beutete diesen Unglücksfall aus, um wieder einmal ihr Müthchen an den Jesuiten zu kühlen. Er hatte sich in einer Jesuitenkirche zugetragen, also log man sogleich, die Jesuiten seyen Schuld gewesen. Obgleich das Feuer nur zufällig durch eine zu hoch aufsteigende Gasflamme (wie beim Theaterbrand in Karls=ruhe) entstanden war, log man, die Jesuiten, unter denen ein gewisser Ugarte ganz besonders gravirt wurde, hätten Briefe, zum Theil mit Geld beschwerte Briefe bigotter Damen an die Gottesmutter, vor deren Altar verbrannt. Ferner log man, die Jesuiten hätten sich in die Sakristei gerettet, aber deren Thüre verschlossen, um ungestörter ihre Schätze in Sicherheit zu bringen. Diese Beschuldigungen hat ein Professor Ballacey aus St. Jago widerlegt: die Thüre zur Sakristei, ohnehin eine der engern und zur Flucht weniger geeignet als die Hauptthüren, sey gar nicht verschlossen gewesen. Kirchenschätze seyen gar nicht in Sicherheit gebracht worden.

Die Portugiesen, obgleich eine viel kleinere Nation als die Spanier, haben doch in Südamerika besser zusammengehalten, wes=halb ihre Colonie, das Kaiserreich Brasilien, größer und einiger ist, als irgend einer der vielen spanischen Freistaaten. Daraus erklärt sich die Neigung der brasilianischen Regierung, sich die Hegemonie auf dem südamerikanischen Continent durch Annectirung seiner spanischen Nachbarn zu verschaffen.

Wie wenig übrigens die Macht Brasiliens in Europa geachtet war, bewies ein Beispiel englischer Brutalität, welches 1862 in Bra=silien vorkam. Ein paar englische Seeoffiziere und ein englischer Capitain in Civil insultirten in betrunkenem Zustande auf einer Land=parthie vor Rio de Janeiro die Vorübergehenden und wurden arretirt. Darüber schlug der englische Gesandte einen Lärm auf, als ob die Krone von England umgestoßen worden wäre. Brasilien gab die verlangte Entschädigung, bewilligte aber die verlangte Bestrafung der Wache nicht und alles in Brasilien war empört über so rohe An=

maßung. Bald darauf scheiterte das englische Schiff „der Prinz von Wales" an der brasilianischen Küste und die ganze Mannschaft ging zu Grunde. Die Engländer behaupteten, das Schiff sey von den Brasilianern geplündert worden, und erzwangen die geforderte Entschädigung, indem sie brasilianische Schiffe wegnahmen. Die gerechten Klagen der brasilianischen Regierung wurden in London mißachtet. Die tiefste Entrüstung gab sich darüber in ganz Brasilien kund. Alles feuerte den Kaiser an, die Schmach nicht zu dulden, und im Mai 1860 mußte der englische Gesandte Rio de Janeiro verlassen. Der zum Schiedsrichter aufgerufene König der Belgier erklärte sich zu Gunsten Brasiliens. Im englischen Oberhause selbst wurde seine Ansicht getheilt, aber Lord Russel machte Ausflüchte und stellte in dem jungen König von Portugal einen neuen Schiedsrichter auf.

Inzwischen suchte sich Brasilien auf Kosten seiner spanischen Nachbarn allmälig zu vergrößern. Schon bald nach der Unabhängigkeitserklärung der spanischen Colonien annectirte sich Brasilien die in seinem Süden gelegene Provinz Uruguay oder Banda Oriental mit der Hauptstadt Montevideo, indem es sie gegen die Altspanier schützen half, allein schon 1827 machte sich Uruguay mit Hülfe von Buenos-Ayres wieder frei und trat zur Conföderation der spanischen Laplatafreistaaten. Weil nun aber viele in Uruguay bereits angesiedelte Portugiesen von Montevideo aus durch die Spanier aus Nationalhaß schwer bedrückt wurden, benutzten die Farbigen die thörichte Zerwürfniß unter den Weißen, um sich zwischen ihnen einzudrängen. An der Spitze dieser Partei der s. g. Colorados wurde General Florez Präsident der Republik Uruguay, aber durch die spanische Partei der Weißen oder Blancos vertrieben. Er floh nach Buenos-Ayres, dessen Präsident Mitre sich neutral verhielt, aber gestattete, daß Florez einen Einfall in Uruguay machte und die an den Nordgrenzen daselbst wohnenden Brasilianer an sich zog, 1863. Brasilien ergriff diese Gelegenheit, um Florez beizustehen und seinen alten Einfluß in der Provinz wieder zu gewinnen. Seine Truppen überschritten am 12. Oktober 1864 die Grenze und eroberten die feste Stadt Paysandu. Der vereinigten Uebermacht der Colorados und Brasilianer konnten nun die Blancos nicht widerstehen und ihr Präsident Aiguirre mußte sein Amt an Villalba abtreten, der unter Vermittlung der europäischen Consuln und Schiffskapitäne die Stadt Montevideo am 21. Februar 1865 an Florez unter der Bedingung übergab, daß die Stadt geschont und kein Eigenthum verletzt würde. Auch jetzt noch blieb Buenos-Ayres neutral, dagegen waffnete Paraguay.

In Paraguay herrschte noch die alte Ordnung der Dinge wie unter dem früheren musterhaften Jesuitenregiment. Das reiche Land bot der gut disciplinirten indianischen Bevölkerung, was sie bedurfte. Zwischen zwei großen Flüssen und Urwäldern eingeengt, blieb das Land von ausländischer Sittenverpestung unangesteckt. Wie früher die Jesuiten, so sperrte auch Doktor Franzia, der ihre Regierungsweise fortsetzte, den Verkehr von außen ab. Nach seinem Tode 1841 erbte sein Neffe Lopez dieselbe unumschränkte Gewalt, begann jedoch das Land dem auswärtigen Handel auf der großen Wasserstraße zu öffnen. Nach seinem Tode folgte ihm sein Sohn Solano Lopez, ein Mann von großer Energie, der die wichtige Rolle übernahm, das spanische Element in den südamerikanischen Republiken gegen das portugiesische im Kaiserthum Brasilien zu vertheidigen. Brasilien suchte die ewige Uneinigkeit jener spanischen Republiken auszunutzen und sich auf ihre Kosten zu vergrößern. So wollte es die nördlichen und östlichen Theile der Republik Paraguay an sich reißen. Es würde die Nachbarn wohl haben in Ruhe lassen müssen, wenn nicht Präsident Mitre in Buenos-Ayres aus seiner zweideutigen Neutralität heraus und offen auf die Seite Brasiliens getreten wäre. Derselbe hoffte nämlich, alle kleinen Republiken, in welche das weite Gebiet des

Die südamerikanischen Freistaaten und Brasilien. 471

Laplatastromes getheilt war, alle nach einander unter die Alleinherrschaft von Buenos-Ayres zu bringen und dazu sollte ihm Brasilien behülflich seyn. Zugleich trachteten die beiden verbündeten Regierungen von Brasilien und Buenos-Ayres, die Binnenländer des Festlands von Südamerika in Bezug auf Handel und Verkehr von sich abhängig zu machen durch Zölle und Monopole. Lopez nun warf sich zum Vertheidiger sowohl der Unabhängigkeit als des freien Handels auf und fand die wärmste Unterstützung in Paraguay, nicht in den andern spanischen Republiken, in denen Trägheit und Intrigue jeden patriotischen Aufschwung hemmten. Als die Brasilianer trotz der Warnung des Lopez in Uruguay einrückten, erklärte ihnen Lopez den Krieg, fiel sogleich in die brasilianische Grenzprovinz Matto Grosso ein und fand keinen Widerstand, denn hier wohnen viele deutsche Colonisten, die mit den freien Spaniern mehr sympathisiren als mit den kaiserlichen und Sclaven haltenden Brasilianern. Hierauf fiel Lopez auch in der spanischen Republik Corientes ein, um sie gegen Brasilien zu schützen, und noch einmal in der brasilianischen Provinz Rio Grande del Sul, im Frühjahr 1865.

Mittlerweile ging der Bürgerkrieg in Nordamerika zu Ende, die Nordstaaten siegten und die Vereinigten Staaten standen mächtiger da als je vorher. Die nächste Folge davon war, daß Präsident Johnson sich in die mexikanische Angelegenheit einmischte und den Kaiser der Franzosen veranlaßte, seine Truppen vom amerikanischen Festland zurückzuziehen. Hierauf richtete Johnson sein Augenmerk auch auf Brasilien und traf auch hier Vorkehrungen, dem monarchischen Annectirungsgelüste einen Zügel anzulegen und die Selbständigkeit der Republik Paraguay zu retten. Sein Abgesandter Washburne begab sich auf den Kriegsschauplatz und der brasilianische Feldherr wagte nicht, die Strenge der Blokade auf ihn anzuwenden, so daß er sich nach Paraguay zu Lopez begeben konnte. Zugleich mußte der nordamerikanische Gesandte Asboth in Buenos-Ayres offizielle Vermittlungsvorschläge machen, zu nicht geringer Freude der hier und in Uruguay angesiedelten oder Geschäfte treibenden Europäer, denen der Kriegszustand sehr lästig wurde. Brasilien erkannte die Gefahr und suchte ihr dadurch zuvorzukommen, daß es freiwillig und ohne dazu aufgefordert worden zu seyn, die Schifffahrt auf dem großen Amazonenstrom freigab, eine außerordentliche Concession für den Handel der Vereinigten Staaten von Nordamerika. Doch verband sich mit diesem scheinbaren Opfer auch wieder ein der Union schädliches Interesse, denn viele reiche Anglo-Amerikaner aus den Südstaaten, die es dort unter dem harten Druck der Sieger nicht mehr aushalten konnten, hatten sich bereits am Amazonenstrom angesiedelt und wenn diese Colonien durch Freigebung der Stromschifffahrt, wie zu erwarten war, sich bald vergrößern sollten, mußte daraus eine wesentliche Machtvermehrung Brasiliens entstehen.

Auch ließ Brasilien vom Kriege nicht ab, obgleich sich derselbe nur erfolglos hinschleppte. Die brasilianische Armee unter General Porto Alegre, verbunden mit den argentinischen Truppen unter Mitre standen am großen Flusse Purana und am andern Ufer stand Lopez mit den ihm feurig ergebenen Paraguaiten. Ringsum waren Wald, Sümpfe und Höhenzüge, nirgends offenes und fruchtbares Land. Die Alliirten mußten ihren Proviant auf dem großen Flusse nachschleppen. Sie hatten die Ueberlegenheit der Zahl, aber die Spanier unter Mitre waren den Brasilianern abhold und schlugen sich schlecht. Die brasilianische Flotte hatte starke Panzerschiffe und gegen sie konnten die Schiffe von Paraguay nicht aufkommen, aber es gab nur einen Uebergang über den großen Fluß, bei Passo da Patria, und dieser war von Lopez stark befestigt. Der brasilianische Feldherr machte daher zweimal Diversionen, um dem Feind womöglich in die Flanke zu kommen. Da zog sich Lopez freiwillig von Passo da Patria zurück nach der Festung Humaita im Innern des sumpfigen Waldlandes, wo ihn die brasilianische Flotte nicht mehr belästigen konnte, und legte auf dem einzig passirbaren Wege, der zu dieser Festung führte, bei Roja so starke Verschanzungen an, daß es den Brasilianern unmöglich war, sie trotz allen Anstrengungen zu erstürmen. Der brasilianische General schickte nun die Flotte den Fluß Paraguay hinauf, um die Festung Curupaiti zu nehmen. Aber bei der Palmarinsel fand die Flotte heftigen Widerstand von einem dort angelegten Fort aus. Ihr größtes Panzerschiff wurde durch einen Torpedo in Stücke gerissen. Das Uferfort wurde zwar erstürmt, wobei alle Paraguaiten umkamen, weil sie sich bis auf den letzten Mann vertheidigten (im September 1866); als aber die Alliirten hierauf vor Curupaiti rückten, wurden sie von hier nach blutigem Kampfe zurückgeschlagen, weil Mitres Truppen sich wieder nicht anstrengen wollten. Doch blieben die Alliirten immer noch am Grenzfluß stehen.

Dom Pedro II., der Kaiser von Brasilien, hatte nur zwei Töchter, von denen die älteste, Donna Isabel sich 1864 mit Louis, Grafen D'Eu, Sohn des Herzogs von Nemours, und die jüngere Leopoldine mit dem Herzog August von Coburg, Neffen des Königs von Portugal, vermählte.

Bevor wir die neue Welt verlassen, ziemt uns noch ein Rückblick auf die Stellung, welche sie zur alten Welt einnimmt. Zwei Momente sind dabei für Europa von besonderer Bedeutung, einmal die energische Durchführung der Monroedoctrin, durch welche die Franzosen gezwungen wurden, sich aus Mexiko zurückzuziehen, und zweitens die wechselseitige Bekomplimentirung der Vereinigten Staaten von Nordamerika mit Rußland, durch welche eine künftige Allianz Amerikas mit Asien gegen Europa vorbereitet wird.

Schon der große Napoleon faßte den Weltkampf summarisch auf und prophezeite aus seinem Asyl auf der Insel St. Helena, Europa werde republikanisch oder kosackisch werden. Das hieß soviel als, Europa ist nicht mehr selbständig, empfängt seinen Impuls entweder von der Demokratie in Amerika herüber, oder vom tatarischen Despotismus Asiens her. Auch deutsche Geschichtschreiber und Publicisten, namentlich auch Reisende, wie z. B. Fröbel und Moritz Wagner, haben die Frage erörtert, ob jene Prophezeihung des großen Napoleon nicht sehr berechtigt gewesen sey? Der letztere erkennt nur noch in den Vereinigten Staaten von Nordamerika und Rußland die Fähigkeit und den Beruf, auswärtige Eroberungen zu machen. Spanien habe die seinigen verloren, ebenso Frankreich, welches überhaupt nicht zu colonisiren verstehe, und auch England habe den Culminationspunkt seiner überseeischen Erwerbungen längst hinter sich. In Europa seyen alle Staaten alt geworden, im Abwelken und Untergehen begriffen, zehren nur von ihrer Vergangenheit, wie der Bär im Winterschlaf vom eigenen Fett. Jung dagegen und zukunftreich sey nur die Union und Rußland.

Auch Napoleon III. hat die Frage tief erfaßt und nur politische Kleinkrämer und Philister können an seiner mexikanischen Expedition nichts wahrnehmen, als deren Mißlingen. Daß sie unter besondern Umständen und hauptsächlich durch den Verrath Englands und Spaniens mißlang, ist kein Grund, den großen Gedanken, der da zu Grunde lag, zu mißkennen oder zu bespötteln. Es war möglich, der romanischen Race in Amerika aufzuhelfen und den Einfluß Europas auf die neue Welt wieder herzustellen, wenn Frankreich dabei vom übrigen Europa unterstützt worden wäre.

Alle die umsichtigen Männer, welche die Vorgänge auf der Oberfläche der Erde im Großen und Ganzen überschauen und beurtheilen, haben bei ihren Berechnungen nur einen europäischen Factor übersehen und das ist Deutschland. Zwar steckt es noch tief in particularistischen Gewohnheiten, allein es hat doch angefangen, sich zur Einheit aufzu=

rassen. Im übrigen Europa hat ein oberflächlicher Liberalismus fast alles Interesse verschlungen und die Demokratie rechnet immer noch auf allgemeinen Umsturz der Dinge, während die conservativen Parteien sich an vermeintliche Rechte klammern, etwas erhalten wollen, was der Erhaltung nicht mehr werth ist, und sich auf Gegenwart und Zukunft nicht verstehen.

Es ist schade, daß Europa in seinen revolutionären Zuckungen zwischen Despotie und Anarchie und bei den unfruchtbaren Verfassungskämpfen seine Weltstellung, seinen Beruf zur Weltbeherrschung und Weltbeglückung vergessen hat. Europa schien allerdings zu einer größern und eblern Rolle bestimmt zu seyn, als hier vom demokratischen Yankeethum überfluthet und dort vom despotischen Rußland bedroht zu werden. Durch seine inhaltreiche Vergangenheit schien es berufen zu seyn, dauerhaftere Formen des socialen, politischen und kirchlichen Lebens auszubilden. Es nahm den Anlauf zu höhern organischen Bildungen, die etwas unendlich Vollkommneres sind, als die anorganischen Gebilde des massenhaft erstarrten Russenthums und des durch Freiheit und Gleichheit Aller in Sandkörner aufgelösten Yankeethums. Allein es ist sehr die Frage, ob im alten Europa noch soviel organische Reproduktionskraft übrig ist, als nöthig wäre, um uns gleich sehr vor dem Yankeethum wie vor dem Russenthum schützen zu können.

Blickt man auf den heutigen Zustand der europäischen Presse und alles dessen, was sich als vorherrschende öffentliche Meinung auch in den parlamentarischen Wahlen kundgibt, so vermißt man darin fast jegliches Verständniß der großen welthistorischen Aufgabe Europas und der bedenklichen Krisis, in welcher sich dieser Welttheil gegenwärtig befindet. Die wenigen Wahrheitsstimmen werden in der Regel überhört. Vor allen Dingen will man nicht conservativ heißen, selbst wenn man es ist. Der oberflächliche Liberalismus übt eine ungeheure

Tyrannei. Doch bleibt immer noch einige Hoffnung, daß ein richtigeres Verständniß zunächst deutscher, dann auch europäischer Dinge, der verblendeten Menge wieder aufdämmern könne.

Wie in so vielen andern Dingen, so wird auch hier auf die Neugestaltung Mitteleuropas, d. h. Deutschlands, das Meiste ankommen. Ueberaus viel wird sich in den Meinungen, wie in den Verhältnissen selbst ändern, wenn die Einheitsbestrebungen der deutschen Nation ferneren Erfolg haben. Denn die Verblendung ist nicht älter als die Kleinstaaterei, sie hängt auf das engste mit ihr zusammen. Der Particularismus ließ keine großartige Auffassung, kein richtiges Verständniß der größten socialen, nationalen und kirchlichen Fragen mehr aufkommen. Ueberall schob er kleine Interessen vor die großen, täuschte durch läppische Vielwisserei über den Mangel an gesunder Vernunft und spiegelte auf Schulen und Universitäten der unwiderstehlich erwachenden Sehnsucht nach größern Dingen nur falsche Ideale vor, die von da abführten, wohin man hätte sehen und trachten sollen. Wird nun nach und nach der particularistische Eifer gegenstandslos, indem die Kleinstaaterei aufhört, so muß sich der Horizont der Menschen auch wieder erweitern, und es wäre insofern nicht unmöglich, daß die großen conservativen Interessen der Nation in dem Maaße wieder zur Geltung kommen könnten, in welchem die liberale Afterweisheit, die hauptsächlich von der Kleinstaaterei genährt wurde, in ihrer Unnatürlichkeit und in ihrem ganzen Unwerth erkannt wird.

Das deutsche Volk hat eine sehr glückliche geographische Lage in der Mitte Europas und ist überdies so zahlreich, daß es, wenn erst alle seine Stämme sich wieder vereinigt haben, sowohl nach der romanischen als nach der slavischen Seite hin, das alles in Atome auflösende demokratische System, wie den alles versteinernden Despotismus von sich abhalten und in Zukunft eben so viel Einfluß auf die Nachbarn üben kann, als es sich bisher bei seiner Kleinstaaterei fremden Einfluß hat müssen gefallen laſſen. Iſt Deutſchland einmal ganz geeinigt, ſo wird es wieder in einer Kraft und Friſche in die Weltgeſchichte eintreten, wie es weder der weſtlichen Demokratie noch dem öſtlichen Czaaren= und Popenthum möglich iſt. Das Beiſpiel Deutſchlands wird wohlthätig auf die Nachbarn wirken und ſie von manchem Irrthum zurückbringen, dem ſie ſich jetzt noch hingeben. Es wird ihnen helfen, wo ſie brutaler Gewalt zu unterliegen fürchten müſſen. Was Oeſterreich und Preußen früher allein nicht vermochten noch wollten, wird das geeinigte Deutſchland vermögen. Es wird die kleinen Völker im Oſten ſchützen, daß ſie nicht alle vollends von Rußland verſchlungen und uniformirt werden. Es wird ſich in der orientaliſchen Frage mit den Weſtmächten vereinigen, das ehemalige byzantiniſche Reich vor Ruſſificirung zu ſchützen und dafür zu ſorgen, daß daſſelbe der mitteleuropäiſchen Machtſphäre einverleibt werde.

Endlich — und damit wollen wir ſchließen — ſteht dem bisher ſo mächtigen England eine Kriſis bevor. Die fortſchreitende Eman= cipation Irlands wird den alten Streit nicht ſchlichten. Irland wird ganz ſelbſtändig zu werden ſuchen und dabei von den Vereinigten Staaten Nordamerikas aus unterſtützt werden. Auch im Innern droht die äußerſt klug ausgedachte Organiſation der Arbeiter einen Sturm zu erregen. Auf der andern Seite ſind die ſcandinaviſchen Staaten fortwährend von Rußland bedroht. Rußland will durch den Belt die ganze Oſtſee beherrſchen. Schon hat es Schweden Livland, Eſthland und Finnland entriſſen und die däniſche Königsfamilie ganz in ſein Netz gezogen. Es wird wie bisher jede Gelegenheit benützen, um ſeinen Plan auf die Eroberung aller Oſtſeeländer auszuführen, um ſo mehr, wenn es der Eroberung Conſtantinopels entſagen müßte. Wie man die Eroberungspolitik in Waſhington und in St. Peters= burg einmal kennt, ſcheint es keine bloße abenteuerliche Vermuthung zu ſeyn, daß in nicht zu langer Zeit England und Scandinavien von diesen beiden Seiten her einen starken und fortgesetzten Druck empfinden werden. In diesem Falle aber würde ihnen die Hülfe des großen deutschen Reichs in Mitteleuropa vom höchsten Werthe seyn. Die Möglichkeit liegt gar nicht so fern, daß sich einmal alle germanischen Stämme, wie sie bisher die geographische Mitte Europas eingenommen haben, ohne leider unter sich einig zu seyn, doch endlich einmal zu gemeinsamer Abwehr gegen außen vereinigen werden. Soll Europa je noch sein altes moralisches und intellectuelles Uebergewicht über Amerika und Asien noch ferner behaupten können, so wird es nur von Deutschland aus geschehen können, welches jetzt im Begriff ist, mit einer großen Vergangenheit eine große Zukunft zu verbinden. Die Erde dreht sich noch für uns.

Sach- und Personenregister
zu beiden Bänden.

A.

Abbel Kader 380.
Abdul Aziz II. 109.
Abgeordnetenhaus in Berlin 70. 77. 86. 129. 181.
Abgeordnetentag in Weimar 30.
— — in Frankfurt 33.
Abolitionisten II. 263.
Abuna II. 233.
Abessinien II. 229 f.
Aegypten II. 151.
Aera, die neue in Preußen 66.
Afghanistan II. 95. 201.
Ajaccio 336.
Alabama II. 307. 339.
Albert, Prinz II. 156.
Albertsee in Afrika II. 245.
Alexander II. Kaiser von Rußland 68. 154. II. 2 f. 66.
Alfred, Prinz von England II. 147.
Algier 379.
Almonte, General II. 395.
Alsen, Insel 156.
Amur, der Fluß II. 102.
Andersonville II. 332.
Andrea, Cardinal 346.
Anker, Lieutenant 129.
Antonelli, Cardinal 270.
Arbeitervereine 39.
Arbeiterelend in England II. 178.
Armeereorganisation in Preußen 66.
Aspromonte 292.

Athen II. 149.
Atlanta II. 312.
August v. Koburg II. 473.
Augustenburg, Prinz Friedrich v. 110. 127. 133. 145. 174. 191. 196.
Aumale, Herzog v. II. 156.
Ausschuß, der Sechsunddreißiger 33. 121. 130. 146. 152. 197.

B.

Baden, Großherzogthum 15. 25. 229.
Baker, Reisender in Afrika II. 245.
Banks, General II. 285. 292.
Baumwollenkrisis II. 288.
Bayern, Königreich 222.
Bazaine, General II. 406. 417.
Beauregard, General II. 277. 317.
Beckers Mordversuch 72.
Belcredi, Minister 205. 213.
Belgien, Königreich 260.
Belgrad II. 121.
Belluno 308.
Benedek, Feldzeugmeister 48. 54.
Benedetti, franz. Gesandter 177.
v. Bennigsen 29.
Berg, General II. 59. 66.
Beseler 105.
v. Beust 123. 146. 149. 150.
Bhutan, Krieg in II. 192.
Biarritz 177.
Bismarck, Graf 81. 97. 117. 129. 175. 177. 182. 198.

Birio 285.
Bobrinski, General II. 19.
Bochara II. 91.
Bockum-Dolffs 94.
Böhmen 213.
Booth, Mörder Lincolns II. 328.
Borries, Graf 29.
Bosnien II. 129.
Botaris II, 145.
Brände in Polen II. 78.
— in Rußland II. 9.
Brasilien II. 468 f.
Bremen, Schützenfest in 38.
Briganti 281.
Buchanan II. 269.
Buenos Ayres II. 469.
Bukarest II. 115. 116.
Bulgarien II, 112. 129.
Bull Run, Schlacht bei II. 278. 284.
Bund, deutscher 1. 216.
Bundesbeschluß gegen Dänemark 105.
Bundesfestungen 11.
Bundesverfassungsreform 14. 20.
Burkerville II. 324.
Burnside, General II. 286.
Butler, General II. 285. 303. 316.

C.

Calkutta II. 192.
Cameron II. 259.
Canada II. 307.
Caprera 285.
Carouge 244.
Carlos, Don 425. 426.
Castelfidardo 269.
Castelnau, General II. 433. 441.
Cavour, Graf 273. 284.
Centralamerika II. 462.
Chambord, Graf v. 377.
Chancelorsville II. 290.

Charles Georges, das Schiff 438.
Charleston II, 271. 291. 316.
Charlotte, Kaiserin II. 397 f. 426.
Chasibaer 255.
Chatanooga II, 292. 312.
Chenevieres 247.
Chiavone 281.
Chigi, Nuntius 336.
Chile II. 465.
China II. 202 f.
Chiva 92.
Cholera 408. II. 142.
Christian IX. König von Dänemark 97. 110. 121.
Chrulef II. 32.
Cialdini, General 269. 282.
Claret 429.
Classen-Kappelmann 187.
Cochinchina II. 202.
Cold Harbor II. 303.
Columbia II. 216.
Comorra 314.
Congreßidee, die Napoleons 358.
Congreß in Washington, dessen Conflikt mit dem Präsidenten II. 358 f.
Constantin, Großfürst II. 29. 38.
Convention Preußens m. Rußland 90.
Corfu II. 150.
Cortina II. 412.
Couza II. 111.
Croatien 59.
Czachowski II. 53.
Czartoryski II. 26. 56.

D.

Dänemark 98. 102. 108. 121.
Dagmar, Prinzessin 136. 165.
Dalmatien 63. II. 26.
Dalwigk, Minister v. 146. 237.
Danewirk 132.

Register.

Danilo Petrowich II. 123.
Danner, Gräfin 109.
Dante 337.
Davidow II. 10.
Davis, Präs. b. Südstaaten II. 271. 380.
Deal 205.
Dehn-Rothfelden 239.
Dekret, das berüchtigte Kaiser Maximilians II. 417.
Deliberier 246.
Derby, Lord II. 169.
v. Döllinger 223.
Dolgorucfow II. 12.
S. Domingo 426.
Dost Muhamed II. 95.
Doviat II. 372.
Drusen II. 142.
Dualismus in Oesterreich 207 f.
Düppel, Erstürmung von 137.
Dupanloup 318.
Duranbo, General 295.

E.

Early, General II. 302. 306.
Elgin, Lord II. 202.
Eloin II. 433.
Encyclica 323.
Englands Stell. zu Dänem. 106. 122.
— — zu Frankreich 124. 353.
— — zu Nordamerika II. 335.
— — zu Rußland II. 48.
Ernst II. v. Coburg 25. 29. 94. 121.
Escobedo, General II. 444. 445.
Eu, Ludw. Graf v. II. 473.
Eugenie, Kaiserin 408. II. 455.
Eulenburg, Graf 72. 82. 183.
Eyre, Gouverneur v. Jamaika II. 187.

F.

Falkenstein, Vogel v., General 164.

Farini, Minister 301.
Favre, Abgeordneter 361. 386.
Fazy 245.
Februarforderungen, die preuß. 179.
Feldjäger, der in Hessen 240.
Felinski, Erzbischof II. 74.
Fenier, die II. 184.
Fernando v. Portugal II. 147.
Ferrault II. 307.
Finnland II. 9. 66.
Fischer, Pater II. 431.
Flad, Missionär II. 236.
Flensburg 133. 137. 157.
Florenz 305.
Florez, General II. 469.
Forest II. 307.
Forey, Marschall II. 309. 406.
Fould, Minister 399.
Frankfurt a. M. 19. 35. 119. 198. 236.
Franz Joseph, Kaiser 57. 63. 208. 213.
Franz II. v. Neapel 268. 275. 296.
Franz v. Assisi, König v. Spanien 423.
Frederiksburg II. 286.
Freedmen-Bureau II. 352.
Freimaurer 173. 263. 347. 388.
Fremont II. 279.
Frese 192.
Friedrich Wilhelm IV. 65.
—, Kronprinz v. Preußen 93.
— Karl, Prinz v. Preußen 131. 135.
— VII. König v. Dänemark 108.
—, Großherzog v. Baden 229.
Fürstentag in Frankfurt 19.

G.

Gablenz, F.-M.-L. v. 131.
Gaëta, Belagerung von 272. 275.
Gagern, Heinrich v. 237.
Galizien 53. II. 69.
Gangsystem II. 179.

Garibaldi 268. 271. 274. 285. 289.
  II. 165.
Gasteiner Vertrag 193.
Genf 244.
Genua 288. 289.
Georgien II. 812.
Georgios, König v. Griechenl. II. 149.
Gettysburg, Schlacht bei II. 290.
Glogau 172.
Glücksburg, Prinz v. II. 151.
Goldsboro II. 317.
Golesco II. 115.
Golowin II. 19.
Gondrecourt, Graf 48. 127.
Gortschakof, Minister II. 53. 58.
—, Feldmarschall II. 27. 31. 93.
Gottorp'sches Erbe 155.
Goyon 271.
Grabow 77. 86. 162. 210.
Grant, General II. 285. 292. 297. 356.
Graudenz 84.
Greco II. 162.
Griechenland II. 143.
Großdeutsche 30.
Grünne, Graf 46.
Guanokrieg, der II. 465.

H.

v. Hahn II. 135.
v. Hake 126. 167.
v. Halkhuber 192.
Hall, Minister 121.
Hamburg 127. 144.
Hammer 136.
Hansen 134.
Handelsvertrag zwischen England und
  Frankreich 354.
— zwisch. Frankr. u. Preußen 17. 235.
Handwerkertag, deutscher 42.
Hannover 29. 126. 149. 241.
v. Haynau 240.

Helgoland 144.
Hengstenberg II. 7. 67.
Herab II. 191.
Herrenhaus, das preuß. 70.
Herwarth v. Bittenfeld, General 157.
Hessen-Darmstadt 237.
Hessen-Homburg 237.
v. d. Heydt, Minister 79. 186.
Hien-fong, Kaiser v. China II. 209.
Hohenlohe-Ingelfingen, Fürst v. 79.
Holland 258.
Holstein 102. 126.
Hoob, General II. 815.
Hooker II. 290.
Humaita II. 473.
Humbert, Prinz 302.

J.

Jachmann 144.
Jamaika II. 186.
Japan II. 221.
Iberische Plan, der 490.
Jecker II. 386.
Independence II. 315.
Indianer in Meriko II. 107.
Jonische Insel II. 150.
Johnson, Präsident II. 320. 387. 424.
Johnston, General II. 312. 325.
Irland II. 183.
Isabella, Königin 423. 428.
Ismael Pascha v. Aegypten II. 153.
Italien, b. Königr. anerk. 80. 267. 283.
Itzenplitz, Graf 79.
Juarez II. 388. 448.
Judenthum 248.
Judenwirthschaft in Wien 47.
Jütland 164.
Jurien de la Graviere II. 389.

K.

Kabel, das atlantische II. 170.

Kagosima in Japan II. 233.
Kanaris II. 145.
Karl I., König v. Württemberg 229.
Karl v. Hohenzollern, Fürst v. Rumänien II. 116.
Karolyi, Graf 215.
Kasan II. 6. 65.
Kaufmann, General II. 78.
Kaukasus II. 81.
Keller 388.
v. Ketteler, Bischof 237.
Kiew II. 64.
Kirby Smith II. 326.
Ki-siang II. 209.
Kissingen 155.
Klinke 139.
Knies 230.
Köln 187.
Königsberg, die Krönung in 73.
v. Könneritz 127.
Kokhand II. 90.
Konarski II. 74.
Kong II. 203. 208. 214.
Kopenhagen 136.
Korea II. 218.
Kossuth 54. 63. 273.
Krapf, Missionär II. 235.
Küstenbefestigung, deutsche 75. 221.
Kurhessen 239.

L.

Labastida II. 395.
La Chaur de Fonds 37.
Laguerronière 318.
Lambert, General II. 33.
Lamey 230. 232.
Lamoricière 269.
Langiewicz II. 43.
Lasalle 41. 247.
Lauenburg, Herzogthum 178. 200.

Lawrence II. 192.
Lee, General II. 284. 290.
Leibeigenschaft in Rußland II. 3.
Leopold I. König v. Belgien 265.
— II. 266.
Lerchenfeld, Graf 119.
Lincoln, Präs. II. 272. 318. 321. 327.
Lippe, Graf 79.
Livland II. 16.
Livingstone II. 246.
Löwe, der Idsteiner 135.
Löwen, Universität 262.
London, Konferenz zu 145. 149.
Lopez II. 445.
— Solano II. 470.
Lorencez II. 390.
Lorenzen 135.
Ludwig II. König v. Bayern 224.
Lüders, General II. 37.
Lüttich 263.
Luis, König v. Portugal 312.

M.

Mac Clellan II. 282. 306.
Mac Donald 72.
Mac Dowell II. 278.
Mac Mahon 380.
Madagascar II. 241.
Mähren 82.
Märtyrer, Japanische 321.
v. Magnus II. 450.
Mailath, Graf 205.
Mainz 237.
Mannheim 38. 234.
Manteuffel, General 191.
Maoris II. 239.
Marfori 428.
Marie, Königin v. Neapel 277. 300.
Marine, die junge preußische 144.
Maroniten II. 142.

Marokko 425.
Marquez, General II. 438. 442. 453.
Martinique II. 420.
Maryland II. 304.
Mason u. Slydell II. 280.
Matamoros II. 412. 420. 429.
Maximilian II. K. v. Bayern 111. 228.
— Erzherzog, Kaiser v. Meriko 359. II. 396 f.
May 192.
Mazzini 271. 291. 307. 310.
Meade, General II. 290.
Mecklenburg, Großherzogthum 242.
Mejia II. 412. 420. 429, 451.
Mensdorff-Pouilly 178.
Merrimac und Monitor II. 282.
Merode 312. 320.
Methodisten II. 262.
Methud 62.
Metz 36.
Meriko, das Reich II. 385 f.
— die Stadt II. 395. 400. 441. 452.
Meyendorff 347.
de Meza 126. 132. 135.
Michael Obrenowitz II. 121.
Mieroslawski II. 26. 44. 52.
Miguel, Dom 439.
Mikado, der II. 224.
Minghetti 301.
Miramare II. 397. 455.
Miramon II. 386. 442. 451.
Mirs 395.
Missionswesen II. 110. 215.
Mississippi II. 285. 292.
Missunde 133.
Mitre, Präsident II. 469.
Mobile II. 307. 327.
Moltke, Graf 165. 221.
Monrab, Minister 121.
Montalembert 392.

Montauban 391. II. 202.
Montemolin 426.
Montenegro II. 123.
Montevideo II. 469.
Montlong II. 337.
Montpellier 421.
Mormonen II. 373.
Morny 404. II. 387.
Moskau II. 6.
München 222.
Murat 272.
Murawiew im Amurland II. 103.
— in Litthauen II. 65. 76.

N.

Nanking II. 211.
Napier II. 241.
Napoleon III. 125. 150. 176. 177. 272. 302. 350. 383. 384. 408. II. 50. 385 f. 427.
—, Prinz 288. 319. 336. 389. II. 153.
Narvaez 423. 427. 431.
Nasureddin, Schah v. Persien II. 84.
Nationalverein 29. 92. 112. 119.
Neapel 268. 297.
Negersclaverei II. 287. 341. 345.
Neuholland II. 251.
Neuseeland II. 255.
Neu-Ulm II. 369.
New-Orleans II. 285.
New-York II. 293. 306.
Nicolaus, Großfürst 165. II. 22.
Niederlande 258.
Nigra 303.
Nikizza II. 123.
Nord-Amerika II. 261 f.
Nowgorod II. 9.
Nürnberg 34. 119.

O.

Obilon Barrot 392.

O'Donell 423.
Oesterreich 8. 32. 45. 115. 206. 216.
Deversen 133.
Oldenburg 155.
Ollivier 363.
Omer Pascha II. 124.
Orizaba II. 390. 433.
Ortega 425. 429.
—, General II. 430. 444.
Ostindien II. 189 f.
Ostseeprovinzen, deutsche II. 15.
Otto, König v. Griechenland II. 145.

P.

Palermo 280.
Palffy, Graf 205.
Palicao II. 203.
Palmerston 253. II. 48. 147. 154.
Pantheon 421.
Paraguay II. 470.
Pareja, Admiral II. 466.
Paris, Graf v. 377.
—, Sittenverderbniß in 410.
Parisios II. 132.
Passaglia 341.
Patterson 377. II. 278.
Pedro II., Kaiser v. Brasilien II. 473.
Pedro V., König v. Portugal 336.
Peking II. 205. 207.
Pereire 396.
Perez, General II. 465.
Persano 275.
Persien II. 84.
Peru 427. II. 463.
Pesth 208.
St. Petersburg II. 7.
— in Virginien II. 305.
Pfistermeister 224.
v. d. Pfordten 146.
Pimodan 269.

Pius IX. 308. 317. 320. II. 75.
Platen, Graf 149.
Platon, Erzbischof II. 20.
Pleskow II. 18.
Podolien II. 38.
Poitiers, Bischof v. 318.
Polen 356. II. 23 f.
Porfirio Diaz II. 422. 442.
Port Hudson II. 292.
Porto Allegri II. 472.
Portugal 333.
Preußen 8. 65. 115.
Price, General II. 315.
Prim, General 426.'430. 432. II. 387.
Protestantenverein 236.
Puebla II. 391. 442.
Pustowoitow II. 51.

Q.

v. Quaabe 155.
Queretaro II. 442 f.

R.

Rabado II. 245.
Rabama II. 242.
Ratazzi, Minister 287. 295.
Rechberg, Graf 14. 32. 203.
Rekrutirung in Polen II. 41.
Reformverein 31. 119.
Reichstag in Wien 50. 204.
Renan 420.
Rendsburg 136. 166.
Republikaner in Nordamerika II. 269.
Ricasoli, Minister 286.
Richmond II. 278. 298. 317.
Riga II. 17.
Rolf Krake 138.
Rogeard 377.
Roggenbach, Minister 15.
Romanowski II. 97.

v. Roon, Kriegsminister 79. 94. 183.
Rosenkranz, General II. 292.
Rothschild 11. 313. 401.
Roze, Admiral II. 219.
Rumänien II. 111.
Russel, Lord 122. 183.
Rußland II. 1 f.
—, das junge II. 7.

S.

Sachsen 26. 126. 242. II. 77.
Sängerbund, deutscher 33.
Said Pascha v. Aegypten II. 152.
Salm=Salm, Prinzessin v. II. 446.
Salonio II. 135.
Salzburg 95.
Samarkand II. 91.
San Jago II. 467.
Santa=Anna II. 430.
Savannah II. 315.
Savoyen u. Nizza 354.
Sazuma II. 322.
v. Scheel=Plessen 164. 179.
Schenkel 233.
v. Schleinitz, Minister 71.
Schleswig 102. 128. 133.
Schleswig-Holsteinverein 34.
v. Schmerling 50. 206.
Schönbrunn 176.
v. Schrenk 111.
Schützenfeste 35.
Schulgesetz in Baden 231.
Schulze=Delitzsch 41. 99. 129.
Schweden 126. 169. II. 61.
Schweiz 243.
Sella 311.
Septembervertrag 302.
Serbien II. 120.
Serrano 432.
Seward II. 288.

Shakespearefeier II. 169.
Sharpsburg II. 234.
Sheffield II. 175.
Shenandoahthal II. 302. 306.
Sheridan II. 306.
Sherman II. 308 f.
Shofield II. 424.
Siam II. 201.
Sibirien II. 14.
Sicilien 268. 281. 290.
Siebenbürgen 52.
Sigel, General II. 302.
Sistirung der Reichsverfassung in
 Oesterreich 206.
Soledad, Vertrag von II. 389.
Sonora II. 419.
Spanien 422. 441.
Spiritualisten II. 366.
Sponek, Graf II. 150.
Stabel, Minister 230.
Stahl 67. 70.
Stevens II. 271. 321. 324. 327. 398.
Stipendiengesetz in Belgien 263.
Suchozanet II. 39.
Südamerika II. 458 f.
Südcarolina II. 270.
Südstaaten der Union II. 265. 345.
Südtirol 53.
Suezkanal II. 152.
Sumter, Fort II. 270.
Suwarow II. 19.
Syllabus 323.
Sylt 163.
Syrien II. 141.

T.

Taikun II. 224.
Taiping II. 209.
Taschkund II. 90. 97.
Tegethof, Admiral 145. II. 453.

Register.

Teledy 56.
Tennessee II. 285. 292. 307.
Texas II. 292. 326.
Theodor, König II. 229 f.
Thiers 365.
Thomas, General II. 314.
Thouvenel 318.
Tiente II. 211.
Torpedo II. 292.
Trauer in Polen II. 32.
Traugutt II. 78.
v. Treitschke 198.
Triasidee 146. 221.
Tscherkessen II. 81. 143.
Tschernajew II. 90.
Türkei II. 106 f.
Türr 290. II. 66. 113.
Tunis II. 154.
Turin 304.
Turkomannen II. 91.
Twer II. 7.
Tweften 111.

U.
Ungarn 53. 205.
Uruguay II. 469.

V.
Valparaiso II. 466.
Bamberg II. 92.
v. Varnbüler 229.
Vegezzi 338.
Venetien 213.
v. Vicari, Erzbischof 232.
Victor Eman. 267. 274. 283. 302. 307.
Victoria, Königin v. England 68. 360. II. 157.
Vicksburg II. 292.
Virchow 87. 185. 200.
Visconti Venosta 301.

Volhynien II. 40.
Volunteers 360.

W.
Wagner, Richard 224.
Wales, Prinz v. 107. II. 158.
Wandercasinos 233.
Warschau II. 27. 41.
Washburne II. 71.
Weigel, General II. 355. 420.
Welboubahn II. 304.
Wendell Philips II. 349.
Wengrow II. 43.
Wielopolski II. 29. 66.
Wiener Frieden 176. 178.
Wildauer 36.
Wilderneß II. 300.
Wilhelm I. König v. Preußen 19. 66. 69. 90. 99. 182.
Wilhelm I. König v. Württemberg 228.
Wilhelm II. König v. Niederlande 260.
Willisen, General 239.
Wilmington II. 316.
Wilna II. 65.
Wirimu II. 259.
Wirt II. 332.
Wrangel, Feldmarschall 131.
Württemberg 228.
Würzburg 146. 253.

Y.
Yebbo II. 223.
Yukatan II. 410.

Z.
Zambesi II. 246.
Zamoiski II. 27.
v. Zedlitz 192.

Berichtigungen zum zweiten Bande.

Seite 28 Zeile 6 von oben lies: Der Kaiser empfing auf der Rückreise den Besuch Napoleons III. in Lyon.
— 30 Z. 6 v. u. l. Abrahamowitsch.
— 48 Z. 1 v. u. l. 20. Februar.
— 55 Z. 10 v. o. l. den am 17. April ihr überreichten Noten.
— 57 Z. 5 v. o. l. 17. Juni.
— 58 Z. 13. v. u. l. am 5., 11., 12. August wiederholten Frankreich, England und
  Oesterreich.
— 66 Z. 7 v. u. l. 8. September.
— 69 Z. 15 v. o. l. 27. Februar. Z. 8 v. u. l. thätlich statt tödtlich.
— 74 Z. 7 v. o. l. Konarski.
— 79 Z. 12 v. o. l. Rzewuski.
— 109 Z. 8 v. u. l. 25. Juni.
— 116 Z. 8 v. o. l. Laiargé statt Chavogl.
— 122 Z. 10 v. u. del. am 21. Oktober. Z. 9 v. u. hinter Sultan l. am 24. October.
— 125 Z. 11 v. o. l. 25. August.
— 142 Z. 13 v. u. l. 9. Juni.
— 150 Z. 9 v. o. und Z. 10 v. u. l. Sponnel.
— 153 Z. 15 v. o. l. 25. November.
— 160 Z. 8 v. o. l. 9. Januar.
— 165 Z. 1 v. o. l. 3. April.
— 177 Z. 16 v. o. l. Epsom.
— 185 Z. 3 v. o. l. Mahoney.
— 186 Z. 13. v. u. l. 12. October.
— 190 Z. 6 v. u. l. 24. October.
— 202 Z. 13 v. o. l. Tambobschathal.
— 203 Z. 6 v. u. und S. 207 Z. 11 v. u. l. Lienthien.
— 210 Z. 14 v. u. l. Schanghai.
— 243 Z. 7 v. u. l. 19. August.
— 244 Z. 9 v. u. l. 10. Mai.
— 271 Z. 7 v. o. l. Montgomery im Staate Alabama.
— 276 Z. 4 v. u. l. 4. Juli.
— 284 Z. 11 v. u. l. 30. Juni.
— 285 Z. 7 v. o. und 14 v. u. l. Farragut.
— 304 Z. 15 v. o. l. 22. Juni.
— 355 Z. 5 u. 9 v. o. l. Alee.
— 372 Z. 14 v. o. und Z. 9 v. u. l. Dowlai.
— 388 Z. 5, 8, 9 v. o. l. Zuloaga.
— 391 Z. 4 v. u. l. Zaragoza.
— 396 Z. 13, 17 v. o. l. Graf Flahault.

www.ingramcontent.com/pod-product-compliance
Lightning Source LLC
Chambersburg PA
CBHW021421300426
44114CB00010B/586